普通高等教育应用创新系列规划教材·经管基础课程系列

管理学——创新的观点

主　编　刘海兵

副主编　王　莉　陈海生

卢少波　王首道

科　学　出　版　社

北　京

内 容 简 介

本书立足管理"要素论"定义，以创新的观点重新界定管理的内涵，并在新时代互联网数字经济背景下，对管理的框架进行了创新视角下的重构，共分创新与管理、创新的主体、创新要素、创新机制和创新能力五个模块，每个模块下又具体安排了按要素细分的章。相比已有的管理学教材，本书是一次体系的尝试和创新。我们希望读者通过阅读本书，熟悉新时代互联网数字经济背景下，创新给企业管理带来的机遇和挑战，同时，借助本书提供的理论框架较为全面地认识创新视角下管理的新内涵及管理理论与实践的新变化、新发展。

本书体例新颖，视角契合现代企业发展环境，结构完整，阐述全面深入，是各本科院校经济管理类专业学习管理学的基础教材，是 MBA 学员的参考用书，也是从事企业管理人员的工作辅助用书。

图书在版编目（CIP）数据

管理学：创新的观点 / 刘海兵主编. —北京：科学出版社，2018.2

普通高等教育应用创新系列规划教材·经管基础课程系列

ISBN 978-7-03-056001-8

Ⅰ. ①管… Ⅱ. ①刘… Ⅲ. ①管理学–高等学校–教材
Ⅳ. ①C93

中国版本图书馆 CIP 数据核字（2017）第 315555 号

责任编辑：方小丽 / 责任校对：彭 涛
责任印制：徐晓晨 / 封面设计：蓝正设计

科学出版社 出版
北京东黄城根北街 16 号
邮政编码：100717
http://www.sciencep.com

北京盛通商印快线网络科技有限公司 印刷
科学出版社发行 各地新华书店经销

*

2018 年 2 月第 一 版 开本：787×1092 1/16
2019 年 6 月第二次印刷 印张：19 1/2
字数：462 000
定价：58.00 元
（如有印装质量问题，我社负责调换）

前　言

随着科学技术的快速发展，创新日益成为企业核心竞争力的源泉和社会发展的不竭动力。而来自技术、市场、制度、文化、人力资源以及管理等方面的创新，给企业价值创造过程带来了深刻的变革，赋予了管理新的内涵。

创新是由小变大、由大变强的核心动力。在充满不确定性的当今时代，必须驾驭种种不确定性并努力使其转化为企业发展的动力，而创新在其中扮演着越来越重要的角色。也可以这样理解，如果说，以泰勒、法约尔等古典管理理论的集大成者所强调的对组织目标的控制是管理的核心任务的话，那么，应对环境的高度不确定性并运用创造力思维进行创新，从而形成企业可持续发展优势是第三次、第四次技术革命后企业管理的重任。

管理必须关注要素的创新。从计划、组织到指挥、协调、控制的管理理论是建立在职能基础上的，强调职能分工的重要性，是因为"分工产生效率"。然而，兴起于 20 世纪 90 年代的企业流程再造，说明了企业的创新不再是过去的单一创新，靠单一创新在市场竞争中已经很难确立明显的竞争优势，组合创新和全面创新日益成为企业新的创新方式。而在组合创新或全面创新的路径中，既继承了传统管理中的一些职能创新，如组织创新、制度创新等，又出现了一些新要素，企业需要协同各方资源才能很好地贯穿企业各个流程节点的战略性资源，如知识、技术等。也就是说，传统的管理学并没有专门讨论要素，而包含知识、技术、文化在内的要素是今后推动企业走向全面创新的战略性资源。

在创新的视角下，我们认为，管理要从"职能论"转向"要素论"。管理是什么，管理就是组织中的管理者从创新的视角出发，通过与利益相关者的合作关系，以战略、决策、知识、技术、组织、文化等核心要素为创新源泉，借助领导机制、学习机制、协同机制等创新的实施机制，整合企业内外部资源，提高企业吸收能力，从而形成不确定性环境下的企业动态能力，实现组织目标的过程。

沿着对管理"要素论"的定义，我们在搭建《管理学：创新的观点》一书的内容框架时，其基本的逻辑顺序是：首先，在创新的语境中审视并重新界定管理的内涵，从而引出本书的内容体系，并系统梳理管理理论的产生与发展；其次，介绍创新的主体，包括企业管理者和利益相关者；再次，系统阐述创新的要素及具体要素管理问题，要素包括战略、决策、知识、技术、组织、文化等；最后，从领导机制、激励机制和组织学习机制阐述支持创新的机制，而最终创新有赖于企业创新能力。

我们希望读者通过阅读本书，熟悉新时代互联网经济背景下，创新给企业管理带来的机遇和挑战。同时，借助本书提供的理论框架较为全面地认识创新视角下管理的新内涵，以及管理理论与实践的新变化、新发展。

本书由兰州交通大学刘海兵副教授（博士、浙江大学管理科学与工程学科博士后）任主编，王莉、陈海生、卢少波、王首道任副主编。编写组成员及分工如下：第 1 章，刘海兵（兰州交通大学）；第 4 章、第 5 章、第 7 章、第 10 章，王莉（兰州交通大学）；

第 3 章、第 6 章、第 9 章、第 11 章、第 14 章，陈海生（甘肃农业大学）；第 8 章，程莹（兰州交通大学）；第 13 章第 1 节，卢少波（甘肃农业大学）、王首道（兰州城市学院），第 2 节，冯文静（汾酒集团企业文化研究中心）；第 2 章、第 12 章，舒丽慧（鄂州职业大学）。全书由刘海兵负责总纂、统稿、定稿。

作为团队成员，特别感谢浙江大学许庆瑞院士团队（许庆瑞院士、吴晓波教授、清华大学陈劲教授、魏江教授、赵晓庆副教授、陈政融助理、吴画斌助理、刘丝雨博士、李杨博士）在 2017 年中国工程院委托课题研究中给予我的启发。得益于对中国企业由小变大、由大变强的多案例研究，我萌生了要从创新的视角编纂一本管理学教材的愿望，即不仅要实现框架创新，还要力争一些内容和观点的创新。但由于个人能力和精力有限，还有诸多愿望尚未达成。也感谢兰州交通大学 2017 级 MBA 弘毅班全班同学，上课过程中学员们认真而热烈的讨论，使我的思路更清晰。

在本书写作过程中，参考了大量国内外专家学者的研究成果，他们精湛的理论、清晰的脉络，给我们很多有益的启示，在此表示最诚挚的谢意！也特别感谢中国管理案例共享中心案例库，其建设的案例库对管理教育起到了积极推动作用，本书中的部分案例从其中摘选。同时，衷心感谢科学出版社的领导和方小丽副编审，本书的出版得益于他们的热心帮助和辛勤劳动！

欢迎提出修改意见。e-mail：lzliuhaibing@163.com。

刘海兵

于兰州交通大学

2017 年 11 月 8 日

目　　录

第四篇　创新机制

第五篇　创新绩效

第一篇

创新与管理

第1章 创新背景下的管理

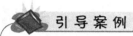 学习目标 »»»

1. 了解创新的基本含义；
2. 领会创新的特征；
3. 理解创新对管理的影响；
4. 掌握创新背景下管理的新内涵；
5. 掌握创新背景下管理的职责。

引导案例

"先行者"变"先烈"，贝塔斯曼撤离中国

2001 年，中国加入世贸组织前夕，也正是雄心勃勃的德国出版巨头贝塔斯曼在中国秣马厉兵、最为强大的一年。它对外声称，当年"贝塔斯曼中国书友会"的成员达到 150 万。

然而，近年来，随着当当网、淘宝网、卓越网等网上书店的大量涌现，贝塔斯曼的网上书店和书友会都遭遇了严峻挑战。与网上书店近乎海量的图书种类相比，贝塔斯曼中国书友会仅能提供 1000 余种图书，而且对于会员义务烦琐而苛刻的规定，不符合中国消费者的消费习惯，因此魅力不再。

曾任贝塔斯曼亚洲出版公司总编辑的久久读书人董事长黄育海指出，在网络出版热潮的冲击下，固守传统出版社已经没有出路。而贝塔斯曼在中国 13 年最大的败笔就是没有全力进军网上书店。事实上，没有向网络转型是整个贝塔斯曼集团的战略问题。

贝塔斯曼在华从"先行者"变成"先烈"，可谓是给中国出版业同行敲响了警钟。业内人士分析认为，贝塔斯曼中国书友会业务黯然停止，意味着贝塔斯曼在中国出版业的全面撤退。

资料来源：宁钟.创新管理[M].北京：机械工业出版社，2012：33-34

随着科学技术的快速发展，创新日益成为企业核心竞争力的源泉和社会发展的不竭动力。而来自技术、市场、制度、文化、人力资源以及管理等方面的创新，给企业价值创造过程带来了深刻的变革，赋予了管理新的内涵。

1.1　创新及创新背景下的管理概念

1.1.1　什么是创新

1. 创新的定义

什么是企业创新？企业创新的具体定义最早是由美国创新经济学的创始人熊彼特教授在其《经济发展理论》一书中给出的：创新是指企业家对生产要素的新的结合。它包括以下五种情况。

（1）引入一种新的产品或提供一种产品的新质量。

（2）采用一种新的方法。

（3）开辟一个新的市场。

（4）获得一种原料或半成品的新的供应来源。

（5）实行一种新的企业组织形式。

我们将上述五个方面的企业创新行为归纳起来，即经营创新、技术创新和制度创新。广义的企业创新包括经营创新、产品创新、销售创新、市场创新、管理创新、体制与机制的创新。

在熊彼特看来，作为资本主义"灵魂"的企业家的职能就是实现"创新"，引进"新组合"，创新无处不在。他认为，"创新"是一个内在的因素，经济发展也不是外部强加的，而是来自内部自身创造性的关于经济生活的一种变动。企业家之所以进行"创新"活动，是因为他触到了"创新"给他带来盈利的机会。

但是，创新者同时也为其他企业开辟了道路，一旦其他企业纷纷起来模仿，形成"创新"浪潮之后，这个盈利机会就趋于消失。"创新"浪潮的出现，增加了对银行信用和生产资料的需求，引起经济高潮。而当"创新"已经扩展到较多企业，盈利机会趋于消失之后，对银行信用和生产资料的需求便减少，于是经济就收缩。这样就形成了经济的繁荣与萧条的更替，经济就是在创新活动的推动下周期性地发展的。

彼得·德鲁克是现代管理之父，被称为"大师中的大师"。彼得·德鲁克认为，创新是通过有目的的专注的变革努力，提升一家企业的经济潜力或社会潜力。创新是每位高管的职责，它始于有意识地寻找机会。这些机会可以分门别类，但无法事先预知。要找到这些机会并加以利用，需要人们严格有序地工作。他认为，创新是一项有目的的、系统的工程。

2. 创新的主要特征

创新的理论有很多，但熊彼特的理论得到了广泛的认可，其中创新具有如下特征。

（1）创新是生产过程中内生的。熊彼特说，"我们所指的'发展'只是经济生活中并非从外部强加于它的，而是从内部自行发生的变化"。尽管投入的资本和劳动力数量的变化能够导致经济生活的变化，但这并不是唯一的经济变化；还有另一种经济变化，它是不能用外部驾驭数据的影响来说明的，它是从体系内部发生的。这种变化是许多重要经济现象出现的原因，所以，为它建立一种理论似乎是值得的。这另一种经济变化就是"创新"。

（2）创新是一种"革命性"变化。"革命"的对象是原来的产品、原来的组织、原来的企业。熊彼特曾做过这样一个形象的比喻：你不管把多大数量的驿路马车或邮车连续相加，也绝不能得到一条铁路。这就充分强调创新的突发性和间断性的特点，主张对经济发展进行"动态"性分析研究。

（3）创新同时意味着毁灭。一般说来，"新组合并不一定要由控制创新过程所代替的生产或商业过程的同一批人去执行"，即并不是驿路马车的所有者去建筑铁路，而恰恰相反，铁路的建筑意味着对驿路马车的否定。所以，在竞争性的经济生活中，新组合意味着对旧组织通过竞争加以消灭，尽管消灭的方式不同。

（4）创新必须能够创造出新的价值。熊彼特认为，先有发明，后有创新；即先有新工具的发明或新方法的发现，而创新是新工具或新方法的应用。"只要发明还没有得到实际上的应用，那么它在经济上就是不起作用的。"因为新工具或新方法的使用在经济发展中起到作用，最重要的含义就是能够创造出新的价值。把发明和创新割裂开来，有其理论自身的缺陷，但他强调创新是新工具或新方法的应用，必须产生出新的经济价值，这对于创新理论的研究具有十分重要的意义。

（5）创新是经济发展的本质规定。熊彼特力图引入创新概念以便从机制上解释经济发展。他认为，可以把经济区分为"增长"与"发展"两种情况。所谓经济增长，如果是由人口和资本的增长所导致的，并不能称作发展。"因为它没有产生在质上是新的现象，而只有同一种适应过程，像在自然数据中的变化一样……我们所意指的发展是一种特殊的现象，同我们在循环流转中或走向均衡的趋势中可能观察到的完全不同。它是流转渠道中自发的和间断的变化，是对均衡的干扰，它永远在改变和代替以前存在的均衡状态。我们的发展理论只不过是对这种现象和伴随它的过程的论述。"所以，"我们所说的发展，可以定义为执行新的组合"。这就是说，发展是经济循环流转过程的中断，也就是实现了创新，创新是发展的本质规定。

（6）创新的主体是"企业家"。熊彼特把"新组合"的实现称为"企业"，那么以实现这种"新组合"为职业的人便是"企业家"。因此，企业家的核心职能不是经营或管理，而是看其是否能够执行这种"新组合"。这个核心职能又把真正的企业家活动与其他活动区别开来，每个企业家只有实现了某种"新组合"才是一个名副其实的企业家。熊彼特对于企业家的这种独特的界定，目的在于突出创新的特殊性，说明创新活动的特殊价值。美国就是一个企业家经济的国家，在美国，企业家具有较高的社会地位。有时候，一个企业家甚至会决定企业的生死。

1.1.2 创新对管理的影响

创新对管理产生的影响具体包含但不限于以下方面。

（1）管理必须面向创新。成立于 1984 年的海尔集团，历经 33 年的发展，先后经历了名牌化战略、多元化战略、国际化战略、全球化战略和网络化战略五个战略发展阶段，每一个战略发展阶段的战略都是应对当时的市场痛点确定的，并在战略引领下，产生了组织、制度、文化、技术等方面的协同创新。海尔集团于 2005 年正式提出"人单合一"管理模式，引起社会各界广泛关注，也正是基于这种立足环境、立足市场的持续的创新，海尔集团实现了由小变大、由大变强。据统计，海尔已在白色家电等领域处于同行业领先地位，2016 年海尔集团利润实现 203 亿元，2007～2016 年复合增长率 30.6%，全球营业额实现 2016 亿元，2007～2016 年复合增长率为 6.1%，线上交易额实现 2727 亿元，同比增长 73%。2016 年，海尔品牌价值 1516.28 亿元，连续 15 年蝉联中国品牌价值榜首，两次入选英国《金融时报》评选的"中国十大世界级品牌"。2017 年 1 月，世界权威市场调查机构欧睿国际发布调查数据显示，海尔大型家用电器 2016 年品牌零售量占全球市场的 10.3%，居全球第一，也是第八次蝉联全球第一。

（2）管理必须关注要素的创新。从计划、组织到指挥、协调、控制的管理理论是建立在职能基础上的，强调职能分工的重要性，是因为"分工产生效率"。然而，兴起于 20 世纪 90 年代的企业流程再造，说明了企业的创新不再是过去单一创新，靠单一创新在市场竞争中已经很难确立明显的竞争优势，组合创新和全面创新日益成为企业新的创新方式。而在组合创新或全面创新的路径中，既继承了传统管理中的一些职能创新，如组织创新、制度创新等，又出现了一些新要素，企业需要协同各方资源才能很好地贯穿企业各个流程节点的战略性资源，如知识、技术等。也就是说，传统的管理学并没有专门讨论要素，而包含知识、技术、文化在内的要素是今后推动企业走向全面创新的战略性资源。

1.1.3 创新背景下的管理概念

1. 管理的基本概念

古往今来，国内外诸多学者立足于不同的出发点对管理概念进行了多种界定。当然，管理学者对管理概念的界定，是随着企业发展的社会技术背景的不同而跃迁的。

古典管理理论的代表人物泰勒（Frederick W. Taylor）认为管理就是"确切地知道你要别人去干什么，并使他用最好的方法去干"。法国管理学家亨利·法约尔（H. Fayol）从管理职能的角度提出"管理就是计划、组织、指挥、协调、控制"。

此后管理学者对管理做了更为具体的界定，如赫伯特·西蒙（Herbert A. Simon）认为"管理就是决策"。哈罗德·孔茨认为管理"就是设计和保持一种良好环境，使人在群体里高效率地完成既定任务"。丹尼尔·雷恩（Danniel A. Wren）似乎综合了上述观点，认为管理是一种有组织地实现目标的活动，它发挥某些职能，以便有效地获取、分配、使用人们的努力和物质资源，来实现某个特定的目标。

以上各种定义对管理强调的侧重点不同，但有一点是共同的，即不同的管理学家都把管理范围限定在组织内部，几乎没有考虑到或者没有突出强调外部环境对组织生存与发展的影响，在某种意义上可以理解为这些定义把组织看成一个相对封闭的存在，这也体现了传统管理学研究的假设之一，即"管理是对内部的管理"。后来，随着外部环境对组织的影响日益深化，人们越来越深切地感受到外部环境对组织生存与发展具有重要意义。因此，一些管理学家明确提出组织是开放的系统，界定管理概念必须考虑到外部环境对组织的影响。

综上所述，我们将管理的基本概念界定为：在特定的环境下，管理者为实现组织目标而采取决策、计划、组织、指挥、协调、控制等职能协调和配置组织资源的过程。

2. 重新定义管理

由泰勒、法约尔引领的古典管理理论促进了当时工厂管理效率的极大提升,通过计划、组织、指挥、协调、控制等职能来有效调动工人积极性、有序组织工人生产,但这是由第一次技术革命和第二次技术革命影响下的生产特征决定的。第三次技术革命和第四次技术革命的到来,给人们的生活带来深刻的变革,出现越来越多的无人工厂,工业自动化逐步取代工人,流水线式的人工作业过程逐渐被取代。在这样的背景下,管理从概念到范式必须变化才能适应时代的需要。

与此同时,不确定性成为当今商业竞争的重要特征,企业外部环境对企业发展的影响越来越重要。如柯达公司"巨人倒下"说明了,依靠对市场环境敏锐的嗅觉,小企业完全可以借助全新的商业模式打垮大企业,也即克里斯坦森提出的"颠覆式创新"(disruptive innovation)。在充满危机的时代,唯有不断地创新,才能将企业面临的种种危机转化为内在动力,赢得企业的可持续成长。

根据创新的内涵和管理的基本定义,我们将创新背景下的管理概念界定为"要素论",具体表述为:组织中的管理者从创新的视角出发,通过与利益相关者的合作关系,以战略、决策、知识、技术、组织、文化等核心要素为创新源泉,借助领导机制、学习机制、协同机制等创新的实施机制,整合企业内外部资源,提高企业吸收能力,从而形成不确定性环境下的企业动态能力,实现组织目标的过程。

(1)管理具有不同的范围和领域。按照传统假设,人们习惯于将管理简单理解为企业管理,并且把管理范围限定于企业内部,而管理学家经过长期观察与探索却发现,所有组织都在实施管理,从而打破了管理只是企业管理以及管理只限于企业内部的假设。人类丰富的社会实践也有力地证明,从管理本身的职能和作用来看,它拥有广阔的作用空间和领域,在全球化时代更是如此。大到一个世界、一个地区、一个国家,小到一所学校、一个企业、一家医院甚至一个家庭,都离不开管理。所以,不同范围、不同领域的管理具有不同的特点。根据教学的需要,本书以微观管理为核心,并侧重于企业管理。

(2)管理服务于组织的战略目标。任何组织都是为了一定的目标而建立和发展的,管理不过是促进组织实现既定目标的手段。正如德鲁克所提出的:管理的目标是充分发挥和利用每个人的优势与知识;管理是帮助组织产生成效的特殊工具、特殊功能、特殊手段;管理存在的目的是帮助组织取得成效,它的出发点应该是预期的成效,它的责任是协调组织的资源取得这些成效。它是帮助组织在组织外部取得成效的工具[2]。在创新的背景下,管理服务于基于创新的企业动态能力提升的战略目标,支持组织获得可持续的竞争优势。这里的成效即组织绩效,而组织绩效是效率、程序正当性、公平正义的统一体。动态能力源自企业战略的动态能力观(dynamic capabilities view),动态能力观主张面对快速变化的市场环境,要能及时回应市场需求,提供快速的和有弹性的产品创新,以及整合内部和外部竞争力的管理能力。"很多企业尽管积累了大量的有价值的技术资产,但仍然缺乏有用的能力",这说明了动态能力的重要性。动态能力的"能力"强调为满足变化的市场需求,要适应(adapt)、整合(integrate)、重构(reconfigure)内部和外部的组织技能、资源及竞争力。

(3)管理的主体包括企业管理者和企业的利益相关者。传统管理的观点认为,企业的管理者是管理的主体，且管理者是有下属追随的。但随着第三次、第四次技术革命的推动，企业边界、组织结构都已经发生了深刻的变革，特别是以信息技术为支撑的"平台"使组织边界日益被打破、组织结构扁平化。也由此使每一位员工都要为企业目标承担广泛的责任，根据德鲁克关于管理者的定义，员工在这样的环境下都已经成为企业的管理者。如海尔集团提出"人单合一"管理模式后，要求员工与市场目标相结合，推行市场付薪、推动组织结构向"倒三角"结构转变，而进入网络化战略（2013 年至今）后，"人单合一"管理模式走得更加深入。海尔集团正在努力打造"管理无领导，供应链无尺度，企业无边界"的管理模式，企业小微化后要求"人人都是创客"。除了企业管理者是管理主体外，企业的利益相关者在以创新为背景的管理中，也是管理主体。这是因为，企业创新仅仅靠内部资源往往是低效的，需要通过组织学习获得企业内缺乏的知识、技术等，进而整合内部和外部资源，在消化吸收的基础上进行创新性活动。而利益相关者可以基于多样化的合作关系，为企业的组织学习提供丰富的外部资源。

例如，海尔集团的网络化战略阶段推行的用户个性化，即是让用户参与产品创意和设计过程，消费者的身份从最开始的只是购买、使用商品的"顾客"转向主动参与产品的设计和研发的"用户"。依托新的小微化的组织形式和全新的 HOPE 平台，用户可以直接参与研发和生产阶段，依靠"互联网+工厂"的生产形势实现精细的商品定制化。同时，海尔借助 HOPE 平台，最大限度地集合了全球研发资源，当前端的产品线有研发的需求，通过 HOPE 平台发布需求，就能得到及时响应并在最短时间寻找到技术源，因此也缩短了从研发到生产再到市场的距离。

（4）管理的核心是要素。以泰勒、法约尔为代表的古典管理理论，认为管理是一个过程，或者认为是计划、组织、指挥、协调和控制等职能的连续叠加。这种观点在第一次和第二次技术革命背景下的基于大规模生产和制造的工厂中是适用的，容易形成自上而下的领导方式、下行沟通，以及职能制、直线职能制、事业部制结构。其缺陷在于由于基层没有得到相应的授权和上行沟通的障碍，削弱了企业对外部环境的感知和迅速响应的能力。在新的信息技术的推动下，能不能够敏锐感知外部市场环境的变化，捕捉到市场需求，并迅速组织企业内外部资源推出用户需要的产品成为企业核心竞争力打造的关键。而按照职能来设置企业部门或者实施管理，已经不能适应新的市场要求，迫切需要实施以要素为本的管理，做好要素管理，才是充满不确定性时代下企业获取竞争优势的法宝，其中的核心要素包括战略、决策、知识、技术、组织和文化。换言之，要从"要素论"深入思考新技术环境下企业管理的本质、方式和发展。

1.2　创新背景下的管理职责

1.2.1　管理的意义

1. 为社会、经济和个人提供所需的成果

"管理是一种器官，是赋予机构以生命、能动、动态的器官。没有结构就不会有管

理。但是，如果没有管理，那也就是一群乌合之众，而不会有机构。而机构本身又是社会的一个器官，它之所以存在，是为了给社会、经济和个人提供所需的成果。"

2. 是人类福祉和世界未来的决定性因素

美国要避免走经济社会发展的下坡路，就只有提高管理能力和持续改善管理绩效。而在美国以外的其他国家，管理更具有决定性作用，欧洲在第二次世界大战后能够迅速繁荣经济，这首先取决于管理者的工作绩效。至于发展中国家能够成功发展经济，很大程度上取决于能够迅速地培养出称职负责的管理者。管理者的能力、技能和职责的确对人类福祉和世界未来至关重要。

1.2.2　管理职责

1. 解决公司的惰性问题

公司的惰性问题是任何一家公司随着生命周期的发展必然会面对的问题，其主要原因有以下几种。

（1）企业规模的扩大降低了对外部环境的感知以及应对外部环境变化做出迅速回应的能力。

（2）企业发展过程中逐渐形成了内部的各利益集团，这些利益集团会妨碍企业的统一指挥，抑制员工之间、部门之间、上下之间的沟通效率。

（3）企业的既得利益者出于个人利益的考虑，可能阻止创新。

若企业不能妥善解决发展过程中的惰性问题，势必增长放缓，甚至会导致队伍涣散、企业经营困难。正如华为技术有限公司总裁任正非说："猪养得太肥了，连哼哼声都没有了。科技企业是靠人才推动的，公司过早上市，就会有一批人变成百万富翁、千万富翁，他们的工作激情就会衰退，这对华为不是好事，对员工本人也不见得是好事，华为会因此而增长缓慢，乃至于队伍涣散。"

2. 明确战略目标，并传递给员工

自 20 世纪 80 年代开始，美国企业界开始兴起对企业战略的重视，认为战略是关乎企业长期发展的重要变量，缺乏战略会使企业过于重视短期利益而忽视长远规划，明确的战略目标是企业构建长期竞争优势的基础。为了有效实施战略，还要将战略通过机制设计传递给每一位员工，贯穿于员工的生产行为中，使其价值规范、具体行为与企业战略设定的方向保持一致。

例如，海尔集团在每一个发展阶段都有明确的战略，从名牌化战略、多元化战略、国际化战略、全球化战略到网络化战略，不同的战略瞄准不同的市场痛点，设定了不同的发展愿景。同时，这些战略又通过海尔集团的领导机制、协同机制、学习机制传递给每位员工，使得员工的努力方向与公司战略保持了高度的一致性。

又如华为技术有限公司，"活下去"就是它清晰的战略目标，在这个战略的引领下，1998 年它颁布《华为基本法》，每年从主营业务收入中拿出不低于 10% 的收入投入研发，

在近 15 万华为人中，超过 45% 的员工从事创新、研究与开发。这些举措的实施，使华为在 170 多个标准组织和开源组织中担任核心职位，截至 2013 年 12 月 31 日，已累计获得专利授权 36 511 件。目前，华为已是全球第一大通信设备供应商、全球第三大智能手机厂商，也是全球领先的信息与通信解决方案供应商。

两家企业的成功，说明了将企业的战略目标及时、清晰地传递给员工的重要性。员工只有对企业的战略目标有了清晰的了解和准确的把握，才会在行动上保持一致的方向和前进的动力，助力企业目标的实现。

3. 持续地创新

创新是由小变大、由大变强的核心动力。在充满不确定性的当今时代，必须驾驭种种不确定性并努力使其转化为企业发展的动力，而创新在其中扮演着越来越重要的角色。也可以这样理解，如果说，泰勒、法约尔等古典管理理论的集大成者强调对组织目标的控制是管理的核心任务的话，那么，应对环境的高度不确定性并运用创造力思维进行创新，从而形成企业的可持续发展优势是第三次、第四次技术革命后企业管理的重任。就企业创新路径而言，主要有技术创新和市场创新两条线，无论沿着哪条线，只有持续地创新，才能保证企业在竞争中有一定的竞争优势。

浙江大学许庆瑞院士领衔的创新团队近 30 年致力于中国企业的创新管理研究，根据已有研究，创造性提出了企业"二次创新—组合创新—全面创新"的理论体系，可以说创新无止境，只有沿着这样的创新轨迹，才能帮助企业完成从追赶到超越的夙愿。

4. 善于激励员工

人力资源是企业的核心资源，而在信息化时代，员工日益多元化，摆在企业家面前的重要问题仍然是如何调动员工的积极性。但在众多的关于激励员工的策略中，公平、压力、通道是核心因素，国内研究者刘海兵据此提出了激励员工的 POFa（press-opportunity-fair）模型。

1）公平的薪酬设计

"天下熙熙，皆为利来；天下攘攘，皆为利往"，薪酬分配如果没有做到公平、公正，就会挫伤部分员工的积极性，最终致使公司缺乏效率。很多企业在这方面做了很多有益的尝试，如华为的员工持股，公司按照一定条件，给予对公司做出重要贡献的员工与其贡献相对应的股权，根据股权在年终分配红利。2013 年，华为公司每股分红 1.41 元，而定价为每股 5.42 元，收益率为 26%。2014 年，已有 8 万人加入持股计划，员工持股会代表员工持有，任正非只占 1.4% 的股权。

海尔集团"人单合一"管理模式中的"按单聚散，对赌分成，超利分享"也是公平的体现，谁的能力强，谁就得到单，谁完成单，谁就获利多，即收益与业绩挂钩。公平的薪酬分配，能够有效调动员工积极性，促使完成公司目标。

海尔员工马文俊在与用户交互中发现，准妈妈在怀孕期看电视非常不方便。针对用户的痛点，马文俊的小帅团队通过整合美国得州仪器、中国武汉光谷等研发供应链资源，形成了微型家用投影仪的产品原型：Iseemini。2015 年 6 月，Iseemini 在京东平台开放股权众筹，短短 90 秒就筹集 1500 万元资金，创造了国内股权众筹的纪录。在海尔创业孵化平台上，小帅团队从员工变成了创业公司的合伙人。资本的社会化又促进了人才的优化，吸引了外部团队的加入。现在团队的项目已经从单纯的硬件创新产品发展到融合影视、动漫、游戏、教育产业的生态圈。2016 年 4 月，小帅影院成为京东众筹平台上 3000 多个项目中首个给 A 轮众筹投资者返本，推出自主选择权的项目，成为最佳回报奖项目。目前小帅影院估值超过 2 亿元，并成功引进 B 轮风投。

2）适度的工作压力

有关压力与绩效关系研究表明，两者呈现一种倒"U"形关系，即起初随着企业给予员工压力的增加，员工的绩效随之增加，但到了一个临界点时，员工的绩效会随着压力的增加而下降。留给企业家的问题是，如何掌握适度的压力激发员工的工作积极性。有挑战的工作设计是一种压力，给员工良好的职业待遇同样也是一种压力，关键在于"度"的把握。美国西南航空公司以及四川海底捞餐饮股份有限公司对待员工的态度则属于后者，力求让员工感觉到"企业即家"，在"家"的氛围中充分发挥自身主观能动性，创造性工作。而海尔集团推行的"按单聚散"则属于一种有挑战的工作设计。

3）通畅的职业发展路径

所谓通道，指的是员工的职业发展路径要通畅。在工作设计中建立完备的职位晋升体系、岗位等级提升体系、职称晋升体系，要让员工知道，只要努力，就有职业发展的空间。通畅的职业发展路径，将有助于提升员工对岗位的认同感和投入感，从而提升工作效率。

5. 深入理解用户需求

深入理解用户需求是充满不确定性的时代下，企业建立动态能力的基础。深入理解用户需求，从最简单字面意义看，就是指明白用户需求什么样的产品，包括性能、外观设计、售后服务、产品文化等。也可以看出，由大规模制造的生产模式逐步转向大规模定制或完全个性化定制的生产模式，用户需求是决定产品有没有市场潜力的最关键因素。那儿，到底什么是深入理解用户需求呢？

1）不仅仅是"顾客就是上帝"

"顾客就是上帝"容易让管理者认为一切生产流程及服务都要根据顾客的需求来做。在商业社会，除了获得经济利益之外，企业还要承担越来越广泛且深入的社会责任，顾客也是自利的，且有时候是短视的，"顾客就是上帝"会有让企业管理者忽视企业长期目标的可能，从而使企业的发展偏离正常的战略轨迹。深入理解用户需求，是要深入分析用户需求中哪些是合理的，哪些是当前可以满足的，哪些是未来需要突破的。在准确把握用户需求基础上，企业做的不仅仅是满足他们当下的需求，更重要的是能够做到创造新需求、引领新需求。

如华为在 2014 年年初推出自主研发生产的麦芒 B199，在短短 1 分 05 秒内，10 万台产品全部售罄，震撼了世界。售价只为 2000 元人民币的麦芒 B199，拥有先拍照后聚焦的"全焦拍照模式"、将天线印在手机外壳的"LDS 天线技术 Laser direct structuring，激光直接成型技术"等只有在高端手机上才会出现的高端技术。而"三网导航"和"大面积弧形金属后壳"即便在全球范围内都属于领先行列。据任正非讲，这是一群理想主义者用心血凝结出来的精品。但在这款产品正式推出市场前，公司在各项技术参数都已达标的情况下，又延长了 3 个月时间做了反复的技术测试，以保证给每位顾客的产品都是靠得住的，并没有因为有迫切的、巨大的市场需求就马上投入市场。可以说，深入理解用户需求，是要深入理解行业的本质，抓住用户的本质需求去创造、引领新的需求。

2）不仅仅是"顾客"

顾客在英文中是 customer，而用户是 user，这两者之间有明显的区别。传统意义上的管理中，顾客是企业的利益相关者，企业给顾客提供货真价实的产品或服务是其基本的社会责任，而顾客提供真实的消费信息是顾客的基本义务。但在信息化时代，生产模式已经发生了深刻变化，已经由大规模制造向大规模定制或个性化定制过渡，其中的产品创意和设计中融入了用户需求，产品的迭代创新融入了用户的反馈。换言之，用户（user）不再是过去单次交易就结束的个体，而是从产品创意到产品迭代创新一直在与企业保持交互的个体。

如海尔集团的 HOPE 平台，就是一个集合用户需求、创意甚至设计、研发的开放式创新研发平台，与 HOPE 平台密切相关的是它们的 COSMO 平台，这是一个大规模定制的制造云平台，通过模块化生产极大地融入了用户的个性化需求。从 HOPE 平台和 COSMO 平台不难看出，用户不仅是需求方，也是企业创新、生产、产品升级的供给方，是企业可以联盟的战略性资源。如海尔集团实施的"用户付薪"，很重要的一个管理工具就是"共赢增值表"。传统企业的损益表是收入减成本和费用等于利润，所有人的薪酬都吃企业的大数。海尔现在的做法是每个小微都有一张共赢增值表，只有创造用户资源才能实现个人的分享。共赢增值表的目的就是使生态圈中的所有利益攸关方都实现共赢增值，因此海尔提出"同一目标，同一薪源"，价值导向使小微所有成员的目标一致，目标达成，才能得到相应的薪酬，否则，全流程的薪酬会受到影响，这也避免了节点小微间互相扯皮的问题。

6. 重视战略联盟

战略联盟被视作企业等组织间的一种合作安排，其本质是企业间的协作关系，企业将联盟视作获得领先竞争优势的机会。自 20 世纪 80 年代起全球战略联盟的数量激增，成为企业获得竞争优势的重要手段之一。

无论从理论还是实践来说，重视战略联盟都有其广泛的基础。在理论方面，交易成本理论认为企业间形成战略联盟可以规避或降低交易成本。资源基础理论认为为企业获取自身不具备的关键资源的途径，是组织参与战略联盟的主要动机。组织学习理论认为战略联盟是为了学习联盟伙伴的知识和技能，帮助企业获取新知识，减少学习障碍。核心能力理论被认为是资源基础理论的进一步深化，提出战略联盟企业会把联盟看作开创未来和克服资源劣势的有力工具，战略联盟能够帮助企业超越资源限制，诸多关键资源基础会决定企业的成败，联盟的动机是要寻求资源和能力互补。

通常情况下，企业在其战略目标驱动（包含微观动因）和环境因素（包含情境因素）压力的作用下，若自身资源和能力同理想目标存在缺口，为了确保自身目标的实现，就会把组建战略联盟作为一个重要的选项，而且这个缺口越大，组建战略联盟意愿的强度就会越大。如 2014 年 9 月 18 日，华为宣布与全球领先的技术咨询和外包企业 Infosys

结成全球合作伙伴关系，双方将共同为企业客户提供云计算、大数据和企业通信解决方案。以此为基础，双方还将进一步整合华为的云计算基础设施和 Infosys 的全球 IT（information technology，信息技术）服务能力，共同为企业提供信息服务。

7. 顺势而为，与互联网接轨

因为跨界与颠覆带来的行业格局大洗牌，所有行业都将互联网化。只有掌握了互联网的两大命门——跨界打劫和造反颠覆，才能在未来的商业格局中占据优势。跨界与颠覆是互联网行业最普通的商业模式：苹果跨界进入智能手机行业，取代传统手机诺基亚的老大地位；微信跨界进入移动通信领域，抢了三大移动运营商的饭碗；互联网金融的出现让传统银行战战兢兢……跨界与颠覆无处不在，互联网正以前所未有之势跨界、颠覆着所有行业。

10 年前当我们谈论百度时，我们谈论的是它的搜索，而今天提到百度，如果你的思维还停留在搜索层面，说明你还不够了解百度。如今的百度早已发展成集搜索、推广、导航、社区、游戏、娱乐、广告、云计算等业务模式于一身的综合生态或联网平台，2013年就以 319.44 亿元的营业收入超出央视 40 亿元的总营收，一跃成为中国最大的媒体。2014 年，营业收入更是达到 490.52 亿元，比 2013 年增长 53.6%。

所有的行业都要积极与新技术实现融合，通过融合，布局企业的产业生态，不仅有利于企业发展，也有利于抵御可能的风险。海尔集团从 2013 年开始实施的网络化战略即是在信息技术发展的背景下，关注到传统产业面临的机遇和挑战之后做出的发展部署，海尔集团提出"网器"的概念，要求产品都要联网成为一个网器，不能仅仅是一个有某种使用属性的产品。如海尔推出的馨厨冰箱就是这样一种"网器"，馨厨冰箱发布行业首创场景商务平台，并与生鲜电商联合打造"互联网冰箱+生鲜配送"的差异化消费模式，承载了基于厨房生活这一场景产生的购物、娱乐等商务行为。2017 年 4 月，馨厨与易果生鲜签订战略合作协议，在上海某小区试点了三种硬件少付或免费的模式，均受到了用户喜爱，小微成员目前正在根据用户交互的需求优化免费的商业模式。2017年 4 月前后，已开始有外部资源主动找到馨厨平台寻求合作，愿意支付广告费。按照目前馨厨冰箱近 6 万台的预约量，目前资源方广告费最高出价为 5 万元/年，当然这家资源方也在倒逼小微：一旦馨厨能销售 50 万台/年，那么它们就愿意出 100 万元/年的广告费。

从馨厨冰箱不难看出，带给海尔集团的收入不仅仅是卖了冰箱之后的收入，还有卖了冰箱之后的场景收入，如目前的广告费，未来可能还有与生鲜等食品蔬菜供应商的销售收入的分成，相比产品收入，场景收入是动态的、连续的和长期的。

1.3　管理学的内容框架

本书以创新作为内容框架设计的视角，从创新对管理的影响到创新主体、创新要素、创新机制、创新能力完成内容搭建。其中内含的基本逻辑是创新是企业发展的根本动力，因而也是企业管理的核心目标，影响企业创新过程的有要素、机制和能力，要素是创新的基础，机制是创新能够实现的保障，而能力是创新的根本。本书具体内容包括如下方面。

第一篇，创新与管理。第 1 章阐述创新视角下管理的新内涵，企业管理理论与实践产生的新变化、新发展和未来趋势。第 2 章系统梳理了从中国古代到西方现代管理理论的演进过程，与第 1 章创新视角下的管理相呼应。

第二篇，创新主体。包含两章，包括第 3 章管理与管理者和第 4 章利益相关者。创新主体，即谁在创新。第 3 章管理与管理者，按照德鲁克给管理者的定义，对企业目标承担责任的员工，都是管理者。同时，在企业边界日益被打破的今天，利益相关者对企业的创新活动产生越来越重要的影响，如开放创新。可以说，借助新的沟通技术，利益相关者是企业创新活动中重要的外部资源，这是本书第 4 章的内容。

第三篇，创新要素。要素是支撑创新得以实现的基本构件，第 5 章到第 10 章系统地阐述创新的要素及具体要素管理问题，包括战略、决策、知识、技术、组织、文化等。

第四篇，创新机制。创新要素要靠创新机制才能发挥作用，创新绩效要靠创新机制才能实现预期目标。创新机制包括领导机制、激励机制和组织学习机制。当然除了这三个机制外，还应有协同机制、沟通机制等，在以后教材的修订中再补充完善。

第五篇，创新绩效。能不能取得预期的创新成果，能不能支撑企业可持续创新发展，创新能力是根本，第 14 章系统阐述了企业创新能力的内涵、形成问题。

【扩展阅读】

克莱顿·克里斯坦森及颠覆性创新

颠覆性创新理论，是由 Innosight 公司的创始人、哈佛大学商学院的商业管理教授、著名创新大师克莱顿·克里斯坦森（Clayton Christensen）基于其在哈佛大学所做的研究工作，总结提出的理论。

克里斯坦森的颠覆性创新理论旨在描述新技术（革命性变革）对公司存在的影响。1997 年，克里斯坦森在《创新者的困境：当新技术使大公司破产》（*The Innovator's Dilemma: When New Technologies Cause Great Firms to Fail*）一书中，首次提出了"颠覆性技术"（disruptive technologies）一词。

他说，反复的事实让我们看到，那些由于新的消费供给范式的出现而"亡"的公司企业，本应该对颠覆性技术有所预见，但却无动于衷，直至为时已晚。

只专注于他们认为该做的事情，如服务于最有利可图的顾客，聚焦边际利润最诱人的产品项目，那些大公司的领导者一直在走一条持续创新的道路，而恰是这一经营路线，为颠覆性技术埋葬他们敞开了大门。这一悲剧之所以发生，是因为现有公司资源配置流程的设计总是以可持续创新、实现利润最大化为导向的，这一设计思想最为关注的是现有顾客以及被证明了的市场面。

然而，一旦颠覆性创新出现（它是市场上现有产品更为便宜、更为方便的替代品，它直接锁定低端消费者或者产生全然一新的消费群体），现有企业便立马瘫痪。为此，它们采取的应对措施往往是转向高端市场，而不是积极防御这些新技术、固守低端市场，然而，颠覆性创新不断发展进步，一步步蚕食传统企业的市场份额，最终取代传统产品的统治地位。

早期的破坏性技术被界定为典型的更简单、更便宜、比现有技术更可信赖和更方便的技术，"简单、方便、便宜"被视为破坏性技术初始形成阶段的最显著特征。同时，破坏又被理解为一个相对性术语，对一个行业具有破坏性的创意，可能对另一个行业是维持性的。

通过向最好的顾客销售更好的产品，从而帮助在位企业获取高额利润的创新，是维持性创新而非破坏性的。维持性创新不仅包含微小的、渐进的工艺改进，而且包括在原有性能轨迹上的跳跃性改进。与维持性创新相比，破坏性创新所针对的目标顾客往往对在位企业而言毫无吸引力。尽管破坏性创新往往只是对已知技术的简单的改进和调整，但是在这场游戏中，新的进入者几乎总是击败在位者，因为在位公司缺乏动力去争取胜利。

克里斯坦森等从"目标产品或服务的性能、目标顾客或市场应用、对要求的商业模式的影响"这三个维度研究了维持性创新、低端市场的破坏性创新和新市场的破坏性创新三者之间的区别。他还分析了新市场的破坏性创新和来自低端市场的对现行商业模式进行破坏的创新所必须具备的特征。其中新市场的破坏性创新必须具备以下条件：①创新所针对的目标顾客是否过去由于缺乏金钱和技术而无法自己完成相应的工作。许多最成功的破坏性增长业务是提供给人们直接的产品和服务，而这些产品和服务在主流市场上既昂贵又复杂。②创新所针对的是否是那些喜欢简单产品的顾客。破坏性产品必须是技术上简单易懂，以那些乐于使用简单产品的顾客为目标。在位公司的资源分配程序往往要求对创新机会的大小和可能性进行量化，这样潜在的破坏性创新就被强行纳入显而易见的、可测度的、现存的市场应用中去了，这实际上将破坏性创新放置到现存市场上与维持性创新相抗衡。在现存市场上破坏性创新不仅花费巨大，而且通常会导致失败。③创新能否帮助顾客更简单、更有效地完成他们正努力试图完成的工作。

资料来源：张春辉，陈继祥. 渐进性创新或颠覆性创新：创新模式选择研究综述[J]. 研究与发展管理 2011（3）：88-96

【本章小结】

创新是由小变大、由大变强的核心动力。在充满不确定性的当今时代，必须驾驭种种不确定性并努力使其转化为企业发展的动力，而创新在其中扮演着越来越重要的角色。也可以这样理解，如果说，以泰勒、法约尔等古典管理理论的集大成者强调对组织目标的控制是管理的核心任务的话，那么，应对环境的高度不确定性，并运用创造力思维进行创新，从而形成企业可持续发展优势是第三次、第四次技术革命后企业管理的重任。创新对管理产生的影响具体包含但不限于：管理必须面向创新，管理必须关注要素的创新。

计划、组织、指挥、协调、控制是管理的基本职能，但在创新背景下我们将管理的概念由传统的职能论转向"要素论"，具体表述为：组织中的管理者从创新的视角出发，通过与利益相关者的合作关系，以战略、决策、知识、技术、组织、文化等核心要素为创新源泉，借助领导机制、学习机制、协同机制等创新的实施机制，整合企业内外部资源，提高企业吸收能力，从而形成不确定性环境下的企业动态能力，实现组织目标的过程。

创新背景下的管理职责包括：解决公司的惰性问题；明确战略目标并传递给员工；持续地创新；善于激励员工；深入理解用户需求；重视战略联盟；顺势而为，与互联网接轨。

【复习与思考题】

1. 什么是创新，创新的特征是什么？
2. 如何理解创新对管理的影响？
3. 如何理解基于要素论的创新背景下管理的概念？
4. 你认为创新背景下管理要解决什么问题？
5. 什么是企业的动态能力？
6. 如何深入理解用户需求？

【关键术语】

创新	innovation	管理	management
顾客	customer	用户	user
动态能力	dynamic capability	颠覆性创新	disruptive innovation

【案例与分析】

长安汽车的科技创新之路

重庆长安汽车股份有限公司（以下简称"长安汽车"）隶属于中国兵器装备集团有限公司。1862年，长安汽车源自上海洋炮局，由李鸿章创办，是中国近代工业的先驱。抗日战争期间，辗转迁移到重庆，为抗战供给枪炮弹药。中华人民共和国成立后，作为重要的军工企业，始终坚持军品自主研发，为国防现代化做出了贡献。1957年首次进入汽车制造业，仿制外国吉普车，自主生产出我国第一辆军用吉普车样车——"长江牌"46型吉普车。1983年，响应国家发展需要，实现"军转民"进入民用汽车领域，成为中国最大的"军转民"企业。

在发展的初始阶段，我国汽车行业整体条件相对稚嫩，研发投入强度与科技人员研发水平均比较低、产业规模与市场规模比较小、贸易开放程度不高，自主创新风险太大。因此，长安汽车决定走一条简单模仿发达国家技术的发展道路。在国家政策的支持下，长安汽车与日本铃木公司签订了技贸合作协议，正式引进日本铃木公司的微型汽车和发动机关键技术。1993年，在"以市场换技术，以市场换资金"的政策背景下，长安汽车与日本铃木公司合资建立了长安铃木汽车有限公司，引进奥拓微型车，开发具备20世纪90年代初期国际先进水平的新一代微车和轿车项目。

截至20世纪90年代末，我国微车市场形成了长安、柳微、昌河、哈飞、天汽"春秋五霸"的格局。从1983年到1999年，中国共造出340万辆微车（含轿），长安汽车占24%。1999年，长安汽车的微车销量为16.82万辆，销量位列五大主要微型汽车企业之首，市场占有率29.4%。长安汽车推出的"长安之星"更是国内微型车市场品种最多、技术含量最高的车型，在行业内连续多年保持单车销量第一的成绩。

由于外资车企大举进入中国市场，微车市场竞争更加激烈，生产能力不断扩大，供大于求的状况日渐凸显。各车企为了争夺市场，纷纷采取降价和折让等让利措施，使微车市场价格总体呈下降趋势。长安汽车也被迫降价，长安面包车由 4.2 万元降至 3.7 万元，降幅 11.9%。为占领市场，各品牌致力于加快推出新车型，增强企业竞争力。长安汽车看到了市场上发生的一切，倍感压力，多次向铃木公司要求提供新产品，日方要求长安支付车型技术转让费和零部件技术转让费，这笔费用分摊到每辆车上，使造车成本提高，长安汽车的利润空间受到挤压。

1999 年年底，在尹家绪的主持下，长安汽车提出了 21 世纪可持续发展的新思路——自主创新，并将"以我为主，自主创新"正式写进企业长期发展规划，致力于打造中国最强大且持续领先的核心研发能力。1999 年，尹家绪决定依靠合资的利润来"反哺"自主创新之路。此外，推进长安汽车自主业务的快速发展，贡献利润，用于自主创新。长安汽车每年将销售收入的 5%投入自主研发中，高于国际通行的 3%，在自主品牌中属于一线水平。"十五"期间，长安汽车累计将 38 亿元投入自主研发中，"十一五"期间累计投入超过 120 亿元，"十五"期间投入 200 亿元，为长安汽车自主创新道路提供了坚实保障。在国家五部委的联合评估中，长安汽车自主创新能力位列中国汽车行业第一。

自主创新最重要的是解决技术来源问题。多年合资合作，长安汽车并没有获得真正的核心技术，国内其他车企也缺乏自主创新的成功经验供参考，自主创新应如何迈出第一步？时任长安汽车工程研究院院长的朱华荣告诉尹家绪："在欧洲可以找到答案。"于是，尹家绪决定采用"借船出海"的战略，以项目为载体，采取中外联合开发解决核心技术的来源问题，将大批研发工程师放在国际舞台上进行实践和锻炼。

到 2003 年，长安汽车逐步具备了三大能力，即联合设计与部分自主设计的能力；对现有车型进行重大改进与改型的能力；零部件改进设计能力。2003 年，长安汽车集团实现销售收入 340 亿元，利润 6.3 亿元，利税总额 30.5 亿元，长安汽车的品牌价值达 106.97 亿元，汽车产销量位列中国微车行业第一，中国汽车行业第四，国内市场占有率达 10.96%。

2003 年 9 月 23 日，长安汽车第一个海外研发中心在意大利都灵成立，2008 年 4 月，长安汽车在日本横滨成立第二个海外设计中心，2010 年 6 月 28 日，长安汽车在英国诺丁汉科技园区成立第三个海外设计中心，2011 年 1 月 18 日，长安汽车第四个海外设计中心在美国底特律成立，2005 年 3 月长安汽车工程研究院搬迁到重庆市渝北区新办公大楼。至此，长安汽车构建起覆盖亚欧美三大洲的"五国九地、各有侧重"的研发体系。

在研发方面，长安汽车选择同济大学、上海交通大学、清华大学等高校建立联盟关系，重点突破噪声、振动与声振粗糙度（noise vibration harshness，NVH）问题。相比研发专家，在长安看来普通员工也有着无限的研发潜力，更加擅长解决生产制造环节出现的问题。为充分调动全体员工的力量，长安汽车开展"合理化建议"活动，让全体员工参与到企业建设中来。员工在解决 A101 转向器装配困难、B301 车门密封胶条下方卡扣装配困难、A101 背门字标与玻璃黏结不良导致淋雨线脱落等项目上贡献了自己的力量，节创价值 19 亿元。长安汽车每年都设置 200 多万元的专项奖励，对合理化建议进行奖励，目前累计奖金金额达近 2000 万元，奖励汽车 72 辆。

截止到 2014 年，长安自主品牌汽车累计销量已突破 1000 万辆，旗下明星车型逸动系列、CS 系列、悦翔系列、奔奔系列市场占有率均位居中国品牌细分市场首位。

资料来源：张慧颖，等. 企业永恒不变的基因——长安汽车的科技创新之路. 中国管理案例共享中心数据库，有改动

问题：

1. 为什么说科技创新是企业永恒不变的基因？通过本案例，你对企业科技创新有什么体会？

2. 管理在长安汽车进行自主创新过程中发挥了哪些作用？

3. 在未来长安汽车创新发展中，还要解决好哪些问题？

【推荐阅读】

1. 胡泳，郝亚洲. 海尔创新史话[M]. 北京：机械工业出版社，2015.

2. Christensen C M. The Innovator's Dilemma: When New Technologies Cause Great Firms to Fail[M]. Harper Press，2003.

3. Chesbrough H. Open Innovation：The New Imperative for Creating and Profiting from Technology[M]. Harvard Business School Press，2003.

4. 许庆瑞. 全面创新管理——理论与实践[M]. 北京：科学出版社，2016.

第2章 管理理论的演进

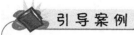 **学习目标** >>

1. 了解管理思想的起源和发展;
2. 理解古典管理理论的代表人物、主要理论并做出评价;
3. 掌握现代管理理论的主要流派和观点;
4. 了解管理理论的新观点。

引导案例

亨利·福特永恒科学管理打造汽车帝国

纵观福特公司汽车成长史,人们不得不慨叹亨利·福特把泰勒科学管理发挥到极致。整个福特汽车公司的大规模化生产就是科学管理思想的演示。

福特厂的技术人员吸收了泰勒数年前在美国钢铁业提出的流水线生产理论,创造了新的汽车生产方式。他们将制造各种部件的每一机械操作细分化、标准化、制度化、规模化。在这一原则下,连续化、专业化的设想渐渐从部件供应线的应用上转向最后的车体组装,创造出极高的劳动效率。1925年10月,福特汽车公司一个月就造出9109辆汽车,平均每10秒就制造出一辆,在全世界同行业中遥遥领先。福特首创的大规模配线生产方式和管理方法,不仅为今天高度发达的工业生产奠定了基础,并且加快了工业建设速度。

福特公司实施的"5美元工作日"可谓效果极其显著,具有划时代的意义。5美元工作日几乎引起了一场全国范围的大拆迁,尽管当时只宣布需要4000名新工人,可一下吸引来了15 000多人,公司从而吸收了大量劳动力中的精华,可谓映衬了泰勒的"挑选第一流工人"原则。福特的工资制像是一块磁石,它吸引数以千计的新工人源源不断地拥入底特律市,"厂内没有一句反抗之言,因为人人都明白任何不服从指挥的人都会被撵出大门,而无条件的迅速服从则有利可图"。新工资制度不仅没有使公司赔本,反而成为摇钱树。由此,工人的潜能得以最大地挖掘出来,劳动生产率迅速提高。福特公司的生产率在同行中遥遥领先,利润猛增,自然在市场竞争中做着龙头老大。

资料来源:解力夫,张光勤. 2004-05-13. 福特家族(七):五美元工作日[EB/OL]. 新浪网,http://www.sina.com.cn

2.1　中国早期的管理思想

2.1.1　以人为本的管理理念

中国古代管理思想家已经意识到管理的核心在于调节人际关系，管理人的行为，引导人的心理反应，以实现管理目的。而要抓住这个核心，就必须了解人，掌握人的本质，于是就产生了荀子的"性恶论"、孟子的"性善论"。这些对人性的理解，为那个阶段下的管理提供了直接的理论依据。

古代思想家认为，事业成败在于得人与否，如"得人心者得天下，失人心者失天下"。与此同时，一个好的领导要求做到"知人善任"。

2.1.2　协调人际关系的思想

中国古代管理思想家对人际关系有着深刻的阐述，并有一套协调人际关系，使人们同心协力工作的方式、方法。他们认为，要有效协调人际关系，应以"礼"的秩序来规范人的行为，人与人之间应"仁"，即互相之间的交往要"以德待人""谦虚礼让"，获得群体内的"和为贵""交相爱"，而一个领导者对于群体内的人际关系协调应做到"中庸平和"。

2.1.3　"利""义"观

中国古代思想家认为，人固然出于生物属性的本能要谋"利"，但也有社会属性的本性，即有时也会产生"舍生取义""君子不言利"的行为，人改造自然的创造性行为的能力，只有在社会群体的协作中才能全面发挥出来，从而实现其追求"利"的目的。因此，要求人们的行为符合社会、集体所要求的协作取利的"义"，而不仅仅是人生物本能的"见利忘义"和单纯求利。古人在大局与局部、集体与个人的关系上倡导"先天下之忧而忧，后天下之乐而乐"。

2.1.4　提高管理者素质的思想

中国古代管理思想家认为，管理的本质在于"修己"，即管理者要重视自身修养，重视自己的行为规范，在下属面前以身作则，然后才去管理他人，即"安人"，"其身正不令而行，其身不正虽令不从"，倡导"格物—致知—正心—诚意—修身—齐家—治国—平天下"，即从管理者本人自身修养的角度出发，首先通过观察和认识事物来获取广泛的知识，同时注重精神的锻炼和提高自身素质，使得管理者无论在道德修养还是行为规范等方面都达到较高境界，首先实现自我管理的目标。

当然，尽管中国古代管理思想家从不同角度基于丰富的管理实践经验提出了有远见的观点，但始终未构建起系统的管理学科体系，同时，缺乏管理的微观机制考察。伴随着人类社会生产力的不断进步，当进入资本主义社会，特别是第一次技术革命和第二次技术革命发生以后，主要资本主义国家出现越来越多的大规模生产，机器开始代替部分手工生产，由此对生产的专业化程度要求越来越高，迫切需要能够指导工业革命以后工厂的管理改革问题，以使生产效率随着生产力的提高而同步提高。

2.2　西方古典管理理论

19 世纪末 20 世纪初，资本主义的经济竞争开始向垄断阶段过渡。这时资本主义社会的生产力得到了较快发展，随着科学技术的进步，企业规模不断扩大，市场也在迅速扩展，从一个地区扩展到整个国家，从国内扩展到国外。面对新的生产组织形式和激烈的竞争态势，劳动生产率低下，劳资冲突加剧等问题，单凭经验进行生产和管理已经不能适应剧烈的竞争局面了。这从客观上要求用科学的管理来取代传统的管理方法。这就在客观上给管理理论的产生和发展创造了良好的时机，从而促进了古典管理理论的形成和发展。"古典管理理论"是以"经济人"假设为基础的管理理论，其出发点认为经济利益是驱动员工提高劳动效率的主要动力。在研究方法上，则侧重于以静态的观点分析管理过程的一般规律。代表性的理论有泰勒的科学管理理论、法约尔的一般管理理论以及韦伯的官僚制理论。

2.2.1　泰勒的科学管理理论

泰勒的职业生涯开始于 19 世纪 70 年代，当时美国机器工业逐渐发达，工厂制度逐渐普及，但随着大规模生产的发展，工厂生产效率提高却是一个困扰工厂的难题。当时的工厂管理中存在的突出问题是：放任自流的管理方式、有组织的怠工和劳资关系紧张。

1. 泰勒简介

泰勒（1856～1915）出身于美国宾夕法尼亚州杰曼顿的一个富裕的律师家庭。在泰勒的早期教育中，他大量学习古典著作并学习了法语和德语。泰勒迷恋于科学调查研究和实验，对任何事都想找出"一种最好的方法"，强烈希望遵照事实改进和改革事物。早期他发明了一些精巧的器具，这为其后来的成功奠定了基础。他的家庭希望他继承父业，成为一名律师。年轻的泰勒不负所望，考上了哈佛大学法律系，但由于眼疾被迫辍学。1875 年他进入费城一家小机械厂做学徒工，又于 1878 年转入费城的米德维尔工厂（Midvale）当技工，在该厂一直干到 1890 年。在此期间，他工作努力，表现突出，从一般工人先后被提拔为车间管理员、技师小组长、工长、维修工厂制图部主任，并于 1884 年被提升为总工程师。1883 年他通过自学获得了机械工程学位，在米德维尔工厂的实践中，他感到当时的企业管理当局不懂得用科学方法进行管理，不懂得工作秩序，不懂得劳动节奏和疲劳因素对劳动生产率的影响；而工人缺少训练，没有正确的操作方法和适用的工具，这些都大大影响了劳动生产率。为此，他从 1880 年开始进行实验，系统地研究和分析工人的操作方法与劳动所花时间，逐步形成了科学管理理论。1890～1893 年，他在一家制造纸板纤维的制造投资公司担任总经理。

1893～1898 年，泰勒独立从事工作管理咨询工作。1898～1901 年，他受雇于宾夕法尼亚的伯利恒钢铁公司做咨询工作，在那里进行了著名的搬运生铁、铁砂和煤炭的铲掘和金属切削三个试验。1901 年以后，他大部分时间从事写作、演讲、宣传他的科学管理理论，为科学管理理论在美国和国外传播做出了贡献。1906 年，他出任美国机械工程师学会主席。1915 年 3 月 21 日在费城去世。

泰勒在管理方面的主要著作有《计件工资制》（1895 年）、《车间管理》（1895 年）、《科学管理原理》（1911 年）。《科学管理原理》一书的出版，奠定了科学管理理论基础，标志着科学管理思想的正式形成，泰勒也因此被西方管理界称为"科学管理之父"。

2. 泰勒的试验

泰勒进行了以下 3 项著名的试验。

1）搬运生铁

当时的工人们要把 9.2 磅重的生铁块装到铁路货车上，他们每天的平均搬运量是 12.5 吨。泰勒相信，通过科学分析装运生铁工作以确定最佳的方法，搬运量应该能够提高到每天 47～48 吨。

试验开始后，泰勒首先寻找一位体格强壮的受试者。泰勒请到的这个人是一个大个头、强壮的荷兰移民，叫施米特。施米特像其他装卸工人一样每天挣 1.15 美元，这在当时仅够维持生存。泰勒用钱（每天从 1.15 美元提高到 1.85 美元，提高了 60.9% 的工资）作为主要手段，使施米特严格照他规定的方法装生铁，泰勒试着转换各种工作因素，以便观察它们对施米特日搬运量的影响。例如，在一些天里施米特可能弯下膝盖搬生铁块；而在另一些天里，他可能伸直膝盖而弯腰去搬生铁；在随后的日子里，泰勒还试验了行走的速度、持握的位置和其他变量。

经过长时间地试验各种程序、方法和工具的组合，通过选用合适的工人并使用正确工具，严格遵循作业指示，以及大幅度提高日工资来激励工人，泰勒达到了他每天装运 48 吨的目标，工作效率提高了近 5 倍。通过这项试验，泰勒制定出一套最优搬运方法、最优步行距离、最优工休间歇。

2）铁砂和煤炭的铲掘试验

泰勒注意到工厂中的每个工人都使用同样大小的铁锹，不管他们铲运的是何种材料。这在泰勒看来是不合理的，如果能找到每锹铲运量的最佳重量，那将使工人每天铲运的数量达到最大。于是，泰勒想到铁锹的大小应当随着材料的重量而变化。经过大量试验，泰勒发现 21 磅是铁锹容量的最佳值，为了达到这个最佳重量，像铁砂这种材料应该用小尺寸的铁锹铲运，而像焦炭这样的轻材料则应该用大尺寸的铁锹铲运。

根据泰勒的发现，领班们将不再仅仅是吩咐工作"去铲那边的那一堆"，而应该按照要铲运的材料性质，决定工人使用何种尺寸的铁锹完成工作，当然，这样做的结果是大幅度提高了工人的生产率。他的这项研究，也是后来标准化工作的雏形。

3）金属切削试验

过去切削加工没有标准的加工工艺规程，只是师傅带徒弟，凭经验加工。泰勒对切削加工的方法进行了试验，制定了各种操作加工的标准，要求工人按照这些标准或规程进行加工，这在金属工艺学上是一个很大的贡献。

3．科学管理理论的主要观点

我们将泰勒的科学管理理论归结为以下八个方面。

1）科学管理的中心问题是提高劳动生产率

泰勒认为，工人和企业主之间存在某种利益的一致性，如果能够改善企业的经营成果，那么即使份额不变，劳资双方也都可以在绝对量上从企业盈利的分配中得到比以前更大的收益。改善经营成果、增加盈利，可以采用许多方法，其中一条重要的途径就是提高劳动生产率。他在《科学管理原理》一书中曾强调提高劳动生产率的重要性和可能性。他提到：生产率巨大增长这一事实标志着我们在一二百年内的巨大进步，正是劳动生产率的提高，使得今日人们生活几乎同 250 年以前的国王一样好。泰勒认为，提高劳动生产率的潜力较大，方法是选择合适而熟练的工人，把他们的每一项动作、每一道工序的时间记录下来，并把这些时间加起来，再加上必要的休息时间和其他延误时间，就得出完成该项工作所需的总时间。据此制定出"合理的日工作量"，这也就是所谓的工作定额原理。

2）为了提高劳动生产率，必须为工作配备"第一流的工人"

泰勒认为，那些能够工作而不想工作的人不能成为第一流的工人，只要工作合适，每个人都能成为第一流的工人。而培训工人成为"第一流的工人"是企业管理当局的责任。

3）实行标准化原理

使工人掌握标准化的操作方法，使用标准化的工具、机器和材料，并使作业环境标准化，这就是所谓的标准化原理。泰勒认为，必须用科学的方法对工人的操作方法、工具、劳动和休息时间的搭配、机器的安排和作业环境的布置等进行分析，消除种种不合理的因素，把各种最好的因素结合起来形成一种最好的标准化的方法。而这种方法的制定是企业管理的首要职责。泰勒进行的铲掘试验，就是让几个工人使用不同的铁锹，以观察他们的工作量。结果发现，每锹量为 21 磅时可以使工人一天的总工作量达到最高。根据这次试验，他为这家工厂的装卸工人设计了 8~10 种不同的铁锹，要求工人根据装卸物品的不同选择使用。

4）实行刺激性的计件工资报酬制度

泰勒认为，工人不愿提供更多劳动的一个重要原因是分配制度不合理。有些也实行计件工资制，但是工人的产量一旦增加，工资总额也需要增加时，资本家便降低工资标准。工人则采用压低产量的办法来对付资本家，从而造成劳动生产效率的低下。泰勒认为，要刺激工人创造更多的产量，工资标准不仅应当稳定，而且应该随着产量的增加而提高。实行差别计件工资制，即在计算工资时，采取不同的工资率，未完成定额的按低工资率支付，完成并超过定额的按工资率支付。例如，如果工人只完成定额的 80%，就按 80% 工资率付酬；如果超过定额的 120%，则按 120% 工资率付酬。由于完成并超过定额能以较高的工资标准得到报酬，工人愿意提供更多数量的劳动。

5）工人和雇主双方都必须来一次"心理革命"

泰勒认为，工人和雇主两方面都必须认识到提高效率对双方有利，双方必须变相互指责、怀疑、对抗为互相信任，都要来一次"心理革命"，相互协作，共同为提高劳动生产率而努力。这样做时，他们共同努力所创造的盈余确实是令人震惊的，在前面介绍的铲掘试验中，每个工人每天的平均搬运量从 16 吨提高到 59 吨；工人每日的工资从 1.15 美元提高到 1.88 美元，而每吨的搬运费则从 7.5 美分降到 3.3 美分。雇主关心的是成本的降低，而工人关心的则是工资的提高。所以，泰勒认为这就是劳资双方进行"心理革命"、从事协调与合作的基础。

6）把计划职能同执行职能分开，变原来的经验工作方法为科学工作方法

所谓经验工作法，是指每个工人用什么方法操作、使用什么工具等，都由他根据自己或师傅等人的经验来决定。泰勒主张，在企业中设置计划部门，把计划职能和执行职能分开。泰勒指出，要提高劳动生产率，就要改进工人的作业方法。工人虽然拥有丰富的操作经验，却没有时间去进行系统的研究和分析。这项工作应该由企业主或企业委托的专门人员进行，因为"只有富人才有可能向自己提供时间这个奢侈品来进行科学研究"。所以，他主张在企业中设立专职的计划部门，把计划（管理）职能同执行（作业）职能相分离。

7）实行职能工长制

泰勒主张实行"职能管理"，即将管理的工作予以细分，提出所有的管理者只需承担一种管理职能。他设计出 8 个职能工长，代替原来的 1 个工长，其中 4 个在计划部门，4 个在车间。每个职能工长负责某一方面的工作。在其职范围内，可以直接向工人发布命令。泰勒认为，实行职能工长制，对管理人员的培养只需要花费较短的时间，因为他们只需要掌握某一个方面的技能；管理者职责明确，从事专门的职能管理，可以提高管理工作的效率；由于计划和作业标准已在计划部门制定，现场的职能工长只需要进行指挥监督，因此低工资者也可从事较复杂的工作，从而降低企业的生产费用。

8）在管理控制上实行例外原则

泰勒认为，如果说现场的管理应该实行职能工长制的话，那么在规模较大的企业中，高层管理者还需要进行例外管理。所谓例外管理，是指企业的高级主管把一般的日常事务授权给下级管理人员去处理，而自己只保留对例外事项或重要问题的决策和监督。这个原理实际上为后来的分权化管理和事业部制提供了理论依据。

4. 对泰勒科学管理思想的评价

科学管理理论的影响是广泛而深远的。泰勒的思想对人类的经济福利所产生的影响是巨大的。首先，它冲破了百多年沿袭下来的传统的落后的经验管理办法，将科学引进了管理领域，并且创立了一套具体的科学管理方法来代替单凭个人经验进行作业和管理的旧方法。其次，科学的管理方法和科学的操作程序使生产效率提高了两三倍，推动了生产的发展，适应了资本主义经济在这个时期的发展需要。最后，由于管理职能与执行职能的分离，企业中开始有一些人专门从事管理工作。这就使管理理论的创立和发展有了实践基础。

虽然泰勒的科学管理有很大的历史贡献，但也有明显的局限性。一是"经济人"假设。泰勒认为，企业家的目的是获得最大限度的利润，工人的目的是获得最大限度的工资收入，这都是从把经济动机作为唯一动机这种"经济人"假设的观点出发的，他忽视了企业成员之间的交往及工人的感情、态度等社会因素对生产效率的影响。在人际关系学派兴起后，对泰勒这方面观点的指责更多。二是机械模式。泰勒把管理职能与执行职

能分开后，工人被看作仅仅接受监督人员命令、从事作业的被动生产工具，就像机器那样，被当作时间和动作研究的对象。泰勒的"标准作业时间""标准工作量""标准作业方法"都是以最强壮、技术最熟练的工人进行紧张劳动时所测定的时间定额为基础的，是大多数工人无法接受和支持的。因此，泰勒制被认为是资本家最大限度地压榨工人血汗的手段。三是内容不全面。泰勒制是适应历史发展的需要产生的，受历史条件和个人经历的限制，管理的内容比较窄，管理的范围也比较小，仅仅限于生产现场的监督和控制问题及工人的操作问题，企业的供应、财务、销售、人事等方面的活动基本没涉及，当然这些由他的同代人亨利·法约尔完成了。

作为一个伟大的思想体系，在科学管理思想的发展过程中，巴斯、甘特、吉尔布雷斯夫妇、福特等从理论和实践等方面发展了科学管理的思想体系。

2.2.2　法约尔的一般管理理论

1. 法约尔简介

亨利·法约尔（1841～1925）是欧洲一位杰出的经营管理思想家，被称为"一般管理理论之父"。他出身于法国一个小资产者家庭，15 岁在一所公立中等学校读书，17 岁考入一所国立矿业学院，19 岁毕业并取得矿业工程师资格，毕业后被一家煤矿公司任命为矿井工程师，25 岁被任命为矿井经理，31 岁被任命为该公司的总经理。在漫长而卓有成绩的管理生涯中，他一直从事管理工作。1918 年退休时的职务是公司总经理，退休后还在公司继续担任董事，直到 1925 年 12 月去世，享年 84 岁。

法约尔从公司退休以后，致力于管理研究和管理教育工作，成立了自己的管理研究中心，并于 1916 年出版了《工业管理与一般管理》，奠定了这一成果在管理学发展历程中的地位，标志着一般管理理论的诞生。法约尔也由此成为管理过程学派的奠基人。

2. 一般管理理论诞生的背景

19 世纪末 20 世纪初，泰勒的科学管理思想在美国产生了重要影响，也迅速传到了欧洲和日本。然而，科学管理的对象局限于工作管理。为了弥补这种局限性，包括泰勒的追随者在内的许多研究者试图开发新的管理理论。

与泰勒从学徒工逐渐提升至总工程师的经历不同，法约尔一开始就担任工程师并很快提升到管理层。所以，如果说泰勒的科学管理主要着眼于基层的话，法约尔的学说则将重点放在企业的高层管理上。同样有着长期在企业工作经历的法约尔试图解决的问题主要包括两个方面：一是总结自身管理经验，开发管理理论；二是发展管理教育，而管理教育需要以系统的管理理论为基础。

法约尔强调管理教育的重要性。他指出：单一的技术教育无法适应企业的一般需要，即使工业企业也是如此。但是工业学校以往过于强调技术知识，而对商业、财务、管理和其他职能知识很不重视。法约尔意识到一般管理理论的确是制约管理教育的主要"瓶颈"，因此试图结合自身的实践经验开发管理理论。

3. 法约尔一般管理理论的主要内容

法约尔的观点主要体现在他于 1916 年出版的《工业管理与一般管理》一书中。这本书系统地介绍了法约尔管理思想的主要观点。

1）企业职能不同于管理职能

法约尔指出，任何企业都存在六种基本活动。

（1）技术活动，指生产、制造和加工。

（2）商业活动，指采购、销售和交换。

（3）财务活动，指资金的筹措、运用和控制。

（4）安全活动，指设备的维护和人员的保护。

（5）会计活动，指货物盘点、成本统计和核算。

（6）管理活动，指计划、组织、指挥、协调和控制。

2）管理教育的必要性和可能性

法约尔指出，上述六个方面的活动，在任何组织的任何层次都会以这种或那种方式不同程度地存在，因此组织中不同层次的工作人员都应根据任务的特点，不同程度地拥有六种职能活动的知识和能力。如管理知识与能力，不仅在企业中担任经理、厂长、车间主任或工段长职务的人应该具备，从事直接生产劳动的工人也应有所了解，虽然在要求程度上不如对前者那样高。但是，根据法约尔的分析，当时人们注重对技术知识的灌输和技术能力的培训，而普遍忽视了管理教育，其主要原因是零散的管理知识和经验没有得到系统的认识。

因此，法约尔指出，要适应企业经营的需要，必须加强管理教育，而且加强管理教育，必须"尽快建立一种管理理论"，建立"一种得到公认的理论：包括为普遍的经验所证实过的一套原则、规则、方法和程序"，并在学校中进行管理教育，使管理教育能起到像技术教育那样的作用。

3）管理的 14 项原则

由于任何组织的活动都存在共同的管理问题，人们认为在管理实践中必然要遵循一系列一致的原则。法约尔根据自己的经验总结出 14 条管理原则。他指出，原则虽然"可以适应一切需要"，但它们是"灵活的"。"在管理方面，没有什么呆板和绝对的东西，这里都是尺度问题。"原则的应用"是一种很难掌握的艺术，它要求智慧、经验、判断和注意尺度。由经验和机智合成的掌握尺度的能力是管理者的主要才能之一"。法约尔提出的 14 条管理原则包括如下方面。

（1）分工。他认为这不仅是经济学专家研究有效使用劳动力的问题，也是在各种机构、组织、团体中进行管理活动所必不可少的工作。

（2）职权与职责。他认为职权是发号施令的权力和要求服从的欲望。职权与职责是相互联系的，委以责任但不授予相应的权力就是组织上的缺陷。当然职权也不能滥用。

（3）纪律。他认为纪律是管理所必需的，是"对协定的尊重，这些协定以达到服从、专心、干劲以及尊重的仪表为目的"。就是说，组织内所有成员通过成文的协议对自己在组织内的行为进行控制。纪律应该尽可能明确和公平。

（4）统一指挥。组织内每一个人只能服从一个上级并接受他的命令。

（5）统一领导。这条原则和统一指挥不同，它是指一个集团，为了同样目的的所有行动，只能由一个领导、一个计划来统领。

（6）个人利益服从整体利益。个人利益和小集体的局部利益不能超越组织的整体利益。当二者不一致时，主管人员必须使它们一致起来。

（7）个人报酬。报酬与支付的方式要公平，给雇员与雇主以最大可能的满足。

（8）集中化。这主要指权力的集中或分散的程度问题。应根据各种情况来决定"产生全面的最大利益"的集中或分散的程度。这种集中或分散应具有一定的弹性，根据组织的性质、问题和所有人员的能力而决定。

（9）等级链。管理机构中，从最高一级到最低一级应该建立关系明确的职权等级系列。一般情况下不要轻易违反它。但在特殊情况下应该适当变动（"跳板"形式，也称"法约尔"桥）。

（10）秩序。每个组织中的人员应该规定其各自的岗位。"人皆有位，人称其职。"

（11）公平。主管人员对其下属仁慈和公平，就可能使其下属人员对上级表现出忠诚和热心。

（12）工作稳定。如果人员不断变动，工作将得不到良好的效果。

（13）首创精神。这是提高组织内各级人员工作热情的主要源泉。

（14）集体精神。必须注意保持和维护集体中团结、协作、融洽的关系，特别是人与人之间的相互关系。

法约尔强调指出，以上 14 条原则，在管理工作中不是死板和绝对的东西，这里有个尺度问题。在同样的条件下，几乎从不两次使用同一原则来处理事情，应当注意各种可变因素的影响。因此，原则是灵活的，是可以适应于一切需要的，但真正的本质是懂得如何运用它们。

4）管理要素

管理的原则是在具体的管理活动中被执行的。法约尔认为，管理活动包括计划、组织、指挥、协调和控制五个方面。

（1）计划。计划是管理职能中一个重要的要素。预见和计划是管理所必需的。计划的依据应该是企业的资源、目前进行工作的性质和将来发展的趋势，还应考虑各级人员的意见。他认为，一个良好的计划应具有统一性、连续性、灵活性、精确性等特点。

（2）组织。法约尔指出在配备必要的物质资源以后，管理者的任务就是要把本单位的人员合理地组织起来，以完成企业的六个基本职能。组织工作包括：选择组织形式，规定各部门的相互关系，选聘、评价和培训工人，等等。

（3）指挥。指挥的任务是要让已经建立的企业发挥作用。"对每个领导者来说，指挥的目的是根据企业的利益，使其单位里的所有人做出最佳贡献。"

（4）协调。协调是为了使各项活动和谐，以便更好地进行工作，并取得成功。

（5）控制。控制是保证计划目标得以实现的重要手段，是要"证实各级工作是否都与预定计划相符合，是否与下达的指标及预定原则相符合。控制的目的在于指出工作中的缺点，以便加以纠正并避免重犯"。

4. 对法约尔理论的评价

法约尔对管理学发展的主要贡献可以概括为三个方面：①法约尔创立了一般管理理论，正如英国管理学家厄威克（Lyndall Fownes Urwick，1891～1983）所说：“法约尔无可争议地讲明了一个泰勒本人十分推崇而后继者却无法阐明的道理：卓越的管理者绝不仅仅是增加劳动产量和制定组织下级单位的计划，它应首先是高层管理者的一种精密细致的研究和经营性训练。”②一般管理理论为管理过程学派奠定了基础，法约尔是管理过程学派的创始人，即使在今天，世界上绝大多数管理学教科书都是沿着法约尔提出的计划、组织、指挥、协调、控制等职能作为框架编写的。③倡导管理教育，20 世纪初，生产规模的迅速扩大需要更多的管理者，管理教育的必要性与日俱增，法约尔结合自身经验提出的一般管理理论使得管理教育成为可能。

当然，一般管理理论也存在一定的局限性，主要表现在：①一般管理理论对管理职能和管理过程进行了系统的剖析，却回避了人性的问题，在“经济人”假设占支配地位的时代，法约尔沿用了当时的主流观点；②研究方法过于依靠经验，一般管理理论是法约尔根据自身管理经验经过抽象提炼而成的，虽然在系统性和逻辑性方面无可挑剔，但在研究方法上显然比泰勒略逊一筹；③法约尔对管理原则的提炼不够深入，管理原则与管理职能的对应关系也不明确。

法约尔认为，管理是一个实施计划、组织、指挥、协调、控制等职能的过程，这一观点被后来的管理过程学派的学者所接受。厄威克、古利克、孔茨、戴明等又对管理职能重新进行了归纳总结，推动了管理过程理论的发展。

2.2.3　韦伯的官僚制理论

1. 韦伯简介

马克斯·韦伯（Max Weber，1864～1920）与泰勒和法约尔是同一时代的人，于 1864 年出身于德国的一个律师家庭，1882 年高中毕业后进入海德堡大学法律系学习，1889 年完成博士学位论文，1891 年取得在大学授课的资格。从 1892 年起，韦伯曾先后在柏林大学任法学教师，在弗赖堡大学和海德堡大学任经济学教师，以及在慕尼黑大学任社会学教授。1920 年，韦伯死于流行性感冒引起的肺炎，享年仅 56 岁。

与泰勒和法约尔相比，韦伯主要是一个学者。他一生发表了许多著作，比较重要的有《一般经济史》《社会与经济组织理论》《社会学论文集》《新教伦理与资本主义精神》等。其研究领域涉及法律制度、宗教体系、政治制度和权力关系等多个方面，凡他涉足的领域，都提出了许多新的观点，促进了这些学科的形成与发展。韦伯在管理思想上的主要贡献是提出了“理想的行政组织体系”理论，并因此被人们称为“组织理论之父”。

2. 韦伯官僚制理论的主要内容

1）理论核心
社会组织是管理对象的一个重要的层次。它是管理的存在基础。无论是“科学管理理论"也好，还是"一般管理理论"也好，对于组织的研究，所占的比例都不是很大。而韦伯的"官僚制理论"在这方面做了较细致的深入研究。

在韦伯看来，行政组织机构不同于传统的组织形式。他所设想的行政组织机构是通过"公职"或职位来管理的，而不是通过个人或"世袭"来进行管理。他认为，这样的行政组织机构可以有效地运用复杂的组织，是企业、政府、军事等组织最有效的形式，它对于任何组织形式来说都是"理想的"。在他看来，所谓"理想的"并不是最合乎需要的，而是指组织的"纯粹形态"，在实践中组织形态往往是复杂多变的。这个理想的行政组织机构只是便于进行理论分析的一种标准模式，它便于说明从小规模的企业（家庭产业）管理过渡到大规模的专业管理的转变过程。西方学者认为，这一理论是管理思想上的一大贡献，对以后管理思想的发展有重大影响。韦伯官僚制理论的主要内容有如下方面。

（1）劳动分工。工作应当分解成简单的、例行的和明确定义的任务。

（2）职权等级。公职和职位应当按等级来组织，每个下级应当接受上级的控制和监督。

（3）正式的选拔。所有的组织成员都是依据经过培训、教育，或正式考试取得的技术资格选拔的。

（4）正式的规则和制度。为了确保一贯性和全体雇员的活动，管理者必须遵守正式的组织规则。

（5）非人格性。规则和控制的实施具有一致性，避免掺杂个性和雇员的个人偏好。

（6）职业定向。管理者是职业化的官员而不是他所管理的单位的所有者，他们领取固定的工资并在组织中追求他们职业生涯的成就。

2）权力的类型

权力是统治社会或管理某个组织的基础。社会或组织与其构成部分的关系，主要不是通过契约关系或道德一致来维持的，而是通过权力的行使来凝聚的。韦伯把权力定义为一种引起服从的命令结构。为了保证权力的有效运用，统治者极力使权力合法化。韦伯认为，被社会所接受的合法权力有三种类型。

（1）传统型权力。传统型权力是以古老的传统、神圣不可侵犯的信念以及对下属行使权力的人的地位的合法性为基础的，是由历史沿袭下来的惯例、习俗规定的权力。对于传统权力，人们对其服从是因为领袖人物占据着传统所支持的权力地位，同时，领袖人物也受着传统的制约。但是，人们对传统权力的服从并不是以与个人无关的秩序为依据，而是在习惯义务领域内的个人忠诚。领导人的作用似乎只是维护传统，因而效率较低，不宜作为行政组织体系的基础。

（2）个人魅力型权力。个人魅力型权力是以对某人特殊的、神圣的、英雄主义或模范品质的忠诚、热爱与崇拜为依据而规定的权力。这些超凡的人物具有超自然、超人的权力，所谓救世主、先知、政治领袖就属于这类人物。个人魅力型权力的维持在于其拥有能够使追随者或信徒信赖的超凡能力。为此，他必须经常做出英雄之举，不断创造奇迹，而这在日常管理中是很难做到的。因此，韦伯认为，个人魅力型权力产生于动乱和危机之中，而崩溃于稳定秩序条件下的日常事务管理以及使这种权力制度化的尝试之中。所以个人魅力型的权力带有过多的情感色彩，是非理性的，不能作为政治统治稳固制度的基础，也不宜作为行政组织体系的基础。

（3）法理型权力。法理型权力是由社会公认的法律规定的。对这种权力的服从是绝对的，没有普通百姓和领袖官员之分。这种权力是由依照一定法律而建立的一套等级制度赋予的，下级对这种权力的服从，是由于有了依法建立的与个人无关的等级制度。合法权力能以多种方式行使，并且，它是理想行政组织体系的基础。

3）理想的官僚制组织的适用性

作为组织理论学派的代表人物，韦伯提出的官僚集权组织认为，只有合理合法的权力才是官僚集权组织的基础，它使管理具有连续性。韦伯认为，官僚集权组织是高度理性化、专业化、制度化而非人格化的，这样的组织在稳定性、精确性、纪律性方面优于传统的组织，具有更高的效率、一致性和可预测性。

3. 对韦伯行政组织体系理论的评价

韦伯认为，高度结构的、正式的、非人格化的理想行政组织体系是人们进行强制控制的合理手段，是达到目标、提高效率的最有效形式。这种组织形式在精确性、稳定性、纪律性和可靠性方面都优于其他组织形式，能适用于各种管理工作及当时日益增多的各种大型组织，如教会、国家机构、军队、政党、经济企业和各种团体。韦伯的这一理论，对泰勒、法约尔的理论是一种补充，对后来的管理学家，尤其是组织理论学家则有很大的影响。韦伯被称为"组织理论之父"。

当然，理想的行政组织体系理论并不是一个十全十美的管理理论，也不如韦伯所说的那么理想，其中的缺陷还是很突出的。有人对理论中的升迁制度部分提出了疑问，还有人对韦伯的理论提出了批评。他们认为韦伯只把目光瞄向正式组织，而忽视了正式组织外的非正式组织的存在以及其对管理所起的重大作用。

2.3 行为科学理论

1920 年，整个资本主义世界工业生产及部分重要工业产量恢复到第一次世界大战前水平，但是在政治矛盾激化，阶级斗争和革命运动一度高涨下又导致了新一轮的经济危机。资本家为摆脱危机，充分利用泰勒的科学管理原理。但是由于泰勒的研究侧重于生产作业，以机器为中心，把人视为机器的附属物，泰勒制的广泛运用导致了企业管理人员严重忽视人的尊严和人的主观能动作用。长期下去，工人的思维迟钝，智力衰退，创造力下降，对工作漠不关心，完全被动机械地来进行，从而导致工作效率不仅难以持续提高，甚至有所下降。

为了实现生产率提升的同时不降低员工的积极性的平衡，资产阶级的学者们将人类学、社会学、心理学、经济学等知识综合起来，着重研究人们在工作中的行为以及这些行为产生的原因，以协调组织内部人际关系。这样以提高工作效率为目的的行为科学理论便产生了。行为科学在早期叫作人际关系学，后来发展成行为科学理论，在 20 世纪 60 年代中叶，又发展成组织行为学。

2.3.1　梅奥简介

埃尔顿·梅奥（Elton Mayo，1880～1949），原籍澳大利亚，1922 年移居美国，行为科学家。在第一次世界大战期间，他利用业余时间用心理疗法给受战争创伤的士兵治病。1926 年任哈佛大学工商管理研究院副教授。1927 年，在哈佛主持心理病理学研究小组时，与其助手参加了"霍桑试验"。他的著作有《工业文明的人类问题》《工业文明的社会问题》，书中记载了他所参加的霍桑试验的过程和结论，并进一步阐明了他的观点。

2.3.2　霍桑试验

霍桑试验是在西方电器公司设在芝加哥附近的霍桑电话机工厂中实施的，从 1924 年至 1932 年，历时 8 年，是行为管理学派早期研究的一项重要活动。霍桑试验的目的是找出工作条件对生产效率的影响，以寻求提高劳动生产率的途径。该试验分为以下四个阶段。

第一阶段：工场照明试验（1924～1927 年）。

西方电器公司的工业工程师想观察不同的照明水平对工人生产率的影响，他们将工人分为两组：一组为"试验组"，先后改变工场照明度，让工人在不同的照明强度下工作；另一组为"对照组"，工人在照明度不变的条件下工作。

第二阶段：继电器装配室试验（1927～1928 年）。

该试验目的是看各种工作条件的变动对小组生产率的影响，以便能够更有效地控制影响工作效率的因素。

1927 年，工程师们邀请哈佛大学的梅奥等参加研究。梅奥选择了 5 名女装配工和 1 名画线工在单独的一间工作室内工作，以便有效地控制各种影响产量的因素。在试验中分期改善条件，如改进材料供应方法、增加工间休息、供应午餐和茶点、缩短工作时间、实行团体计件工资制等，在工作时间内大家可以自由交谈。这些条件的变化，使产量上升。但一年半后，取消了工间休息和供应的午餐、茶点，恢复每周工作 6 天，产量仍维持在高水平上。

第三阶段：大规模的访问与调查（1928～1931 年）。

两年内，他们在进行上述试验的同时，进行了大量的调查与访谈。通过对 20 000 名左右的职工进行访问和交谈，来了解和研究员工对公司领导、保险计划、升级、工资报酬等方面的意见与态度。意外的收获是，工人有了机会发泄心中的不满，导致生产率的提高。因此梅奥等发现所得结论其实与前两阶段试验所得结论相同，即"任何一位员工的工作绩效，都受到其他人的影响"，使研究人员发现影响生产率最重要的因素是工作中形成的人群关系，而不是待遇和工作环境。而且企业管理当局认识到必须对工厂管理人员进行训练，使他们更好地倾听和了解工人的个人情绪与实际问题，多采取谈心的方式，少采取说教的方式。

第四阶段：接线板接线工作室试验（1931～1932 年）。

第四阶段试验在接线板接线工作室进行。以集体计件工资制刺激，企图形成"快手"对"慢手"的压力来提高效率。公司给工人规定的产量标准是焊接 7312 个接点，但他们只完成 6000~6600 个。试验发现，工人们既不会超定额，也不会因完不成定额成为"慢手"，当他们达到他们自认为"过得去"的产量时，就会自动松懈下来。在试验过程中，研究人员感到工人中似乎存在一种"非正式组织"。为此，又对有 14 名男工的生产小组进行了观察试验。这个组根据集体产量计算工资，根据组内人员的情况，完全有可能超过他们原来的实际产量。可是，5 个月的统计发现，小组产量总是维持在一定的水平上。经过观察，发现组内存在一种默契：往往不到下班，大家已经歇手；当有人超过日产量时，旁人就会暗示他停止工作或放慢工作速度。大家都按照这个集体的平均标准进行工作，谁也不做超额生产的拔尖人物，谁也不偷懒。他们当中，还存在自然领袖人物。这就证实"非正式组织"是存在的，而这个组织对工人的行为有着较强的约束力，这种约束力甚至超过经济上的刺激。

2.3.3　人际关系学说

霍桑试验得出了一个结论：人们的生产效率不仅受到物质条件和环境的影响，更重要的是受到社会因素和心理因素等方面的影响。后来，梅奥对其领导的霍桑试验进行了总结，于 1933 年出版《工业文明中的人类问题》一书。其主要观点有以下几个方面。

1. 企业的职工是"社会人"，而不是"经济人"

从亚当·斯密到科学管理学派，都把人看作仅仅追求经济利益而进行劳动的"经济人"，认为金钱是刺激企业员工工作积极性的唯一动力。但是，霍桑试验表明，人不是孤立存在的，而是属于某一工作集体并受这一集体的影响；物质条件的改变，不是劳动生产率提高或降低的决定性原因，甚至计件制的刺激工资制对于产量的影响也不及生产集体所形成的一种自然力量大。因此，梅奥等创立了"社会人"的假说。梅奥认为，"社会人"不是单纯地追求物质报酬，还追求人与人之间的友情、归属感和安全感等社会的和心理的欲望的满足。

2. 新型的领导能力在于提高职工的满意度，以提高职工的士气，从而提高生产率

所谓士气，就是工作积极性、主动性、协作精神等结合成一体的精神状态。科学管理理论认为，生产效率取决于作业方法和工作条件。可是，霍桑试验表明，生产效率与工作条件之间并没有必然的直接的联系；生产效率的提高，关键在于工作态度的改变，即工人士气的提高。梅奥等从人是社会人的观点出发，认为"士气"高低取决于安全感、归属感、友谊等社会、心理方面的满足程度。满足程度越高，员工"士气"就越高，生产效率也越高。而新型的领导方法，就在于正确处理人际关系，善于倾听和沟通员工的意见，组织好集体工作，提高员工士气，促进协作，使每个成员能与领导真诚持久地合作。

3. 企业中存在"非正式组织"

由人组成的组织可分为"正式组织"和"非正式组织"。"正式组织"是指为了实现企业总目标而担当着明确职能的机构，这种组织对于个人有强制性。人群关系论者认

为，人是社会动物，在共同工作的过程中，必然相互发生关系，产生共同的感情，自然形成一种行为准则或惯例，无形地左右着成员的行为，要求个人服从，这就构成了"非正式组织"。非正式组织形成的原因很多，有工作关系、地理位置关系、兴趣爱好关系、亲戚朋友关系等。这种非正式组织对工人的行为影响很大，是影响生产效率的重要因素。

以上即以霍桑试验为基础所提出的人际关系学。梅奥的人际关系理论克服了古典管理理论的缺点，不仅为建立行为科学奠定了基础，而且为管理思想的发展开辟了新的领域，引发管理上的一系列改革。其中的许多措施，如强调对管理者和监督者进行教育与训练，提倡下级参与企业的各种决策，重视和利用各种非正式组织等观点至今仍是管理者所遵循的信条。其局限性主要体现在过分强调非正式组织的作用，过多地强调感情的作用，忽视经济报酬、工作条件、外部监督、作业标准对工人生产效率的影响。

1948 年，美国成立了全国性的劳动关系研究组织。之后，越来越多的心理学家从研究个体需要的角度出发，关注管理中的激励问题，行为科学研究在 20 世纪 50～60 年代迎来鼎盛时期，并且产生了一门新的交叉学科——组织行为学。1953 年，福特基金会在芝加哥召开学术会议，正式将这一跨学科的研究命名为"行为科学"。从此，行为科学取代了群体关系学说。

2.4　管理理论丛林

第二次世界大战以后，尤其是 20 世纪 60 年代以来，西方发达国家的总体市场状况发生了重大的变化。这种经济组织管理环境的重大变化，首先表现在工业生产量迅速增长，组织规模的进一步扩大。由于资本在国家间的相互渗透，出现了许多巨型的跨国公司，企业的经营范围在不断扩展，这就直接导致了组织结构的更加复杂化，进而影响和制约组织经营运作的因素与不确定性也随之不断增加。越来越激烈的市场竞争推动了技术进步的速度日益加快，从而使得新技术应用于生产的周期大大缩短。市场上的新产品、新设备、新工艺和新材料不断出现，使得组织之间的竞争进一步加剧。生产社会化程度的不断提高，许多复杂产品的生产以及大型工程的建设，都需要组织更大规模的广泛协作。

在凯恩斯理论和罗斯福"新政"的影响下，各国政府对经济活动的宏观干预范围不断扩大，调控手段也在不断加强。这一切都向管理工作提出了许多新问题，引起了人们对管理工作的普遍重视。除管理工作者和管理学家外，其他一些领域的专家，如数学家、社会学家、经济学家、生物学家等都纷纷加入管理研究的队伍。他们从不同的角度，用不同的方法来进行研究，这一切为管理理论的发展创造了极其有利的条件，出现了研究管理理论的各种学派，呈现"百家争鸣，百花齐放"的繁荣景象。

20 世纪 60 年代，孔茨两次发表有关管理学理论丛林的论文，对管理学的各种学说和流派进行了归类。在 1961 年发表的《论管理理论丛林》一文中，孔茨将已有的管理理论归纳为管理过程学派、经验学派、人类行为学派、社会系统学派、决策理论学派和数学学派六个。1980 年，孔茨发表《再论管理理论丛林》一文，将管理理论归纳为管理过程、人际关系、群体行为、经验或案例、社会系统、系统管理、决策理论、数学或管理科学、权变理论、经理角色 11 个学派。之后，许多学者都努力对管理思想、管理学说进行梳理，针对管理流派的研究越来越多。在学术界，将这一时期称为"管理理论丛林"。

在 11 个学派中，管理科学学派、行为科学学派已经在上一节进行了详细阐述。下面从产生背景、代表人物和著作、主要观点对其他主要学派（下文阐述的学派名称不一定与孔茨对学派的划分完全一致）进行简要介绍。

2.4.1　社会系统学派

社会系统学派出现于 1938 年，其代表人物是巴纳德。虽然不像其他学派有众多的研究人员，但社会系统学派不仅衍生了决策理论学派，而且其开放的组织观被后人广泛接受。其代表作《经理人员的职能》被认为是管理学的思想宝库。

1. 产生的背景

无论是科学管理学派还是行为科学学派，在理论构建中都把组织当作一个封闭的系统。在这样的背景下，社会系统学派开始反思封闭的组织观，同时注重正式组织理论的研究。霍桑试验揭示了非正式组织的内在规律，但对与之相呼应的正式组织却没有形成一套系统的理论。

2. 代表人物

巴纳德（Chester I. Barnard，1886～1961）是社会系统学派的奠基人，也是现代组织理论的创始人。在西方企业管理思想发展历程中，最早发现管理中文化及传统因素作用的是巴纳德。他在 1938 年撰写的《经理人员的职能》著作中，第一次论述了总经理作为一个企业的共同价值观的缔造者和管理者的首要职能。

20 世纪 30 年代，巴纳德经常到大学演讲，最有名的，就是在波士顿应哈佛校长洛维尔的邀请去进行的八次演讲，《经理人员的职能》就是在这些演讲的基础上写出来的。这本书令他赢得了巨大的声誉，使他成为社会系统学派的开山祖师和首任掌门。尽管有来自不同方面的种种批评，但热衷于理论思维和人性讨论的专家们给予了他极高的评价。哈佛大学的众多知名教授如亨德森（Lawrence J. Henderson）、霍曼斯（George C. Homans）、梅奥以及克伯特（Philip Cabot）等，都对这本书以及巴纳德思想中的哲学内涵给予了极高的评价，并且邀请他参加了国家研究委员会工业协会论坛。和梅奥共同主持霍桑试验的罗特利斯伯格（Fritz J. Roethlisberger）承认，他关于组织的想法，受到了巴纳德极大的影响。而决策学派的泰斗西蒙，则坦陈自己和巴纳德在思想上的承继关系。

3. 主要观点

（1）能动的人性观。人是一个具有自由意志和选择力的主体，但同时又受到物理的、生物的、社会的制约；为了克服制约，人参与协作。

（2）开放的组织观。现实生活中的组织实际上是一个开放的协作体系，与外部环境之间发生相互作用。协作系统由物的系统、人的系统、社会系统和组织系统组成，导致协作体系千差万别的原因在于物的系统、人的系统和社会系统的差异，而所有协作系统中的组织系统在本质上是相同的。

（3）正式组织理论。正式组织是由两个及以上的人进行的、经过有意识的调整的互动的系统。正式组织的成立需要具备共同目的、协作意愿和沟通三个要素，而正式组织的生存和发展需要具备有效性和效率两个条件。

（4）个人与组织的关系。个人与组织之间是一种交换关系，这种交换关系存在的前提是组织给予个人的诱因不小于个人对组织的贡献。

（5）权威接受论。与权力来自职位不同的是，权威的有无取决于接受的一方。发出命令的一方只有得到认可才具有权威。

（6）管理职能。与正式组织成立的三要素对应，管理职能包括决策、激励和沟通，另外还有领导职能用来统率其他职能。

（7）管理责任与道德。领导的好坏取决于领导者的道德，因此管理责任和管理道德是任何组织都无法回避的重要课题。

2.4.2　决策理论学派

决策理论学派出现在 20 世纪 40 年代，是在社会系统学派基础上产生的一个流派。与社会系统学派不同的是，决策理论学派关注决策问题。

1．代表人物

该学派的代表人物是西蒙（1961～2001）和詹姆斯·马奇（J. G. March，1916～　）。西蒙不仅是一位管理学家，而且在经济学、心理学、运筹学、人工智能等领域均有很深的造诣。他的代表作包括 1945 年出版的《管理行为》，1958 年与马奇合作的《组织》，等等。值得一提的是，1978 年，西蒙由于对决策理论的贡献获得了当年诺贝尔经济学奖。

2．主要观点

决策理论学派的主要观点包括如下方面。

（1）管理就是决策。无论是管理人员还是一般组织成员，时时都在进行决策。即使是最基层的员工，也在进行"是否参与协作"的决策。

（2）影响决策的因素包括价值因素和事实因素。由于价值因素受主观影响较大，有必要针对事实因素进行决策规律的分析。

（3）决策分为最优化决策和满意决策。由于人的理性是"有限理性"，往往只能做出一个相对满意的决策。

（4）决策包括收集信息、拟订方案、选定方案、对方案进行评价四个阶段，每一个阶段本身就是一个复杂的决策过程。

（5）组织中存在程序化决策和非程序化决策。对于管理者而言，成为一个优秀的决策者需要具备六个条件：通过以身作则树立权威；具有大局意识；信赖和培养下级；勇担责任；知识渊博、经验丰富；有敏锐的预测能力和机智的判断能力。

2.4.3　系统管理学派

系统管理学派泛指用系统的观点来分析研究管理问题的流派，试图用系统科学的理论、范畴和一般原理全面分析管理活动。其主要理论要点有两个：组织是一个由相互联系的要素组成的系统；组织是一个开放系统，在受环境影响的同时，也反过来影响环境。

1. 代表人物

系统管理学派的发展经历了一般系统理论、系统管理理论和动态系统理论的演进过程。一般系统理论的代表人物有贝塔朗菲、控制论的创始人威纳、信息论的创始人申农、耗散结构的创始人普利高津、协同论的提出者哈肯等。系统管理理论的代表人物有约翰逊、卡斯特、弗莱斯特、罗伯茨等。

2. 主要观点

系统管理学派的主要观点可以归纳为以下四点。

（1）企业是一个由多个子系统构成的开放的有机体系统，具有开放性和整体性的特点。开放性是指系统本身和外部环境存在相互联系、相互作用、相互影响；整体性是指作为整体的系统不仅仅是各构成部门的单纯加总，还存在协同。

（2）从子系统的作用看，可将子系统进行不同分类。如可以将企业包含的子系统分为：传感子系统、信息处理子系统、决策子系统、加工子系统、控制子系统，以及记忆和存储子系统等。

（3）企业存在内部和外部的信息反馈网络，因此能够进行自我调节，以适应环境和自身需要。

（4）系统观点、系统分析和系统管理都是以系统理论为指导的，但三者之间既有联系又有区别。

2.4.4　权变理论学派

权变理论学派是 20 世纪 70 年代出现的一种管理理论的统称，其核心观点在于"权变"（contingency），指的是偶遇接触，强调偶然性，即权宜应变，随机应变。权变理论的诞生，正是要给在不确定性影响下的管理变化做出逻辑匹配性解释。因此，权变理论泛指以系统的观点为依据，研究一个组织（企业）如何根据所处的内外部环境可变因素的性质，在变化的条件和特殊的环境中，采用适用的管理观念和技术，提出最适合具体情境的组织设计和管理活动的一种管理理论。

1. 代表人物

权变理论主要涉及计划、组织、领导等众多领域，许多学者取得了代表性成果。一般而言，权变理论的代表人物有：最早运用权变思想解决管理问题的伯恩斯和斯托克，其代表作是《机械式和有机式的系统》；提出"组织跟随战略"的钱德勒，其代表作是《战略与结构》；证明企业的技术分析系统与结构分析系统有着直接联系的琼·伍德沃德，其代表作是《工业组织：理论与实践》；被誉为现代权变学说创立者的劳伦斯和洛希，其代表作是《组织与环境》；试图通过权变理论的系统化"走出管理理论丛林"的卢桑斯，其代表作是《管理导论：一种权变学说》《权变管理理论：走出丛林的道路》；等等。

此外，还有提出领导权变理论的费德勒、创立"目标—路径领导理论"的豪斯、提出"领导方式统一体理论"的坦南鲍姆和施密特。

2. 主要观点

权变理论的成果主要集中在计划、组织结构和领导三个领域。主要观点有如下方面。

（1）管理的方式和技术要随着企业内外环境、条件的变化而随机应变，没有一成不变、普遍适用的最好的管理理论与管理方法。

（2）制订计划的基础是环境变量和组织变量，需要对目标的明确性进行具体分析，对于不同类型的组织而言，保持一定的模糊性和灵活性能够收到更好的效果，因此需要具体问题具体分析。

（3）组织是一个开放的系统，每一种有着类似目的和类似工艺技术复杂程度的生产系统都有其独特的组织模型和管理原则。

（4）领导和控制是一个动态的过程。领导的好坏不仅与领导者的个性有关，而且与领导情境、组织所处的发展阶段有关，需要根据不同情况采用不同的领导风格。

2.4.5　经验主义学派

经验主义学派又称经理主义学派。它的产生源自对科学管理和行为科学学派的批判。泰勒因被认为偏向资方的立场而受到批判，梅奥的主张则被认为"偏向工人和工会的立场"，同样受到了批判。之后，随着心理学的介入，行为科学学派在 20 世纪 50～60 年代大行其道，心理学研究方法得到广泛应用。

尽管上述学派从规范、试验的角度推动了管理学的发展，但一直没有回答管理学的一些关键问题，如管理的本质是什么？管理学的研究对象是什么？沿用经济学和心理学的研究方法，使得管理学越来越脱离实践。基于上述问题，以德鲁克为代表的学者和企业管理咨询人员主张从管理实践出发，探索管理内在规律形成管理理论。

1. 代表人物

经验主义学派的代表人物是德鲁克。彼得·德鲁克（Peter F. Drucker，1909～2005），现代管理学之父，其著作影响了数代追求创新以及最佳管理实践的学者和企业家，各类商业管理课程也都深受彼得·德鲁克思想的影响。

彼得·德鲁克 1909 年生于维也纳，祖籍荷兰，后移居美国。德鲁克从小生长在富裕的文化环境中，其 1979 年所著的自传体小说《旁观者》对其成长历程做了详细而生动的描述。1942 年，受聘为当时世界最大企业——通用汽车公司的顾问，对公司的内部管理结构进行研究。1946 年，将心得写成《公司概念》，讲述"拥有不同技能和知识的人在一个大型组织里怎样分工合作"。该书的重要贡献还在于，德鲁克首次提出"组织"的概念，并且奠定了组织学的基础。

1954 年，出版《管理的实践》，提出了一个具有划时代意义的概念——目标管理。从此将管理学开创成一门学科，从而奠定管理大师的地位。1966 年，出版《卓有成效的管理者》，告知读者：不是只有管理别人的人才称得上管理者，在当今知识社会中，知识工作者即为管理者，管理者的工作必须卓有成效。该书成为高级管理者必读的经典之作。

1973 年，出版《管理——任务、责任、实践》，这是一本给企业经营者阅读的系统化管理手册及学习管理学的学生的系统化教科书。它告诉管理人员，付诸实践的是管理学而不是经济学，不是计量方法，不是行为科学。该书被誉为"管理学"的"圣经"。

1982 年，出版《巨变时代的管理》，探讨了有关管理者的一些问题，如管理者角色内涵的变化，他们的任务和使命，面临的问题和机遇，以及他们的发展趋势。1985 年，出版《创新与企业家精神》，被誉为继《管理的实践》推出后德鲁克最重要的著作之一，全书强调当前的经济已由"管理的经济"转变为"创新的经济"。1999 年，出版《21 世纪的管理挑战》，德鲁克将"新经济"的挑战清楚地定义为：提高知识工作的生产力。

2. 主要观点

经验主义学派的理论涉及管理的诸多领域，其代表性的观点可以归纳为以下五个方面。

（1）管理的性质。管理的本质是有关对人进行管理的技能和知识的独立领域，是一种实践，管理理论产生于实践，又以实践为归属。

（2）管理的任务。德鲁克认为，管理主要有三项任务：一是取得经济上的成就；二是使工作富有活力，使工作人员富有成就感；三是妥善处理对社会的影响，承担社会责任。

（3）管理的职责。经验主义学派认为，管理的职责，一是做出有效决策，二是在组织内部和外部进行信息交流，三是正确运用核查和控制，四是正确运用分析工具。

（4）组织结构。经验主义学派十分重视企业管理的组织结构问题，德鲁克、戴尔都在著作中对组织结构进行了详细论述，其中斯隆还创建了事业部制。

（5）目标管理。德鲁克在 1954 年出版的《管理的实践》中首次论述了"目标管理"，之后这一短语便流传开来。目标管理是使管理者和员工在工作中进行自我控制并达到工作目标的一种管理技能与管理制度。

经验主义学派的理论十分庞杂，但可以归纳出以下特点：一是将管理实践放在第一位，以适用为主要目的；二是强调企业的特殊性，主张通过案例研究和比较研究来完善管理实践；三是注意理论研究和实践活动的结合，注重吸收其他学派尤其是古典管理理论和行为科学的成果；四是该学派的主要代表人物多出自实际从事管理工作的管理者或咨询人员。

2.4.6 经理角色学派

经理角色学派是 20 世纪 70 年代出现的一个流派，它关注管理者在实践中所担任的角色，通过对经理角色的分析来考虑管理者的工作，以提高管理效率。

1. 代表人物

经理角色学派的代表人物亨利·明茨伯格（Henry Mintzberg，1939～ ）在麻省理工学院攻读博士学位期间，对 5 名经理的工作进行了长达两年的跟踪研究，在其 1968 年提交的博士学位论文《工作中的经理——由有结构的观察确定的经理的活动、角色和程序》中提出了经理角色理论。之后，在被出版社退稿多次之后，《经理工作的性质》在

1973 年得以出版，标志着经理角色学派的形成。

此外，乔兰（I. Choran）的《小公司的经理》（1969 年）、科斯廷（A. A. Costin）的《工商业和政府中的管理轮廓》（1970 年）、萨尔宾（T. R. Sarbin）和艾伦（V. L. Allen）合著的《角色理论论》、托马森（G. F. Thomason）的《经理工作角色和关系》等也是经理角色学派中有影响的著作。

2. 主要观点

经理角色学派对管理的研究更多着眼于对管理者最基本、最直接的观察和跟踪，以确定管理者在组织中扮演的角色。明茨伯格将角色定义为"一个可辨认的职务或职位所表现出来的一套组织行为"。

明茨伯格发现管理者是各种角色的结合体，包括挂名首脑、领导者、联络者、监听者、传播者、发言人、企业家、混乱驾驭者、资源分配者、谈判者共 10 种。10 种角色可归为三大类：人际角色、信息角色和决策角色。这一部分内容会在后面章节做详细论述。

2.5　管理理论新发展

自 20 世纪七八十年代开始，管理理论有了新的发展，出现了企业再造理论、学习型组织理论及企业战略管理理论等，进一步丰富了管理学的理论。

2.5.1　企业再造理论

1. 产生背景

进入 20 世纪七八十年代，市场竞争日趋激烈，企业面临严重挑战；知识经济的到来与信息革命使企业原有组织模式受到巨大的冲击。面对这些挑战与压力，企业只有在更高层次上进行根本性的改革与创新，才能真正增强企业自身的竞争力，走出低谷。1993 年，企业再造理论的创始人原美国麻省理工学院教授迈克尔·哈默（M. Hammer）博士与詹姆斯·钱皮（J. Champy）合著了《再造企业——管理革命的宣言书》一书，正式提出了企业再造理论。1995 年，钱皮又出版了《再造管理》。哈默与钱皮提出应在新的企业运行空间条件下，改造原来的工作流程，以使企业更适应未来的生存发展空间。这一全新的思想震动了管理学界，企业再造的思潮迅速在美国兴起，并快速传到日本、欧洲，乃至全世界。

2. 主要观点

企业再造理论也称"公司再造"或"业务流程重组"（business process reengineering，BPR）。企业再造，按照哈默与钱皮所下的定义，是指"为了飞越地改善成本、质量、服务、速度等重大的现代企业的运营基准，对工作流程作根本的重新思考与彻底翻新"。这也就是为适应新的世界竞争环境，企业必须抛弃已成惯例的运营模式和工作方法，以工作流程为中心，重新设计企业的经营、管理及运营方式。目的是增强企业竞争力，从生产流程上保证企业能以最小的成本、高质量的产品和优质的服务赢得客户。

企业再造理论强调要打破原有分工理论的束缚，重新树立"以流程为导向"的思想，重建完整和高效率的新流程。它适应了新环境下企业变革发展的需要，得到了迅速推广，并在实践中不断地发展和完善。

2.5.2 学习型组织理论

1. 代表人物

20 世纪 90 年代以来，知识经济的到来使信息与知识成为重要的战略资源，相应诞生了学习型组织理论。学习型组织理论是美国麻省理工学院教授彼得·圣吉在 1990 年出版的著作《第五项修炼：学习型组织的艺术与实践》中提出的。这本著作一出版立即引起轰动。彼得·圣吉以全新的视野考察人类群体危机最根本的症结所在，认为我们片面和局部的思考方式及由此产生的行为，造成了目前切割而破碎的世界，为此需要突破线性思考的方式，排除个人及群体的学习障碍，重新就管理的价值观念、管理的方式方法进行革新。

2. 主要观点

彼得·圣吉提出了学习型组织的五项修炼，认为这五项修炼是学习型组织的技能。

第一项修炼：自我超越。"自我超越"的修炼是学习不断深入并加深个人的真正愿望，集中精力，培养耐心，并客观地观察现实。它是学习型组织的精神基础。自我超越需要不断认识自己，认识外界的变化，不断地赋予自己新的奋斗目标，并由此超越过去，超越自己，迎接未来。

第二项修炼：改善心智模式。"心智模式"是根深蒂固于每个人或组织之中的思想方式和行为模式，是影响人或组织如何了解这个世界，以及如何采取行动的许多假设、成见，甚至是图像、印象；个人与组织往往不了解自己的心智模式，故而对自己的一些行为无法认识和把握。第二项修炼就是要把镜子转向自己，先修炼自己的心智模式。

第三项修炼：建立共同愿景。如果有任何一项理念能够一直在组织中鼓舞人心、凝聚一群人，那么这个组织就有了一个共同的愿景，就能够长久不衰。如国际商用机器公司的"服务"、宝丽来公司的"立即摄影"、福特汽车公司的"提供大众公共运输"、苹果电脑公司的"提供大众强大的计算能力"等，都是为组织确立共同努力的愿景。第三项修炼，就是要求组织能够在今天与未来环境中寻找和建立这样一种愿景。

第四项修炼：团队学习。团队学习的有效性不仅在于团队整体会产生出色的成果，其个别成员学习的速度也比其他人的学习速度快。团队学习的修炼从"深度会谈"开始。"深度会谈"是一个团队所有成员，谈出心中的假设，从而实现真正一起思考的能力。"深度会谈"的修炼也包括学习并找出有碍学习的互动模式。

第五项修炼：系统思考。组织与人类其他活动一样是一个系统，受到各种细微与息息相关的行动的牵连而彼此影响着，这种影响往往要经年累月才完全展现出来。我们作为群体的一部分，置身其中而想要看清整体的变化，非常困难。因此，第五项修炼是要让人与组织形成系统观察、系统思考的能力，并以此来观察世界，从而决定我们正确的行动。

前四项修炼是第五项修炼的基础，只有渐近地达到系统思考的境界，才能自然转化成"学习型组织"。这也是彼得·圣吉将书命名为"第五项修炼：学习型组织的艺术与实践"的根本原因。

2.5.3　企业战略管理理论

1. 产生背景

企业战略是有关企业长远和企业全局发展的谋划与策略。长期以来，企业组织的短视给企业组织自身的可持续发展制造大量难题，在 20 世纪 70 年代环境变化的情况下，大量企业组织发展受阻，为了应对不断产生的危机和不断变化的动荡环境，谋求企业的生存发展，并获取长远的竞争优势，来自战争的词汇"战略"开始引入管理界，基于环境分析的企业战略管理也在这一时期盛行发展。80 年代，企业战略得到进一步的完善，企业管理进入战略管理时期。

2. 代表人物和主要观点

安索夫（Ansoff）1965 年出版的《公司战略》，开创了战略规划的先河。到 1976 年，安索夫的《从战略规则到战略管理》出版，标志着现代战略管理理论体系的形成。该书将战略管理明确解释为"企业高层管理者为保证企业的持续生存和发展，通过对企业外部环境与内部条件的分析，对企业全部经营活动所进行的根本性和长远性的规划与指导"。他认为，战略管理注重的是动态的管理，是对决策与实施并重的管理。1969 年，劳伦斯与罗斯奇合著的《组织与环境》，系统论述了企业组织与外部环境的关系，提出公司要有应变计划，以求在变化及不确定的环境中得以生存；1979 年卡斯特（F. E. Kast）与罗森茨韦克（J. E. Resenzweig）合著的《组织与管理——系统权变的观点》，主张在企业管理中要根据企业所处的内外条件随机应变，组织应在稳定性、持续性、适应性和革新性之间保持动态的平衡。迈克尔·波特（M. E. Porter）是美国哈佛大学商学院的教授，兼任许多大公司的咨询顾问。1980 年，他的著作《竞争战略》把战略管理的理论推向了顶峰。该书被美国《幸福》杂志标列的全美 500 家最大企业的经理、咨询顾问及证券分析家们奉为必读的"圣经"。

该书的主要贡献有：①提出对产业结构和竞争对手进行分析的一般模型，即五种竞争力（新进入产品的威胁、替代品威胁、买方砍价能力、供方砍价能力和现有竞争对手的竞争）分析模型。②提出企业构建竞争优势的三种基本战略，即寻求降低成本的成本领先战略、使产品区别于竞争对手的差异化战略、集中优势占领少量市场的集中化战略。③价值链的分析。波特认为企业的生产是一个创造价值的过程，企业的价值链就是企业所从事的各种活动——设计、生产、销售、发运以及支持性活动的集合体。价值链能为顾客生产价值，同时能为企业创造利润。

【本章小结】

本章以时间为主线，回顾了管理理论发展的基本脉络。对每种理论或学派的介绍，都是基于产生背景、代表人物和主要观点的叙述框架。

"古典管理理论"是以"经济人"假设为基础的管理理论，其出发点是，认为经济利益是驱动员工提高劳动效率的主要动力。在研究方法上，侧重于以静态的观点分析管理过程的一般规律。代表性的理论有泰勒的科学管理理论、法约尔的一般管理理论以及韦伯的行政组织体系理论。

20世纪20年代，以梅奥为代表的人际关系学派将人类学、社会学、心理学、经济学等知识综合起来，着重研究人们在工作中的行为以及这些行为产生的原因，以协调组织内部人际关系，以提高工作效率为目的的行为科学理论便产生了。行为科学在早期叫作人际关系学，后来发展成为行为科学理论，在20世纪60年代中叶又发展成为组织行为学。

20世纪60年代以来，在凯恩斯理论和罗斯福"新政"的影响下，各国政府对经济活动的宏观干预范围不断扩大，调控手段也在不断加强。这一切都对管理工作提出了许多新问题，引起了人们对管理工作的普遍重视。除管理工作者和管理学家外，其他一些领域的专家，如数学家、社会学家、经济学家、生物学家等都纷纷加入管理研究的队伍。他们从不同的角度，用不同的方法来进行研究，这一切为管理理论的发展创造了极其有利的条件，出现了研究管理理论的各种学派，呈现"百家争鸣，百花齐放"的繁荣景象。在学术界，将这一时期称为"管理理论丛林"。

20世纪七八十年代开始，管理理论有了新的发展，出现了企业再造理论、学习型组织理论及企业战略管理理论等，进一步丰富了管理学的理论。

【复习与思考题】

1. 请思考古典管理理论的共同点和区别。
2. 在管理学理论发展过程中出现过哪些主要的流派？它们之间存在怎样的联系？
3. 请思考不同的管理理论的适用性。
4. 请根据管理思想的演进，列举出指导实践的管理原理发生的变化。

【关键术语】

科学管理	scientific management	行为科学	behavioral science
人际关系	interpersonal relationship	公司再造	reengineering
学习型组织	learning organization	战略管理	strategy management

【案例与分析】

融链科技的雇佣关系管理之路

2014年11月5日，创始人朱江和雷湘先生联合几位志同道合的朋友商量组建"融链天下"创业团队，12月正式成立上海融链科技有限公司。由于对市场的精准定位和良好的市场预期，一些互联网和物流行业从业者很快被吸引并加入进来。到2015年6月，公司已从开始的 8 人迅速增长至二三十人。

随着人员的不断增加，原来靠着创业热情和自我约束的方式已经行不通，公司频出状况。如何有效管理员工这个问题使得朱董事长、雷总很头疼。由于业务需要，他们经常出差，可以投入公司管理的时间很少。同时，完全以客户需求为导向，导致研发体系混乱，多条业务线并行，研发进度很慢；流程管控不好，责任不清，出现质量问题的频率也提高了。朱董事长和雷总及其他公司高管商量之后，确定了 Amber 为公司的人事总监。

于是，Amber 不断思考，怎样才能发挥激励措施的效果，达到公司发展的预期目标。她开始着手建立各种人力资源管理制度，以规范人员管理。对每个工作岗位进行分析，根据职务性质将公司的岗位划分为专业序列与管理序列两类，规定员工薪酬结构包括基本工资、补贴、福利和保险等。为了便于沟通，Amber 梳理出组织结构，明确了各部门的人员情况和工作范围。公司分为四大中心，分别是研发中心、营销中心、金融服务中心和后勤支持中心，同时有两大直属的部门，包括跨境电商事业部和战略资源与公共关系部。

2015 年年底，她发现，人力成本在两个季度中增加了一倍之多。由于大量招人，人员规模成倍增长，而这段时间公司实际的业务进展并没有像期望的那样，意向用户多但签约率没有增加。这样一来就造成人员冗余，人力成本一路飙升，员工的工作量不饱和，积极性得不到充分调动。她第一次遇到这种问题，一时想不出合适的应对办法，只有先向上汇报。接连几天熬夜加班，Amber 终于在开会前撰写出一份全面的人力资源分析报告。

开会时，她提出："这一年，我们的人员规模和素质迅速提高，效果很明显。但很多岗位存在人员冗余的情况，既增加了成本，也不利于员工成长。所以我建议通过转岗和裁员的方式进行调整和优化。"还未等她详细解释，研发中心主管马总立即反对说："我们研发部是从零建立起来的，员工已经相互配合得很好了。虽然目前业务发展不顺，但是好不容易建立起来的团队，说裁员就裁员，谁还愿意留在公司继续工作。"Amber 回应道："我知道你想做一个好领导，但是目前公司的资源并不多。我们的业务才刚刚开始，不说市场的费用，光是目前人力支出这一项就够公司消化的。我们的这个成本已经赶超成熟互联网企业了。"

Amber 早知道，自己才来就贸然提出裁员，肯定不受待见。但是，她坚持自己的主张："朱董事长和雷总两位的担心我是理解的。我们人事行政部门的工作本就是支持与服务研发、业务部门，长远的人才储备，我们一定会考虑。但是，目前来说，成本问题是我们首先要解决的。我们是创业企业，很多地方都需要大量投入，研发要投入，市场开拓要投入。好钢要用在刀刃上！"顿了顿，她环顾四周，发现大家都眉头紧皱，表情凝重。

一时没有言语，会议室就剩下空调呼呼的出气声。见众人都不说话，朱董事长挑开话茬："这一年的发展，远远超出我们的预想；我们今天能坐在这开会，靠的是什么？靠的是在座的各位，靠的是公司的每一位。至于明年，我们能不能还坐在这开会，还是要靠各位。你们的担忧也是我一直思考的，Amber 的这个分析很到位，不仅仅是人力这一项，还有财务数据，你们都没认真看嘛。关键时刻，我们要有壮士断腕的勇气，轻装上阵，才能迅速反应，走得更远。"

在得到公司管理层的支持之后，Amber 进一步调整职级体系，将公司的岗位划分为研发序列、销售序列、职能序列和管理序列四类。针对四类职系，薪酬分别采取两种不同类别：与公司年度经营业绩相关的年薪制；与绩效相关的职位等级工资制。享受年薪制的员工，其工作特征是以年度为周期对经营工作业绩进行评估并发放相应的薪酬。这部分员工为管理序列人员。实行岗位职级工资制的员工是销售、研发与职能序列人员。根据不同的职位序列，每个序列均有十个职级，每一职级中又分为六档，称为岗级，根据职级和岗级确定员工所在的位置，不同的职级序列对应不同的岗位工资。同时，由人事行政部牵头，其他部门配合，重新评估处在试用期的新员工，对于老员工，按照胜任程度、成长性、团队合作、企业融入和贡献程度这五项指标，进行半年度评估。对于表现较差或评估不合格的员工，降级转岗或者予以劝退。经过两个季度的调整，到 2016 年 5 月底，公司员工从 72 人缩减至 58 人，实际成本减少 20%。

2016 年可谓是多事之秋。早在 2015 年 5 月，公司启动了一项满洲里项目，旨在规划和承建对俄跨境电商+外贸综合服务平台。公司为此特地成立了跨境电商事业部，耗费一年多的时间，成功建设了"神灯速贸"平台。这个平台集合俄 B2B 交易、外贸综合服务、线下地网仓储物流管理，改变了满洲里原有的低效贸易格局，成为中俄贸易、通关、物流服务的高速公路。正是这个项目，使得公司在人力、物力和财力上发生了巨大损耗，减缓了公司核心业务的投入和发展。于是，2016 年 6 月初，公司宣布进行重大战略调整，撤掉跨境电商事业部，集中精力开发和推广"融链天下"平台业务。

为了配合公司新的战略，Amber 决定要将公司的人力资源管理定位到更高的层次，认为不应该仅仅关注短期的得失，更应该追求长远的影响。Amber 信心十足地推出一系列措施来传达当前公司对员工的工作期望，同时，也增加了激励的力度。首先，她恢复了整体调薪制度，规定整体调薪周期和调整幅度根据公司效益与公司发展情况决定，而个别调整根据员工半年考核结果和职级、岗级变动决定。其次，对于研发部门，除了上述的薪酬调整政策，Amber 还制定了一套绩效奖励政策，包括部门的和个人的月度奖金。最后，她与高管商定印制双月刊，发放给每一个员工，让他们了解公司的阶段性成果。

人事主管在做完第一季度的人事回访后，说道："Amber 推行的这些措施有效地带领公司走出 2016 年年底的那个困境，现在员工对工作的满意度比较高，相互之间的帮助也变多了，不像以前那样遇到问题就推给别人。"

资料来源：许勤，徐云飞，赵曙明. 企业永恒不变的基因——长安汽车的科技创新之路. 中国管理案例共享中心数据库，有改动

问题：

1. 试分析，融链科技是如何通过平衡给予员工的激励与对员工的工作期望二者的关系，进而调整雇佣关系模式的？

2. 你认为影响雇佣关系模式选择的因素主要有哪些？

3. 融链科技的雇佣关系模式对于当前我国互联网新创企业有何借鉴意义？

【 推荐阅读 】

1. 弗雷德里克·泰勒. 科学管理原理[M]. 黄榛，译. 北京：北京理工大学出版社，2012.

2. 亨利·法约尔.工业管理与一般管理[M]. 北京：北京理工大学出版社，2014.

3. 马克斯·韦伯. 新教伦理与资本主义精神[M]. 阎克文，译. 上海：上海人民出版社，2010.

4. 埃尔顿·梅奥. 工业文明中的人类问题[M]. 北京：电子工业出版社，2013.

5. 赫伯特·A. 西蒙. 管理行为[M]. 詹正茂，译. 北京：机械工业出版社，2014.

6. 亨利·明茨伯格. 管理工作的本质[M]. 方海萍，译. 杭州：浙江人民出版社，2017.

7. 彼得·圣吉. 第五项修炼：学习型组织的艺术与实践[M]. 张成林，译. 北京：中信出版社，2009.

第二篇

创新主体

第3章 管理与管理者

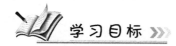

学习目标

1. 掌握管理的含义和职能;
2. 理解管理的性质;
3. 熟悉管理者的权力与责任;
4. 掌握管理者应该具备的技能和管理方法。

引导案例

褚时健——从"烟王"到"橙王"

褚时健把破落的地方小厂打造成利税近千亿元的红塔集团,获得"中国烟草大王"的称号,后因贪污被判无期徒刑。减刑出狱后因为其所种植的橙子而被人们熟知,其创业故事被传颂的同时,褚时健又多了一个封号"励志橙王"。

褚时健的传奇人生

1928 年,褚时健出身于一个农民家庭。1955 年,27 岁时担任玉溪地区行署人事科长。1979 年 10 月,任玉溪卷烟厂厂长。1990 年,褚时健被授予全国优秀企业家终身荣誉奖"金球奖"。1994 年,褚时健被评为全国"十大改革风云人物",走到了他人生的巅峰。褚时健使红塔山成为中国名牌,他领导的企业累计为国家上缴利税数以千亿元计,他以战略性的眼光,强化资源优势,抓住烟草行业发展的机遇,使玉溪卷烟厂脱颖而出,成为地方财政支柱。但是企业家激励机制与监督体制的不健全葬送了他的政治和职业生涯。

1995 年 2 月,一封匿名检举信指控玉溪卷烟厂厂长褚时健贪污受贿。1999 年 1 月 9 日,褚时健被处无期徒刑、剥夺政治权利终身。褚时健被判后减刑为有期徒刑 17 年。2002 年春节,办理保外就医。75 岁褚时健开始上山种橙子。

2009 年,他和老伴联手经营一块上千亩(1 亩约等于 666.67 平方米)的果园,所产的冰糖橙到附近的集市上贩卖,标明"褚时健种的橙"可以每斤(1 斤＝500克)比别的橙子贵 3 元。2010 年 2000 亩山地种出的"褚橙"风靡昆明大街小巷,成为人们津津乐道的传奇。2012 年 11 月 5 日,褚时健种橙的第十个年头,褚橙通过由鸿基元基金投资的新兴电子商务网站——本来生活网,首次大规模进入北京市场。2014 年,褚时健入选《财富》(中文版)一年一度评选出的人物榜单"中国最具影响力的 50 位商界领袖"。

褚时健的管理

褚时健从政府官员,到一个国有大型企业的行政企业家,最后 75 岁转做家族企业。他搞烟厂成功，搞橙子也成功，而且没有离开过玉溪，从来没有出过云南，没有出过国。对于褚橙、烟草的经营，他并没有高深理论，只是把产品做好，把人管好，待遇更高，更开心地做事情。坎坷 50 多年，褚时健作为最成功的中国第一代企业管理者之一，被称为"影响企业家的企业家"。他从未系统学习过管理学理论，但在他的管理实践中，却不乏泰勒的科学管理和德鲁克的企业管理理论精髓，他是少有的同时掌握经营知识和专业知识的企业家。

　　资料来源：藏广州. 褚时健：从烟王到橙王[M]. 北京：新世界出版社. 2016

3.1　管　　理

　　在人类历史的发展中管理几乎是与人类社会同步发展的，管理活动作为人类最重要的一项活动，广泛地存在于现实的社会生活之中，管理是一切有组织的活动中必不可少的组成部分。

　　原始社会人们只掌握简陋粗糙的石器、木器等生产工具，仅凭单独的力量难以战胜自然灾害与猛兽袭击，人们只能协同作战来获取猎物、对抗自然，以谋求个人无法实现的目标。再如中国的万里长城、都江堰、三峡大坝、载人航天，埃及的胡夫金字塔等都凝聚着人类的智慧，是有效的管理活动。当代世界上，政府机构中美国总统、俄罗斯总统等都是有权力的管理者；企业中阿里巴巴集团的马云、苹果公司的史蒂夫·乔布斯、脸书网创始人马克·扎克伯格都是出色的管理者；而韩国前总统李明博从一个企业的管理者上升到了一个国家的管理者，微软公司的总裁比尔·盖茨则从一个出色的企业管理者逐渐转变为慈善机构的管理者。

　　实际上，管理活动和管理思想与我们的生活息息相关，在生活的诸多方面都可以找到与之相关的生活例证。小到学生宿舍的管理，大到联合国的管理，只要有集体活动，为了共同的、一致认可的目标就必然需要管理。

3.1.1　管理的定义

　　多年以来，中外学者从不同的视角对什么是管理做了不同的解释，因此管理的定义并未得到统一，管理的对象和目标包罗万象，不能期待给出一个标准的答案，其中较为经典且具有代表性的观点如下。

　　"经营管理之父"弗雷德里克·泰勒认为："管理就是确切地知道你要别人干什么，并使他用最好的方法去干。"（《科学管理原理》）在泰勒看来，管理就是指挥他人能用最好的办法去工作。

　　亨利·法约尔认为：管理是所有的人类组织都有的一种活动，这种活动由五项要素组成的：计划、组织、指挥、协调和控制。（《工业管理与一般管理》）这一看法得到了哈罗德·孔茨等人的继承与发扬，形成了管理过程学派。

　　诺贝尔奖获得者赫伯特·西蒙对管理的定义是："管理就是制定决策。"（《管理决策新科学》）

"现代管理学之父"彼得·德鲁克认为："管理是一种工作，它有自己的技巧、工具和方法；管理是一种器官，是赋予组织以生命的、能动的、动态的器官；管理是一门科学，一种系统化的并到处适用的知识；同时管理也是一种文化。"(《管理——任务、责任、实践》)

世界上管理学与组织行为学领域最畅销教材的作者斯蒂芬·罗宾斯（Stephen P. Robbins）给管理的定义是：管理是通过协调和监督他人的活动，有效率和有效果地完成工作。其实质就是指同别人一起，或通过别人使活动完成得更有效的过程。

以上关于管理学的含义有的强调了目标，有的重视过程，有的则偏重于管理带来的结果和影响。这些不同的定义反映了研究者不同的立场、态度、观点和研究方向。

3.1.2　管理的性质

管理的性质可以从两方面着手，一方面可以从管理的属性来分析，另一方面可以从管理的本质来看。

1. 管理的二重性

管理的二重性是马克思主义关于管理问题的基本观点。管理的二重性是指对生产过程进行的管理存在两重性：一种是与生产力、社会化大生产相联系的管理自然属性；一种是与生产关系、社会制度相联系的管理社会属性。它是马克思关于管理问题的基本观点，任何社会的生产都是在一定的生产方式和一定的生产关系下进行的。

管理的自然属性是指管理是由许多人进行协作劳动而产生的，是有效组织共同劳动所必需的，具有同生产力和社会化大生产相联系的自然属性；它与具体的生产方式和特定的社会制度无关。管理要处理人与自然的关系，要合理地组织社会生产力，故也称管理的生产力属性。管理的自然属性表明，凡是社会化大生产的劳动过程都需要管理，它不取决于生产关系的性质，主要取决于生产力的发展水平和劳动的社会化程度，它是管理的一般属性，体现在任何社会制度中管理的共性。

管理的社会属性是指管理体现着生产资料所有者指挥劳动、监督劳动的意志，它又有同生产关系和社会制度相联系的社会属性；管理是为统治阶级服务的，受一定生产关系、政治制度和意识形态的影响与制约。也就是说，任何管理活动都是在特定的社会生产关系条件下进行的，都必然地要体现一定社会生产关系的特定要求，为特定的社会生产关系服务，从而实现其调节和维护社会生产关系的职能。所以，管理的社会属性也叫作管理的生产关系属性。管理的社会属性既是生产关系的体现，又反映和维护一定的社会生产关系，其性质取决于不同的社会经济关系和社会制度的性质。在不同的社会制度条件下，谁来监督，监督的目的和方式都会不同，因而也必然使管理活动具有不同的性质，作为管理的特殊属性，它在不同的生产关系条件下表现出管理的不同个性。

2. 管理的科学性与艺术性

管理是科学性和艺术性的统一，管理实践是一门艺术，而指导这种实践活动的、系统的知识，则被称为一门科学。这一论断是国内外管理学家和管理工作者经过长期研究和探索后形成的对管理的共同认识。

管理的科学性包含两层含义：一是指有效的管理必须有科学的理论、方法来指导，要遵循管理的一般原则与原理，只有按照管理活动本身所蕴含的客观规律办事，管理的目标才能实现。正如美国管理学家孔茨所说："医生如果不掌握科学，几乎跟巫医一样。高级管理人员如果不具备管理科学知识也只能是碰运气，凭直觉或者是老经验办事。"这样的管理是缺乏保证的，很容易走向失败。二是指管理是由一系列概念、原理、原则和方法构成的科学体系，有它内在规律可循。人们经过无数次的失败和成功，从实践中收集、归纳和检测数据，然后提出和验证假设，抽象总结出一系列反映管理活动过程客观规律的管理理论和一般方法。这些原理、原则和方法较好地揭示了一系列具有普遍应用价值的管理规律，遵循这些管理规律办事，管理活动的效率就能大大提高，组织的目标就容易实现。人们在利用这些理论和方法来指导自己管理实践的同时，又以管理活动的结果来衡量管理过程中所使用的理论和方法是否行之有效，从而使其在实践中得到不断的丰富和验证。因此说管理是一门科学，是指它以反映管理客观规律的管理理论和方法为指导，具有一套分析问题、解决问题的科学的方法论。

管理的艺术性是指已经科学化的管理理论知识具体化为可操作的管理方法、管理技巧和管理手段。所谓"艺术"是指灵活运用管理理论知识达到某种预期效果的技巧和诀窍。由于管理对象的复杂性和管理环境的多变性，决定了管理活动不可能有放之四海而皆准的固定不变模式，管理者应当结合所处环境创造性地运用所掌握的管理理论知识。管理的艺术性是由这样两个因素决定的：其一是管理的环境，其二是管理的主要对象——人所具有的主观能动性和感情。不同的人对同样的管理方式、方法可能会产生截然不同的反应和行为，不顾实际情况的差别，照抄照搬他人管理经验和方法之所以会失败，并非这些经验和方法本身有问题，主要是因为忽视了管理的另一特征，即必须因地制宜、因势利导，讲究方式方法，这决定了管理者只有根据具体的管理目的、管理环境与管理对象，创造性地运用管理理论知识与技能去解决所遇到的各种实际问题，管理才可能获得成功，这就是管理的艺术。

管理是科学性与艺术性的统一。管理实践告诉我们，了解管理的原理和方法，并不等于可以完全达到管理目的。管理的科学性是管理艺术性的基础，管理需要科学的理论做指导，管理艺术性的发挥必然是在科学理论指导下的艺术性发挥。离开管理的科学性，艺术性就会变成简单的感觉与经验，就不能成为真正的艺术，就很难实现有效的管理。管理的艺术性是管理科学性的升华，离开管理的艺术性，科学性就会变成僵化的书本教条，也难以发挥其作用。管理理论是对大量的管理实践活动所做的一般性的概括和抽象，具有较高的原则性，而每一项具体的管理活动都是在特定的环境和条件下展开的，具有相对的特殊性。只有创造性地灵活运用管理知识，才能将理论服务于实践。因此，管理既是一门科学，又是一门艺术，是科学与艺术的有机结合体。

3.1.3 管理的职能

管理的职能是指管理者为了有效地管理必须具备的功能，或者说是指管理者在执行职务时需要做什么。20 世纪初期，法国工业家亨利·法约尔提出，所有的管理者都履行着五种管理职能，即计划（plan）、组织（organize）、指挥（command）、协调（coordinate）、控制（control）。此后，管理的职能被很多管理学家做了各种版本的扩充或缩减，到了

20 世纪 50 年代中期，哈罗德·孔茨教授将这五项职能归纳为四项基本职能：计划职能、组织职能、领导职能和控制职能，并将它作为管理学教科书的框架（图 3-1）。近年来，由于创新的重要性日益凸显，管理的职能被广泛地认知为计划、组织、领导、控制和创新。这五种职能是一切管理活动最基本的职能。

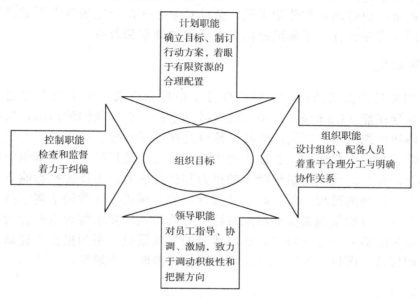

图 3-1　管理者的四大职能

1. 计划职能

组织的存在就是为了实现组织目标，因此就必须有人来规定组织要实现的目的和实现的方法，这就是管理的任务。计划职能（planning）包括规定组织的目标，制定整体战略以实现这些目标，以及将计划逐层展开，以便协调和将各种活动一体化。没有计划职能，组织将没有方向和目的，从而将陷入无序状态，以致无法正常生存下去。对于管理者来说，履行计划职能，就是保证组织有目标、有方向地正常运转。

计划是对未来活动的预先筹划。人们在从事一项活动之前，都要预先进行计划以确保行动有效。计划职能指的是管理者对要实现的组织目标和应采取的行动方案做出选择和具体安排，它包括明确组织的使命，分析外部环境和内部条件，确定目标，制定战略和作业计划，制定决策程序，等等。任何管理都是从计划开始的，因此计划是管理的首要职能。正确发挥计划职能的作用有利于组织活动适应市场需要和环境变化；有利于根据组织的竞争态势对生产经营活动做出统筹安排；有利于组织正确地把握未来，应付外部环境带来的不确定性，在变动的环境中稳定发展……

2. 组织职能

管理者还承担着设计组织结构的职能，即组织职能（organizing）。它包括决定组织要完成的任务是什么；怎样去分配这些任务，由谁去完成这些任务；员工怎么分类组合；怎样处理上下级关系。

组织是指管理者根据计划对组织活动中各要素和人们的相互关系进行合理的安排，包括设计组织结构，建立管理体制，分配权力和资源，配备人员，建立有效的信息沟通网络，监督组织运行等。组织工作是计划工作的延伸，其目的是把组织的各类要素，各个部门和各个环节，从劳动的分工和协作上，从时间和空间的连接上，从相互关系上，都合理组织起来，使劳动者和劳动工具、劳动对象之间在一定条件下形成最佳组合，使组织的各项活动有序进行，不断地提高组织活动的效率和效益。

3. 领导职能

每个组织都是由人组成的，管理的任务是指挥和协调组织中的人去完成组织的目标，这就是领导职能（leading）。当管理者激励下属，指导他们的活动，选择最有效的沟通渠道，解决组织成员之间的冲突时，他就是在进行领导。

每个组织都是由人组成的，管理者的主要任务之一是指导和协调组织中的人，这就是领导。所以，领导是指利用组织赋予的权力和自身能力，去指挥和影响下属实现组织目标而进行各种活动的过程。领导职能是指管理者带领指挥和激励下属选择有效的沟通渠道，营造良好的组织氛围去实现组织目标。有效的领导要求管理者在合理的制度环境中针对组织成员的需要和行为特点，运用适当的方式采取一系列措施去提高和维持组织成员的工作积极性，所以领导职能包括运用影响力激励、沟通等。

4. 控制职能

管理者要履行的第四个是控制职能（controlling）。当设定目标之后，就开始制订计划，向各部门分配任务，雇用人员，对人员进行培训和激励。尽管如此，有些事情还可能出岔子。为了保证事情按照既定的计划进行，管理者必须监控组织的绩效，必须将现实的表现与预先设定的目标进行比较。如果出现任何显著的偏差，管理者的任务就是使组织回到正确的轨道上来。这种监控、比较和纠正的活动就是控制职能的含义。

为了确保组织目标能实现以及保证措施能有效实施，管理者要对组织的各项活动进行有效的监控，因此这里的控制职能是为了保证系统按预定要求运作而进行的一系列工作；同时也是管理者在建立控制标准的基础上，衡量实际工资绩效，分析出现的差错，并采取纠偏措施的过程。具体内容包括根据计划标准检查和监督各部门、各环节的工作，以及根据组织内外部环境的变化对计划目标和控制标准进行修改或重新制定。控制职能与计划职能密不可分，计划是控制的前提，为控制提供目标和标准，没有计划就不存在控制；控制是实现计划的手段，没有控制计划就不能顺利实现。

5. 创新职能

将创新作为一种管理职能是一种新的认识，20 世纪 50 年代以来，随着科学技术的飞速发展，市场需求瞬息万变，社会关系日益复杂，管理者每天都会遇到新情况、新问题，如果墨守成规没有创新，就无法应对新形势的挑战，无法完成所肩负的管理任务。创新是社会发展的源泉，人类社会在不断的创新中取得了进步和发展，人类本身在不断的创新中获得了进一步的完善。

管理者的五大职能是通过具体的管理活动来发挥作用的，这些职能是密切相关而不是孤立存在的，它们是相互联系、交叉渗透的。计划职能是管理的首要职能，每一项管理工作基本上都是从计划开始，经过组织领导到控制结束，控制的结果可能又导致新的计划，开始又一轮新的管理循环。如此循环不息，把管理工作不断地向前推进，创新在管理循环中处于轴心位置，成为推动管理循环的动力。

3.2　管　理　者

管理主体是管理行为过程的组织主体，管理主体一般由拥有相应的权力和责任，具有一定管理能力从事现实管理活动的人或人群组成。组织中的管理主体主要是由管理者组成，管理者在组织管理中起到决定性的作用。

3.2.1　管理者权力的来源

要使一个组织或团体的管理者在管理中能够起主动支配的作用，管理者必须拥有一定的权力，依靠权力去命令、组织、领导、影响和指挥管理客体，从而完成组织的目标。据管理学者们的研究总结，构成管理者权力有以下五种来源。

1. 法定性权力

法定性权力是由管理者在组织中的职务决定的。职务越高，这个法定性权力就越大。它可以被看作一个人的正式或官方明确规定的权威地位。拥有法定性权力的管理者可以凭借他的职位、岗位的要求来向下属或者追随者施加其影响。这个法定性权力即职位就是权力。

2. 奖赏性权力

管理者给予某人奖励，这就是奖赏性的权力。管理者控制着各种资源，而这些资源是追随者需要的，而且是很重视的资源。当管理者为了让追随者帮其达成某种目标，就会利用奖赏某种资源来激励追随者。管理者可以给予追随者加薪、给予额外津贴与奖金、给予职务晋升、分配给其合意的资源等奖赏。这些奖赏都具备影响他人的潜力。而且奖赏性权力还使得追随者对领导者的忠诚度得到提升。

3. 强制性权力

有奖就有罚，奖罚是管理者控制追随者的有效工具。艾森豪威尔说过："你不能用击打他人脑袋的方式来领导，那是攻击，不是领导。"惩罚即利用追随者对失去其重视的成果的恐惧感来进行控制。追随者害怕失去什么重视的东西，所以才臣服管理者。强制性权力是指通过负面处罚或剥夺积极事项来影响他人的潜力。在实际操作中，对追随者要多用奖赏，少用惩罚。

4. 参照性权力

参照性权力又叫典范权力。当追随者佩服管理者，或者管理者的行为可以成为追随者楷模时，这种参照性的权力就表现出来了。这种参照性权力是建立在追随者对管理者欢迎、尊重、敬佩、喜爱、崇敬的基础上的。组织中的权力是由关系产生出能力，即关系产生权力，那么管理者与追随者的良好关系是构建参照性权力的基础。就是追随者觉得跟管理者关系很好，在管理者下命令时，追随者觉得自己要给管理者面子，于是愉悦地接受管理者下的命令，然后去执行命令。管理者想要强化参照性权力，有三种途径可以走：一是构建与追随者牢固的个人纽带；二是用友谊来发挥作用；三是以身作则，作为下属的表率，起到垂范作用。

5. 专家性权力

专家性权力是知识的权力。有些管理者可以通过他们在特殊领域的专长来影响他人，专家性权力来自专长权。有些人的专家性权力不一定有高于他人的职位权力与职务，但是他的知识、技能和判断力是其他人的依赖。

任何地方都有管理与被管理者，在工作开展和团队建设的过程中，管理者如何运用好自己手中的"权力"非常重要，它直接决定工作开展的有效性和团队建设的成败。因此管理者应该科学合理地使用以上权力，正确地分配权力，使权力得到最大效用的利用，做到坚持一切从实际出发，实事求是，按客观规律办事。从以上的分析和探讨可知，管理者需要将专家权和声誉权作为自己"施政"的主要支持力量，而将职位权、奖赏权、惩戒权和参照权作为辅助手段适当加以运用。作为管理者，一定要努力提高自己专家权和声誉权的分量，让下属在自己的"能力"和"人格魅力"的感召下，不令而行。

3.2.2　管理者的责任

管理者不仅仅拥有一定的权力，更多的时候是要有责任。任何组织中，在管理者身上都集中体现了社会关系的三大要素——责、权、利。这里的"责"就是责任，是管理者承担一切的责任，如遵守组织规章制度、承担一切职权范围内后果的责任，实现和保持本岗位、本职业和其他岗位、其他职业之间有序合作的责任，等等。一般来说，管理者的责任主要包括岗位责任、道德责任和社会责任三个方面。

1. 岗位责任

作为组织的重要角色，管理者是那些指挥被管理者完成组织任务，实现组织目标的群体，岗位责任是管理者最基本的责任，对组织的有序运行和组织目标的实现，起着至关重要的作用。岗位责任又包括一般岗位责任和特有岗位责任。

2. 道德责任

一个管理者的行为合乎道德与否，是管理者道德发展阶段与个人特征、组织结构、组织文化和道德问题强度这些变量之间复杂的相互作用的结果。

3. 社会责任

所谓社会责任，是指企业不能仅仅以利润最大化作为自己唯一存在的目的，企业在寻求股东利益为股东负责的同时，应当对所有利益相关者承担相应的责任，最大限度地增进和维护社会利益，包括生产安全、职业健康、保护劳动者的合法权益、提供安全的产品和服务、遵守商业道德、支持慈善事业、捐助社会公益、保护自然环境等。具体来讲，组织承担社会责任可从六个方面体现：对环境的责任、对员工的责任、对消费者的责任、对股东的责任、对竞争者的责任、对所在社区的责任。

3.2.3　管理者分类

管理者按层次可分为高层管理者、中层管理者和基层管理者（图 3-2）。

图 3-2　管理者分类

1. 高层管理者（top managers）

高层管理者位居组织的顶层或接近于顶层，即对整个组织的管理负有全面责任的人。其主要职责是：制订组织的总目标、总战略，掌握组织的大政方针并评价整个组织的绩效。他们通过对环境的分析判断，运筹帷幄保证决策的正确性，为组织的发展引领航向。另外，他们还代表组织与外部的联系，并对组织所造成的影响负责。在西方，企业中的高层管理者一般是指首席执行官（Chief Executive Officer，CEO）、首席运营官（Chief Operating Officer，COO）、首席财务官（Chief Financial Officer，CFO）等。在我国企业中的经理、厂长、学校的校长、医院的院长、董事会主席等均属于高层管理者。

2. 中层管理者（middle managers）

中层管理者是位于高层管理者和基层管理者之间的中间层次管理者。其主要职责是：正确领会高层的指示精神，创造性地结合本部门的工作实际，有效指挥、监督和协调各基层管理者开展工作，贯彻执行高层管理人员所制定的重大决策。其一个明显特征在于要把高层管理者制订的目标落实到基层，是连接高层管理者与基层管理者的桥梁和纽带。像部门主任、部门经理、地区经理、业务主管、车间主任等均属于中层管理者。与高层管理者相比，中层管理者特别注意日常的管理工作。

3. 基层管理者（first-line managers）

基层管理者又称一线管理者。基层管理者是指那些在组织中直接负责非管理类员工日常活动的人。他们的主要职责是：给下属作业人员分派具体工作任务，直接指挥和监督现场作业活动，保证各项任务的有效完成。基层管理者在组织中起到非常重要的作用，他们直接负责作业人员的日常工作活动，解答下属问题，反映下属要求，这对技术操作能力要求较高。如工厂里的小组长就是一名基层管理者，直接负责组内作业人员的日常工作。

3.2.4 管理者扮演的角色

根据明茨伯格的研究，管理者应该扮演三类角色，即人际角色、信息角色和决策角色。

1. 人际角色

人际角色归因于管理者的正式权力。管理者所扮演的三种人际角色是代表人角色、领导者角色和联络者角色。

（1）代表人角色。作为所在单位的领导，管理者必须履行一些具有礼仪性质的职责。例如管理者有时必须参加社会活动，如出席社区的集会或宴请重要客户等，这时，管理者扮演着代表人角色。

（2）领导者角色。由于管理者直接对所在单位的成败负责，他们在单位内扮演领导者角色。这时，管理者和员工一起工作并通过员工的努力来确保目标的实现。

（3）联络者角色。管理者还必须扮演联络者的角色。没有联络，管理者就无法与别人一起工作，也无法与外界建立联系。

2. 信息角色

在信息角色中，管理者负责确保和其一起工作的人能够得到足够的信息。管理职责的性质决定了管理者既是其所在单位的信息传递中心、也是别的单位的信息传递渠道。管理者所扮演的三种信息角色是监督者角色、传播者角色和发言人角色。

（1）监督者角色。管理者必须扮演的一种信息角色是监督者角色。监督的目的是获取信息，管理者可通过各种方式获取一些有用的信息，如通过密切关注组织自身状况以及外部环境的变化，通过接触下属，利用个人关系网等方式来获取信息。

（2）传播者角色。作为传播者，管理者把监督获取的大量信息分配出去，传递给有关员工，管理者有时也因特殊的目的而隐藏特定的信息。

（3）发言人角色。管理者的最后一种信息角色是发言人角色。管理者必须把信息传递给外界。例如必须向董事和股东说明组织的财务状况与战略方向，必须向消费者保证组织在切实履行社会义务，以及必须让政府人员对组织遵守法律的良好表现感到满意。

3. 决策角色

在决策角色中，管理者处理信息并得出结论。管理者负责做出决策，并分配资源以保证决策方案的实施。管理者所扮演的四种决策角色分别是企业家角色、冲突管理者角色、资源分配者角色和谈判者角色。

（1）企业家角色。管理者所扮演的第一种决策角色是企业家。作为企业家，管理者对发现的机会进行投资，如开发新产品、提供服务或发明新工艺等。

（2）冲突管理者角色。管理者所扮演的第二种决策角色是冲突管理者。一个组织不管管理得多么好，它在运行的过程中总会遇到冲突或问题。管理者必须善于处理冲突和解决问题。如平息客户的怒气、调解员工之间的争端等。

（3）资源分配者角色。管理者所扮演的第三种决策角色是资源分配者。作为资源分配者，管理者决定组织资源用于哪些项目。尽管我们一提起资源，就会想起财务资源或设备，但这里的组织资源还包括其他类型的重要资源。例如，当管理者选择把时间花在这个项目而不是那个项目上时，他实际上是在分配时间这种资源，除时间以外，信息也是一种重要资源。管理者是否在信息获取上为他人提供便利通常决定着项目的成败。

（4）谈判者角色。管理者所扮演的最后一种决策角色是谈判者。管理者把大量的时间花在谈判上，谈判对象包括员工、供应商、客户和其他组织。无论是何种类型的组织，其管理者为确保组织目标的实现都必然要进行谈判工作。

3.2.5　管理者需具备的技能

根据卡茨的研究，管理者应具备技术技能、人际技能和概念技能。

1. 技术技能

技术技能是指管理者掌握和熟悉特定专业领域中的过程、惯例、技术和工具的能力。技术技能对于基层管理最重要，对于中层管理比较重要，对于高层管理比较不重要。

2. 人际技能

人际技能是指成功地与别人打交道并与别人沟通、处理各种关系的能力。人际技能对于所有层次的管理的重要性大体相同。

3. 概念技能

概念技能是指产生新想法并加以处理，以及将关系抽象化的思维能力。具有概念技能的管理者往往把组织视作一个整体，并了解组织各个部分的相互关系。概念技能对于高层管理最重要，对于中层管理较重要，对于基层管理较不重要。

3.2.6　管理者应具备的素质

管理的主体是人，但并不是所有的人都能成为合格的管理者，管理者必须具备相应的素质才能履行好管理者的职责，从而提高管理的绩效。管理者应当具备政治素质、思想素质、个性修养、技术素质、公关素质、创新素质等。

1. 政治素质

管理者是国家方针、政策的宣传者、贯彻者和实施者，要正确处理国家、企业和个人三者之间的利益关系。因此，管理者必须学习和掌握政策理论及国家的方针政策，提高自身的政治觉悟。要有坚定的政治立场和政治信念，自觉贯彻执行党和国家的各项方针政策；自觉维护企业党组织的政治核心地位，坚持党对企业的政治领导；具有强烈的群众观点，自觉维护和尊重职工群众的主人翁地位，切实关心和维护职工群众的切身利益，积极帮助解决职工群众在生产经营和日常生活中遇到的实际困难。

2. 思想素质

思想素质是指管理者不仅会处事和处人，而且还要善于思考。优秀的管理者应该具有把自己要实现的愿望，尤其是要达到的管理目标清晰地描绘出来的能力；能够清楚地表明自己的思想；有强烈的信息观念，善于运用和捕捉信息，注意提高信息的数量和质量，以促进管理工作的高质高效。

3. 个性修养

管理者的个性是影响管理工作成败的一个重要因素，不可低估和轻视。一个成功的管理者必须谦虚、诚实、心胸开阔和具有吃苦耐劳精神。首先，管理者要相信自己，不断增强信心，坚信自己有能力把企业搞好。能够正确对待在管理企业过程中出现的一些暂时的困难和挫折，做到百折不挠，敢于应对各种困难和挑战。其次，管理者所面对的管理对象的性格千差万别，受教育的程度有高有低，所以管理者要虚心向管理对象学习，加强思想沟通。

4. 技术素质

专业知识是管理者知识结构中不可缺少的组成部分，尤其是科技管理者。只有懂专业的管理者，才能在管理过程中有的放矢，灵活机动，遵循事物发展规律，按客观规律办事，避免官僚主义。作为一名现代的企业管理人员，不能把自己的水平和能力仅仅定位在满足于一般的宏观性的企业经营管理上。

5. 公关素质

管理者实施成功管理的一个最重要因素就是具有较强的与人相处能力。管理者要提高公关素质，必须做到以下几点：一是要能够准确了解和把握自己对别人，包括对领导、对同事、对下级的情感、信念、态度等，要认识到自己对他人的这些人性方面的因素十分重要，从而保证自己能够对他人把握正确的感情度、信任度和亲疏度。二是通过他人的一言一行、一举一动就能准确地了解和把握别人对自己的情感、信念、态度与要求，从而不断地调整和校正自己的言行，保持与他人良好和谐的人际关系。三是能够准确地认识到自己与别人在性格、学识、品德、爱好、要求、情感等方面的异同点，从而针对自己在某些方面的不足和薄弱环节，采取弥补措施，缩短差距，提高与人相处的本领。四是做好协调各方面人际关系的工作。包括对政府有关部门的协调、领导班子成员之间的协调、本企业内部中层干部的协调，以及对一般工作人员的协调，等等。

6. 创新素质

创新是管理的灵魂。有创新，整个管理工作才充满生机和活力。创新贯穿计划、组织、领导和控制的管理职能中。①计划创新。计划创新既要体现计划的严肃性，又要体现计划的灵活性；既要考虑计划的超前性，又要考虑计划的可实现性。②组织创新。组织的目标明确，切实可行；机构精简，人员精干；因事设人，分工明确。③领导创新。

讲究领导艺术，善于运用激励机制，调动下属的积极性，培养下属的团队精神，形成强有力的凝聚力。协调好与平行管理职能部门的关系。④控制创新。建立信息反馈体系，采用量化标准，检查、督促计划的执行。实行奖罚分明，鼓励先进，鞭策落后。树立质量第一，坚持标准，讲管理效率和管理绩效。

【本章小结】

管理是指在特定的环境条件下，以人为中心通过计划、组织、领导、控制为主的管理职能，对组织所拥有的人力、物力、财力、信息等资源进行有效运筹，以期高效地达到既定组织目标的过程。

管理的二重性是指对生产过程进行的管理存在两重性：一种是与生产力、社会化大生产相联系的管理自然属性；另一种是与生产关系、社会制度相联系的管理社会属性。

管理是科学性和艺术性的统一，管理实践是一门艺术，而指导这种实践活动的、系统的知识，则被称为一门科学。

法国工业家亨利·法约尔提出，所有的管理者都履行着五种管理职能，即计划、组织、指挥、协调、控制。此后，管理的职能被很多管理学家做了各种版本的扩充或缩减，到了 20 世纪 50 年代中期，哈罗德·孔茨教授将这五项职能归纳为四项基本职能：计划职能、组织职能、领导职能和控制职能，并将它作为管理学教科书的框架。

构成管理者权力有五种来源：①法定性权力；②奖赏性权力；③强制性权力；④参照性权力；⑤专家性权力。

一般来说，管理者的责任主要包括岗位责任、道德责任和社会责任三个方面。

根据明茨伯格的研究，管理者应该扮演三类角色，即人际角色、信息角色和决策角色。

管理者应当具备政治素质、思想素质、个性修养、技术素质、公关素质、创新素质等。

【复习与思考题】

1. 何谓管理？如何理解管理的具体含义？

2. 管理职能经过了哪些演变？当前普遍认为管理通常包括哪些职能活动？每种职能活动的功能是什么？它们的相互关系又是如何？

3. 根据明茨伯格的研究，管理者应扮演哪些角色？

4. 根据孔茨的研究，管理者应具备哪些基本技能？

【关键术语】

管理 management	管理的二重性 duality of management
管理的职能 functions of management	管理者的角色 the role of manager

【案例与分析】

创建互联网时代的新型管理模式

互联网带来大变革、大颠覆，下一步最具挑战性的将不是技术，而是相适应的管理变革与创新。某种程度上管理比技术更重要，但管理创新总落后于技术创新，成为障碍与瓶颈。

互联网时代需要采取怎样的管理模式、原则与模式，目前还没有太多理论分析或系统总结，要更多地关注、研究、总结来自市场一线优秀互联网企业的管理创新实践，并提炼出适应互联网时代要求的管理原则、模式与工具。

1. 管理良好的成熟企业为何会失败？成为百年老店的概率将越来越低

日本的松下、索尼、夏普都曾让我们顶礼膜拜，但是如今却集体塌陷，动辄亏损几十亿美元，不是因为它们管理得不好，其精细化、标准化、流程化、质量管理等方面执行得最彻底，科学管理体系在全球领先，研发投入比重也很高，而是在于对互联网时代创新大方向、大战略缺乏把握，在于只注重硬件的制造，硬件可以做到最精，但是缺乏像苹果这样软性化、人性化的创新元素，没有及时推动管理变革。

摩托罗拉、柯达先后发明了全球首部智能手机、数码相机，但没能及时推进数字化的应用，不敢革自己的命，最后都倒在数字化和互联网门口，令人唏嘘。

诺基亚的 CEO 说，我们并没有做错什么，但不知为什么，我们输了。发出这样感叹的大企业 CEO 会越来越多。华为是否会遭遇"滑铁卢"？任正非特别质问，华为会不会输？如果未来要死，会死在哪里？而华为已达到 3000 多亿元销售额，正如日中天。

如今观察企业，已经不能只看这家企业的总资产有多大，历史有多悠久，占地有多少，是否有先进的设备，重资产有多重，更要看创新活力与持续发展能力。重"重资产"、轻"轻资产"带来的可能就是重包袱以及转型的难度、高成本。

2. 目前的管理范式存在一定的局限性

"以效率为中心、以科层为导向"的管理旧范式成为制约互联网时代管理创新步伐的绊脚石。

首先，工业化环境下的科层加大了工人、员工与企业主、老板之间的隔阂，员工只接受上层控制，半孤立的部门工作，缺乏生产过程的系统性观点。其次，传统的科学管理以效率为中心，可以让员工更服从、更勤奋、更高效，但不能更创新、更忠诚。另外，传统管理较注重计划、控制，追求稳定性、精确性，但对无先例、非连续性创新事物缺乏敏感反应，屈从成本、官僚主义成本、响应成本、闲散成本会导致众多创新机会的错失，决策迟缓，思维凝滞僵硬，时间就是利润，却常常得不到有效开发。

3. 21 世纪的管理变革目标

互联网导致的社会变革将直接改变未来的管理走向，迫切要求企业管理的范式革命和基因重构。21 世纪管理变革三大目标：一是要建立起真正尊重、激发与赞赏人类创造性、想象力、激情与勇气的后现代管理社会；二是建立起适合人类自身发展规律与本性的公司，在洞悉人性基础上注重用户极致体验，攒足人气，吸揽人才，促动"人气、人性、人才"的"三人行"；三是管理者负责的传统管理工作会越来越少，其首要任务是担当教练，制造更多的领路人，搭建平台，创造适合创业创新的环境与氛围。

资料来源：陈鸿桥. 创建互联网时代的新型管理模式[N]. 经济观察报，2016-03-10

【推荐阅读】

1. 德鲁克. 卓有成效的管理者[M]. 北京：机械工业出版社，2009.

2. 蒂尔，马斯特斯. 从 0 到 1：开启商业与未来的秘密[M]. 北京：中信出版社出版，2015.

3. 吴晓波. 大败局 1、2：修订版[M]. 杭州：浙江大学出版社，2013.

4. 稻盛和夫. 干法[M]. 北京：机械工业出版社，2015.

5. 迈尔-舍恩伯格，库克耶. 大数据时代[M]. 杭州：浙江人民出版社，2013.

6. 黄铁鹰. 海底捞你学不会：新版[M]. 北京：中信出版社，2015.

7. 彼得·圣吉. 第五项修炼：学习型组织的艺术与实践[M]. 北京：中信出版社，2009.

8. 陈春花. 管理的常识：让管理发挥绩效的 8 个基本概念:修订版 [M]. 北京：机械工业出版社，2016.

第4章 利益相关者

📖 **学习目标** ≫

1. 描述利益相关者的定义，简单叙述这个概念的由来；
2. 描述利益相关者的利益；
3. 叙述并总结利益相关者的分类；
4. 讨论社会责任的概念；
5. 辨识并讨论利益相关者思想对社会责任理论发展的影响；
6. 辨识并讨论基于利益相关者的战略管理。

📘 **引导案例**

鲍勃·科林伍德的工作安排

鲍勃·科林伍德是伍德兰国际公司——一家总部设在欧洲的大型跨国公司——子公司的总裁和首席执行官。他负责公司在美国的全部活动。在公司的美国业务完全一体化之时，鲍勃既负责生产，又负责公共事务。公司按利润率和其他几个经济标准来衡量他。一次，检查下两周的日程表时，鲍勃发现他得接连接待几个外部团体，议事范围包括一些劳动管理的老问题和伍德兰的社会责任问题。

星期一，东北部的一个州立法机关将召开两天的听证会，讨论一项要求公司从该州搬迁出工厂必须向州政府申报的法案，而伍德兰公司在东北部建有大型工厂。星期四要开展一条新生产线的测试营销活动，鲍勃和营销人员需要在最后时刻做出决定。星期六，消费者组织联盟的领导将来公司听他介绍伍德兰几大产品的优点和安全性。而在星期天，一个环境保护组织将举行游行示威，抗议伍德兰一家工厂所造成的空气污染。

在接下来的一周里，按计划，鲍勃将前往华盛顿参加一个会议，讨论公司遵守最新的规章制度方针的状况。会议结束后，他得赶回来会见一个地方工会，商讨他们即将签订的合同。据传该工会的领导已经启动组织伍德兰大量"朝九晚五"的工人参加工会的计划。会见工会之后，鲍勃将和几大团体的领导讨论失业青年的夏季就业方案。

主管会计的报告放在他的办公桌上，等着他审阅。销售额下降了15%。他的利润记录离第一季度目标还有20%的差距。

鲍勃·科林伍德在伍德兰国际公司晋升得非常快，如果他愿意的话，他可以成为公司欧洲总部的"明星"。可是，对于他现在所面对的各种情况所交织成的局面，他觉得自己一点准备都没有。各式各样压力团体的各不相同的问题都需要他拿出即时解决方案。这些问题或者其中的某一个，都要让鲍勃和他手下最优秀的人比平时工作更长时间。尽管他的手下人在生产和业务上都是好手，但似乎就是没有办法将各不相同的管理任务整合起来。

　　资料来源：[美]弗里曼. 战略管理：利益相关者方法[M]. 王彦华，梁豪译. 上海：上海译文出版社，2006

　　在工业革命初期，企业相当简单，所谓"做生意"无非是向供应商购买原料，然后生产产品，最后卖给消费者。企业一般都是被家族经营和所有，为了公司的成功，所有者、经理、雇员只需要操心如何满足供应商和消费者即可。然而，大量因素结合在一起使得公司规模越大越经济。诸如装配线之类的新生产流程的发展，意味着工作可以专业化和高效率，运用新技术和新动力易如反掌，人口因素开始倾向于支持城市的生产中心。此外，随着银行、股东和其他机构向现代公司投资，企业所有人变得越来越分散，或者说非家族成员开始控制公司，为了公司取得成功，公司的高级经理必须同时满足所有者、雇员、工会、供应商和消费者。可以说，企业要想在"新"环境中取得成功，就必须在思想上有一个大转变。

4.1　利益相关者理论

4.1.1　利益相关者的概念

　　"利益相关者"（stakeholder）这个词语首次出现于斯坦福研究中心（现称 SRI 公司）1963 年内部备忘录中的一篇管理论文。这个术语是对"股东"（stockholder）这一概念的泛化，因为股东是管理人员唯一需要做出反应的团体。因此，利益相关者概念最初被定义为"没有他们的支持组织就不再存在的团体"。对利益相关者定义最具影响力和广为接受的观点是爱德华·弗里曼在其《战略管理：利益相关者方法》（*Strategic Management-A Stakeholder Approach*）一书中所做定义，弗里曼认为组织中的利益相关者是指任何影响公司目标的实现，或者受公司目标实现影响的团体或个人。为什么能够影响公司的团体应该是"利益相关者"，答案是非常明确的。公司战略管理的关键是为公司制定发展方向，这就要求公司必须考虑能够影响公司的发展方向及其执行的团体。但是，由于并非所有影响公司的团体自身都受公司影响，对于"受公司影响的团体"也是利益相关者这个问题，并不是很容易理解的，事实上，20 年前对公司的行为并无影响的团体，现在对公司却产生影响了，这在很大程度上是由公司忽视对它们的影响的行为所造成的。因此，通过称这些受影响的团体为"利益相关者"，继而使公司对未来变化保持敏感性，不仅与那些影响企业的团体打交道，从长期来看，还必须与那些受企业影响的团体打交道。弗里曼对利益相关者的定义受到许多经济学家的赞同并成为 20 世纪 80 年后期、90 年代初期关于利益相关者界定的一个标准范式。

4.1.2　谁是利益相关者

　　那么谁是利益相关者呢？利益相关者是个人和实体，他们能够被一个组织所影响，同时也能够对后者产生影响。

按照相关群体与企业是否存在交易性合同关系，将利益相关者分为契约型利益相关者（contractual stakeholders）和公众型利益相关者（community stakeholders）。前者包括股东、雇员、顾客、分销商、供应商、贷款人；后者包括全体消费者、监管者、政府部门、压力集团、媒体、当地社区。

根据相关群体在企业经营活动中承担的风险种类，可以将利益相关者分为自愿利益相关者（voluntary stakeholders）和非自愿利益相关者（involuntary stakeholders）：前者是指在企业中主动进行物质资本或人力资本投资的个人或群体，他们自愿承担企业经营活动给自己带来的风险；后者是指由于企业活动而被动地承担了风险的个人或群体。换言之，利益相关者就是"在企业中承担了某种形式的风险的个人或群体"。

根据相关者群体与企业联系的紧密性以及社会性维度，可以将利益相关者进行区分，即社会/非社会，主要/次要。如图 4-1 所示。有些利益相关者是有社会性的，即他们与企业的关系直接通过人的参与而形成；有些利益相关者却不具有社会性，即他们并不是通过"实际存在的具体人"和企业发生联系的。主要的利益相关者是指这样一些个人和群体，倘若没有他们连续参与，公司就不可能持续生存；次要的利益相关者是指这样一些个人和群体：他们间接地影响企业的运作或者受到企业运作的间接影响。重要而直接的利益相关者包括股东和投资者、员工和管理人员、客户、供应商和其他业务伙伴以及企业所在的地方社区。我们将之称为主要的"社会"利益相关者，其原因是他们的利益是通过各种社会关系而与该企业的财富直接发生联系的。次要的社会利益相关者包括政府、市民机构和社会压力集团、媒体和学术评论家、贸易团体以及竞争对手。这些团体的利益较为间接，但是他们也构成自由企业体系这一社会生态的一部分。主要的社会利益相关者与一个组织及其成功有着直接的利益关系。次要的社会利益相关者的影响或许非常大，尤其是在声誉和公众地位方面，但是，他们的利害关系只是间接的，而不是直接的。主要的非社会利益相关者包括自然环境、人类后代、非人类物种；次要的非社会利益相关者包括环境压力集团、动物利益组织。社会利益相关者我们可以直接与之交流，而非社会利益相关者则不可以。

图 4-1　主要/次要，社会/非社会利益相关者分类

4.1.3　利益相关者的特性：合理性、影响力和紧急性

米切尔指出，有两个问题居于利益相关者理论的核心：一是利益相关者的认定（stakeholder identification），即谁是企业的利益相关者；二是利益相关者的特征（stakeholder salience），即管理层依据什么来给予特定群体以关注。米切尔从三个属性上对可能的利益相关者进行评分，然后根据分值的高低确定某一个人或者群体是不是企业的利益相关者，是哪一类型的利益相关者。这三个属性是：合法性（legitimacy），影响力（power），紧急性（urgency）。

（1）合法性。合法性指的是企业所认为的某一利益相关者对某种权益要求的正当性和适切度。所有者、雇员和顾客与一家公司有着明确、正式和直接的关系，也就意味着他们的要求所包含的合理性成分较大。与公司关系较为疏远的利益相关者，如社会活动团体、竞争者或媒体，他们的要求则被视为具有较低的合理性。

（2）影响力。影响力指的是生成某种结果（做成了用其他办法做不成的事情）的才干或能力。因而也可以这么说，不管某一利益相关者的某一权益要求是否具有合理性，其影响力都意味着该利益相关者能够影响该企业。例如，借助媒体的帮助，一个重要的、直言不讳的社会活动团体，能够对企业施加极不寻常的影响力。人道对待动物的人士团体就是这样一个群体。

（3）紧急性。紧急性指的是利益相关者需要企业对他们的要求给予急切关注或回应的程度。紧急性可意味着某件事情是至关重要的——真的需要办的，或意味需要马上或在一定时限内办成某件事情。例如，公司高层管理者会把工人罢工、消费者抵制、社会活动团体在公司总部大楼外面设置纠察队当作紧急事件。

要成为一个企业的利益相关者，至少要具备以上一条属性，即要么对企业拥有合法的索取权，要么能够紧急地引起企业管理层关注，要么能够对企业决策施加压力，否则不能成为企业的利益相关者。根据企业的具体情况，对上述三个特性进行评分后，企业的利益相关者又可以被细分为以下三类：①决定性利益相关者（definitive stakeholders），他们同时拥有对企业问题的合法性、影响力和紧急性。为了企业的生存和发展，企业管理层必须十分关注他们的愿望和要求，并设法加以满足。典型的决定性利益相关者包括股东、雇员和顾客。②预期型利益相关者（expectant stakeholders），他们与企业保持较密切的联系，拥有上述三项属性中的两项。这种利益相关者又分为以下三种情况：第一，同时拥有合法性和影响力的群体，他们希望受到管理层的关注，也往往能够达到目的，在有些情况下还会正式地参与到企业决策过程中。这些群体可能包括投资者、雇员和政府部门。第二，对企业拥有合法性和紧急性的群体，但却没有相应的影响力来实施他们的要求。这种群体要想达到目的，需要赢得另外的更强有力的利益相关者的拥护，或者寄希望于管理层的善行。他们通常采取的办法是结盟、参与政治活动、唤醒管理层的良知等。第三，对企业拥有紧急性和影响力，但没有合法性的群体。这种人对企业而言是非常危险的，他们常常通过暴力来满足他们的要求。例如，在矛盾激化时不满意的员工会发动鲁莽的罢工，环境主义者采取示威游行等抗议的行动，政治和宗教极端主义者甚至还会发起恐怖主义活动。③潜在的利益相关者（latent stakeholders），是指只拥有合法性、影响力和紧急性三项特性中一项的群体。只拥有合法性但缺乏影响力和紧急性的

群体，随企业的运作情况而决定是否发挥其利益相关者的作用。只有影响力但没有合法性和紧急性的群体，处于一种蛰伏状态（dormant status），当他们实际使用权力，或者是威胁将要使用这种权力时被激活成一个值得关注的利益相关者。只拥有紧急性，但缺乏合法性和影响力的群体，在米切尔看来就像是"在管理者耳边嗡嗡作响的蚊子，令人烦躁但不危险，麻烦不断但无须太多关注"。除非他们能够展现出其要求具有一定的合法性，或者获得了某种权力，否则管理层并不需要也很少有积极性去关注他们。基于三种特性划分的利益相关者类型如图 4-2 所示。

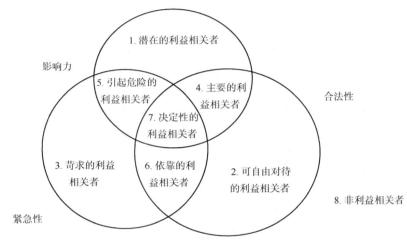

图 4-2　基于三种特性划分的利益相关者类型

事实上，组织要想制定准确的利益相关者图谱亦非易事。正如默顿确定了个人在社会中扮演的一系列角色，我们也可以将这一认识并入"利益相关者角色"，或者说，个人或团体作为利益相关者在组织中扮演着一系列角色。例如，某雇员可以是 A 公司产品的消费者，可以是 A 公司工会的成员，可以是 A 公司所有者之一。某些特定的利益相关者团体的许多成员也可能是其他利益相关者团体的成员，作为某一组织的利益相关者，也许不得不使各种相互对抗、相互竞争的角色保持平衡。这就会导致每个人存在自身角色间的冲突，或者与组织成员之间的冲突。

4.1.4　什么是利益相关者感知的利益

"利益"是一个多维度概念，从较为传统的股东的美元收益到呼吁参与处理公司事务的"声音"。显然，我们有必要详尽地理解"利益"的含义。

一种分析手段是在一个二维坐标上描述组织的各个利益相关者。在第一维度上，用"利益"或"利害"给利益相关者分类。其思想是考察多个利益相关者可以被察觉的利益的范围。这里没有严格的标准，一种典型的分类是将"利益"的划分从"拥有公司的股权"，转为"能够影响公司的一分子"，或者用迪尔的话说"管闲事的人，或者对公司怎么做感兴趣的人，因为公司以某种方式影响到他们，尽管不是从市场的角度直接对他们施加影响"。我们可以在股权和管闲事之间加上一类，称它为拥有"市场"利益。这一连续的三种分类代表了较为传统的理论中公司的持有者（股权利益）、消费者和供应商（市场利益），以及政府（管闲事者）的不同利益。

这一分类坐标的第二维度可以从权力的角度来理解，或者不严格地说，可以从使用资源令事件实际发生的能力来理解。这个连续体上的三个重要的点是投票权力、经济权力和政治权力。所有者可以利用投票权资源，投票赞成董事，或投票支持管理人员，甚至可以在接管斗争中投票决定他们在市场中的份额。消费者和供应商可以利用经济权力——经济权可以用研发投资，把资金转向另一家公司，提高价格或拒绝供应来衡量。政府可以利用政治权力，其形式有通过法律法规、制定新规章或向法院提起诉讼。

表 4-1 代表了这个两维坐标，所有者可被视为股权和投票权的典型代表；消费者和供应商拥有市场利益和经济权；政府拥有影响者利益和政治权。

表 4-1　一家大型企业的利益相关者一览表

权力	投票权力	经济权力	政治权力
拥有公司股权	股东 董事		持异议的股东
拥有市场利益		顾客 竞争者 供应商 工会 债权人	地方政府 外国政府 消费者组织 工会
施加影响者	政府 外部董事		政府 行业协会

引导案例

麦当劳：还在虐待动物

1999 年秋季，声称拥有 70 万成员的善待动物组织（People for the Ethical Treatment of Animals，PETA）这一社会活动团体，决定以打出广告牌和在汽车保险杠上粘贴标语的方式，以表示对汉堡包巨型生产供应商麦当劳某些做法的不满。PETA 觉得麦当劳对待动物欠当，所以要予以攻击。PETA 宣布了其将在弗吉尼亚州诺福克市（PETA 总部所在地）传播的广告语："那些动物今天应该歇息""麦当劳：还在虐待动物"。PETA 的抗议活动不是贸然的，而是与麦当劳就该公司促进快餐业落实动物权益一事的对话失败之后才宣布要进行的。从上文所介绍的有关概念来看，PETA 是一个次要的社会利益相关者或次要的非社会利益相关者，因此，其要求的合法性较低，然而，由于该组织这一由合作媒体配合对其进行报道的活动，对于麦当劳公司具有明显、还可能起到破坏性作用的威胁，所以影响力大、紧急性高。

来年会发生什么事虽然不完全清楚，但是有一点可以肯定，那就是 PETA 会继续施压，且力度还会加大。基于此，在 2000 年秋季，麦当劳公司郑重要求其鸡肉和鸡蛋供应商必须改善鸡的饲养条件：不再采用鸡挨鸡的圈养方式，保证每只鸡的生存空间达到 48～72 平方英寸。供应商也被要求停止"强迫换羽"的做法，即为使母鸡多下蛋，在两周时间里不给母鸡喂食饲料和水。

果然就在 2000 年，PETA 加大了对该公司的施压。PETA 开始在麦当劳各餐馆的儿童游戏场地和该公司股东大会上发送印有"令人不快的餐食"字眼的盒子。每个盒子里的东西与麦当劳卖给儿童的"开心乐园餐"差不多一样，只多搁了如下几样东西：一张被宰杀动物的图画。例如，画有一只正在淌血的牛头，还揶揄地配上大家都很熟悉的快餐宣传用语——"你是不是需要用它进行烧烤？"；一个身上沾血、手持餐刀，与罗纳德·麦克唐纳小丑极像的"罗恩之子"的玩偶；还有看出来是由农场饲养但喉部被切劈的动物玩具。

从这个例子我们可以看出，麦当劳公司不得不应付的那组利益相关者是怎样从传统的利益相关者，耐人寻味地发展成为诸如 PETA 这样强大的利益相关者。在媒体的帮助下，特别是一些重要的报纸和杂志，PETA 在麦当劳经营活动中很快地从次要的利益相关者步入首要的利益相关者行列里。

2001 年，PETA 成员和弗罗里达动物权益基金会又开始对汉堡王公司的攻击行动。这个攻击行动与麦当劳的那个攻击行动如出一辙。他们把印有"汉堡王：残酷的国王"字眼的横幅和语录牌摆在汉堡王公司新上任的首席执行官面前，同时还出示一盘 PETA 希望该公司别再残酷对待一些禽兽的录像资料。这两家组织还计划在《迈阿密先驱报》上用一整版的广告呼吁这位新首席执行官采取切实行动，以减少供应该公司肉类和鸡蛋那些农场里的鸡、猪、牛和其他动物所遭受的苦难。这还是PETA 发动的反"屠杀之王"的最近一次活动。在这些活动之前，该组织在 10 个国家和美国的各个州里都先后发起过几百次反对汉堡王公司的示威活动。

资料来源：[美]弗里曼. 战略管理：利益相关者方法[M]. 王彦华，梁豪，译. 上海译文出版社，2006

4.1.5 利益相关者给企业带来的机会和挑战

就利益相关者而言，机会和挑战在许多时候既意味着有利的一面，也可能是不利的因素。大体来说，与利益相关者建立良好、建设性的工作关系就是所谓的机会；而挑战则通常意味着企业在处理与利益相关者的关系上还有欠妥之处，或说明企业在某方面可能对利益相关者造成了损害。例如，财务绩效（短期或长期）上存在的问题，或在业界内的形象和声誉仍欠佳。所以，我们一般强调的是从利益相关者那里所引起的挑战，而不是所带来的机会。

这种挑战一般表现为利益相关者对企业的不同程度的期望或需求。在大多数情形中，这些挑战的出现是由于利益相关者认为要求没有得到适当的迎合。有时，当利益相关者群体认为所发生的某一危机完全是企业方面的责任或因企业的某些缘故而造成了某一危机，所谓的挑战也就出现了。下面所举均为由利益相关者所引发的危机的例子。

花旗集团公司。2001 年 4 月曼哈顿的一个早晨，正值上班高峰时，两位社会活动分子爬上花旗银行总部大楼外面的旗杆挂起一面 20 英尺的横幅，该横幅上面写着："嘿，花旗，你太让我失望了！"这两个人的行为引起人们对这一事件——花旗公司在全球一些地区对环境和社会具有破坏性的项目进行资助——不断升级争论的注意。之后不久，学生们也发起了抵制花旗公司信用卡的活动，而且在 12 个国家的约 80 个城市都先后出现了对该公司这一资助行为的抗议活动。

可口可乐公司。1999 年 6 月，可口可乐公司面临一个重要的危机——一些正式报告说，许多欧洲的消费者因喝了其世界著名的软饮料生了病。也正是由于这些报告，法国、比利时、卢森堡和荷兰等国政府指示禁止销售可口可乐产品。可口可乐公司高层主管后来指出，问题出在由比利时的可口可乐企业集团掌管的瓶装系统的两个位置上。当时的可口可乐公司在一些地区的销售很不景气，恰巧又发生了这个危机，这一事件对该公司来讲可谓是雪上加霜。随后的巨量产品召回损害了该公司在欧洲市场的声誉。

家得家公司。1998～1999 年，总部位于亚特兰大的这家连锁经营公司，由于诸如保护热带雨林行动网等社会活动团体的施压以及抗议者推出"行动日"等活动，答应了不再销售由原始森林林木制作的产品。这些环境保护活动分子威胁说，假如这家公司不答应这样做的话，他们就要利用报纸刊登抗议性广告、经常派出纠察人员和发动公众进行抵制等活动，从而给该公司难堪。

德士古公司。由于 1996 年管理高层种族歧视言行被人拍录下来，从而引起了对该公司的全国性抗议，后来虽以法院判定该公司赔偿 1.76 亿美元暂时了事，但由此所带来的危机让公司用了好多年才得以化解。

假如人们回顾一下过去 20 年间企业所经历的诸多危机，也包括上面提及的那些危机，就很容易地得出这样的结论：应该从利益相关者方面去考虑如何开展企业经营，去充分认识企业日常经营活动中可能遭遇的威胁。

机会和挑战既可能带来合作，也可能潜伏威胁。萨维奇（Savage）和他的同事认为，如此去看待合作和威胁则是十分必要的，这样，管理者就可进而明确如何从战略上处理好与其利益相关者的关系。从潜在的威胁来说，萨维奇等明确指出：管理者需要考虑各利益相关者的相对影响力以及各利益相关者与组织所面临特定问题的相关性。至于合作上的可能性，他们认为，管理者所在的公司则需要对各利益相关者的所有组成力量可能具有的优势具有足够的敏感性。

4.2　利益相关者与社会责任

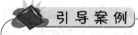 引 导 案 例

强生公司的"泰勒诺"事件

1982 年，23 岁的 DianeElsroth 在服用了渗有氰化物的泰勒诺胶囊后死亡。此后 5 天，芝加哥又有 7 个人在服用从邻近商店里购买的受到污染的泰勒诺胶囊后死亡。

泰勒诺系列镇痛药是强生公司的子公司 McNeil 消费用品公司生产的，年销售额达到 5.25 亿美元，泰勒诺胶囊的销售占其中的 30 %。由于胶囊容易吞服，消费者比较喜欢服用。McNeil 公司的市场调查研究也表明，消费者相信泰勒诺胶囊的作用比泰勒诺片剂的作用快。

究竟是谁投的毒，最后也没有查清。这与胶囊的设计有关，因为胶囊可以拆开，加以污染，然后不留痕迹地恢复原状。McNeil 公司和强生公司的主管们碰头时得知，胶囊的封接过程已得到了很大的改进，但谁也无法保证胶囊可以防止被污染。

公司的主管们认识到，泰勒诺胶囊的风波和这次事件使得他们的竞争者在市场

上处于有利地位。他们还认识到，如果放弃泰勒诺胶囊的生产与销售，那么仅仅在 1982 年就将使公司损失 1.5 亿美元。强生公司的首席执行官 Jim Burke 在碰头会上总结说，搞不出防污染的包装，不仅会给泰勒诺系列产品带来风险，而且会给强生公司带来风险。最后的决定是放弃胶囊的生产与销售。

当时的美国食品和药品管理委员会（U.S. Food and Drug Administration，FDA）主管 FrankYoung 认为，"这是强生公司自己的商务决策，表现了严酷环境下一种负责任的行动"。

公司很快开发出了一种新型胶囊形片剂，然后向消费者发布召回公告：只要消费者交回泰勒诺胶囊，就能无偿得到一瓶新型的泰勒诺胶囊形片剂。在公告发布的 5 天内，强生公司就发放了 20 万瓶新型泰勒诺胶囊形片剂。波士顿大学人际沟通学院的 OttoLerbinger 教授将强生公司的行动称为"公司社会责任的典范"。

当时的美国总统里根在向一群工商主管发表演讲时说道："强生公司的 Jim Burke，你赢得了我们深深的尊敬，近日来你顶住压力，达到了公司责任和仁慈的最高境界。"

事件发生一年之后，泰勒诺系列产品在市场上的占有份额重新回到 40%。

资料来源：[美]弗里曼. 战略管理：利益相关者方法[M]. 王彦华，梁豪，译. 上海：上海译文出版社，2006

第二次世界大战后，新科学技术加速了社会化生产，从而激化了以利润最大化为目标的企业经济活动与社会之间的矛盾。洛克希德和 300 多家公司的贿赂案例以及大量丑闻的曝光，非法操纵市场和股票交易、随意处置有毒化学物质、严重污染环境、生产有毒或危险产品、无视工人和顾客生命安全的化学工厂有毒气体爆炸等诸多事件，促使美国社会开始反思市场经济制度、企业组织以及作为其理论基础和根据的经济理论与道德准则，继而引发了由美国社会各界参与的"经济伦理运动"，这场运动的一个重要结果是：否定了经济活动可以脱离伦理道德的"神话"。经济领域曾被认为是可以不受伦理制约的特殊领域，这一领域中起作用的是经济规律，衡量企业成功的标准是利润和货币而非伦理。"看不见的手"通过个人放手追求私利，而使其结果自然有利于社会公利。这一观念成为人们放手追求利润最大化的道德根据。经济伦理运动使经济领域重新回到社会领域。伦理价值、伦理关系、伦理责任是现实生活中从事经济活动的人和组织所无法回避的。这一看来极为浅显的认识成为经济伦理学的基本出发点，企业社会责任理论是经济伦理运动的重要理论成果。

4.2.1　社会责任概念的起源与发展

一般认为，企业社会责任（corporate social responsibility，CSR）的概念最早由英国学者谢尔顿（Oliver Sheldon）提出，他在美国进行企业考察时，于 1923 年提出了企业社会责任的概念。谢尔顿把企业社会责任与公司经营者满足产业内外各种人类需要的责任联系起来，并认为企业社会责任有道德因素在内。到了 1953 年，博文（Bowen）在其著作《商人的社会责任》中正式提出了企业及其经营者必须承担社会责任的观点，由此开拓了现代企业社会责任研究领域，被誉为"企业社会责任之父"。

　　博文之后的 20 世纪 60 年代，更多学者参与了企业社会责任的研究，研究对象开始从关注商人个体转向关注企业作为经济组织的社会责任，譬如戴维斯提出了"责任铁律"，即"商人的社会责任必须与他们的社会权力相称"，企业"对社会责任的回避将导致社会所赋予权力的逐步丧失"；弗雷德里克（Frederick）强调企业有责任为社会进步做出贡献；麦克奎尔（McGuire）明确地将 CSR 概念延伸出经济和法律范围之外，认为企业应该承担除经济和法律之外的其他责任。

　　但是，整个 20 世纪 60 年代，弗里德曼对企业社会责任的说法居于统治地位：企业的责任就是股东利润最大化。弗里德曼认为企业有且仅有一个社会责任——在法律和规章制度许可的范围之内，利用它的资源从事旨在增加其利润的活动。在弗里德曼理论的影响下，企业的社会责任在很长一段时间被当作所谓的利他行为而被处理为"外部性"问题。

　　自 20 世纪 70 年代开始，"企业的社会责任就是利润最大化"的观点失去了统治地位。企业应该保护社会大众的利益并在改善社会的活动中发挥积极作用成为一种伦理共识。企业社会责任的研究也开始走出是否应该承担社会责任的争论，将研究的重点放在企业应当承担什么样的社会责任以及如何承担社会责任上来，也就是研究企业社会责任的内涵和内容。表 4-2 汇集了自 20 世纪 20 年代以来涌现的一系列企业社会责任定义。

表 4-2　企业社会责任含义的演变

学者或机构	年份	社会责任的定义
Oliver Sheldon	1923	最早提出了企业社会责任的概念。把企业社会责任与公司经营者满足产业内各种人类需要的责任联系起来，并认为企业社会责任有道德因素在内
H. Bowen	1953	企业社会责任是企业具有的一种以有利于社会整体目标和价值观的原则来拟定政策目标、制定政策和采取行为的义务和职责
Milton Friedman	1962	企业的社会责任就是增加利润。强调企业是纯粹的经济组织
Joesph W. McGuire	1963	社会责任的思想主张公司不仅有着经济和法律方面的义务，在此义务在外，还承担有其他社会责任
Sethi	1975	社会责任是企业符合现行社会规范、价值和期望的行为
Keith Davis & Robert L. Blomstorm	1975	社会责任是决策者的义务，决策者在追求自我利益时必须采取行动以保护和增进社会公益。其中"保护"指企业应避免对社会造成负面影响，而"增进"则是指企业需创造对社会的正面影响
Raymond Bauer	1976	企业社会责任是认真思考公司行为对社会的影响
Archie Carroll	1979	企业社会责任指某一特定时期社会对企业所寄托的经济、法律、伦理和自由量裁（慈善）的期望。它包括经济责任、法律责任、伦理责任和慈善责任
Edwin M. Epstein	1987	企业社会责任主要与组织对特别问题的决策（有一定规范性）结果有关，决策要达成的结果应对利益相关者是有益的而不是有害的。企业社会责任主要关注企业行为结果的规范性、正确性
Wood	1991	社会是企业和社会互动的基本理念。其三项原则为：制度层次的合法性、组织层次的公共责任与个人层次的管理自由等原则
BSR（企业责任商业联合会）	1992	企业的运营达到或超越社会对商业组织在道德、法律、商业和公众等方面的期望。其内容包括员工关系、创造及维持就业机会、投资于社区活动、环境管理及经营业绩等
欧洲委员会	2001	公司在自愿的基础上，把社会和环境密切整合到它们的经营运作，以及与其利益相关者的互动中
世界银行	2003	企业与关键利益相关者的关系、价值观、遵纪守法以及尊重人、社区和环境有关的政策和实践的集合，是企业为改善利益相关者的生活质量而贡献于可持续发展的一种承诺

　　上述定义基本可分为两类：一类是狭义的企业社会责任，即将企业社会责任视为与

经济责任相对立的概念，企业社会责任是专指经济责任以外的法律和道德责任。而另一类则是广义的企业社会责任，不再将社会责任与经济责任相对立，而经济责任也作为社会责任的一部分，包括在企业社会责任的范畴，可以称为企业社会责任综合说。阿奇·卡罗尔（Archie Carroll）的企业社会责任概念——企业社会责任金字塔（pyramid of corporate social responsibility）在企业社会责任综合说中最具代表性，同时，这也是最为广泛接受和最常提及的企业社会责任概念。

卡罗尔把企业社会责任看作一个结构成分，关系到商业社会关系的四个不同层面。即"企业社会责任包含了在特定时期内，社会对经济组织经济上的、法律上的、伦理上的和自行裁量的期望"。

（1）经济责任。卡罗尔认为，对于经济组织而言，经济责任是企业最基本也是最重要的社会责任，但并不是唯一责任。

（2）法律责任。作为社会的一个组成部分，社会赋予并支持企业承担生产性任务、为社会提供产品和服务的权力，同时也要求企业在法律框架内实现经济目标，因此，企业肩负着必要的法律责任。

（3）伦理责任。虽然企业的经济和法律责任中都隐含着一定的伦理规范，公众社会仍期望企业遵循那些尚未成为法律的社会公认的伦理规范。

（4）慈善责任。社会通常还对企业寄予了一些没有或无法明确表达的期望，是否承担或应该承担什么样的责任完全由个人或企业自行判断和选择，这是一类完全自愿的行为，如慈善捐赠、为吸毒者提供住房或提供日托中心等，卡罗尔将此称为企业自行裁量责任。

从企业考虑的先后次序及重要性而言，卡罗尔认为这是金字塔形结构，经济责任是基础也占最大比例，法律的、伦理的以及慈善的责任依次向上递减（图4-3）。

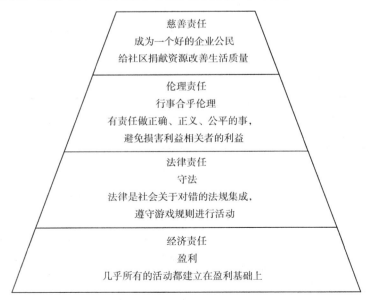

图4-3　企业社会责任金字塔

资料来源：阿奇·B. 卡罗尔，安·B. 巴克霍尔茨. 企业与社会：伦理与利益相关者（中译本）[M]. 机械工业出版社，2004：26

4.2.2　社会责任的理论基础——利益相关者

利益相关者理论（stakeholder corporate governance theory）是对传统的"股东至上主义"治理模式的挑战。利益相关者这一术语作为一种手段，被用来证明企业在决策时必须考虑的各种委托人的正当性。早期的研究者，如亨利·L. 甘特和切斯特·巴纳德，注意到企业是一个由投资者、供应商、雇员、顾客和其他人组成的更庞大系统中的一部分，而这些群体的行为对企业产生了影响，尽管他们没有出现在该企业的组织结构图中，因此，传统的观点认为，管理者是为股东服务的。但新兴的观点认为，管理者对利益相关者都负有责任。洛克希德航空公司的一名企划人员伊戈尔·安索夫及其斯坦福研究中心的同事们，试图传达这样的观点，如果那些利益相关群体没有提供必要的支持，公司的目标就无法实现。不过，当安索夫进一步深入研究公司战略时，他对"目标"和"责任"进行了区分。

企业既具有追求在其资源转化过程中实现效率最优化的"经济"目标，也具有"社会的"或非经济的目标……在绝大多数企业中，经济目标对企业的行为施加最主要的影响，并且是企业明确表述的目标的主要组成部分，而管理者则使用这些目标来领导和控制该企业……（而）社会目标只对管理行为产生一种轻微的、有限的影响。

企业的目的是使其资产的长期回报最大化；除非经济目标得以实现，否则第二位的责任是无法实现的。安索夫认同了彼得·德鲁克的早期观点，即管理者必须将经济考虑置于首要位置，而且只有通过所创造的经济成果，才能够证明其存在的正当性。

如果管理者没有创造经济成果，那么他们就是失败的。如果管理者没有将以消费者愿意支付的价格提供消费者渴望的产品和服务，那么他们就是失败的。如果管理者没有改进或至少维持委托给他们的经济资源的财富创造能力，那么他们就是失败的。

德鲁克认识到，管理决策能够导致非经济结果，如社区福利的改善，但这些只不过是强调经济绩效时可能出现的副产品。德鲁克和安索夫的共识是，经济成果是首要的，只有当首要目标实现之后，才会追求社会的或非经济目标。

虽然利益相关者概念被证明对理解处于持续变革的经济、社会和政治环境中的企业有所裨益，但是仍然存在的问题涉及确定谁是利益相关者中的第一位和谁是第二位。经济目标能否凌驾于消费者的安全至上？企业是否应该向教育捐赠？是否应该在该行为将造成社区或地区衰落的情况下关闭没有经济效益的工厂？通过描述四种类型的社会责任，阿奇·卡罗尔帮助澄清了这些问题。这四种责任中经济责任是最主要的，因为商业组织是商品和服务的主要制造商与销售商。法律责任指的是由政治机构制定的规范和监督商业活动的法律与规章制度。伦理责任指的是法律要求之外的关于企业应该如何做生意的期望。慈善责任是自愿的选择。这一概念体系的目的是表明企业的反应并不是一个非此即彼的命题。也就是说，利润并不会与其他责任类型相互排斥，每种类型的责任可以互动和重叠。

需要特别指出的是，卡罗尔的企业社会责任定义相当于一个利益相关者模型。不同层次的社会责任对不同的社会责任对象（利益相关者）的影响力并不相同。经济责任对股东和雇员起的影响作用最大（这是因为如果企业收益不佳，股东和雇员的利益将直接受到影响）。在当今社会里，对企业构成诉讼威胁的主要来自雇员和消费者。而与雇员和消费者相关的伦理问题也是最多的。慈善责任对社区的影响最大，对消费者的影响则较弱，某些研究表明公司慈善行为对雇员的士气有着重要的影响（表 4-3）。

表 4-3　企业社会责任的利益相关者观点

企业社会责任的构成	受企业社会责任影响的利益相关者群体				
	所有者	消费者	雇员	社区	其他利益相关者
经济责任	1	4	2	3	5
法律责任	3	2	1	4	5
伦理责任	4	1	2	3	5
慈善责任	3	4	2	1	5

注：方框里的数字表示每一社会责任行为影响的利益相关者的优先权

资料来源：阿奇·B. 卡罗尔，安·B. 巴克霍尔茨. 企业与社会：伦理与利益相关者（中译本）[M]. 机械工业出版社，2004：27

此后，经过诸多学者的完善，利益相关者理论成为风靡企业管理学界和企业伦理学界的重要理论，这个理论为企业及其管理者对企业所有利益相关者负责提供了深层次的理论证明。

利益相关者理论认为，企业是一个由利益相关者构成的契约共同体，利益相关者包括企业的股东、债权人、雇员、消费者、供应商等交易伙伴，也包括政府部门、本地居民、当地社区、媒体、环境保护主义者等压力集团（图 4-4），甚至还包括自然环境、人类后代、非人物种等受到企业经营活动直接或间接影响的客体。这些利益相关者都对企业的生存和发展注入了一定的专用性投资，他们或是分担了一定的企业经营风险，或是为企业的经营活动付出了代价。因此，企业管理者的任务在于使企业创造的总价值最大化，而不是最大化股东的投资回报；他们必须全面考虑企业的决策和行为对企业所有利益相关者的影响，在经营决策时必须考虑他们的利益，并给予相应的报酬和补偿，企业对利益相关者必须承担包括经济责任、法律责任、伦理责任、慈善责任在内的多项社会责任。

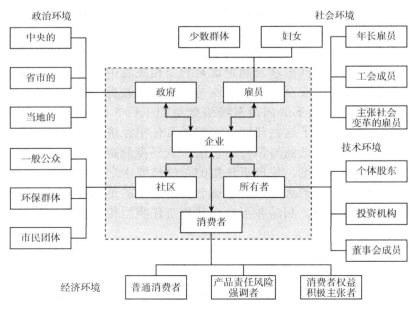

图 4-4　企业的利益相关者

资料来源：阿奇·B. 卡罗尔，安·B. 巴克霍尔茨. 企业与社会：伦理与利益相关者（中译本）[M]. 2004：27

4.3　利益相关者与战略管理

迎接利益相关者的挑战是 21 世纪将面临的一个主要的战略问题。一个公司对其所面对的利益相关者的反应，实际反映出该公司是如何看待自己与周围环境，如何看待传统的组织界限内外的人们和团体。利益相关者管理是主要组织战略管理的主要组成部分。

4.3.1　确定战略方向

利益相关者分析、价值观分析以及社会问题分析是爱德华·弗里曼提出的企业制定战略过程的重要分析工具（图 4-5）。

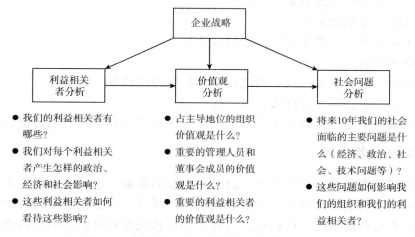

图 4-5　弗里曼企业制定战略过程的分析工具

战略管理是一个连续的过程，虽然企业为了做一个决定往往必须选择离散的时间点。战略管理的任务之一是，管理人员能够分析公司在朝什么方向前进，公司业务的本质将会是什么，以及如何对发展方向加以改变。确定发展方向被视为公司战略规划的"前端"，该程序最终以通过来年的"目标管理"开发操作性目标而结束。确定方向决策并不是进入市场的一次性决策。这些决策通过政策变动、资源再分配以及公司利益相关者图谱的性质的改变，影响到公司的各个层面。新企业决定进入某一特定行业时，往往会决定发展方向，而行业的不断发展会改变当前的决定，或者通过考察他们所处的行业以及他们想要进入的行业确定一个明确的发展方向。这样的决定也许代表了公司及其经理们内在价值的变化。有时新的行业要求新的思考方式去考虑如何在行业内竞争，以及新行业是否符合雇员的价值观和信念。决定放弃或不再重视某一公司已有很长发展历史的行业也表示价值观发生了变化。

战略管理问题分为三个层面：公司层面、部门层面和业务单位（或者职能部门）层面。每一个层面都存在确定方向的问题。公司层面确定方向问题的答案构成了部门层面的答案的背景。部门层面问题的答案将成为如何在某一特定业务中展开竞争的背景，或者也可能是限制条件。那么，公司层面问题答案的背景是什么？公司任务的声明怎样描述才有现实意义？在描述公司的任务声明时，至少有两组不同的问题需要处理。第一组是围绕价值观、社会问题和利益相关者对公司期望的一组范围广泛的问题。第二组问题是，明确指出企业能够得到的商机，这个问题的解决有赖于我们对利益相关者如何影响每个行业领域的理解。

公司层面的问题：

我们经营什么？

我们处在什么行业？

我们想要进入什么行业？

我们应该进入什么行业？

部门层面的问题：

各部门业务之间协同优势是什么？

我们部门的业务组合是什么？

我们如何在这个"企业家族"里取得成功？

企业层面的问题：

我们如何在这个企业里（或者用这些产品）取得成功？

我们与这个企业往哪个方向去？

我们应该成为一个"低成本生产商"，还是应该"找到一个合适的定位"？

1. 利益相关者分析

某一利益相关者可能对公司具有"经济"方面的影响，也就是说，它的行为可能会影响公司的利润率、现金流转状况或者股票价格。相反地，公司的举动也可能会影响到某一利益相关者的经济状况，比如说，当那个利益相关者拥有经济利益或市场权力的时候。然而，公司也可能对其他利益相关者团体产生影响，如影响政府或激进组织的预算、他们筹集资金的能力等。顾客和供应商也对企业产生经济方面的影响。如果原材料质量不可靠、价格不合理，生产厂家就无法达到正常的质量标准。顾客如果对公司的产品不满意，他们可以去别的公司，或者找寻一个替代品。更加微妙的是，一些管理机构也可能对一家企业产生经济方面的影响，它可以通过批准规章制度，让公司花费财力去遵守，或者它可以通过制止竞争，让一小撮公司有效控制其一行业的价格。某一利益相关者团体可能对公司产生"技术"方面的影响，它可以赋予公司权力或者禁止公司使用核心技术、开发新技术、使现有技术进入市场，或者对公司能够"生产"什么技术加以限制。反之亦然，尤其当我们在更加宽泛的意义上给"技术"下定义，使其包括某些团体的"软件"的时候。微型计算机行业的发展伴随着大量新技术的产生。由 IBM 开发的一项技术能够使另外一项技术一夜之间被淘汰。那些依赖老技术的软件公司可能会迅速破产。某一利益相关者可能会通过改变公司在社会中的地位，改变公众对公司的看法，或者通过允许或限制公司在"社会许可"条件下能够做什么，从而对公司产生"社会"影响。公司也可能通过帮助或限制利益相关者参与某些活动，或者让利益相关者团结在某项"事业"周围，从而对其产生社会影响。对某些产品如汽车和电话的影响的评估表明，它们对我们的交流方式以及我们对生活和事业的思考方式产生了巨大影响。这些社会影响通常会转化为对公司的"政治"影响。利益相关者的举动往往包括政治程序以达到某些社会目的。反之，公司可能通过促进或降低某一利益相关者团体在政治领域的胜算而对其产生政治影响。最后，利益相关者通过迫使公司改变其管理制度和程序，甚至改变其管理方式和价值观，从而对公司产生"管理"方面的影响。反之亦然。

通过深入分析利益相关者群体体在"经济""技术""政治"和"管理"方面的影响，我们能够更加详尽地了解组织及其利益相关者之间的因果关系。如果我们是第一次制定企业战略，或者外部环境发生了巨大的变化，我们需要使用利益相关者分析，这一做法可以帮助管理人员思考他们的行为对外部团体在宏观层面上的影响。如果不进行这样的分析，对"我们主张什么"这个问题的回答就是在真空里进行，结果很可能不被那些受其影响的团体所接受。

2. 价值观分析

如何理解组织里占主导地位的价值观呢？首先，我们需要对价值的本质有一个更加精确的把握。其次，我们需要理解如何将个人价值观和组织价值观结合起来。最后，我们需要了解组织价值观如何与其他几个不同组织的价值观协调一致。通过回答这些问题，我们就可以开始对价值观进行澄清了。

价值观有多种类型、范围和形式。美学价值观讨论什么事物是美的，或者什么是好的艺术品；社会价值观讨论什么样的社会制度是合理的、公正的；道德价值观讨论影响我们同伴的某些行为的好处或正确性。还有有关各种事物的价值观，如什么使苹果成为一个可口的苹果，什么使战略计划成为一个周全的战略计划，或者什么使经理的决定成为一个合理的决定，等等。我们可以将价值分为两类：一类是内在价值，一类是工具型价值。内在价值是最基本的价值。那些具有内在价值的事物本身就是好的。内在价值是由于其本身的原因和价值才被人们追求的。内在价值代表了生活和对生活追求的"底线"。工具型价值是获得内在价值的手段。那些引导我们获得某些具有内在价值的东西、做出某些具有内在价值的行动或达到某种具有内在价值的精神状态的事物，我们认为它们具有工具型价值。这些活动本身并没有什么价值，它们只有在帮助获得内在价值的意义上才有价值。

另外一种区分价值的方法是把价值区分为个人价值和组织价值。组织会延续很长时间，跨越好几代成员。文化、传统、目的以及各个领导人的个性，所有这一切都有助于形成组织的价值。然而，组织价值没有必要与组织内任何成员的价值完全相同。即使是终极的"组织人"也不可能完全彻底地认同组织的价值。组织价值将会反映历史，随着时间的推移，可能会成为许多个人价值的共同价值。因此，组织价值可能与组织成员的个人价值或多或少地"协调一致"。然而，一个组织的管理人员应该能够说出组织最为重要的价值，他们的个人价值和组织价值之间应该保持高度的一致。

XYZ 公司的几个经理在一个管理开发会议上讨论组织价值。一组经理坚持认为，占主导地位的价值必须是"公司的生存"，而另外一组经理也同样热烈地坚持认为，占主导地位的价值应该是"为顾客服务"。第三组认为"利润率"才是关键的企业价值，而第四组集中在"雇员满意度"上。这些经理花了大量的时间试图澄清这些价值的意义，以及他们对这些价值的信仰将如何影响公司。

"价值分析"的第一个任务就是阐明组织管理人员的内在价值，并将那些价值同工具型价值或者那些获得内在价值的活动分离开来。第二个任务是阐明组织本身的内在价值，并将这些价值与获得这些价值的方法分离开来。第三个任务是分析个人价值和组织价值之间的差异。第四个任务是要弄清楚，哪些地方存在冲突和不一致，并认识到进行变革可能是件不太容易的事情。第五个任务是分析重要的利益相关者团体的内在价值，将这些价值与那些团体用以获得这些价值的方法分离开来。最后一个任务是明确辨别出组织价值之间以及利益相关者价值之间的冲突和不一致。

3．社会问题分析

了解了组织的利益相关者，了解组织自己以及它们利益相关者的价值，就有必要了解组织所处的社会环境。社会问题分析可以与利益相关者分析结合起来，以考察当前和将来的社会问题会对公司的利益相关者产生什么影响。微芯片技术的持续发展，连同企业—政府合作必要性的加强，可能会导致对隐私问题的忧虑。技术与政治环境很可能会导致个人自由遭到威胁。假如对计算机现状的估计可信的话，那么所有家庭（以合适的价格）都有可能联网到全国范围的计算机网络。在某种意义上，计算机系统就像银行的保险库。如果放进去什么东西，也照样可以把它取出来，而且不一定非要那些有权打开保险库的人去取。在当前技术条件下，不难想象会出现关注保护公民隐私权的利益相关者团体。现在，在尚未出现危机之前，任何一个有能力的计算机公司一定都在为隐私问题焦虑不安。

使用上述三种分析的目的在于为制定企业层面的战略，或者为回答"我们代表什么"这个问题打下基础。通过了解组织内的利益相关者、组织的价值以及影响公司现在和未来的社会问题，我们就可以对组织的企业战略目前发展到什么地步一目了然，或者我们也可以为企业确定新的发展方向。

4.3.2　制定利益相关者战略

利益相关者战略制定流程如图 4-6 所示。

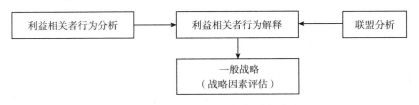

图 4-6　利益相关者战略制定流程

1．利益相关者行为分析

构建利益相关者战略计划的第一步是行为分析。对每个利益相关者来说都有三种行为类型：第一，实际行为或观测行为，要求经理人员阐明实际观测到的某一利益相关者的各种行为。这些实际行为描述了团体与利益相关者在有关问题上的关系的现状。它甚至可以描述对现有战略计划的反应。第二，行为类型。合作潜力行为，要求经理人员列举出将来能够被观测到的有助于团体在有关问题上达到目标的具体行为。或者说，利益相关者团体怎么做才能有助于组织沿着其既定的方向前进？从利益相关者怎样做能够有所帮助的角度，合作潜力提出了"所有可能中最好的状况"。相对于实际行为来考虑合作潜力是颇有裨益的。因此，合作潜力代表了实际行为中有利于公司的变化。第三种也是最后一种行为类型，竞争威胁行为，要求经理人员列举出那些将来可以观察到的将会阻碍或有助于阻碍公司实现其目标的行为。竞争威胁代表了"所有可能中最糟糕的状况"，同样地，相对于实际行为来考虑竞争威胁也是有好处的。通过思考一个特定的团体怎样做会损害团体成功的机会，经理人员就能够理解与利益相关者打交道过程相关的不利于自己的风险。

2. 利益相关者行为解释

开始构建利益相关者战略计划的第二个任务是为利益相关者行为建立富有逻辑性的解释。利益相关者行为分析要求经理人员站在利益相关者的立场上，试图去同情利益相关者的处境，也就是说，去感同身受利益相关者的感觉，以他们的观点观察周遭的世界。它并不要求经理人员去赞同或表示对其观点的发自内心的喜欢。从本质上来讲，经理需要充分理解该利益相关者行为的"肇端"，并据此对该行为做出解释。

3. 联盟分析

构建利益相关者战略计划的最后一步是在若干个利益相关者之间寻找可能的联盟。该分析的前面几步中至少给出了两种联盟分析方法。第一种方法是寻找所有的这三种行为中的共同性。这样的话，那些有着相似的实际行为、合作行为或者竞争行为的利益相关者团体很可能结成一个联盟。此外，经理们应当深入思考现有的战略计划，确定利益相关者之间是否已经存在联盟。第二种组成联盟的基础是利益的共同性。某些团体将拥有共同的目标、利益相关者或者对公司的看法。这些团体将更有可能组成联盟。

4. 一般战略

通过分析每个利益相关者的合作潜力行为和竞争威胁行为，我们可以通过询问诸如"哪些团体能够帮助我们实现目标"这样的问题对利益相关者群体进行相对合作潜力的排序，如高合作潜力、稍高的合作潜力、稍低的合作潜力和低合作潜力。对竞争威胁行为也采用同样的做法（图 4-7）。

		利益相关者对组织构成威胁的可能性	
		大	小
利益相关者与组织合作的可能性	大	利益相关者类别4 利弊兼有型 战略：合作	利益相关者类别1 支持型 战略：参与
	小	利益相关者类别3 非支持型 战略：防范	利益相关者类别2 无足轻重型 战略：监控

图 4-7　组织利益相关者类别

利益相关者类别 1——支持型利益相关者。这是一类进行合作的可能性大、构成威胁的可能性小的利益相关者。这是一类理想的利益相关者。对管理有方的组织来讲，起支持作用的利益相关者可能包括董事会、管理者、雇员和顾客，供应商和服务的提供者也可能包括在内，对于这类利益相关者，可相应采取参与型战略。例如，借助参与管理或分权的利益相关者参与战略。

利益相关者类别2——无足轻重型利益相关者。这是一类构成威胁和进行合作的可能性均小的利益相关者，对于大公司来讲，这些利益相关者可能包括消费者利益群体或股东，尤其是那些没有组织起来的股东。而组织要采取的相应战略就是监控这类利益相关者。监控的目的是要力图使这类利益相关者不发生对组织不利的变化。得力的监控可避免以后出现问题。

利益相关者类别3——非支持型利益相关者。这是一类构成威胁的可能性大、进行合作的可能性小的利益相关者。例如，竞争对手、工会、联邦或其他层级的政府机构以及媒体等。对于这类利益相关者，萨维斯等推荐的战略是防范型的，也就是说，应对这些非支持型的利益相关者加以防范。

利益相关者类别4——利弊兼有的利益相关者。这是一类构成威胁和进行合作可能性均大的利益相关者。例如，在一个管理有方的组织中，这类利益相关者可能包括临时工、客户或顾客。在这里，可择取的战略是与这类利益相关者进行合作，通过尽力改善与他们的合作，取得这类利益相关者支持的可能性就得以增大。

4.4　利益相关者管理

4.4.1　利益相关者管理原则

马克斯·克拉松曾长期致力于利益相关者管理的研究。他在多年的观察和研究的基础上，提炼出一组"利益相关者管理的原则"，所以这些原则也称为"克拉松原则"。这些原则意在给管理者提供一组关于如何对待利益相关者的指导思想。表 4-4 中是这些原则的归纳表达。这些原则所用到的如下关键词表达的是用于建立与利益相关者关系时应持的若干合作态度：尊重、监控、听取、沟通、采用、认可、共事、避免、承认冲突。

表 4-4　利益相关者原则——"克拉松原则"

原则 1	管理者应该尊重和积极监控所有合理的利益相关者对企业的关注，并应该在决策及其实施中适当考虑他们的利益
原则 2	管理者应该多听取各利益相关者的想法，了解他们的贡献，与他们进行开诚布公的沟通
原则 3	管理者所采用的程序和行为方式应基于对每一利益相关者及其支持者的关注和能力所做出的深刻的理解
原则 4	管理者应该认可利益相关者可自主地开展其活动并获得相应的报酬；对他们在企业活动中所担负的责任及利益的分配，应该努力做到公平；并重视他们各自可能碰到的风险以及可能遭受的损害
原则 5	管理者应该与利益相关者个人或群体协同共享，采取得力措施使得所开展的企业活动给他们造成的风险和损害最小化，但当不可避免时，就应该给予适当的补偿
原则 6	管理者应该与利益相关者一起避免介入或开展这样的活动——可能造成对不可剥夺人生权利（如生存权）的侵犯，可能出现的风险显然不为其他有关的利益相关者所接受的活动
原则 7	管理者应该承认管理者本人也是企业的利益相关者，他们自己要完成的任务与他们对其他利益相关者的利益所应负有的法律及道义上的责任这两者之间，存在发生冲突的可能。管理者应该通过开诚沟通、及时通报、激励措施以及必要第三方介入的办法，处理所发生的此类冲突

4.4.2　利益相关者管理的四个步骤

史蒂文·沃克和杰弗里·马尔在其《利益相关者影响力》一书中，对如何评价每一利益相关者群体的忠诚度以及怎样通过若干途径以影响这些利益相关者群体，提出了一个使用的模型。沃克和马尔认为，公司在与潜在的利益相关者群体的往来上若持主动的态度，这些群体就有意愿发展与公司的关系。他们主张通过对与利益相关者关系的深入了解以及采取不同的发展步骤，使与利益相关者的关系得以良性发展。他们还认为，成功发展与每一利益相关者的关系包括如下四个步骤：更多察觉、增进了解、赢得赞赏、采取行动。

第一个步骤是更多察觉。察觉意味着人们知道某东西或某人是存在的。这一步骤似乎是明摆着的，应该是没有疑问的。然而，沃克和马尔认为有些"隐蔽的利益相关者"企业往往没有意识到，而这些隐蔽的利益相关者的背后还可能包括另外一些对企业决策有影响的利益相关者。所以，应该思考一下企业是否认识到还存在这些没有察觉到的利益相关者。

第二个步骤是增进了解。增进与利益相关者之间的了解，不仅仅是促进利益相关者更多地了解企业的产品和服务，还应该使他们了解到企业的特性，如企业的价值观、文化、诚信和传统等。在第二个步骤上，顾客可能了解到企业的产品和服务对他们所具有的适用性，雇员可能了解到企业的价值观、使命、战略和主张，社区则可能了解到企业是一类从事什么活动的组织以及企业是如何开展其活动的。

第三个步骤是赢得赞赏。借助察觉和了解这两个步骤发展起与某一利益相关者的关系后，组织就可能赢得该利益相关者的赞赏。为了能够走到这一地步，利益相关者方面必须对企业逐渐形成信任感，最终形成对企业的忠诚。沃克和马尔认为这一步骤是"巴结"利益相关者的最好时期，也就是说经由这一步骤可促进利益相关者主动或深入发展与企业的关系，从而坚定他们对企业的信任。

第四个步骤就是采取行动，通过采取进一步发展与利益相关者之间的合作措施，企业就可建立起与利益相关者的互利合作伙伴关系。在这一步骤里，企业就可能从顾客、雇员、投资者和供应商那里获得诸多有益的帮助。例如，投资者愿意购买企业的股票，供应商与企业达成了真正合作并对企业有了真正的信任。

运用这个包括四个步骤的模型的关键是要与所有类别的利益相关者进行有效的沟通，一步一步地发展与他们之间的强有力的、可行的关系。

【本章小结】

在一家组织中拥有某种权益或更多权益的个人或群体是我们对利益相关者的理解。利益相关者可以影响组织。反过来，他们也受组织的行动、政策、做法及决策的影响。在管理者看来，主要和次要的利益相关者以及非社会的利益相关者，都能担当起不少重要的角色。战略和综合的观点有助于我们形成对利益相关者的正确看法，强调企业对利益相关者的伦理责任。

认识清楚五个关键问题有助于管理者有效开展利益相关者管理活动：谁是我们的利

益相关者？利益相关者的权益有哪些？利益相关者应当承担哪些责任？企业对利益相关者应该采取什么样的战略或行动？利益相关者管理能力阐明了企业如何成功开展利益相关者管理。

社会责任概念是由许多不同的观点发展而来的，即使到今天也没有达成一个一致的定义。卡罗尔主张企业社会责任包括经济责任、法律责任、伦理责任和慈善责任，这四个方面的责任可由企业社会责任金字塔图加以形象表现。

【复习与思考题】

1. 用你个人的见解解释权益及利益相关者的概念。你个人拥有哪些类别的权益及利益相关者？请讨论。

2. 区分某一企业主要、次要的利益相关者以及该企业主要和次要的非社会利益相关者。

3. 请介绍企业社会责任金字塔。对该金字塔的每一层都举出一些说明例子。辨识并讨论该金字塔各"层"之间存在的矛盾。

4. 对企业财务绩效、企业声誉、企业社会责任这几个概念的相互关系进行讨论。给出你的理由。

【关键术语】

利益相关者 stakeholder
股东 stockholder
契约型利益相关者 contractual stakeholders
公众型利益相关者 community stakeholders
自愿利益相关者 voluntary stakeholders
非自愿利益相关者 involuntary stakeholders
合法性 legitimacy
影响力 power
紧急性 urgency
决定性利益相关者 definitive Stakeholders
预期型利益相关者 expectant Stakeholders
潜在的利益相关者 latent Stakeholders
企业社会责任 corporate social responsibility，CSR
企业社会责任金字塔 pyramid of corporate social responsibility
利益相关者理论 stakeholder corporate governance theory

【案例与分析】

比尔这样做行吗

大学期间我曾在一家著名的税务所兼职。我与其他的 20 位职员在不同的办公室里，一起帮助顾客对他们的纳税事宜进行筹划。比尔在这家税务所工作了 3 年，而我则是头一年从事这种工作。比尔对工作十分熟练，颇有名声，很受领导的器重，看起来凡是领导要求他做的他都能做好。

有几次，顾客问我比尔在不在。当我解释说比尔今天没来上班，并问有什么问题我能帮着解决时，然而顾客却说要等待比尔的接待。这让我很吃惊，因为这些顾客的所有文件都在办公室里放着，电脑里也都存有这些文件。任何一位雇员都可以接待任何一位顾客并给予切实的帮助，并不存在哪位雇员有固定的顾客这一说。

后来我把这种情况讲给比尔听。他告诉我说，他用自己的时间为那些承受不起公司费用的人提供服务。比尔的这种做法让我很不快，因为谁也不知道比尔这样做了多少次，所以谁也不了解他从所里拉走了多少顾客。

资料来源：[美]阿奇·B. 卡罗尔. 企业与社会：伦理与利益相关者[M]. 5 版. 北京：机械工业出版社，2004

问题：

1. 在这个案例中，哪些人是利益相关者，他们有什么权益？
2. 比尔那样做合乎伦理吗？
3. 上班期间不忙的时候，比尔那样做用的是自己的时间还是公司的时间？
4. "我"是否应该把"我"知道的这种情况告诉管理者？

【推荐阅读】

1. 加里·P.莱瑟姆，肯尼斯·N.韦克斯利，绩效考评——致力于提高企事业组织的综合实力[M]. 北京：中国人民大学出版社，2002.

2. 菲利普·科特勒，南希·李. 企业的社会责任[M]. 北京：机械工业出版社，2006.

3. 彼得·F.德鲁克. 动荡时代的管理[M]. 北京：机械工业出版社，2006.

4. 托马斯·唐纳森，托马斯·邓菲. 有约束力的关系[M]. 上海：上海社会科学院出版社，2001.

5. 詹姆斯·E. 波斯特，安妮·T. 劳伦斯，詹姆斯·韦伯. 企业与社会[M]. 北京：中国人民大学出版社，2005.

6. 莱因哈德·默恩. 企业家的社会责任[M]. 北京：中信出版社，2005.

7. 张维迎. 市场的逻辑[M]. 上海：上海人民出版社，2010.

第三篇

创新要素

第5章 战 略

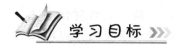 学习目标 >>>

1. 掌握战略的概念;
2. 描述战略管理过程;
3. 描述企业面临的一般环境的几个维度,并且分析这些因素如何影响企业机会和威胁;
4. 掌握行业竞争的五种力量;
5. 应用价值链分析来确认企业有价值的资源和能力;
6. 掌握成本领先、产品差异化的概念;
7. 掌握一体化和多元化的概念。

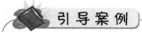 引导案例

戴尔的卓越绩效

戴尔电脑公司是商业史上最不寻常的成功案例之一。1984 年,迈克尔·戴尔在自己的大学生宿舍里开创了这家公司,当时他还是得克萨斯大学奥斯汀分校的一名本科生。现在,戴尔公司已经是世界上最大的电脑系统生产商了。它销售的产品包括笔记本电脑、台式电脑、网络服务器、存储产品、工作站和外设硬件。2002 年该公司的销售超过 300 亿美元。戴尔公司是一家非常赚钱的公司,也是该行业内绩效最好的公司。数据显示,自 1995 年起,它的利润率一直超越所有的竞争对手。这一卓越的绩效在 2001 年仍然保持下来,尽管整个计算机产业由于公司客户需求暴跌导致产能过剩和激烈的价格竞争而表现不佳。2001 年,戴尔的投资回报率为 26%,康柏为 1.5%,苹果公司和 Gateway 公司为零。戴尔公司是如何实现这一卓越绩效的?怎么解释公司持续的高盈利能力?

答案就在戴尔公司的商业模式之中:将产品直接销售给顾客。迈克尔·戴尔指出,由于取消了批发和零售环节,他可以保持原来必须分给这些环节的利润并且将一部分利润以低价的形式还给顾客。一开始,戴尔通过邮件和电话进行销售,但自从 20 世纪 90 年代中期以来,绝大部分的销售都是通过网站实现的。到 2001 年,85%的销售是通过互联网完成的。戴尔精心构造的网站允许顾客自行选择与他们所需要的性能相匹配的产品配置:芯片、存储、显示器、内置硬盘驱动器、CD 和 DVD 光盘、键盘和鼠标等,因此每一位顾客都能获得满足自己独特需要的产品和服务。

戴尔卓越绩效的另一个主要原因是通过供应链管理令成本结构最小化,特别是削减存货成本,与此同时还能保持交货速度,三天即生产出符合顾客独特要求的电

脑。戴尔共有约 200 家供应商，其中一半以上不在美国，戴尔利用互联网向供应商提供订单流的实时信息，从而后者可以掌握以分钟计算的对其所生产的部件的需求动向，以及未来 4~12 周的预计订单量。戴尔的供应商运用这些信息调整自己的生产计划，使产品刚好赶上出厂时间。这种紧密的合作还能够沿着供应链回溯，因为戴尔还将这些信息发布给供应商的最大供应商。例如，Seletron 公司为戴尔生产主板，主板上所装配的芯片来自得州仪器公司。为了协调供应链，戴尔的订货信息既发给 Seletron 公司，也发给得州仪器公司。得州仪器公司可以据此调整生产以满足 Seletron 公司的需要，而这也有助于 Seletron 公司调整自己的生产满足戴尔的订单。这样的协作减少了整个供应链上的成本。

戴尔的最终目标是将所有库存挤出供应链，只留下从供应商到戴尔的在途运输的部分，从而彻底用信息取代库存。尽管这一目标还未实现，但戴尔的库存已经做到了全行业最低。戴尔的库存只有 5 天，而其竞争对手如康柏和 Gateway 则高达 30 天、45 天甚至 90 天。在计算机行业，这是一项极为重要的竞争优势，因为库存部件的成本占收入的 75%，而且由于产品更新速度极快，这些库存还会以每周 1% 的速度贬值。因此，通过优化库存管理系统降低成本是戴尔盈利能力的关键因素。

资料来源：[美]哈里森，圣约翰. 战略管理精要[M]. 大连：东北财经大学出版社，2006

5.1　战略术语

为什么有些组织能够成功而另一些却失败了？为什么在激烈竞争的个人电脑行业戴尔公司能够做得这么好，而其他的像康柏、Gateway 和苹果公司却不那么成功？在零售业中，是什么因素导致了沃尔玛的成功，而西尔斯却陷于苦苦的挣扎之中？在数据库软件市场上，为什么微软和甲骨文公司可以占据与保持强势的市场地位，而像 Sybase 这样的企业则节节败退？在航空业，西南航空不论经济形势好坏都能取得收入和利润的增长，而德尔塔和美国航空公司却在为免于破产而奋斗。为什么索尼公司可以推出大获成功、独霸游戏机市场的 Play Station，而以前的行业领导者世嘉公司的市场份额却从 20 世纪 90 年代的 60%，下降到 2000 年的一位数，而到 2001 年则被赶出了市场？

在一个组织中，经理所追求的战略对于该组织相对于竞争者的表现具有重大的影响。战略就是经理所采取的旨在达成一项或多项组织目标的行动。对于大多数组织来说，压倒一切的目标是实现优于竞争对手的绩效。如果一家公司的战略产生了卓越的绩效，则称它拥有竞争优势。戴尔的战略在 1996~2001 年产生了卓越的绩效，因此戴尔公司相对于竞争对手拥有竞争优势。

那么戴尔公司的竞争优势又是从哪里来的呢？20 世纪 90 年代初期，迈克尔·戴尔聘请了一大批富有经验的经理，他们来自市场上声誉卓著的企业——IBM 公司。然后戴尔和这些经理一起设计和实施了公司的战略，它能够令公司比竞争对手更好地服务顾客，同时又得以保持行业最低的成本结构。2001 年，戴尔依仗自己的低成本结构，在个人电脑行业挑起了价格战。它在从竞争对手那里夺取极大的市场份额的同时还能保持盈利。

与此相反，戴尔的竞争对手们却出现了利润下降，有些甚至亏损。

5.1.1 战略

战略的定义是多种多样的，有人认为战略是一种计划，如在军事领域，克劳塞维茨认为"战略是关于战争的计划"。博弈论学者纽曼与摩根斯坦认为，"战略是一种完全的计划，它规定了在各种情况下选手可选择的行动"。产业组织学派更多地把战略看成一种定位，强调选择高盈利的行业，并在该行业中取得有利的位置。战略应该是一个计划或方案，而战略管理是个过程。

安德鲁斯认为：战略是目标、意图或目的，以及为达到这些目的而制定的主要方针和计划的一种模式，这种模式界定企业的业务范围与经营类型。安索夫指出，企业战略是贯穿于企业经营与产品及市场之间的一条共同经营主线，它包括四个要素：产品与市场范围、增长向量、竞争优势、协同作用。伊丹敬之则认为：战略决定公司业务活动的框架并对协调活动提供指导，以使公司能应付不断变化的环境。战略将公司偏好的环境和它希望成为的组织类型结合起来。霍弗定义战略为"涉及寻求外在环境的机遇与风险和为利用这些机遇的组织的能力与资源之间的切实可行的匹配"。戴维认为战略就是实现长期目标的方法。它把企业经营战略归纳为地域扩张、多元化经营、收购兼并、产品开发、市场渗透、收缩、剥离、清算及合资。

战略之所以为人所重视，大多数是因为人们认为战略是规划未来，人们只要掌握一些分析工具及做一些预测就可能预测并赢得未来。哈默尔和普拉哈拉德更进一步认为，人们应该且必须创造未来。

对战略的定义难以达成共识，主要原因有两方面：一是由于战略是多维量的；二是战略必须是权变的，因产业不同而存在差别。达成共识的地方是战略关注组织与环境的不可分割的关系。组织用战略来应付变化的环境。由于环境变化给组织带来新的组合，因此战略必须是灵活变化的。对战略达成共识的方面还包括：意愿（intended）的战略、应急（emegent）的战略和实现（realized）的战略是存在差别的。

明茨伯格发现，现实中，总经理很少花时间去制定战略或做规划，他们总是不断地与人谈话，处理业务中的日常问题。明茨伯格的观点战略是事后总结的而非事前制定的，在战略的形成中强调反思理性（retrospective rationalization）。明茨伯格认为战略不是一个经过仔细思考的、向前看的、关于未来意图的表述。相反，战略的形成，是从公司的历史上，对过去的行动做出合理的解释，使公司的成员将来能按照过去成功的模式行事。明茨伯格称为应急的战略（emergent strategy），说明它是来源于对企业过去历史的挖掘。这和我们过去主张的意愿的战略（intended stratesy）不同，意愿的战略或多或少是对某种意图理性分析的产物。西蒙斯通过调研发现，战略确实是起一种应急教旨的作用，战略是一种边界系统，而不是明确地描述经理要向何处去，战略只是定义了一个边界，排除了与企业宗旨不相符的行为。

5.1.2 战术

纽曼（Von Newman）在 1951 年用"战略"一词来区分经理的重要事务与日常事务。许多学者分析了战略与政策、措施的差别。政策是指解决特定的重复出现的问题的指导方针。安索夫把政策看成应变决策，把战略看成决策的法则。安索夫还认为战略紧扣企业与环境的关系。钱德勒认为战略决策关系到企业的长期健康，而措施决策只涉及为提高效率或在平稳条件下经营的日常活动。

战略是指御敌于何处（where），而战术是指如何御敌（how）。战略决策可分解为三个基本要素。

（1）对企业活动的地域选择。

（2）对企业活动的行业选择。

（3）对企业活动的市场选择。

与军事类比，战略是关于战役的地点、时间和条件的决策，而战术是战役过程中有关兵力的分配、行动的决策。从这种意义上讲，战略定于战役之前，战术用于战役期间。战略指明在哪里与敌人作战，战术指如何去实施。

5.1.3　商业模式

与战略这一概念密切相关的另一个概念就是公司的商业模式，当今，它被广泛应用于管理者制定的在某个特定的商业领域内获取盈利的计划中。更正式地说，公司的商业模式所涉及的，主要是其所采用的战略的"收入—成本—利润"的经济学问题——公司实际的和预期的收入，来源于公司所提供的产品及其参与竞争的途径、相关的成本结构和利润率以及最终的收入来源和投资日报率。关于公司的商业模式的基本问题就是，从盈利的角度看，某种特定的战略是否有意义。因此，公司的商业模式的内涵要比公司战略的内涵更窄、意义更集中。战略与公司参与竞争的活动和途径有关（而与其所取得的财务和竞争力方面的结果无关），而商业模式这一术语所涉及的问题是，由某种战略所带来的收入和成本是否能够证明这种业务是可行。如果公司从事某一领域的商业活动已经有一段时间，并且能够从中获得可以接受的利润，那么这也就意味着这些商业模式被证明是可行的——因为有明确证据表明，这些公司的战略能够带来盈利，他们的公司据此维持生存。处于亏损状态或创办阶段的公司的商业模式，就可能会存在某些方面的问题；他们的战略并没有带来明显的底线收益，公司能否生存也成问题。

5.2　战　略　管　理

5.2.1　战略管理的定义

按照钱德勒的定义，战略管理是"决定企业基本的长期目标与任务，制定行动方案，配置必要的资源以实现这些目标"。钱德勒明确指出，战略主要关注企业的长期健康，而措施更多的是处理日常经营活动以保证经营的高效与顺畅。希金斯认为，战略管理是设法协调组织与环境的关系，并同时完成企业使命的过程。安索夫对战略的定义中，把战略看成一个方案，但后来他提出"战略管理"这一概念，更倾向于把战略管理看成一个过程，而且是一个根据实施的情况，不断完成目标与方案的动态过程。

战略管理自诞生之日起，就被定义为企业为应付环境的不连续与无秩序而创新的原则。德鲁克用"不连续"、安索夫用"无序"来描述企业面临的无法预测的新机遇和风险。战略管理强调的是一个动态过程，企业要时刻审视环境与企业内部的变化并敏捷地对变化做出反应。战略管理的目标就是使企业长期有效地适应环境。

5.2.2　战略管理过程

战略管理是一个过程，组织通过对内部环境和外部环境的分析与学习，建立战略方向、制定有助于实现目标的战略并且执行这些战略，所有的努力都是为了满足关键的组织支持者，即所谓的利益相关者。

1. 内外部环境分析

外部环境分析，包括决定态势、威胁、机会和为战略方向提供基础的宏观环境与任务环境的评估。宏观环境由诸如社会文化的、技术的、政治的、经济的态势等国内和全球的环境力量构成。宏观环境形成了企业和其任务环境存在的背景。任务环境由外部利益相关者构成。外部利益相关者是组织外部受组织的显著影响或对组织有较大影响的集团和个人。外部利益相关者有：顾客、供应商、竞争者、政府机构和管理者、其他与组织利益相关的外部集团。在企业运作的所有国家中，经理必须与政府机构、竞争者、行动者团体打交道，并管理处于国家社会文化、政治、经济和技术背景下的组织。

内部利益相关者，包括经理、雇员和所有者及其代理人（董事会），与组织的产出有着利益关系。内部分析包括对所有组织资源和能力的更广泛的评估，为获取组织的竞争优势来决定组织的优势、劣势和机会，去识别需要改进的组织弱点。

来源于内部和外部分析的结果，通常和 SWOT 分析法结合在一起，SWOT 分析法是建立在优势、劣势、机会和威胁之上的。优势是能够导致竞争优势的企业的资源和能力。劣势是企业必备但却没有的资源和能力，将导致竞争劣势。机会是在宏观环境和任务环境中的条件，该条件能够使企业运用组织优势，克服组织劣势，或化解环境威胁。威胁是阻碍组织竞争和取得利益相关者满意成就的宏观环境和任务环境中的条件。组织的管理者视这一分析为战略形成。一般的观点是，战略的形成必须利用内部优势和来自外部环境的机会，去克服内部劣势或化解外部环境的威胁。

2. 战略方向

战略方向关系到组织长期的大小目标。在更为基本的水平上，战略方向定义了组织存在和运作的大目标，通常包括在使命陈述中。与短期目标和战略不同，使命是组织内计划过程的长久部分。使命通常描述了组织运作的领域或产业。例如，纽约证券交易所的使命陈述如下。

通过为金融工具的交易提供最高的质量、最高的成本效应和自律的市场来支持融资和资产管理过程；推动对上述过程的信任和理解；作为研讨相关国家和国家政策问题的论坛。

订立一个好的战略管理方向，会给经理和员工一个好的指导，他们在很大程度上对战略的执行负责，同时也有助于与组织交互作用的外部利益相关者更好地理解组织。

3. 制定战略

战略是试图推动组织实现短期目标，并最终实现根本目标的行动规划。战略代表了管理者对"如何完成目标、如何努力实现组织的业务使命和战略愿景"等问题的回答。战略制定就是解决几个"如何"的问题——如何完成业绩目标、如何打败竞争对手、如何获取持续竞争优势、如何强化公司的长期业务地位、如何使公司管理层为使公司提出的战略愿景成为现实而努力。战略形式通常被分成三类——公司战略、事业部战略、职能战略。

公司战略的形成，主要是指界定范围或选择组织将要参与竞争的业务领域。事业部战略的形成，涉及相关领域的发展方向及其操控，或事业部如何在选定的领域内参与竞争。职能战略的形成包含诸如营销、运作、研究、财务应该怎样相互协作以实现事业部层面的战略。因此，职能战略是与战略的执行关系最密切的。

另一个区别三种战略的方法，是确定制定决策的组织水平。通常来说，公司战略决策是由组织高层的首席执行官（chief executive officer，CEO）和董事会做出的，尽管这些人可能从其他层次的经理那里获取信息。如果一个组织只有一个领域的业务，那么事业部战略决策很可能由同样的人做出。在许多领域多样化的公司，不同领域代表不同的运作部门或业务行业。在这些情况下，事业部战略决策由部门的领导或事业部的经理做出。职能决策由职能经理做出，它代表了诸如运作、财务、人事、会计、研发或信息系统等组织领域。

4. 战略执行与控制

战略形式决定组织的行动计划和功能、业务单元及部门。另外，战略执行代表了执行计划的决定和行动的形式。战略执行包括组织在获取战略结果时所必须产生的职能战略、系统、结构和过程。职能战略勾勒了将事业部和公司战略转变为行动时所必须执行的功能。

良好的控制对组织的成功至关重要。战略控制是指导战略方向、战略或必要的执行计划进行调整的过程。经理们会收集新的信息，这些信息会引导他们对环境进行重新评估。他们也许觉得组织使命不再合适，或组织的战略不能导致期望的结果。另外，战略控制系统会告诉经理们环境的假设、使命和战略仍然适合，但是战略并没有得到很好的执行。这时，执行过程必须进行调整。

5. 战略重构

在组织生命的一些节点，增长将变得较缓慢，从而导致某些利益相关者开始感到不满。沃尔玛就是一个极好的例子。在经过 20 年的销售额、收益和股票价位的增长后，沃尔玛饱受无法避免的市场饱和之苦。无论什么原因，组织最终觉得需要对战略及执行方式重新进行评估。战略重构，包括对组织做的成功事情的重新强调，以及能够使组织重生并加强其竞争地位的各种策略，常用的重构策略包括将公司资产重新归集到一系列有限的活动、收缩、破产以及组织结构变换等。

5.3 外部环境

众所周知，世界正在发生巨大而深远的变化。一旦外部环境的组成部分被定义和分析清楚了，就可以更好地理解这种变化。组织的外部环境包括两个层次：宏观环境和任务环境。

5.3.1 宏观环境

宏观环境的构成因素主要包括政治、法律、经济、社会文化和科学技术等方面，这些环境因素对一个组织运转的影响尽管不是那么直接，但各个组织中的管理者仍必须考虑这些因素。

1. 政治与法律环境

政治与法律环境是指一个国家或地区的政治制度、体制、方针政策、法律法规等方面环境因素。主要是指法律、政府机构的政策法规以及各种政治团体，对组织活动所采取的态度和行动及其他的一些重大政治事件。政治与法律环境的变化，显著地影响着组织行为和利益。

首先，法律系统和国家政策会在一定程度上规定组织可以做什么或不可以做什么。任何一个国家都会管制其国内的组织。如国家会对企业产品有质量的要求，对其排污有指标限制等。其次，政府会出台一些政策支持或反对一些组织的活动，如对企业使用绿色技术进行减免税收的鼓励，而对垄断产业的产品定价进行限制。最后，政治的稳定性将影响企业的规划。如一个国家或地区政治与社会稳定，是大多数企业顺利进行营销活动的基本前提，而内战、频繁的罢工或与外部的武装冲突，往往使企业经受萧条和倒闭的痛苦，除非是靠战争发财的军火商或是靠战乱投机的贩毒集团等。一个国家和地区内发生的一些重大活动和事件，也总是直接或间接地影响企业的经营计划和策略。

2. 经济环境

经济环境因素是影响组织，特别是作为经济组织的企业活动的重要环境因素，它主要包括宏观和微观两个方面。

宏观经济环境主要指一个国家的人口数量及其增长趋势，国民收入、国民生产总值及其变化情况以及通过这些指标能够反映的国民经济发展水平和发展速度。人口数量众多既为企业经营提供丰富的劳动力资源，降低劳动成本，提供庞大的市场需求，但又可能因其收入不高，基本生活需求难以满足，从而构成经济发展的障碍；经济繁荣为企业等经济组织的发展提供良好的发展机会，而宏观经济衰退则可能给所有经济组织带来生存和发展的困难。

微观经济环境主要指企业所在地区或所需服务地区的消费者的收入水平、消费偏好、储蓄情况、就业程度等因素。这些因素直接决定着企业目前和未来的市场大小。假定其他条件不变，一个地区的就业率越高，收入水平越高，那么该地区的购买力就越高，对某种产品及服务的需求就越大。

3. 社会文化环境

社会文化环境主要由组织所在国家或地区的人口、家庭文化教育水平、传统风俗习惯及人们的道德和价值观念、法律等因素构成。社会文化环境因素通过行为规范（风俗、道德、法律）、人口结构（人口数、年龄结构、人口分布）和生活方式（家庭结构、教育水平、价值观念）的改变影响一国群体行为规范、劳动力的数量和质量、所需商品和服务的类型与数量等，并进而影响该国各组织的经营管理。

例如，宗教信仰和风俗习惯会禁止或抵制某些活动的进行；价值观念对影响人们对组织目标、组织活动以及组织存在本身的认可与否；审美观点则会影响组织活动内容、活动方式以及活动成果的态度。

4. 科技环境

科技环境是指一个企业所在国家或地区的技术水平、技术政策、新产品的开发能力以及技术发展的动向等。技术的影响体现在新产品、新机器、新工具、新材料和新服务上。来自技术的益处就是取得更高的生产率、更高的生活水准、更多的休闲时间和更加多样化的产品。企业要想在市场上立于不败之地，就应该十分注意自身技术、设备的更新，尽可能采用最新技术，生产出受社会欢迎的新产品。作为一个管理者，尤其是企业高层决策人士，必须留意企业外部的技术环境，了解当前新技术发展的趋势，使企业处于新技术领先位置，至少不能失去竞争能力。

如今，我们已经逐步从工业经济时代进入知识经济时代，经济发展从依靠自然资源、矿产资源、能源和资本为主逐步转移到主要依靠科学技术。变革性的技术正对社会产生着巨大的影响，技术成为决定人类命运和社会进步的关键所在。像经济环境一样，技术环境变化对企业的经营活动有直接而重大的影响。因此，世界上成功的企业，无一不对新技术的采用予以极大的重视。与经济因素不同的是，科技的高速发展像一把双刃剑，正如小说家狄更斯对第一次产业革命时代的英国所描述的："这是一个最坏的时代，这是一个美好的时代，这是一个令人绝望的冬天，这是一个充满希望的春天。我们面临什么也没有，我们面临什么都有。"当一种新技术给某一个行业或某些企业带来增长机会的同时，可能对另一行业形成巨大的威胁。例如，晶体管的发明和生产严重危害了真空管行业；电视的出现使电影业受到了沉重的打击；高性能塑料和陶瓷材料的研制和开发，严重削弱了钢铁业的获利能力。

5.3.2　任务环境

与一般环境相比，任务环境对组织的影响更为直接和具体，因此，绝大多数管理者也更为重视。迈克尔·波特将经济学中的产业组织理论，整合成驱动产业竞争力量的"友好用户"模型。产业通常很难界定，但是一般来讲，它指在市场上为赢得订单和销售而相互直接竞争的组织集团。波特的模型包括供应商、顾客、产业竞争者。竞争者又可进一步划分为三种：现有竞争者、潜在竞争者和间接竞争者。潜在竞争者对产业竞争的影响由进入障碍的强度决定，换句话说就是阻碍新企业进入产业的力量。间接竞争者销售能够替代现有竞争者所销售的产品，如隐形眼镜和矫正手术就是眼镜的替代品。根据波特的观点，五种力量很大程度上决定了产业内竞争者的类型和水平，并最终决定产业的潜在利润（图 5-1）。

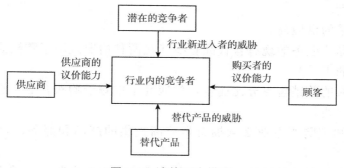

图 5-1 波特五力模型

1. 顾客

顾客是指那些从组织购买产品或服务的个人或组织，如企业的客户、商场中的购物者、医院中的病人、学校中的学生等，组织是为满足顾客需要而存在的，如果一个组织失去了其服务对象，该组织也就失去了其自身存在的基础。一个企业如果其生产的产品无人问津，就必然破产，一个政府如果不能为社会公众服务，就必然得不到社会公众的支持。因此，组织的服务对象是影响组织生存与发展的主要因素，而任何一个组织的服务对象，对组织来说又是一个潜在的不确定因素。

按照波特的观点，在一个产业里，如果有下列条件存在，顾客在竞争中就会表现出强大的力量。

（1）顾客数量少。在这种情况下，失去一个顾客会造成明显的差别。

（2）顾客购买数量很大。

（3）产业中顾客的购买与顾客花费在其他产业商品的数量相关。这里，顾客在最优购买的价格上会花很大的精力。

（4）顾客正在购买的产品无差异。这意味着顾客无须关心从什么公司购买它们。

（5）顾客的收入低。低收益的顾客通常处于一种保持较低的购买成本压力之下。

（6）顾客很容易得到该产业所售商品的成本和需求的精确信息。这使他们能够在讨价还价中处于真正的优势。

（7）顾客很容易实现后向一体化，成为自我供应者。人们熟知的西尔斯公司和通用汽车公司两者在定价不满意时都购买了供应商的公司。

（8）顾客能够轻易地从一个买主转向另一个买主。

这些力量的结合决定了顾客讨价还价的能力，即顾客能在多大程度上对价格和产品开发的努力方向施加影响。较大折扣的零售商如沃尔玛之所以强大，是因为巨大的购买量，以及它们在采购商品时能够轻易地从一个制造商转向另一个制造商。

2. 供应商

产业供应商提供设备、补给品、部分零件和原材料。公司获取雇员和投资基金的劳动力和资金市场也是供应的一个来源。实力强的供应商能够抬高他们的价格并且降低购买企业的利润水平。通过威胁要抬高价格、降低所供商品或服务的质量，或在需要时不输送商品，供应商能够施加影响并增加购买企业的不确定性。一般来讲，供应商的权力在下列情况下更大。

（1）只有少量的供应商。

（2）所供商品或服务的现有替代品较少（这两种情况限制了购买企业运用选择供应商作为讨价还价的工具）。

（3）对他们大的总销售百分比而言，供应商不依赖于购买企业。这意味着一个销售客户的损失并不重要。

（4）供应商知道购买企业必须拥有供应商提供的产品和服务，以制造它们自身的产品。

（5）供应商实现产品差异化，这意味着购买企业愿意在某一品牌上支付更多的钱。

（6）供应商使得购买者转换供应商的成本比较高。IBM通过使它的主机与其他品牌不相容来构建其主机业务，以此防止购买者转向其他品牌。

（7）供应商很容易前向一体化并与他们以前的竞争者直接竞争。

这些力量的结合，决定了供应商的力量，以及这些供应商在多大程度上能够对产业中企业获得利润施加影响。例如，笔记本电脑产业就很容易受到供应商力量的影响。许多产业的竞争者，从供应商那里购买微处理器、电池、操作系统软件和平面显示器。结果，笔记本电脑制造成本、业绩特点和创新很大程度上掌握在供应商手中。

3. 现有的竞争者

在许多产业中，一个企业竞争性行动影响了产业中的其他竞争者，可能刺激复仇或其他相应的行动。竞争者为了市场份额和投资分析师的良好评论而互相欺骗。在许多产业，每一个新产品的介绍、市场促销和市场容量的扩张都意味着收入、成本和其他竞争者的利润。总之，利润很容易受到来自竞争对手的负面压力，产业中的这些对手具有以下特点。

（1）缓慢的产业增长意味着竞争者要想成长壮大必须偷偷地获取市场份额。

（2）高昂的固定成本意味着企业具有更大的压力去弥补成本并获取利润。

（3）产品缺乏差异化会使定价面临更大的压力并且导致削价策略。

（4）大量的竞争者意味着整个市场以更多的方式被瓜分。

（5）高额的退出成本意味着企业从产业撤退时，会失去全部或大部分的投资。因此，即使利润很低它们也更愿意困在产业中。

4. 潜在的竞争者/进入障碍

几种力量决定了新的竞争者进入产业的难易程度，新的进入者增加了产业内的竞争，并可能降低价格和利润。他们也可能增加市场容量、引入新产品或工艺过程带来新的观点和新的想法，所有这一切都会降低价格、增加成本或二者兼而有之。防止新进入者进入和保护现有竞争者的力量成为进入障碍。

在许多产业中发现的进入障碍包括以下几个方面。

（1）当以更大的设备生产更多的产品时效率更高，就会产生规模经济。

（2）大量的资金需求，也就是人们熟知的开业成本将阻碍小的竞争者进入该产业。

（3）较高程度的产品差异化，意味着一些企业拥有忠诚顾客的基础，这时的新企业更难将顾客拉走。

（4）很高的转换成本不仅适用于供应商，也可作为保护产业中既有企业的进入障碍。

（5）进入分销渠道的限制，会阻止新公司将产品推向市场。

（6）政府限制进入产业的政策和管制，有效地防止了新的竞争。

（7）短期内现有企业拥有的资源很难复制，如专利、优良的地理位置、私有的产品技术、政府补助或稀有原材料的获取。

（8）产业竞争者对新竞争者具有侵略性的报复历史。

总之，这些力量能够产生高、中、低障碍。具有较高进入障碍的产业，很少有新企业进入产业，这将降低竞争的强度和稳定产业中现有企业的利润，当进入障碍较低时，新企业能够随意进入产业，这将导致竞争对手增加和利润减少。传统上与较高进入障碍相联系的产业是飞机制造业和汽车制造业（由于资金成本、分销渠道和品牌）。与中高级的障碍相关的产业有家用电器、化妆品和书籍。进入障碍比较低的大多在零售产业。互联网最强大的效应之一是能够绕开传统的进入壁垒。亚马逊从来不必额外花钱去租借或购买土地、在昂贵的零售地段建造大型书店、从偏僻的地方进货或保持一定库存、雇用和培训劳动力去体验图书零售的细微差别。绕开这些壁垒，运用互联网特有的战略直接进入消费者。

5. 间接竞争者/替代品

如果组织提供的商品和服务极易被其他产业提供的商品和服务替代，那些组织就变成了间接竞争者。例如，阿司匹林、布洛芬都是疼痛缓解剂的替代品。公共汽车旅行是航空运输旅行的替代品。近似的替代品能够为产业内商品和服务的讨价还价设定价格上限。

尽管波特没有详细指出其原始模型中的其他因素，但其他利益相关者集团的存在仍能够影响产业的利润。例如，特殊利益集团和政府机构采取的行动会引起组织的投资行为，进而影响成本结构和利润。

从不同的观点看，五种力量的分析是有用的。首先，通过了解产业中五种力量是如何影响竞争和利润的，企业能够更好地知道如何根据这些力量对自身定位，进而确定现在和未来的竞争优势的任何资源，估计可能的利润。企业经理也可决定通过行动来改变五种力量的影响，如通过大规模经济或更大的产品差异化来搭建更高的进入壁垒，或创设转换成本来刺激顾客的忠诚区。

5.4 内部环境与战略方向

5.4.1 内部环境

能够带来竞争优势的资源和能力在每个行业中都是不一样的，并且会随着时间的推移而发生变化。研究发现，1936～1950 年，成功的制片商拥有的优势通常是基于所有权的资源，如与影星和影院签订的专有合同。但到了 1951～1965 年，以知识为基础的资源成为竞争优势的新源泉，如制片和协调能力以及预算管理的水平。在电影行业，需要制片商有足够的能力处理日益增加的不确定性，只有当组织资源在外部环境中具有独特价值时，它才能带来竞争优势。

1. 独特价值资源

一般说，当满足下列条件时，能力和资源将成为竞争优势的源泉。

（1）该资源或者能力是有价值的。它们使企业能够充分利用机会并消除威胁。举例说来，索尼的能力是设计、制造和销售微型电子产品，这种能力对公司的外部利益相关者——消费者而言很有价值。索尼将这种能力运用在若干市场机会开发上，如音响、磁带播放机、磁碟播放机、电视机以及摄影机等。

（2）该资源或者能力是独特的。如果一项能力仅被一家组织所有，那么它将成为竞争优势的来源。而如果一种能力或资源被许多组织同时拥有，那么将形成所谓的竞争均势——没有一家能够获得优势。当然不仅仅只有一家拥有才算是独特，少数几家拥有也可称为独特。同样，独特性还意味着其他行业中不存在替代性资源以满足同样的需求。

（3）该资源或能力是难以模仿的或模仿成本极高的。如果竞争对手要模仿该资源或能力，那么它将处于成本上的不利地位。资源或能力越难以模仿，产生可持续竞争优势的价值就越大。如企业的专利或商标强有力的话，那么竞争企业就将面临绝对的成本劣势。

如果一项资源或者能力是有价值的、独特的、难以模仿的，并且还可以应用于不止一个经营领域，那我们将之称为核心能力或独特能力。迪斯尼就是开发跨行业竞争优势的大师。通过图书、电影、主题公园等形式，迪斯尼不断增强其动画人物的价值和独特性，这显示了它在创新和想象工程方面与众不同的能力。

对许多公司而言，获得竞争优势的关键是整合资源和开发难以模仿的能力。如专利权是一种有形资源，只能帮助组织获得一段时间内的优势。而快速准确开发新产品并将之推向市场则需要整合几方面资源的能力：营销（确定需求），设计和研发工程（创造产品，确定原材料），生产运营（组织原材料，进行生产），以及其他许多活动。这种资源整合能力是很难被竞争对手观察和模仿的。因此，组织内的知识以及能够创造并吸收这些知识的组织体系，是最难被模仿的资源。

组织声誉和知名的公司品牌也是难以模仿的。此外，同利益相关者的特殊关系，也十分难以模仿。微软公司同一些最大的客户建立了正式或非正式的强大关系网。即使一家公司有可能研制出性能优于微软的产品，它也极难侵占微软已经建立的独特的关系网。这种类型的优势也常见于其他许多非常成功的网络公司，如雅虎。

2. 价值链分析

在评价组织的资源和能力时，还需要全面考虑各经营活动，并且了解它们在构建优势和实施战略中的作用。迈克尔·波特开发出一套称之为价值链的框架，可以用来对一个企业内的各项增值环节进行系统的研究（图 5-2）。价值链分析可以用来确定企业的关键资源或关键环节去发展竞争优势，这些资源或者环节代表了企业的长处、机会或者需要改进的地方。

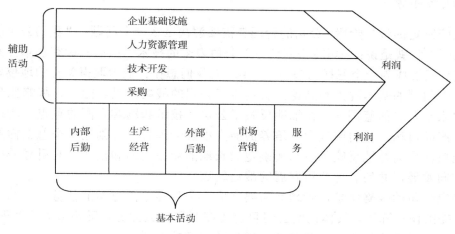

图 5-2　波特价值链分析

价值链将组织的活动过程分为不同的顾客价值创造活动。基本活动包括输入物流、生产经营、输出物流、市场营销以及服务。输入物流包括那些获取生产投入的供应链上的各个环节——仓储、原材料处理、存货控制等。生产经营是指那些将投入品转化为最终产品的活动，如机械加工、组装、包装、检测、印刷等。输出物流是指那些与存储和发送最终产品有关的活动，如产成品入库、订单处理以及运输。市场营销包括一个过程，通过它，消费者可以购买到产品并且可以引导消费者的购买，这个过程包括广告、散发产品目录、直销、分销渠道、促销以及定价等。最后，服务是指为提升或维持产品价值而提供的服务，如维修、零部件供应、安装等。

组织通常还需要其他的活动去支持上述基本功能的实现。这些活动处于基本活动的上方。采购是指与购买投入品有关的活动或过程，但投入品本身或投入品运送到时对它的处理不算采购的范围，技术开发是指产品或流程的研发过程或者组织的学习过程，它能改善产品或服务以及改进组织获得绩效的方式。

人力资源管理包括各种基于人力的活动，如招聘、雇用、培训、绩效考评、员工发展及薪酬。最后，行政管理包含大量常见的管理活动，如计划、会计等。大多数支持活动同每个基础活动都有关，并能支持整个价值链。举例来说，技术开发的影响广泛地体现在生产、服务以及基本增值活动的流程中。利润位于图 5-2 的右边，是指在价值链活动的基础上，企业可通过培育竞争能力和获得优质资源来取得更高的利润水平。

一个组织发展竞争优势，可以在任一基础或支持活动中，或者通过它们的组合，或者通过内部活动与外部环境联系的方式。价值链各环节的累积效应和它们连接企业内部与外部环境的方式，决定了企业的优势、劣势以及相对于竞争者的绩效。

5.4.2　确定战略方向

1. 战略愿景

在战略制定的最早阶段，公司的管理者需要解决这么一个问题："我们公司的战略展望是什么呢？也就是说：公司将去向何方？公司未来的技术—产品—顾客的重点是什么？我们究竟想发展成为一个怎样的公司，5 年之内我们想在行业中取得怎样的地位？"管理者关于这些问题的基本观点和结论，就构成了公司的战略愿景。因此，战略愿景是一幅关于公司未来发展的蓝图——详细地反映了公司在技术和顾客方面的重点、所追求的区域市场和产品市场、公司所致力于培养的能力以及管理者努力创造一个怎么样的公司等问题。战略愿景清楚地反映了组织所确定的长期的业务目的和模式；它引导着公司向着特定的方向发展，并勾勒出公司发展的战略轨迹。

要确定公司的战略愿景，管理者需要完成三个明显不同方面的任务。

（1）提出使命陈述，具体说明公司目前正在开展什么业务，反映出关于"我们是谁，我们做什么，以及我们正处于怎样的位置"的问题的本质。

（2）把使命陈述作为确定长期发展路径的基础，做出关于"我们将向哪里去"的决策，确定公司的战略路径。

（3）用清晰的、令人兴奋并且能够激发组织承诺的术语，宣传公司战略愿景。

确定公司使命可能并非想象的那么简单。可口可乐公司的业务是软饮料（在这种情况下，公司管理部门的战略重点就是集中精力战胜百事口乐、七喜公司、加拿大戴伊公司以及斯维佩斯公司），还是饮料（在这种情况下，公司管理部门就要从战略的高度思考可口可乐产品的定位问题，以同其他的水果饮料，即开即饮茶、瓶装水、运动饮料、牛奶和咖啡进行竞争）？公司管理部门进行战略思考的角度究竟是软饮料还是饮料，这对他们来说绝不是一个无足轻重的问题；部分原因在于可口可乐公司同时也是麦纽特·麦德公司（Minute Maid）和海伊公司（Hi-c）两家公司的母公司——后两家公司都生产果汁产品。如果可口可乐公司从饮料的角度——而不是从软饮料的角度——制定公司的战略展望，它就可以更好地找到营销切入点；例如，如何说服年轻的成年人早晨饮用它们所生产的可口可乐获取所必需的咖啡因，而不是喝咖啡。

 **案例**

美国最大的运动服装生产商鲁塞尔公司（Russell Corporation）的业务界定

鲁塞尔公司是一家垂直一体化的跨国公司，设计、生产和营销运动服装、亮丽的服装、优质的针织衬衫、休闲服装、运动袜和休闲裤以及全系列的轻型纺染编织纺织品。公司的经营运作覆盖了将原生纤维转化成最终的服装和纺织品的整个过程。公司产品的销售对象是运动商品特约经销商、百货商店和专业商店、大规模商品采购商、高尔夫商店、大学的书店、分销商、邮购商店以及其他的服装制造商。

资料来源：[美]汤普森. 斯特里克兰. 战略管理[M]. 17 版. 北京：机械工业出版社，2011

2. 目标体系

目标体系的建立是将公司的战略愿景转化成具体的业绩目标。目标体系是公司的管理者对实现具体的经营结果所做的承诺。如果组织的长期发展方向没有转化成具体的业绩目标，如果公司的管理者没有逐步达到这些目标的压力，那么，公司的战略愿景和使命最后只能是一些美丽的词句，只能是橱窗里展示的装饰品，只能是无法实现的梦想。无数公司及其管理者的经历都告诉我们：如果一家公司的管理者为每一个关键的结果领域都建立目标体系，直接以实现这些既定的业绩结果目标为目标采取适当的行动，领导公司奋力前进，那么，这样的公司就可以比另外一类公司取得更好的业绩——后一种公司的管理者往往仅仅有良好的愿望，做过艰辛的努力，并希望获得最好的结果。

要使公司的目标体系成为衡量组织业绩以及组织前进进度的标准，它就必须以一种可以计算或者说是以一种可以测量的方式表述出来，同时，它还必须有一个最后的完成期限。它必须清晰地表述下述内容：在什么时候，在多大程度上完成什么样的业绩。这就意味着要避免一般性，如"取得最大化的利润""降低成本""提高效率""提高销售额"，这种表述既没有说明需要完成的程度，也没有说明需要完成的时日。正如惠普的合伙创始人比尔·休利特曾经所说："对于您测量不了的事情，您是控制不了的……那些能够被测量的东西才能被完成。"以可测量的方式清晰地表述公司的目标体系，然后让公司的管理者担负起在具体的时间内完成他们所承担的任务的责任，这样做有两点好处：①对于公司要获得的东西，消除漫无目标的行动以及可能会出现的混乱，代之以目的明确的战略决策；②为判断组织的业绩和进度提供一系列的"标杆标准"。

目标代表着一种对在特定的时间内达到某一具体绩效的管理者承诺——它们要求将目标与公司的战略愿景和核心价值观直接联系起来。

 **案例**

花旗、通用、麦当劳的战略目标

花旗集团

在世界范围内拥有 10 亿名顾客。

通用电气公司

成为世界上最具有竞争力的公司。

占据行业中数一数二的地位。

使公司从事的所有业务都实现全球化。

利用互联网技术，成为全球性的电子化企业。

麦当劳

赢得 100%的顾客满意度……每天……在每一家分店……为每一位顾客。

资料来源：[美]汤普森. 斯特里克兰. 战略管理[M]. 17 版. 北京：机械工业出版社，2011

5.5　战　略　分　类

5.5.1　公司发展战略

三个主要的公司发展战略是集中战略、垂直一体化战略和多元化战略。公司要实现这些战略所使用的战术同样重要，这些战术主要有收购和合资。

1. 公司发展战略类型

1）集中战略

大多数组织的业务是从单一产品组和服务组，或者单一市场开始的。这种公司层面的战略叫作集中。联邦快递、三角航空公司经营的都是单一业务。

研究发现，集中战略有时候比其他战略类型的企业或多业务战略获得更多的收益。当然，集中战略能获得的收益，还很大程度上依赖于企业所属的行业。当一个行业的条件比较具有吸引力时，集中战略的优势则很明显。首先，单一业务战略可以使组织掌握一个业务和行业环境。专业化可以使高层管理者获得业务和行业的深层次的知识，这样将会减少战略失误。其次，所有的资源都是为了发展单一的业务，这样比较有利于组织发展建立可持续竞争优势所需的资源和能力。通过集中于单一业务，企业能将资源集中于一些可获得增长和收益的战略。再次，集中战略能防止大型多业务企业常具有的管理机构和人员的臃肿，避免由此增加的管理费用，防止业务单元灵活性受限。最后，集中战略能使企业在与其他公司的竞争中，把在业务中获得的收益用于投资，而不是仅仅拥有投资资金。

从另一个角度说集中战略也具有风险，尤其是在环境不稳定的时候。因为组织仅仅依赖一个产品或业务领域的发展，外界的变化将明显地降低组织绩效。美国航空业就是组织绩效不确定性效应的一个很好的例子。因为航空产业在解除管制之前，大多数大的航空公司是盈利的，因为它们有受保护的航线和固定的价格。然而解除管制和随之而来的竞争损害了所有航空公司的收益。因为大多数大的航空公司都追求集中战略，它们没有其他的业务领域来弥补它们的损失。结果，一些航空公司被收购或者破产。

产品和产业的成熟，也使追求集中战略的组织产生了额外的风险。如果一个组织的主要产品进入成熟期或衰退期，在组织研发出另一种能在市场畅销的产品之前，组织的绩效都会受到影响。集中战略也会导致不平衡的现金流和收益。因为业务是增长的，需要在资本设备和市场方面额外投资，所以组织可能发现自己陷入"现金匮乏"的状况。另外，一旦增长稳定，组织发现自己"现金充裕"，但在这个业务中可获益的投资机会却很少。最后，集中战略对于领导者来说，不具有足够的挑战或刺激。

2）垂直一体化战略

垂直一体化是用来描述一个企业深入产业供应链某些阶段的程度。制造企业一个典型的产业供应链是从原材料（如木材、矿石、原油）的提取开始的。在初级加工阶段，这些原材料被转换为商品，如木质纸浆和铁。初级加工阶段指制造那些用于装配最终产品（如汽车的发动机、转换机和刹车系统）的零部件的阶段。最终产品制造阶段指消费前的最终产品的制造（如汽车的最终装配）的阶段。最后，批发是最终产品销售到零售终端的渠道，零售是把这些产品销售到最终消费者的环节。

企业追求垂直一体化，可能具有各种各样的原因，如希望能逐渐控制供应质量或者产品销售方式，得到关于供应商和市场的更完全的信息，以及通过协调而更容易形成产品差异化，或者仅仅因为它们能通过承担一项其他公司良好运作的业务而提高它们的收益。

此外，最近的研究表明垂直一体化能减少管理、销售、研发成本，但是生产成本较高。研究认为，生产成本高可能是因为缺乏对内部供应商的激励，因为内部供应商具有稳定的客户，他们没有在竞争市场上所具有的降低成本的动力。

3）多元化战略

多元化可被分成两大类：相关多元化和非相关多元化。相关多元化指组织的活动与主要或"核心"业务相关，这些活动通常是具有共同的市场或相似技术。非相关多元化是不依赖于任何形式的多元化。

一些大型非相关多元化的企业，如通用电气和日立，常被称为集团，因为这些公司是非相关多元化的集合。很多研究已经表明，非相关多元化企业比追求其他公司层面战略的企业获得更低的收益。还有一些证据表明，非相关多元化比其他战略具有更多的风险。因为产业的复杂性以及技术的变化，非相关多元化非常需要公司层面的管理者。实际上，在一个非相关多元化企业中，对于一个管理者来说，理解每一个核心技术及评价非相关多元化中每一个个体单元的特殊要求是很困难的，因此管理的效率比较低。然而，一些企业已经成功采用非相关多元化战略。

相关多元化是建立在相似性基础上的，可能是两个业务的产品、服务、市场或资源转换过程等方面的相似性。这些相似性可以产生协同，也就是整体大于部分之和。换句话说，一个组织生产两个相关产品或服务，应该比两个组织各自独立生产一个产品或服务更有效。例如，强生公司多元化业务范围较广，然而，实际上所有的业务都与把化学元素转换为药品和化妆品的这个过程有关。

2. 多元化方法

一旦一个组织决定采用多元化战略，可以采用三个基本方法：内部风险投资（自己开展新的业务）、兼并和收购、战略联盟和合资。

（1）内部风险投资。内部风险投资成功与否取决于组织的研发能力，因为只有在核心组织内部，对风险投资项目才具有较大的控制。此外，资产信息不必和其他公司共享，所有的收益都被保留在组织内。3M 公司具有很长的内部发展新风险投资的历史。公司拥有各种基于化学的核心能力，在这个基础上，公司成功地开发起新业务，新业务应用于光学材料、研磨剂，以此来接近消费者、产业和医药市场。

（2）兼并和收购。作为企业投资的另一种方式，许多组织选择采用收购的方式实现多元化。兼并是两个组织合并成为一个组织。收购是兼并的最一般的形式，是指一个组织购买另一个组织的股票或资产，或者通过直接从所有者那里购买这个组织，来获得对这个组织的控制权。收购能较快地达到以下目的：①进入新市场；②接受新产品或服务；

③学习新的资源转换过程；④接受需要的知识和技能；⑤垂直一体化；⑥开拓市场；
⑦满足企业领导者的需求。

（3）战略联盟和合资。为了开发新产品和服务，进入新市场或提高资源转换过程，
两个或两个以上组织联合起来就构成了战略联盟。当这种安排是建立在契约的基础上，
联盟的行为独立于组成联盟的企业时，这种联盟就是合资。战略联盟和合资能帮助组织
达到许多采取并购所能达到的同样的目的。战略联盟和合资能导致销售增长、收益增加、
业务资产的平衡，这些都是企业采用并购的通常原因。合资除了具有资源共享这些优势
外，还能加快进入新的领域和市场的速度，因为合资能得到资源扩展的基础。例如，一
个企业想要进入一个市场，并已经找到一个伙伴，如果这个伙伴在目标市场上已经具有
一定资源的话，这样这个企业进入这个市场将会节约大量时间。合资行为还能在所有参
与合资的企业之间分散失败的风险。因此，和兼并、内部风险投资相比，有时候合资被
认为是低风险多元化的选择。除此之外，合资允许企业更容易地撤离某个业务或者投资
于别的资源，因此能增加战略灵活性。

3. 战略分析矩阵

CEO 一直面临如何在多元化业务单元中划分组织资源，以及投资什么新的资产的问
题。业务资产组合模型就是用来帮助管理者制定这些决策的。我们介绍最简单和被广泛
使用的业务资产组合模型——波士顿矩阵。

波士顿矩阵（简称 BCG 矩阵）建立在产业增长率和相对市场份额这两个因素基础
上（图 5-3）。产业增长率是某一个业务所在产业的增长率。相对市场份额，是本企业
业务的大小和最大的竞争对手业务的大小的比率。这两个因素被用来衡量这个组织的所
有业务，并分别标记为明星、幼童（也称为问题小孩）、现金牛和瘦狗。图 5-3 中圆圈
的大小，代表了一个组织各种业务的大小。

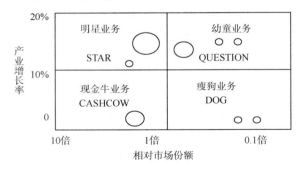

图 5-3　波士顿矩阵

波士顿矩阵有时被用作规划现金流。用简单的话来说，现金牛能产生多于企业有效
投资而产生的现金。然而幼童需要额外的现金以维持快速的增长，明星一般能产生它们
所需要使用的现金量。

最优的波士顿矩阵包括明星、现金牛、幼童型业务的平衡的组合。然而，当明星业
务所在的产业成熟、增长缓慢时，明星业务就自动变成现金牛。因此，作为组织中将来
有可能发展成为明星的幼童业务就十分重要了。瘦狗是四个业务类型中吸引力最小的。

正确的处理办法是剥离这些瘦狗业务。然而，只要瘦狗业务不造成企业资源消耗，也会在投资组合时常常被保留。

BCG 矩阵的缺点，是没有考虑到因为环境的变化导致战略发生变化。标准的 BCG 矩阵的目标是要获得高市场份额，变成明星业务和现金牛业务。这个做法存在一个问题，这可能仅仅对于追求低成本战略的企业比较有效。使用市场份额作为竞争战略，隐含的假设是市场份额的大小导致规模经济和学习效应，而且这些效应通过创造低成本地位获得竞争的成功。这个模型不包括差异化和集中竞争战略。

波士顿矩阵的另一缺点就是它太简单。因为它仅仅考虑了两个因素，每个因素只有高和低两个层次。增长和获利前景决定产业的吸引力，而增长和获利前景是由企业的宏观经营环境决定的。因此，简单的增长率作为产业吸引力的唯一的标准是不够的。一些增长快速的产业并不是获利能力特别强的。此外，市场份额也是一个衡量竞争地位的不充分的标准。其他变量，如企业形象、成本定位或研发优势对于业务的竞争性，具有同样重要的作用。

总而言之，波士顿矩阵仅仅适用于那些竞争战略是建立在经验曲线基础上的、追求低成本领先战略的企业。不过，波士顿矩阵能帮助企业预测现金需求和现金流。

5.5.2　事业部战略

事业部层面的战略决定了组织增长和在目标市场上竞争的方式。宝马迅速的产品开发是其增长战略的核心。更进一步的，宝马的竞争战略可以被描述为差异化战略，该战略以宝马的高档车生产线、出众的质量与创新以及强大的品牌声誉为基础。

在单一事业部企业或者多事业部企业中的任一事业部中，经理们都必须决定如何定位自己的业务以完成增长和利润目标。事业部经理们常常需要制定两方面战略：增长战略和竞争战略。增长战略涉及规模的扩大和经营种类的增加。在确立增长战略时，经理们应考虑三个关键问题：①为了获得增长，应将组织资源分配到何处；②当经营范围与增长战略和总体战略方向一致时，将有什么样的变化？③与竞争对手相比，我们应当如何安排增长的步骤？另外，竞争战略会涉及企业如何进行定位，以便通过与竞争对手不同的方式为顾客创造价值。

1. 增长战略

在为单一业务设计增长战略时，经理们必须决定将资源分配到哪里，以及如何改变经营业务的范围，这包括产品、市场、服务功能和资源转换活动的改变。一般来说，单一业务可以选择通过内部或外部投资追求增长，或是通过限制投资来稳定增长。

1）内部增长战略

通过在内部投入资源（如时间、资金、人力等），一项业务可以选择市场渗透、市场开发或产品／服务开发。市场渗透需要广告投入、拓展能力以及一支有决心在现有市场上销售更多产品和夺取更大市场份额的销售队伍。虽然这种战略可能会增加经营规模，但它不一定会改变企业经营的范围，如产品种类、市场细分和经营流程。市场开发则包括寻求新的顾客群，应用开发则要发现现存产品的新用途，它们都需要对市场和提供给顾客的产品／服务进行更广泛的定义。为支持市场开发，企业可以在研发、营销创新和增加新销售队伍上加大投入。而要支持应用开发，企业则应投资于市场调研、产品检测以及新营销战略上。例如，向服装厂出售原材料的尼龙制造商应当在市场和应用开发上投资，以便将其产品卖给帐篷或睡袋制造商。

采用产品／服务开发战略的企业，试图改进现有产品或开发新产品／服务，以便能够更多地销售给现有的顾客或者创造新的细分市场。除了改变产品／服务范围，这种战略还需要对市场、服务功能和资源转换流程进行更广的定义。资源如何配置到产品／服务开发、应用开发、基础研发，或者有时还分配在流程开发和市场开发上，这些都要视新产品或改进后产品／服务的性质而定。例如，制药企业会不断地在新药开发和改良药品上进行投资。强生公司生产的一种治疗结肠痛的特效药，最初是作为绵羊杀虫剂在兽医中进行销售的。通过产品和功能开发，这种药物现在具有许多极不相同的作用，并被用于许多完全不同的客户群。因此，特定的产品／服务所满足的客户或所提供的功能，会随着时间的迁移而改变。

2）外部增长战略

外部增长战略包括将组织的资源投到其他企业或产业以达到增长目标的战略，也包括横向一体化和合资或联盟。与内部增长战略相同，外部增长战略也需要决定资源的优先配置并衡量经营范围。当企业决定扩大经营范围时，管理的复杂性将会提高，不管何时，增长机会所能带来的收益，必须超过管理复杂性提高所带来的多方面成本上升。

横向一体化包括收购与自己经营领域相同的企业。横向一体化通常是为了下列目的而进行的，即获得特定市场上的份额、扩大市场覆盖面、扩充产品线或服务种类。这些目的的实现，涉及企业的收购能力、市场细分或是生产线，而不仅仅是内部能力的发展。例如像史克必成和葛兰素威康高达 757 亿美元的合并，造就了世界上最大的制药公司。合并后的新公司销售额约为 250 亿美元，拥有 100 000 名员工，在一些药品的生产中居于全球领导地位。

横向收购是许多产业合并浪潮的一部分。惠普与康柏的合并，使新公司能够提供更广的产品线，以满足不同的电脑细分市场。在许多产业中，新产品和新市场机会可遇不可求，因此要想增长，就只有靠获得竞争对手的市场。

在单一业务企业或事业部中，获得增长的第二种外部方式，是通过与其他企业合资或联盟，这样可以打入新的国内或国外市场、开发新的产品或服务，或者改进目前提供产品或服务的方式。当企业缺乏足够的技巧、技术或能力去开发新产品和新市场时，有正式合同的合资或不那么正式的联盟都是常见的改善措施。例如，通用汽车公司就同几家公司成立了战略联盟，以扩展自己的产品线和提高研发能力。

3）稳定性战略

虽然绝大多数营利性组织都积极寻求增长，但还是有一些组织不是这样。它们可能是满足于目前经营状况的家族企业、非营利组织，也可能单纯是那些在成熟市场上对自己的份额感到满意的商业机构。在这种情况下，不会出现明显的追求增长的活动。这种类型的企业只在营销、运营和服务上保持一般水平的投资，并且在研发上只会投入足以保持市场份额的资源。

虽然这种战略看上去很消极，但是在许多场合上它是合乎逻辑的，也是对投资资金合理的使用方式。很多时候，为了增长目标而进行的投资，是达不到预期目标或者是无效的。假设一家企业是靠瞄准市场机会而存活的话，那么过于迅速的增长，可能会引起别人对该机会的注意，从而导致不愿看到的竞争出现。因此，企业可能更愿采取"不事声张"的策略——以低增长换得高利润。同样，企业可能发现自己处于一个成熟、衰退，或者过度细分的市场中，任何增加销售的努力都将得不偿失。这种情况在那些低利润、非增长且高退出壁垒的产业中是极为典型的。退出壁垒是指企业拥有的资本设备以及专有技术，很难应用于其他行业中。例如，钢铁企业的厂房和设备，对其他行业而言，几乎没有任何利用价值。因此，即使许多传统型钢铁企业不敌更为成功的小钢铁厂，它们也不愿停产关闭，因为这样一来所有的投资都会付之东流。

4）增长战略的时机

在制定增长战略时，一个关键之处是如何针对竞争对手的行为，确定特殊增长行动的时机。基于对四个行业的现场研究，作家雷蒙德·迈尔斯和查尔斯·斯诺根据企业改变市场和产品的速度快慢将企业分为四类，每一类都对应着一种基本的战略类型。探索者采用可称之为进攻的战略，他们积极寻求新的市场机会并且愿意承担风险。相反，防御者在特定细分市场上努力阻止竞争者出现，他们很少或基本不对新产品或新市场感兴趣。他们采取的战略行动通常是降低竞争者的外来冲击，保持原有的市场份额。分析者处于探索者和防御者之间，它们试图保持现有的市场地位，并且对竞争对手推出新产品或进入新市场的举动静观其变。机会很明显或者成功的因素已经比较明确时，分析者就会模仿跟进。反应者没有明确的战略，他们仅仅是对环境做出自己的反应。

迈尔斯和斯诺的分类，显示关于增长有两种根本不同的定位。探索者积极寻求增长，而防御者寻求稳定。分析者则在那些情况比较稳定的领域寻求增长，经常是在别人做出初步的尝试后。

2. 竞争战略

除了为增长进行必要的资源配置外，经理们还必须决定组织在行业中的竞争地位。增长战略和竞争战略是密切相关的：只有通过成功的竞争战略组织才能够为完成增长获得足够的支持。企业要寻求竞争优势，通常通过提供：①与竞争对手有差异的产品或服务，且这种差异对顾客而言是有价值的；②以较低成本生产的标准化的产品或服务；③上述两种选择的组合，即一种可称之为"最优成本"的混合战略。同时，企业还要确定它们希望的市场范围将有多大。一些企业，如通用电气，它们的市场很广，涵盖许多经济部门；而另一些企业，像保时捷汽车，只把精力集中在特定的细分市场上。即使是集中战略，也可以通过提供差异化产品、低成本生产或最优成本来达到自己的战略目的。

1）成本领先

采用成本领先战略的企业，应努力成为某种产品或服务的最低价格提供者，市场范围大的企业采用成本领先战略，意味着它们要为市场上绝大多数的顾客提供产品或服务。采用该战略的企业包括麦当劳和松下电器等。一般地，当需要降低价格，并且这样也不会完全无利可图时，采用成本领先战略进行竞争是合适的。一个低价格的领先者，也可以通过将价格定在平均或稍微有利的水平上，来获得比竞争对手更高的利润。

追求成本领先的企业要想确立自己的地位，往往需要具备以下几点要素：①高生产能力利用率；②规模经济；③技术先进；④学习／经验效应。

高生产能力利用率。当需求充足并且现有的生产能力被充分利用时，企业的固定成本将被更多的产出分摊，这样单位成本就会降低。相反，当需求下降时，固定成本只能被较少的产出分摊，那么单位成本就会上升。这个基本的道理告诉我们，通过更准确地对需求进行预测、备用产能扩张或更积极的价格政策，将企业的生产能力利用率保持在较高水平上，将能够使企业维持一个比同等规模或同等产能的竞争对手较低的成本结构。

规模经济。第二个导致成本优势的要素是规模经济。规模经济常常同制造商的高生产能力利用混淆起来。生产能力上升或产量提高能够摊销固定成本，从而使单位成本下降。但是，真正的规模经济指的是凭借更大规模的生产能力带来的成本优势，而不是指对现有生产能力的更好利用。例如，一家 200 张床位的医院的成本，不会是一家 100 张床位医院的两倍，而是会低一些。

先进技术。投资于节约成本技术的公司，经常是以固定成本的上升换取可变成本的下降。虽然这类投资大多用于工厂生产方面的改进，但在办公和服务自动化方面的投入也很常见。例如，沃尔玛的自动分销系统、主要航线上的机票预订系统等都可表明，在技术上的投入可以降低总成本，并且使企业能够获得更多的信息和更好的控制。

学习／经验效应。影响成本结构的最后一个要素是学习效应。新生在第一次报到注册时所花的时间往往会很长。而当他们成为高年级学生时，会懂得如何更快地完成注册程序。当一个员工通过不断重复而学会更有效地完成某项工作时，就产生了学习效应。学习曲线告诉我们，当一件任务被不断重复达到一定的预计次数后，那么完成它的时间就会大大减少。

经验效应同学习效应一样，只是它不但对直接产出的劳动起作用，还影响间接产出的劳动。例如，一个有经验的销售员，能更有效地识别出富有的顾客并迅速准备好推销陈述，而一个有经验的采购经理，在供应合同谈判时则显得更加游刃有余。

如果一个企业能够具备高生产能力利用率、规模经济、技术领先和学习／经验效应，那么它就获得最低的成本，但是它并不一定要制定最低的价格。换句话说，成本领先者未必一定是价格领导者。如果企业能够获得最低成本，而同时又和竞争对手制定一样的价格，它将获得更高的利润。

2）差异化

与最低成本战略相反，在差异化战略中重点应集中在通过独特性来创造价值。独特性可以通过产品创新、高质量、优质服务、创意性广告、较好的供应关系或者其他途径获得。然而，差异化战略能否成功，取决于客户是否愿意为厂商创造的产品／服务的独特性，支付高于其成本的价格。广泛的竞争范围，意味着应当研发出更多差异化产品或服务，以便能够占有更多的市场份额。实施差异化战略的企业有许多，使用的方法也不一样，如可口可乐通过其著名的商标名称和信誉，亚马逊公司则通过它独有的基于互联网的书籍和礼品零售，向消费者提供高度个性化且易于使用的服务，来实施它的差异化战略。

企业实施差异化战略可能忽视成本问题，如果成本相对于竞争者而言过高的话，即使定高价也无法收回额外的成本。因此，该战略的制定者必须尽力减少与差异化战略没有直接联系的领域的资源成本。因此，与差异化战略有关的风险，主要集中在附加成本和价格增加间的差价上。其中一个风险是当成本过高时，客户将放弃某些用途、服务或者特殊产品／服务所特有的形式。另一个风险是客户不再将某种性质视为有差异的。

3）最优成本

近些年，许多企业在同时追求成本领先和差异化上获得明显成功。某些环境下同时实施两种战略，胜过将它们分开实施。当产品质量与成本相互补充时，这种做法更容易实施，而相互冲突时则较难。另外，技术上的投入，也常常使企业在降低成本的同时，还能改善其产品或服务，以体现它们在顾客眼中的差异化特征。贷记卡/ATM 卡在降低了直接劳动成本的同时，提高了出纳服务的可得性和便利性。随着时间的流逝，企业成功实施某一种战略（如低成本战略）所获得的利润，能够使其投资于其他类型的战略，如差异化战略。因此，这种处于中间的战略被称为"最优成本"，意味着这个战略要在低成本战略和差异化战略之间进行最合理的权衡。以沃尔玛为例，它成功地以低成本提供了高质量的客户服务。沃尔玛战略的关键在于，技术先进的分销系统能够快速有效地运送产品。

4）目标集聚

目标集聚战略能够建立在差异化（差异化目标集聚）或者低成本（成本目标集聚）或者两者结合（最优成本聚焦）的基础之上。目标聚焦战略的关键，是提供适合某一特殊细分市场的产品或服务。企业追求目标集聚战略，必须能够比其他竞争者更能区分它们的目标细分市场，并且能估计和满足细分市场中顾客的需求与愿望。

【 本章小结 】

战略是企业如何获得竞争优势的理论。战略管理过程从企业设定其使命或长期目标开始，这些使命通常被细化为使命宣言。使命宣言本身可能对企业绩效无任何影响，也可能有助于企业绩效的提升，或有害于企业绩效。目标是企业用于评估使命完成程度的可测量性指标。外部分析和内部分析用以帮助企业识别环境中的威胁与机会，以及组织内的优势和劣势。在完成这些分析后，企业就可以做战略选择了。战略可分为三大类：公司层战略（包括纵向一体化、多元化战略等）、业务层战略（成本领先、最优成本、差异化、聚焦战略）和职能战略。战略选择以后是战略实施，包括选择支撑企业战略的组织结构、管理控制政策和员工薪酬政策等。

发展战略的传统过程有时称为态势分析，它由组织内部和外部环境分析组成，以得知组织的优势、劣势、机会和威胁（strengths weaknesses opportunities threats，SWOT）。其结论是发展使命的基础。由于和企业组织及任务环境相关联，因此宏观环境中最重要的因素是政治／法律力量、经济环境、社会文化环境、科技环境。任务环境和宏观环境的一个重要差别是任务环境易受到更高层次组织的影响，而宏观环境则不是。任务环境包括外部利益相关者，诸如顾客、供应商、竞争者、政府机构和管理者、当地社团、行动集团、工会以及金融中介。决定产业中竞争的本质和水平的五种最基本的力量包括顾客、供应商的实力、替代品的提供能力、进入障碍的强度和决定现有竞争性质的力量。

一些有形资源可以带来竞争优势，如财务资源、良好的物质资源以及像良好的管理系统和结构这样的组织资源。无形资源像品牌、业务关系、文化声誉等虽然难以计量，但却是竞争优势的重要来源。对每种潜在的资源或能力，都应该考虑："它是有价值的吗？""它是独特的吗？""它是竞争对手难以模仿的吗？"最后，要使竞争优势的潜在来源变为实实在在的优势，还必须将企业组织起来以达到目标。价值链可以用来判定企业各个价值增值活动中的长处和弱点，也可以用来区别竞争优势来源。一个企业的战略方向可以从几个方面来定义：目标、愿景、业务界定。使命陈述帮助企业将其战略方向在内外部利益相关者之间进行沟通。

增长战略关系到随时间发展的规模增加和业务的生存能力。增长要考虑的基本问题有：①为获得增长，在经营中应如何分配资源？②当经营范围与增长战略和总体战略方向一致时，会有什么改变？③如何相对于竞争者安排增长的时机？

基本的竞争战略有成本领先、差异化、最优成本和目标集聚。成本领先的企业积极寻求以最低的成本生产产品和服务的途径。可以通过高生产能力利用率、规模经济、先进技术和学习／经验效应来获得低成本领先地位。实施差异化战略的企业试图通过与众不同的产品和服务显示自己对顾客的价值。差异化战略是以满足顾客为基础的，过硬的质量、超前的研发、出色的人力资源管理或者通过广告建立起的良好的声誉和品牌都可以成为差异化战略的实现方式。最优成本战略是结合差异化和成本领先战略双方特征的战略。目标集聚战略是指在特定市场细分中使用成本领先、差异化或最优成本的战略。

公司层面的管理责任包括方向设定、公司战略研究、实现多元化和增长的战术的选择以及公司层面资源的管理。三大公司战略是单一业务/集中、垂直一体化和多元化，多元化包括相关多元化和非相关多元化。单一业务/集中战略指组织集中于把一个业务做好，然而，这种战略的劣势是组织的生存依赖于这一个业务。垂直一体化是把另外一个组织变成自己的供应商或客户。相关多元化是非常受欢迎的战略。如果一些业务共享相同的市场、技术、原材料或其他要素，我们就说这些业务是相关的。多元化可以通过内部风险投资、收购现有业务、战略联盟／合资的途径完成。每一个战略都具有优势和劣势。资产组合模型有利于组织管理它们的多元化业务。比较典型的常用的就是波士顿矩阵。

【复习与思考题】

1. 在一个行业中，能够存在多家拥有竞争优势的企业吗？一家企业可能同时拥有竞争优势和竞争劣势吗？

2. 你的一个高中同学给你打电话，希望你可以借给他 10 000 元，以帮助他在家乡开一个小饭馆。在电话中，他告诉你他家乡已经有了很多这样的饭馆，而且现在每月都有三四家新店开张。他还说已有很多小饭馆已经开始卖盒饭了。你会借钱给他吗？为什么？

3. 请最少列出两个下述各企业的竞争者（包括直接竞争者、新进入者和替代者）以及互补者。

a. 联想　　b. 华为　　c. 中国移动　　d. 百佳超市　　e. 麦当劳

4. 对于人类维持生命而言，哪个更重要——水还是钻石？为什么生产水的企业通常比提供钻石的企业获得较少的经济利润？

5. 格兰仕、沃尔玛和现代汽车都是公认的追求成本领先的例子，但是这些公司却在广告上有着大量投入，而广告投入又是与产品差异化战略联系在一起的。这些公司是真的追求成本领先战略吗？还是通过强调它们的低成本来追求产品差异化战略？

【关键术语】

战略 strategy

公司层战略 corporate –level strategy

事业层战略 business-level strategy

职能层战略 functional-level strategy

波特五力模型 Michael Porter five forces model

波特价值链分析 Michael Porter's Value Chain Model

成本领先 overall cost leadership

差异化 differentiation

目标集聚 focus

愿景 vision

使命 mission

竞争战略 competitive Strategy

增长战略 growth strategy

【案例与分析】

吉野家：每次只开一家店

2002 年，吉野家在美国东海岸的第一个分店在时代广场开张。吉野家是日本版的麦当劳、日式快餐。除了在日本开设的 845 家连锁店外，它还在海外开设了 171 家分店，其中大部分在美国。吉野家也许规模还比不上麦当劳，但其增长是显著的，其获利能力也让麦当劳嫉妒。2001 年，吉野家创纪录地实现了 167 亿日元的税前收入。而吉野家还有更大的野心，吉野家的会长安部休次已经表示，他认为到 2006 年，吉野家在日本开设 1200 家连锁店、在全球开设 1000 家连锁店是可能的。但是安部强调，在增长的同时，必须保证一次只开一家店，而且开店不能基于实现设定的战略规划。

1899 年，吉野家创业于日本东京，到 20 世纪 60 年代，吉野家成为日本第一家连锁经营的快餐企业。当时，店里只提供料理——一碗米饭上面覆盖着切成薄片的焖好的牛肉和洋葱。公司的口号就是："快、美味和便宜。"其定位是"成为一家重视顾客需求、提供人性化的优质服务的快餐连锁店"。但是，它并没有采取标准化的方式将其经营模式化，然后在日本铺开来，而是秉承其经营哲学，"避免采取切蛋糕的方法刚性地扩张"。在安部看来，"复制—粘贴"的扩张方法有风险，会导致公司无法充分利用其学习、改进和适应的能力。日本饮食业有很多本地的特色，其游戏规则正在演变，很多还在形成过程中，尚未被开发出来。因此，吉野家认为，实验和创新是至关重要的，这样，就可以充分利用侦查员工程的特点，无论何时，只要感觉有就行，就可以灵活、迅速地开拓新领域。吉野家还建立了一所公司大学和一家公司学院，部分是想通过培训以确保达到高标准的操作水平，同时也是为了建立一个自下而上的创新和持续性改进的平台。公司"一次只开一家店"，反映了吉野家致力于有机增长和用脚踏实地的作风做事，希望不断从正在自然浮现的想象中洞察快餐业的发展方向和可能的形式。

　　吉野家的"增量战略法"在其海外扩张中也展现出很好的效果。与在国内扩张时一样，吉野家认为国际化是一个学习过程，需要保持开拓者的心态，而不是像征服者那样将自己的意愿强加给环境。1979 年，吉野家首先在美国洛杉矶站稳了脚跟，然后逐步地扩张，并在加利福尼亚开设了 96 家分店。按照其经营哲学，吉野家逐步地调整其经营模式以适应美国市场的需要。例如，它放弃了像在日本那样采取特许经营的方式，发现美国独家经营的效果更好。管理体系也做了调整，从美国本地的饮食中挖掘出一些菜式添加到吉野家的菜单中。在加利福尼亚取得成功后，吉野家觉得时机已经成熟，该是找机会进入美国其他城市的时候了，于是开始了在东海岸的进一步扩张。

　　虽然还不能完全确定吉野家未来会是什么样子，但是，它至少已经确定了长期发展的思路："我们在重塑快餐业的实践模式"。对该行业的竞争者来说，似乎是考虑开发"麦当劳料理"以应对竞争的时候了。

　　　资料来源：鲍勃·德威特. 战略管理[M]. 北京：中国人民大学出版社，2008

　　问题：
　　1. 吉野家的战略选择具有什么特征？
　　2. 吉野家不进行大规模扩张的原因是什么？
　　3. 与麦当劳相比，吉野家的战略更关注什么？

【推荐阅读】

1. 拜瑞·J.内勒巴夫，亚当·M. 布兰登勃格. 合作竞争[M]. 合肥：安徽人民出版社，2000.

2. 戴维·贝赞可，等. 公司战略经济学[M]. 北京：北京大学出版社，1999.

3. 小艾尔弗雷德·D.钱德勒. 企业规模经济与范围经济[M]. 北京：中国社会科学出版社，1999.

4. 卡尔·W. 斯特恩，小乔治·斯托克编选. 公司战略透视[M]. 上海：上海远东出版社，1999.

5. 理查德·R.纳尔逊，悉尼·G. 温特. 经济变迁的演化理论[M]. 北京：商务印书馆，1997.

6. 迈克尔·波特. 竞争战略[M]. 北京：华夏出版社，1997.

第6章 决　策

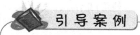
学习目标 »

1. 了解决策的概念和特点；
2. 理解决策的本质；
3. 理解各类决策类型；
4. 掌握理性决策的基本过程；
5. 掌握决策的主要方法及其应用；
6. 理解决策的影响因素。

引导案例

娃哈哈陷入危机，归因何处

"甜甜的酸酸的，有营养味道好"，这是娃哈哈集团 20 年前的广告语。娃哈哈集团曾是 20 世纪 90 年代一家典型的"中国式"成功企业。2010 年，娃哈哈业绩进入 500 亿俱乐部，创始人宗庆后发出豪言，要达到 1000 亿的目标。7 年过去了，不但目标没有实现，业绩还在 2012 年出现了拐点。根据胡润研究院发布的 2016 年度《胡润百富榜》，宗庆后家族以 1120 亿元的财富排名第五，财富值较上一年度的 1350 亿元缩水 230 亿。娃哈哈正在遭遇前所未有的困窘。

北京志起未来营销咨询集团董事长李志起在接受界面新闻采访时分析："跟风模仿在低成本大规模制造的时代，这种后发制人的战略，通过自己的渠道优势可以迅速抢占市场份额。"娃哈哈可以说将这个策略用到了极致。它甚至通过一个强大的联销体经销商模式，总能把新品在短期内迅速铺向农村的每一家小卖部，因而轻易反超模仿对象。这样的产品策略最大的问题在于它不是基于对消费者需求和消费趋势的洞察，而是跟在竞争者的后面。当中国零售市场开始逐渐走出蛮荒，走向品牌竞争，那些从小喝娃哈哈 AD 钙奶的消费者已经变了。他们对饮料的要求变得丰富起来，他们在乎的不仅是味道和所谓的功能，还有品牌所代表的生活方式和身份标签。

在新品层出不穷的饮料市场，货架上的娃哈哈产品越来越难找到。原有的爆品不再受欢迎，新的大单品迟迟未能出现，甚至在娃哈哈一向引以为荣的乡镇市场，娃哈哈也卖不动了，正在被经销商清仓。娃哈哈也一直在不停地推新品，它出产过的产品多达 300 种。表面上看，娃哈哈似乎也在尝试变年轻，如椰子水、即饮的猫缘咖啡、酵素饮料等。然而，所谓年轻化、品牌升级，并不只是推出看起来时髦的流行新品这么简单。不仅仅是口味，包括产品的名字、性格、包装设计等都属于产品开发的一部分，且越来越重要，它直接关乎是否能让消费者产生情感上的认同感。但这样基于消费者洞察的产品开发能力显然是娃哈哈最缺失的。

在营销方式上，娃哈哈茶饮料也并无特色，仅以简单粗暴的广告轰炸消费者的耳朵。而这样的方式，过去20多年几乎从未变化过；在整体的品牌宣传上，总部层面主要靠媒体广告，即卫视、央视广告投放、综艺节目广告冠名、网剧电视剧广告植入等。这些广告的思维几乎也和20年前一样，强调的就是曝光；无论是渠道还是营销方式，娃哈哈都在逐渐沦为一个在三、四线和乡镇市场的品牌。

在销售任务的压力下，娃哈哈的客户经理和区域经理开始加速流失；娃哈哈寄予希望的一些年轻化高端产品，也与公司现有的营销体系不相匹配；在一、二线渠道，娃哈哈并没有太强的控制力；在便利店以及一些高端商超渠道，新品的竞争压力越来越大，渠道费用也越来越高；娃哈哈太急于求成，也不愿为单一产品投入太多的时间和精力，一个新品不行马上推另一个新品。

如今的饮料市场，已经越来越细分了。在新品上，仅仅靠粗暴地砸广告铺货的时代已经结束了。无论是娃哈哈的成功，还是它的失落，都要归功于创始人宗庆后。如同许多中国"40后""50后""60后"的中国第一代企业家，他们聪明、勤奋、勇猛，但也同样守旧、固执、缺乏现代商业管理意识。

资料来源：李锦魁. 营销[M]. 北京：经济管理出版社，2016

6.1　决策的含义与类型

6.1.1　决策的含义

决策是管理的一项重要的职能，是管理的核心，可以说整个管理活动就是紧紧围绕着如何制定和实施决策而进行的。决策是实施其他管理职能的前提和基础。

关于决策的定义，目前比较有代表性的观点主要有如下方面。

（1）美国管理学家赫伯特·A. 西蒙的"管理就是决策"观点。

（2）美国学者 E.F.哈里森提出的"决策是一个过程"，即"决策是一个有着明确职能的过程，而且是一个科技整合过程"。

（3）由美国南加利福尼亚大学管理系主任、副教授阿兰·L.帕兹和该校工商管理学院教授阿兰·丁·罗主编的《管理控制与决策系统》一书中提出把决策当作"一种社会过程""一种社会一技术系统"来认识。

（4）中国学者于光远提出的"决策就是做决定"。

这些定义，从不同角度揭示了决策所蕴含的意义，因此被大多数人所接受。

在现代管理科学中，有广义的决策和狭义的决策两种解释。狭义的解释是把决策仅仅看作从几种方案中选定一个最好的方案。广义的解释是把决策理解为一个过程，既包括在若干行动方案中选定最佳方案的一系列活动，又包括做出最终选择之前的一系列活动，如为决策而进行的收集信息、确定决策目标、拟订行动方案等活动。

综合以上分析，我们将决策定义为：决策（decision-making）是管理者为了达到某一特定的目的而从若干个可行方案中选择一个满意方案的分析判断过程。科学决策是建立在明确目的、多方案选择和满意原则基础之上的。

这一定义告诉我们如下要点。

决策的主体是管理者。既可以是单个的管理者，也可以是多个管理者组成的集体或小组。

决策的前提是要有明确的目标。决策或是为了解决某个问题，或是为了实现一定的目标。没有目标就无从决策，没有问题则无须决策。因此，在决策前，要解决的问题必须十分明确，要达到的目标必须具体清楚。

决策的条件是有若干个可行方案可供选择。"多方案抉择"是科学决策的重要原则，决策要以可行方案为依据，决策时不仅要有若干个方案来相互比较，而且各方案必须是可行的。

决策的重点是方案的分析比较。每个备择方案都有其优缺点，管理者必须进行综合的分析与评价，明晰各方案对实现的贡献程度及优劣，在多个备择方案中选择一个较为理想的合理方案。

决策的结果是选择一个满意方案。由于现实生活中存在不完全信息和有限理性，管理者在决策时会遵循"满意原则"选择一个满意方案。所谓的满意方案，是指在诸多方案中，在现实条件下，能够使主要目标得以实现、其他次要目标也足够好的可行方案。

赫伯特·A. 西蒙认为，现实世界中的管理者不可能获得进行决策所需要的全部信息（不完全信息假设），许多管理者也缺乏吸收和正确评估这些信息的智能与心理能力（有限理性假设）。

决策的实质是主观判断过程。决策有一定的程序和规则，同时又受价值观念和决策者经验的影响。因此，决策从本质上而言是管理者基于客观事实的主观判断过程。这便要求管理者在管理实践中需要在听取各方面不同意见的基础上根据自己的判断做出正确的选择。

6.1.2　决策的特点

从决策的定义出发，作为一项科学的决策，体现了以下基本特点。

（1）目标性。决策必须有一个既定目标，没有目标，决策就失去了标准和依据。决策的目标可能是单一的或多个的，前者称为单目标决策，后者称为多目标决策。

（2）选择性。决策必须有若干个可行方案以供选择，如只有一个方案，就无从选择；没有选择，就没有决策。因此，拟订尽可能多的可行方案以供选择是进行科学决策的重要条件。

（3）可行性。决策备选方案是可行的，否则不能作为可供选择的方案。

（4）满意性。由于受时空限制，信息掌握和运用程度的限制以及人们认识的限制，在方案的数量有限、执行结果不确定的条件下，人们难以做出最优选择，只能根据已知的全部条件，加之主观判断和以往经验，做出相对满意的选择。

（5）动态性。决策是个过程，不是瞬间做出的决定。决策的主要目的之一便是使组织活动的内容适应外部环境的要求。决策者必须不断调整组织的活动，实现组织与环境的动态平衡。

（6）有效性。任何组织或个人在未来的发展过程中，必然会遇到各种各样的问题，在解决问题的过程中，决策必须是针对组织所面临的关键性问题和问题的关键要害而言的。关键问题抓不准或者问题的要害抓不准，就不能使有限的资源得到最有效的利用。因此，所做的决策就不可能是合理、有效的。

6.1.3　决策的类型

决策所要解决的问题是多方面的，为了进行正确的决策，必须对决策进行科学分类。管理者在进行决策之前，首先要了解所要解决的问题的特征，以便按不同的决策类型，采取不同的决策方法。

1. 按决策的重要程度分类

按决策的重要程度，决策分为经营决策、管理决策和业务决策。

（1）经营决策，又称企业战略决策，是企业适应时刻变化着的外部环境的一种决策，具有全局性、长期性与战略性的特点。通常包括组织目标、方针的确定，企业重组，组织机构的调整，新产品的开发等。经营决策一般由高层管理者做出，要求抓住问题的关键，而不是注重细枝末节和面面俱到的问题。

（2）管理决策，又叫战术决策或策略决策，是指对企业的人力、资金、物资等资源进行合理配置的决策，是为了实现经营决策而做出的具体决策。具有局部性、中期性与战术性的特点。通常包括企业生产计划和销售计划的确定、新产品设计方案的选择、新产品的定价等。管理决策的制定必须纳入决策的轨道，为企业实现战略目标服务。因此，这类决策大多由中层管理者做出。

（3）业务决策，又称执行性决策，是日常工作中为提高生产效率和工作效率而做出的决策。具有琐细性、短期性与日常性的特点。它是针对短期目标，考虑当前条件而做出的决定，大部分属于影响范围较小的常规性、技术性的决策，直接关系到组织的生产经营效率和工作效率的提高。如生产任务的日常安排、工作定额的制定等，一般由基层管理者做出。

2. 按决策时间长短分类

按决策时间长短，决策分为长期决策和短期决策。

（1）长期决策，又称长期战略决策，是指有关组织今后发展方向的长远性、全局性的重大决策，具有实现时间长和风险较大的特点，如投资方向的选择、人力资源的开发和组织规模的确定等。

（2）短期决策，又称短期战术决策，是指为实现组织长期战略目标而采取的短期策略手段，多属于短期战术决策或业务决策，如企业日常营销决策、物资储备决策、生产中的劳动力调配和资金分配等。

3. 按决策问题所处的条件或环境因素的可控程度分类

按决策问题所处的条件或环境因素的可控程度，决策分为确定型决策、风险型决策和不确定型决策。

（1）确定型决策是指在稳定（可控）条件下进行的决策，是指可供选择的方案只有一种自然状态时的决策，即各备择方案所需的条件是已知的并能预先准确了解各方案的必然后果的决策。它满足下述条件：①决策者希望达到的目标明确；②决策者面对的自然状态（客观环境条件）完全确定，任何一个条件都只有两种可能：要么存在，要么不存在；③存在可供决策者选择的两个或两个以上的备选方案；④每一个备选方案的效用值都能够被准确地计算出来。

（2）风险型决策，也称随机性决策，在这类决策中，各种备选方案都存在两种以上的自然状态，决策者不能肯定哪种自然状态会发生，但能知道有多种自然状态以及每种自然状态发生的概率，决策时需要冒一定的风险。

（3）不确定型决策是指不稳定条件下的决策，是指各备择方案可能出现的后果是未知的，或只能靠主观概率判断时的决策。处理这类问题无规律可循，一般依靠决策者的经验和直觉来进行决策。

4. 按决策问题的不同性质或重复程度分类

按决策问题的不同性质或重复程度，决策分为程序化决策与非程序化决策。

在组织运行过程中随时会发生各种问题，按面临问题的性质，分为例行问题和例外问题。例行问题是指那些重复出现的、日常的管理问题，如产品质量、设备故障、现金短缺、供货单位未按时履行合同等方面的问题；例外问题则是指那些偶然发生的、新颖的、性质和结构不明的、具有重大影响的问题，如组织结构变化、重大投资、开发新产品或开拓新市场、长期存在的产品质量隐患、重要的人事任免以及重大政策的制定等问题。

5. 按决策的主体分类

按决策的主体，决策分为个人决策和群体决策。

（1）个人决策指决策机构的主要领导成员通过个人决定的方式，按照个人的判断力、知识和经验等所做出的决定。这是管理者普遍运用的方法，因为它具有简便灵活、迅速及时、易于掌握等优点。但同时由于个人经验和知识的局限性，有时决策存在的误差较大，因此需要管理集体共同决策。

（2）群体决策是为了充分发挥集体的智慧，由多人共同参与决策分析并制定决策的整体过程。群体决策时，决策主体的决策能力不仅取决于诸如知识、胆识、经验等个人素质，而且还取决于组织中个人素质的结合所形成的整体决策能力。最常用的组织决策方法有四种：互动小组形式、德尔菲法、名义群体法和电子会议。相对于个人决策，集体决策显得更全面、更可靠、失误比例较小。具体表现在：①能更大范围地汇总信息；②能拟订更多的备选方案；③能得到更多的认同；④能更好地沟通；⑤能做出更好的决策。群体决策也有缺点，如花费较多的时间、责任不明等。因此，两者都不能适用于所有情况。

6. 按决策人决策方式的不同分类

按决策人决策方式的不同，决策分为直觉决策和科学决策。

直觉决策是指决策者主要根据其个人潜意识判断而做出的决策。对此，决策理论创始人赫伯特·A. 西蒙认为，"人所把握的信息总是不完全的，但要决策，那么他要依据的至少有一半得凭直觉进行判断"。美国战略管理专家罗伯特·沃特曼说："通常人们认为，信息加上机会就可以产生出经营成功的重要战略。但在这里还要有第三个因素，这就是直觉"。

科学决策是指以科学预测、科学方法为手段指定的决策。随着现代科学技术的发展，各类科学的研究成果不断丰富和发展，科学研究的方法也日新月异，计算机技术方法、数据模型处理方法、运筹学方法、投入产出以及统计、会计方法等越来越多地被运用到决策活动中。科学决策离不开定量分析方法的开发和应用，但过分地追求决策决策问题的数学化、模型化、计算机化这些"硬"的决策技术，将给决策实施带来一些问题，特别是当外界环境变化较大时。因此，科学决策也要与其他决策手段综合考虑。

6.2　决策的过程

决策过程即管理过程，是指从问题的提出到方案确定所经历的过程。管理过程中每一阶段的每一管理行为，如计划、组织等都伴随着决策过程，而科学的决策，需要通过一系列的步骤与程序来进行。颇具代表性的是赫伯特·A. 西蒙的划分方法。他将决策过程分为情报活动、设计活动、抉择活动和审查活动四个主要阶段。情报活动阶段主要是探查环境，找出决策的理由，寻找决策的条件；设计活动阶段主要是制订和分析各个可供选择的行动方案；抉择活动阶段主要是从诸多备选方案中选择一个特定的行动方案；审查活动阶段主要是在实施决策后对以前的选择进行审查评价。由此可见，决策的核心是在分析、评价、比较的基础上，对活动方案进行选择。

6.2.1　确定问题

决策是为了解决现实中提出的需要解决的问题或为了达到期望实现的目标。决策过程始于一个存在的问题，或是更具体一些，决策存在于现实与期望状态之间的差异。所以，决策必须是在通过调查、收集和整理有关信息，发现问题并对问题有准确认识的基础上进行的。没有问题，不需要决策；问题不明，则难以做出正确的决策。

决策是否正确主要取决于问题判断的准确程度，由于客观事物的复杂性和人的主观认识的局限性，确定问题往往是决策过程中最重要也最困难的环节。因此，决策者在确定问题时，应采取科学合理的思维方式。

（1）确定是否存在问题。确定是否存在问题的有效方法是将现状与理想（或期望目标）加以比较，若两者之间存在差异，就可判定的确存在问题。

（2）确定问题是否需要解决。判断问题是否需要解决的方法是看差异的大小是否在管理者的容忍范围之内，若在，则不需采取措施；若已超出可容忍范围，就说明问题严重需要解决。

（3）确定问题出在何处，即明确真正的问题及其可能的原因。只有找到了真正的问题及其原因，才能提出有效的解决方法，为正确决策奠定基础。

（4）确定问题是否能够解决。

（5）确定应由谁来解决。

6.2.2　确定目标

决策过程的最关键之处是决策目标的选择和确定。所谓决策目标，是指在一定的环境和条件下，根据预测，对这一问题所希望得到的解决结果。它是决策方案选择的依据和基础。只有明确决策目标，才能拟订出达到目标的各种方案，并根据目标的价值标准仔细衡量，从中选择最好的方案。

根据时间长短，可将目标分为长期目标、中期目标和短期目标。长期目标通常用来指导组织的战略决策；中期目标通常用来指导组织的战术决策；短期目标通常用来指导组织的业务决策。因此，管理者一定要对组织的决策目标做到心中有数，使长期目标和短期目标协调一致，以此为基础指挥不同阶段和程度的决策活动。

6.2.3　拟订方案

决策是管理者为了达到某一特定的目的而从若干个可行方案中选择一个满意方案的分析判断过程。在确定问题与目标后，需要设计出多个可行的供决策选择的方案来解决问题，在这个过程中，应体现以下基本要求。

（1）方案设计要紧紧围绕目标进行。

（2）方案设计要具有整体的详尽性。

（3）设计方案时要广泛征求他人的意见。

（4）方案应满足互斥性。

6.2.4　比较与选择方案

评估所拟订的各种备选方案的价值或恰当性，以确定最优或最满意的方案。在评估过程中，应做到以下几点。

（1）要建立一套有助于指导和检验判断正确性的决策准则。决策准则一般包括目标达成度、成本（代价）、可行程度等。

（2）根据决策准则衡量每一个方案，明确各方案满足决策准则的程度和限制因素。如确定各方案对于解决问题或实现目标所能达到的程度、需要付出的代价、采用该方案后可能带来的后果等。

（3）分析每一个方案的利弊，比较各方案之间的优劣，对各方案做到"心中有数"。

（4）根据决策者对各决策目标的重视程度和对各种代价的可承受程度进行综合评价，结合分析比较结果选择最优或最满意的方案。

在对各方案进行理性分析比较的基础上，最后需要从众多备选方案中选择一个方案。在抉择时应注意以下问题：一是任何方案均有风险。由于人的理性有限，对问题的认识有限，所能想到的方案有限，分析评价能力有限，任何方案均有风险。因此，因素的不确定性只能减少到最低限度而不可能完全消除。二是不要一味追求最佳方案。由于环境的不断变化和决策者预测能力的局限性，以及备选方案的数量和质量受到不充分信息的影响，决策者决策时应遵循"满意原则"。三是在最终选择时应允许不做任何选择。

6.2.5　执行方案

决策的目的在于行动，否则再好的决策也没有用处。因此，执行方案是决策过程的重要步骤。

执行方案是指将决策方案交给有关人员付诸实施。在实施过程中通常应做好以下工作。

（1）做好方案实施的宣传教育工作，使与执行方案有关的部门和人员了解决策方案的内容、目的和意义，确保与方案有关的各种指令能被有关人员充分接受和彻底了解。

（2）制订相应的具体措施，保证方案的正确实施。

（3）应用目标管理方法把决策目标层层分解，落实到每一个执行单位和个人。

（4）建立信息反馈和控制系统，以便及时了解方案进展情况，及时进行调整。

此外，在决策的过程中，市场变化的复杂性和灵活性决定了组织管理的决策也要灵活多变。

6.2.6　评估决策效果

一个方案的执行需要一定的时间期限，有一定的时滞期。执行方案后是否真正解决了问题，实现了决策目标，这就需要对决策执行的效果进行评估，提高决策质量，实现有效决策。

由于组织内部条件和外部环境的不断变化，决策者要做到不断修正方案来减少因素的不确定性使其达到最低限度。具体来说，职能部门应对各层次、各岗位履行职责的情况进行检查和监督，及时掌握执行进度，检查有无偏离目标，及时将信息反馈给决策者。决策者则根据职能部门反馈的信息，及时追踪方案执行情况，对与既定目标发生偏离的，应采取有效措施，以确定既定目标的顺利实现；对客观情况发生重大变化，原先目标确实无法实现的，则要重新寻找问题或机会，确定新的目标，重新拟订可行的方案，并进行评估，选择并执行，以解决实际问题。

彼得·德鲁克在其名著《卓有成效的管理者》中提出了有效决策的五个要素。

（1）要确实了解问题的性质，如果问题是经常性的，那就只能通过一项建立规则或原则的决策才能解决问题。

（2）要确实找出解决问题时必须满足的界限，换言之，应找出问题的"边界条件"。

（3）仔细思考解决问题的正确方案是什么，以及这些方案必须满足哪些条件，然后再考虑必要的妥协、适应及让步事项，以期该决策能被接受。

（4）决策方案要同时兼顾执行措施，让决策变成可以被贯彻的行动。

（5）在执行的过程中重视反馈，以印证决策的正确性及有效性。

6.3　决策的方法

随着决策理论和实践的不断发展，人们在决策中采用的方法也不断地得到完善。决策过程的每一个阶段和步骤需要运用许多方法，包括各种预测方法。现代决策的具体方法很多，概括起来有两类，既定性决策方法和定量决策方法。定性决策方法侧重于决策者本人的经验和直觉；定量决策方法侧重于决策问题各因素之间客观的数量关系。

6.3.1　定性决策方法

定性决策方法，是指通过各种有效的组织形式、方法、步骤和环境气氛，充分依靠决策者的知识、经验、能力，试图用因果并行关系去描述被研究对象间的关系和规律，从而做出科学、合理决策的方法。这类方法灵活简便，费用开支少，有利于调动专家和组织成员的积极性，提高其创造能力，它特别适用于受社会经济因素影响较大的、因素错综复杂以及涉及社会心理因素较多的综合性的战略问题。但由于它是建立在个人主观基础之上的，缺乏严格论证，主观性较强，有时还会因参加者的知识结构或经验的限制而使决策意见有很大的倾向性。定性决策方法主要分为集体决策方法和有关活动方向的决策方法。

1. 集体决策方法

集体决策方法包括头脑风暴法、名义小组技术、德尔菲法、电子会议法等。

1）头脑风暴法

头脑风暴法（brainstorming）是由被称为"风暴式思维之父"的亚历克斯·奥斯本（Alex Osborn）为帮助一家广告公司产生观点而制定的。这是用小型会议的形式，启发大家畅所欲言，充分发挥创造性，经过相互启发，产生连锁反应，然后集思广益，提出多种可供选择方案的办法。这种方法需要创造有助于观点自由发挥的气氛，开始只注重提供尽可能多的设想，并且不过多地考虑其现实性，某些人提出一些想法后，鼓励其他人以此为基础或利用这些想法提出自由的设想。通过这种方法寻找到新的或异想天开的解决问题的办法。

奥斯本对该决策方法提出了四项原则。

（1）对别人的建议不做评论，将相互讨论限制在最低限度内。

（2）建议越多越好，在这个阶段，参与者不要考虑自己建议的质量，想到什么就应该说出来。

（3）鼓励每个人独立思考，广开思路，想法越新颖、奇异越好。

（4）可以补充和完善已有的建议以使它更具有说服力。

头脑风暴法的目的在于创造一种畅所欲言、自由思考的氛围，诱发创造性思维的共振和连锁反应，产生更多的创造性思维。这种方法时间一般在 1～2 小时，参加者以 5～6 人为宜。

头脑风暴法成功的关键有：一是选择好会议参加者；二是要有高明、机敏的主持人；

三是创造一个良好的环境，任何人提出的任何意见都要受到尊重，不得指责或批评，更不能阻挠发言。

2）名义小组技术

在集体决策中，如果大家对问题性质的了解程度有很大差异，或彼此的意见有较大分歧，直接开会讨论效果并不好，可能争执不下，也可能权威人士发言后大家随声附和。这时，可以采取名义小组技术（nominal-grouping technique）。管理者先选择一些对要解决的问题有研究或有经验的人作为小组成员，并向他们提供与决策问题相关的信息。小组成员各自先不通气，独立地思考，提出决策建议，并尽可能详细地将自己提出的备选方案写成文字资料。然后召集会议，让小组成员陈述自己的方案。在此基础上，小组成员对全部备选方案投票，产生大家最赞同的方案，并形成对其他方案的意见，提交管理者作为决策参考。

这种方法的主要优点在于，使群体成员正式聚集在一起，但又不限制每个人的独立思考，而传统的会议方式往往做不到这一点。

3）德尔菲法

德尔菲法（Delphi technique）又称专家意见法，是 1964 年美国兰德公司提出的，用于听取专家对某一问题的意见。运用这一方法的步骤是：根据问题的特点，选择和邀请做过相关研究或有相关经验的专家。将与问题有关的信息分别提供给专家，请他们各自独立发表自己的意见，并写成书面材料。管理者收集并综合专家们的意见后，将综合意见反馈给各位专家，请他们再次发表意见。如果分歧很大，可以开会集中讨论；否则，管理者分头与专家联络。如此反复多次，最后形成代表专家组意见的方案。

德尔菲法采用匿名发表意见的方式，即专家之间不得相互讨论，不发生横向联系，只能与调查人员发生联系，通过多轮次调查专家对问卷所提问题的看法，经过反复征询、归纳、修改，最终汇总成专家基本一致的看法，作为预测的结果。这种做法具有广泛的代表性，较为可靠。

德尔菲法与常见的召集专家开会、通过集体讨论得出一致预测意见的专家会议法既有联系又有区别。德尔菲法能发挥专家会议法的优点：能充分发挥各位专家的作用，集思广益，准确性高；能把各位专家建意见分歧点表达出来，取长避短。同时，德尔菲法又能避免专家会议法的缺点。德尔菲法的主要缺点是过程比较复杂，花费时间较长。

德尔菲法成功的关键是：一是选择好专家，这主要取决于决策所涉及的问题或机会的性质；二是决定适当的专家人数，一般 10～50 人较好；三是拟定好意见征询表，因为它的质量直接关系到决策的有效性。

4）电子会议法

电子会议法（electronic meetings）是将传统会议与尖端信息技术相结合的一种最新的集体决策方法。它是利用软件环境和互联网，使身处世界各地的会议参加者得以在虚拟的空间中共享信息，浏览会议文件，讨论议题。最早的电子会议系统是指在专网上的电话会议，只有声音，没有图像；后来发展到专网上的电视电话会议系统，既有声音，又有图像；现在则发展到基于开放 PC 平台的多媒体视频电话会议，既有声音，又有图像，与会各方还能共享电子白板、各种数据，真正实现多媒体互动功能。除可视会议外，电子邮件交流、卫星转播、网络转播等，都作为电子会议的主要形式被各大公司广泛应用。

电子会议的主要优点有：成员参与方便，避免了不必要的空间转移带来的成本与时间消耗，同时可支持多任务同时进行，并可与其他任务兼容；会议的组织与实施井然有序，讨论及决策结果清晰，并可以借助丰富的表达工具准确传达出与会者的信息；会议的参与成本较低，随着软硬设施的进一步完善，电子会议将日趋便利、高效。

电子会议的缺点主要在于"虚拟"的真实含义。尽管电子会议在某种意义上实现了实时会议，但是在实现复杂而丰富的互动上始终存在缺陷。此外，相对群体决策的其他方法，电子会议的成本也较高。

各类群体决策方法比较见表 6-1。

表 6-1　各类群体决策方法比较

效果标准	头脑风暴法	名义小组技术	德尔菲法	电子会议法
观点的数量	中等	高	高	高
观点的质量	中等	高	高	高
社会压力	低	中等	低	低
财务成本	低	低	低	高
决策速度	中等	中等	低	高
任务导向	高	高	高	高
潜在的人际冲突	低	中等	低	低
成就感	高	高	中等	高
对决策结果的承诺	不适用	中等	低	中
群体凝聚力	高	中等	低	低

2. 有关活动方向的决策方法

有关活动方向的决策方法是经营单位组合法，该方法又称波士顿矩阵，是美国波士顿咨询公司于 1960 年制定并推广的一种有效的经营活动方向分析方法。这种方法把企业生产经营的全部产品或业务组合作为一个整体进行分析，这些业务扩展、维持还是收缩，应该立足于全局加以确定，以便使各项经营业务能在现金需要和来源方面形成相互补充、相互促进的良性循环局面。

该方法的主要工具是由相对于最大竞争者的市场份额和市场年增长率两个坐标组成四个方格的矩阵（图 5-3），每个方格代表不同类型的业务领域。企业应根据各类经营单位的特征，选择合适的活动方向。

（1）"金牛"业务，该类业务处于低的市场增长率和高的市场份额区域，是低市场成长率与高市场占有率的组合，组织能生产低成本的产品，因此具有很强的竞争地位。公司从这里获得利润来支持明星类、问题类领域及新项目的研究与开发。决策应集中在维持市场的优势地位，延缓进入成熟期的时间。

（2）"明星"业务，该类业务的市场份额和市场增长率都很高，具有一定的竞争优势，但维持竞争力需要很多投入，组织需要运用投资、改进产品、提高生产效率等战略，维持组织的高市场占有率。而当市场增长率减慢以后，它就会转变为现金牛，源源不断地为组织创造财富。

（3）"幼童"业务，该类业务位于高的市场增长率和低的市场份额，说明公司力图进入一个已有领先者占据的高速增长的市场，这一领域需要大量的资金来开发，以提高它们的市场占有率，成为公司的"明星"，但该领域有较大的风险性，需要慎重选择。在这一组合，组织可运用增加营销投资或收购竞争企业的战略，提高市场占有率，使产品向"明星"方向发展。

（4）"瘦狗"业务，这是处于低市场增长率和低市场份额区域的业务领域。在竞争中处于劣势，没有太大的发展前途，公司需要考虑其生存的必要性，适当地收缩或淘汰。

6.3.2　定量决策方法

定量决策方法是利用一定的数学模型，通过定量分析技术与计算机选择最优方案的方法，它属于"硬方法"，人们也常常称之为数学方法。具体的定量方法很多，主要可分为确定型决策方法、不确定型决策方法和风险型决策方法等。

1. 确定型决策方法

制定决策的理想状态是具有确定性，即由于每一个方案的结果都是已知的，管理者能做出理想而精确的决策。确定型决策的方法一般有线性规划法、盈亏平衡法等。

2. 不确定型决策方法

不确定型决策是指在不稳定条件下进行的决策。在不确定型决策中，决策者可能不知道有多少种自然状态，即便知道，也不能知道每种自然状态发生的概率。常用的不确定型决策方法有小中取大法、大中取大法和最小最大后悔值法等。

3. 风险型决策方法

风险型决策也称随机决策，在这类决策中，自然状态不止一种，决策者不能知道哪种自然状态会发生，但能知道有多少种自然状态以及每种自然状态发生的概率。这样，根据已知的就可以计算期望值。但决策者在决策时无论采用哪个方案，都要承担一定风险。

一般来说，风险型决策应该具备这样的条件：一是有明确的目标，如利润最大、成本最小、风险度最小等；二是有两个以上的备选方案；三是自然状态无法控制；四是不同行动方案在不同自然状态下的损益值可以计算出来；五是对自然状态的出现事先不肯定，但概率可以知道。常用的风险解决方法是决策树法。

所谓决策树是指由决策点、方案枝、状态节点、概率枝和损益值构成的决策图形。通过在这一图形上进行分析计算，选择决策方案的方法就是决策树分析方法，其基本图形如图 6-1 所示。

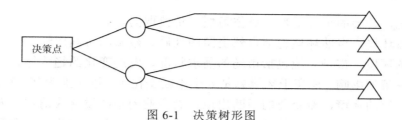

图 6-1　决策树形图

图中方框称为决策点，表示做出决策。由决策点引出的直线称为方案枝，每一枝条代表一个方案，并与状态节点连接。状态节点以圆圈表示，它表示选择某一方案后可能出现的情况及其后果。由状态节点引出的直线称为概率枝，每一枝条代表一种自然状态，要在概率枝上简要地说明自然状态的内容和其出现的概率。概率枝的右端写上该方案在该自然状态下的损益值。

决策树法的工作步骤如下。

（1）根据备选方案的数目和对未来环境状态的了解，从左到右绘制出决策树图形。

（2）计算各方案的期望收益值，首先是计算各方案各概率枝的损益值，然后将各概率枝的损益值乘上该损益值出现的概率并累加，求出每个方案的期望收益值：

$$期望值 = \sum_{i=1}^{n} 损益值 \times 概率$$

（3）将每个方案的期望收益值减去该方案实施所需要的投资额，比较余值后就可以选出经济效果最佳的方案。

6.4　决策的影响因素

一般来说，影响决策的因素主要有环境、组织条件、决策者的个人因素以及时间。

6.4.1　环境

环境对组织的影响是双重的。

首先，环境的特点影响着组织的活动选择。组织决策要面临的环境包括企业经营的微观环境和宏观环境。微观环境是指与企业产、供、销、人、才、物、信息等直接发生关系的客观环境，这是决定企业生存与发展的基本环境。主要是指企业与供货商、营销中介、顾客、竞争者、同盟者和公众的关系。宏观环境是指对企业的生存发展创造机会和产生威胁的各种社会力量，包括政治环境、经济环境、法律环境、科技环境、社会文化环境、自然环境和市场环境。

（1）政治环境。政治环境包括社会的一般政治气氛、政权集中的程度等。

（2）经济环境。经济环境包括社会的经济发展状况、财政政策、银行体制、投资水平、消费特征等。

（3）法律环境。法律环境包括法律的性质、关于组织的组成及控制方面的特殊法律。

（4）科技环境。科技环境包括与组织生产相关的技术、工艺等科技技术力量。

（5）社会文化环境。社会文化环境包括人力资源的数量、性质，教育科学文化水平，民族文化传统，社会的伦理道德、风俗习惯、价值取向等。

　　（6）自然环境。自然环境包括自然资源的性质、数量和可利用性。

　　（7）市场环境。市场环境包括市场的需求状况、发展变化的趋势等。

　　环境对决策的影响，还在于环境总是处于不断变化中。以企业为例，在现实生活中，不存在静止不变的环境，新企业的不断出现，老企业的不断发展或消亡，人们收入水平与消费层次的不断提高，科学技术的飞速发展，新法规的颁布实施，新政策的不断出台等，企业通过环境研究不仅能了解现在，更重要的是能预测未来，这对企业的决策和其他各项管理活动是必不可少的。

　　例如，2008 年世界经济危机出现以后社会需求不足，企业产品销售困难，大多数企业面临破产的危险。面对危机，国家提出鼓励企业转换发展方向，实现经济转型的策略。企业如果能够抓住这一政策优势及时做出战略决策的调整，便能够在恶劣的环境中生存下去，而且为企业发展提供可持续发展的动力与活力。发生危机时的经济环境极其恶劣，但如果决策者不失时机地抓住国家战略这一大的机遇，摆脱危机的可能性也是很大的。

6.4.2　组织条件

　　进行科学决策还需要认真考虑组织的内部条件，影响决策的组织内部条件主要包括如下两种。

1. 组织文化

　　在管理领域里，组织的文化主要指组织的指导思想、经营理念和工作作风，包括价值观念、行业标准、道德规范、文化传统、风俗习惯、典礼仪式、管理制度以及企业形象。它不但包括思想和精神方面的内容，也包括社会心理、技能、方法和组织自我成长的特殊方式等各种因素。

　　组织文化影响着组织及其成员的行为和行为方式，它对决策的影响也是通过影响人们对组织、对改革的态度而发挥作用。涣散、压抑、等级森严的组织文化容易使人们对组织的事情漠不关心，不利于调动组织成员的参与热情；团结、和谐、平等的组织文化则会激励人们积极参与组织的决策。因此，任何一个决策都要受到组织文化的影响。

2. 过去的决策

　　在实际管理工作中，决策问题大多都是建立在过去决策的基础上的，属于一种非零点决策，决策者必须考虑过去决策对现在的延续影响。即使对于非程序化决策，决策者由于心理因素和经验惯性的影响，决策时也经常考虑过去的决策，问一问以前是怎么做的。所以，过去的决策总是有形无形地影响现在的决策。这种影响有利有弊，利是有助于实现决策的连贯性和维持组织的相对稳定，并使现在的决策建立在较高的起点上；弊是不利于创新，不适应剧变环境的需要，不利于实现组织的跨越式发展。过去的决策对现在的决策的影响程度，取决于它们与决策者的关系，这种关系越紧密，现在的决策受到的影响就越大。

　　例如，中国电商阿里巴巴便是一个强大的组织、强大的集团。阿里巴巴是一个拥有进取型的文化环境、先进的信息手机处理技术、环境应变能力超强的企业组织。正因为企业自身的强的因素，才使得阿里巴巴不断地进取，不断地推出新产品。为了应对支付问题的支付宝、为了应对物流问题的菜鸟物流、为了解决假货问题的天猫都是阿里巴巴面对市场环境下推出的，强大的团队推出强大的产品。而阿里巴巴面对环境挑战的能力也是非常强大的。2008 年国际金融危机让世界数以万计的企业破产，但是阿里巴巴不仅没有亏损，反而有了一年比一年更好的创收记录，解决众多人的就业问题，为中国的电子商务做出了巨大的贡献。

6.4.3　决策者的个人因素

决策的主体始终是人。在决策中，人是最为复杂的因素，因此决策的制定很大程度上受到人的影响。决策主体对决策的影响主要分为两个方面：个人对待风险的态度和个人的能力。

1. 个人对待风险的态度

未来条件并不总能事先预料。现实生活中，许多管理决策是在风险条件下做出的。所谓风险是指那些决策者可以估算某一结果或概率的情形。如何对各种各样的行动方案进行概率估计呢？如果情形相似的话，决策者可以依靠过去的经验或对二手资料的分析。但是在企业经营运作中没有两种情形是完全相同的。如果只根据过去的经验对预期结果进行概率估计，那么这种概率被称为客观概率；如果只根据主观感觉对预期结果进行概率估计，则被称为主观概率。在这里主观感觉指一个人对问题及解决问题的行动方案的主观直觉，并不完全依赖过去的经验。

一个人的风险喜好程度决定着其决策的效果。若决策者属于爱好风险型的人，决策可能更具改革性，会为企事业带来巨大的变动。若决策者属于厌恶风险型的人，决策可能趋于保守或者很保守。决策者个人对信息的获取能力，对问题的认识能力、沟通能力、组织能力深刻地影响着决策。

2. 个人的能力

在决策活动中起决定作用的是决策者，决策者个人的能力是决策成败的关键。决策者的个人能力决定决策的质量，因此组织应当加强上层团体的教育，以便提高决策的质量。东西方的价值观不同，东西方的决策者对同一问题的看法也不同，这深刻地影响着决策者的决策。在东西方的决策者都存在的公司，唯有决策者同心同德，决策才能够更好地被制定。决策者的知识与经验、战略眼光、民主作风、偏好与价值观、对风险的态度、个性习惯、责任和权力等都会直接影响决策的过程和结果，尤其是决策能力以及对待风险的态度至关重要。决策者的能力来源于渊博的知识和丰富的实践经验，一个人的知识越渊博、经验越丰富、思想越解放，就越乐于接受新事物、新观念，越容易理解新问题，使之能拟订出更多更合理的备选方案。

决策对于一个组织来说至关重要，因此在决策者制定组织的决策的时候，要充分考虑到各种因素。影响决策的因素有时可能会很单一，有时却很复杂。有时是一个因素起作用，有时却是众多因素共同起作用的结果。管理者若要管理好一个组织，就必须重视决策这一重要环节，做出较优决策。

6.4.4　时间

决策具有及时性的特点，受时间的制约。决策是在特定的情况下，把组织当前的情况与使组织步入未来的行动联系起来，并旨在解决问题或把握机会的管理活动。这就决定了决策必然受时间的制约，一旦超出了时间的限制，情况发生了变化，再好的决策也不可能达到预期的目标。

【本章小结】

决策是管理者为了达到某一特定的目的而从若干个可行方案中选择一个满意方案的分析判断过程。科学决策是建立在明确目的、多方案选择和满意原则基础之上的。

作为一项科学的决策，体现了以下基本特点：目标性、选择性、有效性、满意性、动态性及可行性。

决策可以从不同的角度进行分类：按照决策的重要程度，可将决策分为经营决策、管理决策和业务决策。按决策时间的长短，可将决策分为长期决策和短期决策。根据决策人决策方式的不同，可将决策划分为直觉决策和科学决策。按决策问题的不同性质或重复程度，将决策分为程序化决策与非程序化决策。从决策的主体看，可把决策分为群体决策和个人决策。按决策问题所处的条件或环境因素的可控程度，可将决策分为确定型决策、风险型决策和不确定型决策。

理性决策过程由一系列的步骤所组成，即确定问题、确定目标、拟订方案、比较与选择方案、执行方案、评估决策效果。决策的关键在于准确地判断问题的实质。

定性决策方法，是指通过各种有效的组织形式、方法、步骤和环境气氛，充分依靠决策者的知识、经验、能力，试图用因果并行关系去描述被研究对象间的关系和规律，从而做出科学、合理决策的方法。主要包括头脑风暴法、名义小组技术、德尔菲法、电子会议法。

头脑风暴法是用小型会议的形式，启发大家畅所欲言，充分发挥创造性，经过相互启发，产生连锁反应，然后集思广益，提出多种可供选择方案的办法。

电子会议法是将传统会议与尖端信息技术相结合的一种最新的集体决策方法。

定量决策方法是利用一定的数学模型，通过定量分析技术与计算机选择最优方案的方法，它属于"硬方法"，人们也常常称之为数学方法。具体的定量方法很多，主要可分为确定型决策方法、不确定型决策方法和风险型决策方法等。

一般来说，影响决策的因素主要有环境、组织条件、决策者的个人因素以及时间。

【复习与思考题】

1. 科学决策的基本观点是什么？
2. 为什么说"管理就是决策"？
3. 有哪些常见的决策类型？决策类型划分的现实意义是什么？
4. 理性决策过程由哪几个步骤组成？
5. 怎样才能抓住问题的实质？

6. 决策的方法主要有哪些？其优缺点是什么？

7. 决策的影响因素主要有哪些？

【关键术语】

决策 decision-making   决策类型 decision making type

决策过程 decision process   头脑风暴法 brainstorming

名义小组技术 nominal group technology   德尔菲法 Delphi method

电子会议法 electronic conference method   决策树 decision tree method

【案例与分析】

好的决策要着眼于未来

孙子说："夫未战而庙算胜者，得算多也；未战而庙算不胜者，得算少也。"（《孙子兵法·始计第一》）意思是说，未开战而在庙算中就认为会胜利的，是因为具备的制胜条件多；未开战而在庙算中就认为不能胜利的，是具备的制胜条件少。孙子的这句话点出了成功决策的关键因素：战略决策者所面临的问题不是他的组织明天应该做什么，而是我们今天必须为不确定的未来做哪些准备。

管理大师德鲁克说：战略规划并不涉及未来的决定，它所牵涉的只是目前决策的未来性。决策只发生在目前。但目前的决策决定着未来的走向。

1984 年，本田技术研究所曾面临一次倒闭的危机，本田投下巨资增加设备，原本受欢迎的公司商品销路却大减。种种困难，迫使本田公司难以负荷。在这种情况下，本田却宣布要参加国际摩托车赛，并宣称要制造第一流的摩托车，争取拿世界冠军。

这个决策在当时业内人士看来，简直是一个天大玩笑。就连本田内部的人也觉得管理者一定是被目前的窘境逼疯了。殊不知，本田的负责人有着自己清晰的算盘。他期望这种决策能够为未来称霸全球摩托车市场赢得先机。

这个决策出台后，激发了本田职工的奋进之心。有一部分员工认为这种决策使得他们精神振奋，虽然以他们当时的技术来说，还无法同欧洲相比，但是，这种挑战燃起了他们冲天的信心。没有任何人是不可战胜的，只要甘于钻研，甘于付出。

本田负责人以身作则，为了研究开发技术，改良摩托车性能，不分昼夜，取消假日，每天都到公司努力工作，或许是他的敬业精神感动了员工，员工们个个精神抖擞，忘我工作，终于如期制造出第一流的摩托车参赛，并取得了骄人的战绩，本田公司也因此一举成名。

决策为未来的发展做好准备，这就需要决策管理者具有超前意识。超前意识是一种以将来可能出现的状况面对现实进行弹性调整的意识。它可以创造前景进行预测性思考，可以使我们调整现实事物的发展方向，从而帮助我们制订正确的计划和目标并实施正确的决策。

第二次世界大战时期，美国有家规模不大的缝纫机工厂，由于受战争影响，生意非常萧条。工厂主汤姆看到战时除了军火生意外，百业凋零，但是军火生意却与自己无缘。于是，他把目光转向未来市场，一番思索后他告诉儿子保罗："我们的缝纫机厂需要转产改行。"保罗奇怪地问他："改成什么？"汤姆说："改成生产残疾人使用的小轮椅。"尽管保罗当时很不理解，但他还是遵照父亲的意思办了。一番设备改造后，工厂生产的一批批轮椅问世了。

正如汤姆所预想的，很多在战争中受伤致残的人都纷纷前来购买轮椅。工厂生产的产品不但在美国本土热销，连许多外国人也来购买。保罗看到工厂生产规模不断扩大，实力也越来越强，非常高兴。但是在满心欢喜之余，他不禁又向汤姆请教："战争马上就要结束了，如果继续大量生产轮椅，其需求量可能已经很少了。那么未来的几十年里，市场又会有什么需求呢？"

汤姆胸有成竹地笑了笑，反问儿子："战争结束了，人们的想法是什么呢？""人们已经厌恶透了战争，大家都希望战后能过上安定美好的生活。"汤姆点点头，进一步指点儿子："那么，美好的生活靠什么呢？要靠健康的体魄。将来人们会把健康的体魄作为主要追求目标。因此，我们应准备生产健身器。"

一番改造后，生产轮椅的机械流水线被改造成生产健身器的流水线。刚开始几年，工厂的销售情况并不好。这时老汤姆已经去世了，但保罗坚信父亲的超前思维，依旧继续生产健身器材。几年后，健身器材开始大量走俏，不久就成为畅销货。当时美国只有保罗这一家健身器工厂，所以保罗根据市场需求，不断增加产品的产量和品种，随着企业规模的不断扩大，保罗跻身亿万富翁的行列。

要想获得超前意识，就需要管理者静下心来，认真研究客观环境。正所谓骄兵必败，领导者要戒骄戒傲，摒弃故步自封、骄傲自满的思想，不断学习，并勇于实践，在实践中不断提升自己的决策能力。一个优秀的决策者一定要不断地观察客观环境的变化，研究应对变化之策，这样才可能获得富有成效的决策。

资料来源：钱永森. 孙子兵法与战略管理[M]. 苏州：凤凰出版社，2010

【推荐阅读】

1. 赫伯特·A. 西蒙. 管理行为[M]. 4 版. 北京：机械工业出版社，2004.

2. 赫伯特·A. 西蒙. 管理决策新科学[M]. 北京：中国社会科学出版社，1982.

3. W. H. 纽曼，小 C. E. 萨默. 管理过程——概念、行为和实践[M]. 北京：中国社会科学出版社，1995.

4. 邢以群. 管理学[M]. 4 版. 杭州：浙江大学出版社，2016.

5. 钱仲威.管理决策[M]. 重庆：重庆大学出版社，2002.

6. 科芬查尔斯. 经营决策模式[M]. 北京：现代出版社，2005.

第7章 知 识

【学习目标】

1. 了解知识的概念及文化差异；
2. 理解隐性知识的概念、特征及重要性；
3. 讨论知识管理思想的演进；
4. 辨识知识经济、"新经济"、数字经济、网络经济的概念区别。

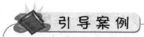 引导案例

腾讯 KM，不只是知识管理

腾讯，作为目前中国最大的互联网综合服务提供商之一，也是中国服务用户最多的互联网公司之一，在移动互联网实践方面一直备受大家的追捧。

企业做知识管理需要什么样的文化氛围？如何借助移动互联网思维来推动知识管理实践？如何构建企业自个的 KM 平台？……腾讯研发管理部总监邱明丰先生在知识管理峰会上为我们分享了腾讯 6 年来在知识管理实践中的探索与经验。

KM1.0：论坛时代

腾讯在 2008 年开始启动知识管理，在没有任何行政支持的情况下，腾讯开始以论坛的形式做知识管理，根据不同主题和兴趣领域划分圈子、创建 K 吧，由专职运营人员负责平台策划和发展方向把控，让所有的圈子牛人（吧主）做内容运营。论坛的主要运营形式为文章，运营 6 年以来，论坛共拥有 2934 个 K 吧、35 万多篇文章。

KM2.0：社区时代

在论坛运营两年后，腾讯很快发现，以文章为主要呈现形式的论坛虽然已经把一部分用户聚集起来，但并不符合真正的人性需求，因为用户都是经历过漫长学习生涯的职场人，他们已经厌倦了文章的表现形式，他们需要更好玩的设计来驱动知识间的输入和输出，两年后开始转型为社区形式。

社区运营遵循两个原则：一是让内容更轻，提倡碎片化的知识分享，并以互动问答为主。如有人会在社区提问"正直"对腾讯的价值，马化腾亲自出面做回答，这种知识不仅实现了知识点的碎片化处理，还取得了非常好的传播效果；二是通过趣味性留住用户，如在原有文章的基础上增加了投票、活动、微博文化传播、直播间、乐问模块等，这些改善让知识管理平台的运营效果有了爆炸性的增长，运营至今，投票发起 1 万多次，参与总人数超过 84 万、活动发起 1.7 万次，参与总人数 42 万，微博发布 35 万条，直播间每周超过 1000 次登录，乐问 3700 个问题，2.3 万个回答，197 个专家参与互动。

KM3.0：移动互联网时代

顺应人性，用人性特点驱动腾讯知识管理的运营，一直是腾讯追求的原则。随着移动互联网的蓬勃发展，腾讯引入 KM 的 APP 应用，让用户可以摆脱 PC 时代对平台登录的地域限制，随时随地访问 KM 平台。值得一提的是，在知识管理平台的跨屏联动中，腾讯并没有将 PC 版的知识管理平台全部迁移到手机端，而是提倡仅将核心功能移动化，手机端 APP 上线以来，已经有超过三分之一的腾讯人使用，每个月的 PV 达到了 113 万。

以移动互联网的方式点亮企业智慧

与传统企业的知识管理不同，腾讯的知识管理实践颇具互联网思维，邱总通过平台思维、用户思维、运营策划几个方面为我们传递了基于移动互联网的知识管理平台运营经验。

我们搭台，大家唱戏，腾讯期望构建知识管理平台，吸引更多的员工一起玩转。这样做，一方面便于管理者在平台上发起活动、投票；另一方面鼓励员工在平台上多发布一些有趣、有用、好用的内容。通过定期对知识管理平台的访问人数、访问情况和用户行为进行分析研究，不断地进行优化改善。另外，腾讯在平台运营方面，一是鼓励员工发表文章，发表问题，通过互动的方式吸引更多的员工参与，创造更多的内容；二是筛选高质量的内容，通过曝光，给员工提供更多有益的知识。

资料来源：腾讯研发管理部总监邱明丰精彩演讲摘录

7.1　知　识　概　述

知识是什么？这是讨论知识管理需要回答的第一个问题。古希腊著名哲学家亚里士多德（Aristotle）在《形而上学》中说："求知是人类的本性。"人类追求知识、创造知识，人类社会已成为知识的社会。

7.1.1　知识的概念

人类对于知识这一概念的认识，也有一个不断发展的过程，这里介绍有关知识概念与分类的几种观点。

1. 知识是自我经验的认识与感知

早在工业社会出现以前，知识就被视为对自我的认识，往往与个人的反思与内省能力有关。当时的哲学家认为，所有的知识来源于个人的经验，知识仅仅是相对于个人而言的，没有绝对意义的知识。例如，柏拉图认为，知识是经过证实的正确认识。希腊时代亚里士多德曾经将人类的知识分为三大类：纯粹理性、实践理性和技艺。纯粹理性，是指这个时代的几何、代数、逻辑等可以精密研究的学科中产生的认识；实践理性，则是指人们在实际活动中用来做选择的方法，用来确定命题之真假、对错，如伦理学、政治学等的原理和规则；技艺，则是指那些无法或几乎无法用言辞传达的，只有通过实践才可能把握的知识，如木匠的好手艺就无法通过书本知识来传授。在他看来，知识主要通过直觉来把握。

2. 知识包括理性知识和实践知识

随着社会生产力的发展，知识的实用性受到了知识学研究者的重视，知识更多地与实用技能联系在一起。因此，对知识的描述，常常走向两个方向：一个是指哲学意义上的"理性知识"；另一个也指生活实践中林林总总的实用性知识。

3. 知识由显性知识和隐性知识构成

对知识概念认识的"第三次飞跃"则是源于第二次世界大战以后科学技术，特别是信息技术的发展，知识开始被视为促进社会经济进步的根本动力。于是，显性知识和隐性知识的两分类观点，成为当代知识学研究的重要观点。

（1）显性知识和隐性知识。英国哲学家波兰尼（Michael Polanyi）对显性（explicit）知识与隐性（tacit）知识进行了明确的区分，从而使隐性知识成为现代知识论研究的一个热点问题。1958 年，波兰尼在其《人的研究》（*The Study of Man*）一书中，首次明确提出了两种知识的分类。他认为，"人类有两种知识。通常说的知识是书面或地图、数学公式表述的，这只是知识的一种形式，还有一种知识是不能系统表述的"。例如，我们可以认出任何一张脸上的表情，但是我们一般情况下说不出我们究竟是根据什么符号来认识的。如果非说不可，那也是含糊其词，我们就可以将后一种知识称为隐性知识。因此，可以认为，显性知识是可以表达的，容易用数据、科学公式、编码过程和普遍规则来传播和共享的知识；隐性知识则是高度个人化的、难以形式化的知识。例如，直觉、预感就是隐性知识的直接表现。后来的研究学者，如野中郁次郎认为，隐性知识是高度个人化的知识，有其自身的特殊含义，因此很难规范化，也不易传递给他人。他还认为，隐性知识不仅隐含在个人经验中，同时也涉及个人信念、世界观、价值体系等因素。综合来看，隐性知识指人类知识体系中难以言传的这一部分知识；与之相反，显性知识通常意义上是指已经过编码或格式化，可以用公式、定理、规律、原则、制度、法规、软件编制程序和说明书等类型的知识。显性知识可以说只是"冰山的一角"，而隐性知识则是隐藏在冰山底部的大部分；隐性知识是给大树提供营养的树根，显性知识不过是树上的果实。形象地来看，组织中显性知识大约只占 10%，另外 90% 则是隐性知识。隐性知识与显性知识的比较见表 7-1。

表 7-1 隐性知识与显性知识的比较

项目	隐性知识	显性知识
主要内容	（1）认知层面：包括心智模式、观点、信仰等可以帮助个人理解，并界定他们的世界。 （2）技能层面：包括具体的技术、工艺和技巧，如工艺、技术等操作型技能	（1）可以用文字或数字来表达，也可借由具体的资料、科学公式、标准化程序，或普遍性的原则来沟通分享。 （2）可以在不同的个人之间，快速而简单地传递
特色	（1）一种经验的知识，不易以语言表达，所以是实践性的与主观的知识。 （2）一种模拟的知识，因为个体之间借以沟通分享内隐知识，就仿佛展开一种模拟的过程，需要分享的个体同时参与	（1）一种理性的知识，较容易以言语表达，所以相对而言，是比较形而上的、客观的知识。 （2）一种数字知识，因为是关于过去的事件或涉及非此时此地的对象，和特殊情境较无关联

（2）知识的四分类。经济合作与发展组织（Organization for Economic Co-operation and Development，OECD）将"知识"分成 know-what（是什么）、know-why（为什么）、know-how（怎么样）和 know-who（谁知道）四类。OECD 还将第一类知识和第二类知识归结为"可编码的知识"（显性知识），将第三类知识和第四类知识归结为"可意会的知识"（隐性知识）。将知识与经济发展有机地联系在一起，强调"可意会知识"在整个知识体系中的地位，这是对知识经济时代知识重要性的一个很好的描述。

揭示难以言传的隐性知识是知识研究历史上的进步，复杂的隐性知识在知识经济时代起着关键作用，但由于隐性知识无法系统地归类，隐性知识根据拥有者的最新经验，始终处于不断的变化、发展和重塑之中，这就增加了知识具有的复杂性。对组织内复杂的隐性知识进行共享，从而增强对隐性知识的获取能力，被认为是知识管理的核心目标之一，也被认为是挑战性任务之一。

4. 知识包括个人知识与组织知识

随着学习型组织与组织学习理论研究的展开，研究者从个人与组织两个层面对知识进行分析，将知识分为员工个人的知识（employee knowledge）与内含于组织实体系统的知识（knowledge embedded in physical system），也就是组织知识。

（1）员工个人的知识。员工个人的知识是指员工自己的知识，包含技能、经验、习惯、直觉、价值观等，属于员工可以带走的东西。例如，某些员工的计算机维修能力，员工在软件开发方面有独到的经验。这些知识都是属于员工自身的，它可以随着员工的流失而被带走。

（2）组织知识。组织知识指内含于组织实体系统的知识。例如，组织内优秀的作业流程、信息系统、组织文化与团队协调合作，这些都是员工无法带走的知识。员工虽然离职了，但组织优秀的作业流程依然存在，并不会因此而消失。

个人知识是组织知识的基础，经过组织的学习与知识分享，员工的个体知识可以转化和升华为组织知识，组织知识是核心竞争力的重要来源。

7.1.2　知识的本质与特性

知识是一切智能行为的基础，它是系统中规范化的、表达一定含义的信息，它包括：对事物的基本认识（如概念），事物之间的关系（如规则），以及如何有效利用这些认识和关系进行行为的方法（如元规则）。

随着科学的发展、知识的进化，人们对知识本身的认识日趋深入。我们从以下几个方面对知识的本质做一定的探讨。

从知识的存在和表现形式来看，知识是以理论化、概念化、逻辑化的形式存在的。知识不论是沉积为常识，还是扩展为科学体系、抽象为公式和符号，都有其严密的定义域和内在逻辑，有其具体的原型。知识与知识之间的联系问题可以由特定的方法和推理规则来解决。

从知识的内容特性来看，知识的内容是客观的，知识对象的客观性规定了关于其知识的基本方面。知识正确性取决于主观符合客观程度，也就是对客观事物本质的认识程度。只要客体不变，主体思维方式和认识的规律不变，知识的内容就是共同的，它对于不同的主体具有统一的含义。

从知识存在的根据来看，知识的存在根据是认识主体按照思维规律对客体的反映形成的认识结果。知识的内容、性质和作用反映了被认识对象对认识对象的作用。无论是关于物，还是关于人类精神现象的知识，都表现为不依赖主体、不以情感为转移的外在规定性。因此，知识是对象的尺度、事物的客观尺度，并能在人的意识中得到显现。

知识可以以认识对象的行为选择为对象。例如，人们对态度的实质、根据、特点和发生规律的认识可以成为科学知识，但知识尽管能在指导行为选择方面有重要作用，但知识本身不能排除它所提供的全部各种可能性；同时知识本身也总有它未能达到的范围，在这个范围内，无法用知识指导选择。

综上所述，知识作为客体性认识，它是体现客体尺度的意识，是对事物客观规律的本质认识。

知识作为一种特有的资产，具备以下四个主要特征。

（1）有多次利用率和不断上升的回报。大多数的资产都会面临价值不断下降的趋势，唯独知识不是如此。知识产品的主要成本来自创造阶段而非通常意义上的产品生产和分销阶段。一旦某项知识得以创造，起初的研究成本可在今后不断上升的产量中得以不断的摊销。

当知识被越来越多的人所使用，网络的效应也会得以更多的展现。使用者从知识中获益的同时，不断地丰富和充实知识库，增加其价值。在传统的工业经济中，固定资产会因人的使用而贬值，而知识资产却会因更多的人使用而形成标准，并向其增添新的内容而增值。

（2）散乱、遗漏和更新需要。当知识不断地膨胀，它会生出许多的分叉并显得散乱。正是由于知识的越发深奥和复杂，今天专家级的技能知识将可能仅仅是明天行业进入的基础知识。在知识成为一种标准时，它会变得更加具有价值，但有期限的专利权或以前的交易秘密却会因广泛流传而贬值。所以一个成功的公司必须不断地更新其知识库。迅捷、有效的知识重新创造更新体系，将成为公司竞争优势的主要构成要素。

（3）不确定的价值。对知识投资的价值一直是难以测试的，结果也可能与预期的大相径庭。当然，如果成功的话，他们会带来不寻常的知识发展。同样地，一个运作良好的知识创造链，每一新知识都是老知识的创新和发展，却可能突然地不可预知地停止运作。

（4）不确定的利益分成。即使当知识投资能获得巨大的利益，我们也很难确定谁将获得利益的大部分，这里有三个原因。

第一，大部分的知识是存放在人脑中的，所以知识是很难像工厂和设备一样被占有和支配。确实，知识可整理成册，但最有价值的知识通常还是难以表达的。往往明白的要比能讲出来的知识多，并且懂得多的人显然对知识的价值有更多的可分享权。

第二，知识作为资产是很难参与交易的。知识产权很难得到维护，报告和软件程序等知识可以轻而易举地在不被察觉的情况下被人进行复制。特别是由多方共同发展的知识资产，即使在法庭上也很难断定由哪一方来拥有这一资产。

第三，由多方共同合作创造知识资产的必然性和结果的不可预测性，决定了对知识价值确定的分配方式是无法得到共识的。即使给予对知识相同的使用权利，各不同方也会得到各异的利益。

　　上述四个特征表明投资于知识资产是一项风险极高的业务。传统的产业结构和行为不足以成为制定战略的基础，因为它们不能帮助人们理解价值是如何创造的并由谁来占有大部分价值。

7.2　知　识　管　理

7.2.1　知识管理的定义

　　知识管理是什么？从不同的研究角度出发，研究者提出了数百种知识管理定义的不同"版本"。许多定义围绕着知识管理的目标、流程、对象和方法展开。

　　1. 从知识管理的目标来定义

　　这类定义认为知识管理是有利于组织发掘及改进组织绩效的活动，知识管理的目标是改进组织的绩效，提高组织的知识创新能力。以下是几种具有代表性的描述。

　　巴什（Bassi）认为，知识管理是增强组织的绩效而创造、获取和使用知识的过程。

　　达文波特（Davenport）认为，知识管理最显著的方面，表现为知识的创造与知识的应用。

　　卡尔·弗拉保罗（Carl Frappaolo）认为，知识管理是运用集体的智能提高应变和创新能力，为企业实现显性知识与隐性知识共享提供的新途径。

　　IBM 公司认为，知识管理是对 know-how 知识（隐性知识）的管理、共享及应用，目的在于全面提升企业的生产力、应变力工作职能及创造力。

　　Delphi 咨询公司认为，"知识管理是一项技术实践活动，它以提高决策质量为目的，协助在整个组织范围内提高知识创新和交流的效率"。

　　2. 从知识管理的流程来定义

　　这些定义认为，知识管理是对知识的创造、获取、储存、共享等知识流程的管理，而这些知识流程可以和组织的运行流程整合。有以下几种描述。

　　戴维·沙凯米（David J.Skyrme）认为，"知识管理是对重要知识（vital knowledge）的创造、收集、组织、使用等一系列流程的科学的、系统化的管理"。

　　迈勒（Millar）等认为，知识管理包括四个相互依赖的活动：知识的识别、知识的编辑、知识的交流与知识的产生。

　　萨拉维（Saravaryy）认为，知识管理是组织成员创造与使用共有知识的程序，包括知识的获得、组织学习与知识的扩散。

　　3. 从知识管理的对象来定义

　　卡尔·什维（Karl E.Sverby）认为，知识管理是利用组织的无形资产创造价值的艺术。

　　罗赛特（Rossett）等认为，知识管理是确认文件化和分类化存在于组织员工和顾客中的显性与隐性知识。

德鲁克认为，知识是知识经济社会的基础资源，知识管理是对知识工作者的管理。

4. 从知识管理的方法来定义

这些定义基本认为，知识管理呈现为提升企业竞争力的有效的策略。例如，美国生产力与质量中心（American productivity and quality center，APQC）对知识管理的定义，较为全面地反映了这种观点。

知识管理是一种有意义的策略，它保证在最需要的时间将最需要的知识传授给最需要的人，并帮助人们分享这些知识，以能改进组织行为的方式将信息付诸行动。

不同的知识管理定义中，存在一些共同的因素，这些共识包括：知识管理与组织的知识创新、组织的绩效有着密切关系；知识管理融于组织的知识创造、确认、收集、组织、共享、使用等过程之中；知识管理需要由拥有专业知识的知识员工、具体的知识管理的策略、技术、文化、领导等强有力的促动因素来支持。因此，我们认为，知识管理这一概念至少包含这样几层含义。

（1）知识管理是一个过程，是创造、储存与分享、应用知识，以促进组织绩效的过程。

（2）知识管理的重心是促进显性知识和隐性知识的转化，并由此实现组织内隐性知识的分享，促进组织的知识创新。从这个角度来看，知识管理是促进组织或个人隐性知识外显化的过程。

（3）知识管理包括对知识员工及智力资本的管理。知识员工是创造组织和个人的主体，是组织智力资本载体；组织智力资本是其竞争优势的重要来源。

因此，知识管理是一个动态、持续的知识获取、储存与创新过程；由知识员工不断地把个人显性与隐性知识转变成组织知识，并不断扩大组织的智力资本以增加组织竞争力的过程。

7.2.2　知识管理思想的演进与发展

随着信息技术革命的发展，人类社会由工业社会步入信息社会，适用于工业社会的一系列管理思想随之逐渐被知识社会的管理思想所取代。知识管理思想的演进诠释着知识管理思想的起源与不断发展、完善的理论与方法，显示出知识管理是人类管理史上自19 世纪末 20 世纪初泰勒制科学管理以来的一次最伟大而深刻的革命，是知识经济时代一种全新的管理。

1. 知识管理思想的萌芽（20 世纪 60 ~ 70 年代）

20 世纪 60 年代，电子计算机科学与信息技术的发展推动了社会经济与信息的紧密结合，使得信息被视为一种促进经济发展的成分，并迅速形成了信息经济，成为经济活动的中心内容。社会的经济结构、产业结构、就业结构相对于工业社会发生了巨变，以美国经济学家弗里兹·马克卢普、马克·波拉特、管理学家彼得·德鲁克及日本文明形态史学者梅棹忠夫等为代表的学者，开始从经济与管理的视角重新认识"知识"与"信息"以及正在到来的新的社会形态，知识管理思想由此产生。

1）知识产业论

1962 年，美国经济学家弗里兹·马克卢普将"知识"进行了新的分类，认为知识可分为实用知识、学术知识、闲谈与消遣知识、精神知识以及不需要的知识。在关于"生产知识产业及其职业"的论述中首次提出了"知识产业"的概念，认为知识产业是由从事知识生产、信息产品生产和信息服务的机构组成，包括教育、研究和开发、传媒、信息机器和信息服务等，并从经济学角度分析了有关知识生产和分配的特征与规律，说明了知识产品对经济发展的重要作用。

日本文明形态史学者梅棹忠夫于 1963 年提出了"信息产业"论，他在发表的《情报产业论》一文中指出，未来将是一个以信息产业为中心的社会。梅棹忠夫认为国民经济的发展及产业结构的变化类似于动物进化结构的变化，越复杂的动物如人类，其外层器官所占比例越大。社会经济系统内层器官是提供生活必需品的产业，如种植业、畜牧业、渔业、养殖业等；中层器官涉及人员运输和国家权力的实施，如运输业、建筑业、军事产业及其他生产与服务产业；外层器官涉及人们住处的流动和精神的创造性活动，如信息、大众传播、电信、教育、文化以及其他信息产业。随着社会经济发展，信息产业的重要性逐渐提高，类似于人的外层器官功能的相关产业得到发展。

马克·波拉特 1977 年也在其代表作《信息经济：定义与测算》（*The Information Economy: Definition and Measurement*）中证实了信息产业和信息经济的客观存在。学者们一致认为，知识产业的形成与社会就业结构的变化（白领工人数量超过蓝领工人数量），是人类社会由工业社会向信息社会迈进的重要标志。"知识"不再是传统意义上"静态的信息"，而是信息经济社会的主要产品与主要职业。

2）知识社会论

知识社会论的核心是对信息经济社会中生产力及生产要素变化的认识。1969 年德鲁克创造了"知识工作"及"知识工作者"等词，并首次提出"知识劳动者"将取代"体力劳动者"成为社会主体劳动力，认为知识劳动者取代了工业社会中组装生产流水线上的手工技能和体力劳动者，成为最大的单一的职业，如教师、专家、管理人员、技术人员等。

对于生产要素的变化，德鲁克指出"真正控制资源和绝对是决定性的'生产要素'既不是资本也不是土地或劳动力，而是知识"，生产资料"不再是资本、自然资源或'劳动力'，它现在是并且将来也是知识"。知识比技能和科学更为重要。他指出："1900 年衡量经济的尺度是钢铁，因此对于钢铁来说，与其说是知识，不如说是技能奠定了其广阔的产业基础。当时，知识对于经济来说，与其说是一种技能，不如说是一种装饰。今天，知识已成为衡量经济的潜在力和经济实力基础的重要标志，与科学比较起来，知识更成为经济的基础。"[15]

2. 知识管理思想的形成（20 世纪 70～80 年代）

20 世纪 70～80 年代，西方发达国家进入信息社会，服务性经济逐渐形成并占据经济形式的主要地位。服务行业逐渐增加，如贸易、运输、金融、教育、研究、保健、娱乐和管理等。就业结构而言，专业与技术人员处于主导地位，办公、教育和政府工作逐渐突出，专业技术人员的增长速度超过其他职业而成为居主导地位的职业，非营利性公共部门开始成为就业的主要领域。理论知识代替了经验而占据首要地位，具有决定性意义。这一时期知识的地位进一步发生了变化，开始被用于组织决策、管理社会、指导革新和变革，成为社会管理的战略资源，成为生产力、竞争力和经济成就的关键要素，是进行预测和制订计划所必需的，特别是对于决策具有巨大威力，知识管理思想在这一时期正式形成。这一时期的主要代表人物有美国社会学家阿尔温·托夫勒（A. Toffler）和约翰·奈斯比特（J. Naisbitt）。

1）知识和信息决定社会生产

阿尔温·托夫勒在 1980 年探讨了从工业社会到信息社会的转变及两种社会的不同，他指出当今社会正在发生着以电子计算机、新能源、全球通信、生物技术、宇航技术等新兴技术为标志的革命，这场革命使发达国家的整个社会发生着巨大改变，由群体化、标准化、同步化、集中化、大型化、集权化的工业社会，转向多样化、个体化、小型化的信息社会。知识和信息决定社会生产，就业结构改变——从事制造业的人数减少，劳动者素质提高——需要接受先进的科学技术教育和培训，社会生产体系趋向分散化。新社会的发展趋势主要表现在：传播媒介个性化，社会环境智能化，大批量生产向少量预定生产转变，企业道德责任被强调，工作方式自由化，出现新的消费方式。

2）知识价值论

1984 年奈斯比特指出工业社会到信息社会的变化：第一变化是技术知识成为新的财富和经济社会的动力，"知识价值论"代替工业时代的"劳动价值论"；第二变化是时间观念的变化，工业时代注重当前和现在，信息时代侧重通过知识对未来进行预测；第三变化是生活目标的变化，工业时代是人与机器、能源竞争，信息时代是人与人之间的竞争。

3. 知识管理思想的发展（20 世纪 90 年代～21 世纪初）

20 世纪 90 年代开始，信息技术革命的步伐迅速加快，人类进入网络经济时代，知识成为社会财富的主要来源，并成为一种高质权利。组织结构由原先的金字塔等级制度形式向扁平化、弹性化、网络化形式转变。组织开始建立学习型文化、创新文化和共享文化，知识管理系统逐渐成熟。

这一时期的主要代表人物有美国管理学家彼得·德鲁克、彼得·圣吉、美籍经济学家约瑟夫·阿洛伊斯·熊彼特（J. A. Schumpeter）、日本学者野中郁次郎（Ikujiro Nonaka）和竹内广隆（HirotakaTakeuchi）等。

1）知识资本论

20 世纪 80 年代末开始，知识作为组织资产的重要性逐渐被学者们认识。美国经济学家约翰·加尔布雷思（J. Galbraith）第一个提出"知识资本"的概念，他认为，知识资本是一种知识性的活动，是一种动态的资本，而不是固定的资本形式。

1989 年，瑞典"知识管理"奠基之父卡尔·爱瑞克·斯威比（Karl-Erik Sveiby）在《看不见的资产负债表》一书中提出了知识资本的分类，认为知识资本体现在三个方面：公司员工的竞争力、公司的内部结构（专利、式样、计算机和行政体制），以及公司的外部结构（品牌、声誉、与顾客和供应商之间的关系），即现在经常被提及的人力资本、结构（或组织）资本和顾客（或关系）资本。知识管理倡导者托马斯·A. 斯图尔特（T. A. Stewart）是知识资本的大力推动者，他在 1999 年《智力资本》一书中指出，知识资本是组织中最有价值的资产，组织知识资本体现在员工个人的知识及经验技能，组织文化、制度和组织运作时产生的团队知识、客户的忠诚度，并提出一种衡量组织知识的方法——一种分类系统，即界定出一系列不同类别，从中找出知识资产。2002 年斯图尔特在再次发表的著作《"软资产"从知识到智力资本》中，进一步提出将知识转化为知识资产及使用知识资产提高企业竞争力的方法，将知识战场界定在企业竞争的基础上，提出了管理知识资产的流程，指出管理能控制产业的知识资产的方法，描述了投资于知识资本并为此竞争的策略。

1996 年，瑞典隆德大学教授埃德文森（L. Edvinsson）将知识资本定义为组织实际市场价值与账面价值的差距。他们将企业知识资本划分为人力资源和结构性资本，其中人力资源是依附于个人存在的隐性知识，结构性资本包括财务资产、设备等有形因素和信息技术、战略计划、组织文化、组织目标等无形因素。

2）创新理论

知识资本的回报和增值主要依靠知识资本所有者自身的创新能力，知识经济时代的形成与发展更是以创新为基本动力。创新最早由美籍经济学家熊彼特于 1912 年在其著作《经济发展理论》中提出，他认为创新是"建立一种新的生产函数，把一种从来没有过的关于生产要素和生产条件的新组合引入生产体系"。创新是"内部自行发生的变化"，包含五个方面：采用一种新产品，采用一种新生产方法，开辟新市场，控制新原料或供给来源和实现新产业组织方式或企业重组。熊彼特的创新理论强调了技术创新的重要性，他认为创新是"对经济体系中现有生产手段的供应作不同的使用"。

日本学者野中郁次郎和竹内广隆指出，西方知识理论对于组织内部及组织之间的知识创造的研究很少，那些理论只关注既存知识的获取、积累和应用，而缺少"创造新知识"的观点。针对西方理论的局限性，野中郁次郎和竹内广隆在 1995 年提出一种组织知识创造理论——SECI 螺旋模型理论，并对知识创新平台"Ba"及知识创新的支撑与结果即知识资产进行了详细论述，使人们开始注重知识创造和创新。该理论用 SECI 过程解释了隐性知识和显性知识之间的知识转换，并提出知识创新概念"Ba"，认为组织要实现知识创新需要为知识共享提供一个平台，既可以是物质空间（如办公室），也可以是虚拟（电子会议、电子邮件）和精神空间（经验、创意共享），Ba 是作为个人之间和个人与环境之间的知识共享和更新的背景环境，是知识创造和再创造的关键，知识资产是知识创新过程的输入与输出内容，是组织知识创新的基础。

3）学习型组织

在知识社会中，企业等各类组织应该以什么样的形式在新的环境中生存与发展并具有一定的竞争优势，德鲁克和组织心理学家夏恩先后指出，能够适应未来需要的组织应该是"以学习为基础的"。1990 年，彼得·圣吉抓住了知识社会中组织应该具备的最根本的品质——学习，认为组织应建立以全员学习与创新精神为目标，在共同愿景下进行长期而终身的团队学习，即建立学习型组织，并指出："未来真正出色的企业，将是能够设法使各阶层人员全新投入，并有能力不断学习的组织。"对于具体学习方法，彼得·圣吉总结出在自我超越、改善心智模式、建立共同愿景、团队学习四项修炼基础上的第五项修炼——系统思考，使企业建立学习型组织有章可循。

4）"自我管理"思想

1999 年德鲁克提出了"自我管理"思想，区别于传统自上而下的管理方式，知识工作者的自我管理是自下而上的个人知识管理，是管理工作的最高形式。知识社会中，知识是个人和社会的基础资源，拥有知识的人是这个时代最重要的资产，因此知识工作者要学会自我管理。德鲁克指出提高知识工作者生产率方法，认为知识员工要了解自己的任务，将个人专业知识应用到对组织的贡献中；个人要学会承担责任，为自己的发展和职业定位负责，拥有自主决定权；个人价值观同组织价值观保持一致，接受组织的价值体系；成绩用量化标准和质量标准考核；信任成为组织存在的基础，团队意识的培养和与人沟通协调成为知识工作者要承担的责任。

5）知识管理系统

20 世纪末，政府部门、大型企业在知识管理基础上开始着手知识管理系统的设计。知识管理系统是以组织知识的创造、收集和管理为目标的系统。知识管理系统能够有效集成组织知识资源，加速知识共同化、表出化、联结化和内在化的知识螺旋上升过程，方便个人知识管理和组织内部知识共享并创造新的知识，逐渐成为组织竞争优势的核心资源。从系统论角度看知识管理系统，主要涉及：①系统目标。组织价值是知识管理的最终目标，知识管理系统中通过组织激励员工知识共享，改造业务流程，接受并创造新知识来创造组织的价值。②系统输入。知识管理系统通过直接获取（沟通管理）和间接获取（计算机知识获取）概念资源（数据、信息、知识）。③系统状态。知识管理系统中的系统状态包括知识活动（知识转化过程）、创新产生（知识创新、技术创新、管理创新）和输出映射（产生价值）。④系统输出。知识管理系统输出高知识含量的实体产品，各种信息、软件等知识产品及组织结构资产、市场网络资产、知识产权资产等无形知识资产。

4. 未来趋势

2012 年开始，人类逐渐进入大数据时代，信息通信技术发展到云计算，强大的计算能力使海量的数据累积成为可能，通过对海量数据进行分析，获得有巨大价值的产品和服务，组织数据逐渐成为组织最重要的资产，数据分析能力成为组织的核心竞争力。组织决策行为由传统的根据直觉和经验转化为基于数据分析。

大数据时代的知识管理思想主要是风险控制与责任承担。

英国数据科学家维克托·迈尔·舍恩伯格分析了大数据时代面临的风险和挑战。他认为，大数据时代，个人隐私及自由受到威胁，过度依赖数据可能导致错误决策。大数据的优势在于潜在价值的挖掘，但是深度的数据分析很容易追溯到个人的行为及喜好，使得目前用以保护隐私的法律手段和技术失效，因此在大数据时代，我们面临个人隐私被泄露的风险；通过大数据预测未来行为而据此采取惩罚措施，否认了人们的自由选择的能力；管理者单纯依赖大数据进行决策可能会做出错误的决定。

面对以上大数据带来的风险，舍恩伯格认为大数据时代的知识管理将是一个责任与自由并重的时代，需要对大数据时代的知识和信息进行有效、公正管理。在个人隐私信息的管理责任方面，需要从个人许可转变到数据使用者承担相应责任；在使用预测分析时，维护个人自由选择的权利，使个人为其行为承担责任；组织使用大数据进行决策时，为防止数据滥用，保护大数据产业，需要有专门人员负责大数据使用的监管任务，健全大数据市场运转机制，这就促使一个新的行业产生——大数据审计员，对大数据进行深度分析预测评估，检测数据来源，分析预测工具的选取，运算法则、模型及运算结果解读的合理性等。

7.2.3　知识管理在企业的实践

毕马威咨询公司（KPMG）从 1998 年开始，每两年进行一次知识管理调查。以 1998 年和 2000 年的调查为例，两次调查都采用了许多相同的指标。对比这两次调查的结果，研究者发现知识管理不断被企业接受和认同。

这两次调查的样本不完全相同，1998 年的样本是 100 家年营业额超过 2 亿英镑的英国公司，2000 年的样本是 423 家年营业额超过 2 亿英镑的世界范围内选取的公司，包括了美国、英国、法国和德国等国家的公司。调查的样本基本上能够代表世界知识管理的现状。调查结果表明：

（1）关于知识管理现状的调查。1998 年有 43％的公司有知识管理的措施，57％的公司没有知识管理的措施，或根本没有听说过知识管理。到 2000 年，只有 15％的公司没有知识管理的措施，或根本没有听说过知识管理。

（2）关于实施知识管理费用各部门负担比例的调查。两次调查结果基本相同，1998 年有 30％的企业认为，知识管理的费用应当由企业的各个部门共同负担，2000 年有 37％的企业同意这个观点。同时，多数企业认为，IT 部门应当负担企业知识管理的大部分费用。在 1998 年的调查中，有 17％的企业持这种观点，到 2000 年，持这种观点的企业增加到 22％。这说明大多数企业已经理解知识管理不仅仅是一个 IT 的解决方案，知识管理的成功实施应当是在 IT 部门的支持下，要求企业的全体部门共同努力。

（3）关于希望实施知识管理能够取得的回报的调查。在 1998 年的调查中，企业最希望通过知识管理得到的前三种回报分别是更快的决策能力、对重要事务更快的反应速度、增加利润。在 2000 年的调查中，前三种为更快的决策能力、更好地处理客户关系、对重要事务更快的反应速度。

从实践来看，20 世纪 90 年代中期，已有许多公司从事知识管理实践，比较有代表性的包括道化学公司、得州仪器公司、安永公司、麦肯锡公司、惠普公司、巴克曼实验室、英国石油公司等。

位于美国波士顿的安永组织创新中心早在 1996 年就开展了一个"管理组织知识"的项目，由 17 家公司赞助，其中，由托马斯·达文波特、戴维·德龙、迈克尔·比尔斯发表了一篇报告《建立成功的知识管理项目》，对许多公司知识管理项目的实践活动进行了总结。

与此同时，哈佛大学案例研究成果中也出现了一些研究知识管理主题的案例，较早的包括克里斯托弗·巴特里特于 1996 年 6 月发表的"麦肯锡公司：管理知识和学习"案例，以及麦克拉斯·萨瓦瑞和安·玛丽·查德于 1997 年 9 月发表的"安永公司的知识管理"案例。

这里简要介绍巴克曼实验室等几个有代表性公司的知识管理实践。

1. 巴克曼实验室

巴克曼实验室（Buckman Laboratories）强调，由于公司员工有 80% 在生产和市场第一线，他们只有 14% 左右的时间在办公室，因此，巴克曼实验室开发了一个知识管理工具 K-Netix。这是一个知识交互系统，使用人员能够通过电子论坛、公告版、虚拟会议、知识库和 e-mail 实时存取解决问题的办法，确保每个员工在任何时候、任何地方解决问题。巴克曼的文化提升来自知识的积累获得力量、知识的共享获得智能。公司要求每个中层管理者都应该成为员工的顾问和指导者。巴克曼的成功关键是每个员工都能拥有知识和共享知识。

2. 英国石油公司

英国石油公司（British Petroleum）于 1997 年专门成立知识管理小组，其任务是通过分享最好的做法、重复利用知识、加快学习过程，以及用诸如此类的手段来改善公司的业绩。通过对生产、技术等方面的知识的收集、整理、分析、利用，并进行深入钻研，对原先采取的做法进行了调整，当年就节省了 2000 万美元。1998 年，英国石油公司将知识管理的做法全面展开，使公司全年的财务盈余增加了 2.6 亿美元，此外在账面以外还产生了 4 亿美元资金，总计金额将近 7 亿美元。

3. 施乐公司

施乐公司（Xerox）非常注重将企业的知识变成企业的效益，密切注意和研究知识管理的发展趋势，强调知识共享、知识集成和知识创新。该公司把下述十个方面作为企业知识管理的重要领域。

（1）对于知识和最佳业务经验的共享。

（2）对知识共享责任的宣传。

（3）积累和利用过去的经验。

（4）将知识融入产品、服务和生产过程。

（5）将知识作为产品进行生产。

（6）驱动以创新为目的的知识生产。

（7）建立专家网络。

（8）建立和挖掘客户的知识库。

（9）理解和计量知识的价值。

（10）利用知识资产。

施乐公司专门建立了自己的内部网络，网络开辟的栏目有：工作空间、知识管理新闻、历史事件、研究资料、产品技术，以及相关网点。该公司还建立了内部知识库，包含内容有：公司的人力资源状况，每个职位需要的技能和评价方法；公司内各部门的内部资料；公司内部研究人员的研究文献和研究报告；公司客户的所有信息、主要竞争对手及合作伙伴的详细资料；公司历史上发生的重大事件；等等。

4. 休斯航天公司

休斯航天公司（Hugho Space & Community）为了降低航天产品的研发费用，并缩短上市的时间，建立了一个知识存储与分享的知识管理系统："知识高速公路"（knowledge highway）。该系统整合了 Internet、教训学习知识库、最佳实践、专家黄页与人际关系图及各种设计文件等，让从事设计工作的员工不必像过去一样任何事情都需要自己做，而能快速地再利用过去的设计经验。这个系统不仅使每个太空飞行器节省了 760 万～2500 万美元，而且缩短了产品上市的时间。其主要宗旨是：在休斯公司内没有一样东西是设计两次以上的。

此外，得州仪器公司（Texas lnstruments）：由于 1992 年在 13 个半导体厂实施了最佳实践转移的知识管理项目，该公司每年产值提升达 5 亿美元（等于一座新厂的总投资成本，称为 Free Lab），后来持续推动使总产值增加了 15 亿美元，等于建造了 3 座免费的新厂；瑞典 Skandia 财务公司：推动知识管理项目，加之积累过去成功开发新市场的经验，使得筹划、分析、设计一个新市场的时间由 7 年减少到 7 个月；Hoffman La Roche 制药厂：该厂估计新药上市的时间，只要拖延一天就会损失将近 100 万美元的成本，因此，实施了一个知识存储与分享的知识管理项目——"Right the first time"，有效凭借过去经验及文件的快速撷取，将新药上市和审核的天数减少 1～2 个月，节省公司将近 4000 万美元的成本；Dow 化学公司：由于其整理公司所保存的许多专利与智力财产权，结果为公司增加了 4000 万美元的收入，专利许可的年收入达 1.25 亿美元，比以往提高了 5 倍；Chevron 石化公司：该公司的知识管理团队在研究了加州洛杉矶及路易斯安那州外海的天然气压缩技术后发现，只要他们将已经存在上述地区的最佳天然气压缩任务推广给其他团队，就可以帮助公司足足省下 2000 万美元。

7.3　知　识　经　济

7.3.1　知识经济的概念

最近一些年来，一系列高新技术产业化，经济社会日渐出现一些新的特征，与传统经济相比，发生了质的变化，由此产生了"后工业社会""信息经济""高科技产业"等概念。到 1990 年，联合国研究机构终于提出"知识经济"的说法，明确了这种新型经济的性质。1996 年，经济合作与发展组织（以下简称"经合组织"）明确定义了"以知识为基础的经济"（knowledge based economy），第一次提出了这种新经济的指标体系和测度。1996 年，美国《商业周刊》指出，"新经济"已经形成。

这些概念的诞生，反映了人类社会正在经历的一场变革，即我们正在进入一个以智力资源和知识的占有、配置、生产和消费为基本要素的经济时代。经合组织所发表的《以知识为基础的经济》报告指出，知识经济是指建立在知识和信息的生产、分配和使用之上的经济。国际经济学界普遍认为，英国已经率先进入知识经济时代。

这里有必要辨析几个相互联系又极易混淆的概念：知识经济、"新经济"、数字经济、网络经济。

应当说，它们是密切联系的概念，但又不能简单地画等号，否则会妨碍我们对"知识经济"的深入理解。

现在还没有公认的对"新经济"的权威性界定。但从克林顿、格林斯潘、美国商务部乃至最初提出这个概念的《商业周刊》的各自表述看，可以认为，他们是把 20 世纪 90 年代中后期出现的、在低通胀低失业率下的经济持续高速增长看作"新经济"的标志；把信息化、全球化、良好的创新氛围以及宏观与微观经济的良性互动看作产生"新经济"的前提，并且认为目前还只是一种美国现象。

至于知识经济，则不能说它只存在于英国。按照前面的介绍，知识经济概念的内容更丰富。知识经济还有一个量化标准，即国内生产总值 50%以上是以知识为基础的，才算知识经济。因而他们认为，只有经合组织成员国跨进了知识经济的大门。按照这种界定法，就不能把"知识经济"同"新经济"画等号，因为进入知识经济大门的 OECD 成员国家除美国外，并没有实现在低通胀低失业率下的经济持续高速增长，原因就在于，只靠 50%以上的知识产品并不能保证微观经济和宏观经济的良性互动，并获得其他各种必要条件的支撑。拿日本来说，其信息技术和跨国经营在发达国家中是走在前列的，但是在研究开发方面创新不足，在财政金融领域整顿乏力，所以它还做不到在双低的条件下持续高速增长。

网络经济或数字经济的概念更倾向于技术层面，内涵也相对简单。网络经济讲的是把经济活动网络化；数字经济讲的是用计算机语言统一数据、文件、图像和音响的传输，形成多媒体，直到建立信息高速公路，并与社会经济生活密切结合。这些无疑都将从技术方面大大促进经济的增长，但有了网络经济或数字经济，并不等于一定能出现以双低为特征的经济持续高速增长；整个经济系统没有实现以知识的生产、分配和使用为基础的形态，单纯的网络经济、数字经济也无从谈起。

7.3.2 知识经济革命

当重大的技术变革向整个社会广泛渗透，就会带来经济的结构性进步。19 世纪末出现的铁路、20 世纪中期出现的电子和汽车工业，都是促成经济质变的关键因素。当前知识经济革命的一个重要技术基础，就是信息网络。

按照发展过程与分布层次划分，人类历史存在三种经济形态。

自然经济：以农牧业经济为主，面向个人与小集体，进行直接的实物生产，尤其是衣食等基本生活必需品的生产。

工业经济：属于货币经济，以生产工具与渠道的生产和建设为主，由于分工而形成间接经济，生产和消费按照集体与区域进行组织；金融资本是活跃的生产要素，经济发展主要依托于稀缺自然资源，经济竞争可以导致流血冲突。工业经济时代的基础设施是物质形态的公路网、铁路网、空中走廊、电力网、石油管理网和电话网。

知识经济：高效率高效益的生产与组织方式，生产与消费再一次融合，工业时代的分工被重新整合，生产与消费高度社会化，人力资本是最活跃的生产要素，文化与知识本身成为最主要的产品，知识经济竞争的结果是自觉划分和进入社会等级，社会冲突不流血。

在知识经济时代，信息网络成为新经济的基础设施与基本环境，网络与信息技术使世界变小、精确、透明了，从而消除了供求中的许多矛盾因素。对能源与原料的高效率精确使用，将创造一个无比繁荣的社会；办公自动化、在线购物、视频会议的兴起，创造了一个灵活的经济，生产能够更直接、更快捷、更准确地贴近消费者，因此创造了经济均衡的巨大可能性。

历史上最重大的一次产业革命，是 200 年前从英国开始、以蒸汽机发明与实用化为标志的产业革命。这次产业革命带来了人类社会的第一次高速发展，从生产到社会生活都出现了质的改变。当时纺织机器与蒸汽机的发明，使纺织业的劳动生产率提高了 266 倍，产品价格则降低 713 倍。第二次产业革命是 100 年前从美国开始、以电气和内燃机的发明与实用化为标志的产业革命。以铁路、石油、发动机为核心创造的动力文明，延伸和解放了人的体力。美国和日本抓住了这次机会，很快后来居上，超过英、法。这次产业革命也划定了今天我们所谓的工业发达国家、发展中国家与不发达国家的格局。

知识、信息革命，可以说是第三次产业革命。它的鲜明特点是使人的智慧得到延伸和爆发。知识经济不是工业经济的简单延展，它正在改变第一、第二次产业革命以来所形成的一整套产业系统、社会系统乃至既得利益体制，形成一次远远超出技术范畴的全方位"创造性的破坏"。知识革命创造了在世界范围内重新洗牌的机会，我们的机遇仍在，只是这次若再不跟上，就会彻底被历史扔到垃圾堆中。

7.3.3　知识经济的特征

任何一种经济形态都具有根本特征和表象特征，知识经济亦如此。

1. 知识经济的根本特征

从经济发展史来看，以产业结构划分经济形态，可分为农业经济、工业经济和高技术经济。从当代经济学来看，以资源配置的核心力量来划分经济形态，可分为劳动力经济、（自然）资源经济和智力经济。无论从经济史还是经济学来看，所谓知识经济，其实质就是高技术经济、高文化经济、高智力经济，是指区别于以前的以传统工业为产业支柱、以稀缺自然资源为主要依托的新型经济。它以高技术产业为第一产量支柱，以智力资源为首要依托，是可持续发展的经济。与以往的经济形态相比，知识经济最大的不同在于，它的繁荣不是直接取决于资源、资本、硬件技术的数量、规模和增量，而是直接依赖于知识或有效信息的积累和利用。在资本积累中更重视知识的积累和能量的释放。换言之，知识经济相对于以土地资源为基础的农业经济和以原材料、能源为基础的工业经济，突出了知识积累的重要性，并表明未来社会将是以知识为基础的经济。就实质而言，在知识经济中，知识已不是经济增长的"外生变量"，而是经济增长的内在的核心因素。当知识成为主要经济要素后，经济的增长方式会发生根本的变化，长期高速增长将成为可能。

2. 知识经济的表象特征

与以往的经济形态相比，知识经济作为一种新的经济形态已显露出鲜明的特点。我们可以把它归纳为以下方面。

（1）知识化。知识经济的发展主要靠知识和智力。因此，掌握现代知识，并具有创新、创造和运用能力的人成为知识经济中的主力军。财富的再定义和利益的再分配，取决于所拥有的信息、知识、智力和创造力。知识化的特征还反映在制造业结构的高技术化、服务业的高科技化和就业结构的高技能化方面。目前在发达国家的制造业中，高技术产品的生产和出口所占的比重已接近 1/3，80%以上的服务业采用了信息技术产品，就业机会增长最为迅速的是需要高度专业技能的岗位。目前世界上每一小时就有 20 项新发明诞生，每年新增的信息近 800 亿条，知识产品的生产呈爆炸性增长，基础研究向应用的转换周期日趋缩短。知识要成为企业竞争有价值的智力资本，就要对企业运作体系进行变革，相应建立知识管理的职能。

（2）信息化。有人曾把石油比作工业经济发动机的燃料，而信息则是知识经济发动机的燃料。信息技术产业是知识经济的主要产业。在工业社会，人们谈论发电机、铁路、生产流水线；在知识经济社会，我们必须熟悉芯片、计算机、互联网、卫星通信、全球定位。

（3）网络化。网络一直是人类文明进程的重要标志。工业经济最重要的基础是公路网、电网、铁路网和电话网，而高速、互动、传递信息、共享知识的新一代网络构成了知识经济的基础设施。网络的特性将给企业带来无限商机和庞大的全球性信息市场。

（4）无形化。知识经济是以无形资产投入为主的经济。知识、智力等无形资产的投入起决定性作用。这与传统工业经济需要大量资金、设备、原材料等有形资产有很大的不同。

（5）虚拟化。在知识经济时代，经济活动的数字化和网络化的加强，使空间变小，世界成为"地球村"。同时，又使空间扩大了。除物理空间外，多了个媒体空间，通过信息处理可以虚拟市场、虚拟现实，如虚拟银行等。

（6）软性化。在知识经济中软件产品的比例大大增加，其本身不仅可作为一个产业，而且以前的传统产品也可以通过增加软件装置以提高知识含量和科技含量。知识经济的软性化的特点还表现在企业组织形式和生产方式的柔性化方面。

（7）中空化。在知识经济时代，高度的信息化导致最高决策层能够同最基层的执行单位直接联系，使中间组织的作用极大地减弱。从一个经济组织和社会组织来看，管理层次将减少，特别是中间层次的作用会逐渐消失。

（8）知识资本化。在知识经济时代，知识成为生产要素中最重要的组成部分，将成为分配的主要依据之一。

（9）可持续化。知识经济是可持续发展的经济。其主要生产要素是知识、智力和人的创造力，可以重复使用；在使用过程中其价值不会减少反而会增加，从而较少消耗自然资源。新经济以知识、智力、专有技术等无形资产投入为主，而基于高速信息网络的生产与市场组织，通过高效率、高效益地发挥传统生产资源的价值，突破资源瓶颈，实现经济效益与环境效益的统一。不仅如此，还能开发新的尚未利用的自然资源来取代已近耗尽的稀缺自然资源。因此，知识经济是促进人与自然相互协调、可持续发展的经济。

（10）全球化。知识经济是世界经济全球化条件下的经济。知识无国界，以知识为主要经济资源的知识经济必然成为全球性的经济活动。经济要素的流动不再有国界：基于发达的电信网络与电子商务，商品流通中大量的中间过程将消失，时空阻隔被消除。网上购物、EDI（电子数据交换）、金融电子化等商务模式是知识经济时代商业销售的重要形态。在知识经济的时代，任何国家不可能在所有的高新技术领域全面领先，必须相互补充、相互协作，这就必然促进世界经济全球化进程的加快。

（11）进步性。在信息化网络时代，人类沟通的方式与内容也发生了革命，精神文化的生产和消费也可在网络上实现，并在知识的生产过程中进行。生产与消费融合在一起，一切变得更加透明，空前的共享化程度使社会变得更加平等。

7.4　知识管理引发的管理革命

7.4.1　知识管理催生新的管理理论

管理的创新就是不断认清新技术对管理的挑战，并不断丰富管理学自身。工业经济时代的企业致力于增加产量，所以生产环节成为管理的重点。而知识经济时代，创新能力成为竞争中的关键因素，企业将越来越多地关注知识的生产、开发以及对掌握知识的人的培训。这种经营管理重心的转移，使企业的管理模式发生了诸多变化，如从序列化生产过程向并行工程等方式转变，各职能部门同时运转并通力协作；从命令链向网络化转变，以便通过与他人的联系而直接接触知识资源，从命令和控制向集中和协调转变，使动态的以任务为中心的团队成为组织活力的源泉等。例如，表 7-2 直观地比较了工业经济时代与知识经济时代的企业经营管理特征。

表 7-2　企业经营管理特征

工业经济时代的特征	知识经济时代的特征
大规模生产	规模个性化生产
企业是信息加工厂	企业是创造知识的企业
垂直管理	水平管理
产品创新以实验为主	软件成为重要的创新手段
封闭式创新	柔性产品创新

与此同时，一系列管理新范式、新概念和新理论在企业的实践中应运而生。表现在生产上，随着工业机器人、柔性加工等先进制造技术的普及，规模个性化生产成为可能，从而出现了能满足消费者在产品质量、功能、服务等方面的个性化需求的定制、柔性生产等新兴方式。表现在后勤调度上，企业越来越关注其供应链管理——它用来形容信息或货品的流程，如何由原来的制造商到达零售商，以至最终的用户，其目的是要削减成本，缩短产品推向市场的时间及减少仓库的存货量，为消费者提供更多、更低廉的产品。供应链管理是现今全球零售业内一个非常重要的概念，一个优秀企业的产品和服务，应全面涵盖由采购至运输的整个供应链，从而有效地提高零售商及制造商在价格、选择及服务等方面的竞争能力。目前一些企业已经开始采用整体观的后勤管理方式，即不仅仅考虑供应链本身的成本，而且使设计、采购和制造等方面得以改进，不导致库存增加、分销成本攀升或对市场需求的反应迟钝。例如美国加州西门子太阳能公司为了提高发货可取度，就采用了一种跨职能团队方式，并重组了从接收订单到装运整个业务流程的运

作。正如该公司负责人所说："我看到采用一体化的供应链管理可以达到目的。我们可以采用以流程和团队为主的方式提高运作水平。"

表现在企业存在方式上，在新的经济时代，企业正在通过建立虚拟企业、动态团队协作和知识联网来共同创造财富，并为未来的经济奠定基础。建立虚拟企业是联合多个企业的才干和能力共同创造某项产品或服务的过程，如波音公司在生产 777 客机时，不仅联合了它的下级承包商，而且结合了联合航空公司和日本航空公司的才干、知识和经验。动态协作是指通过在公司内部或公司之间进行资源组合或重组来把握和传递具体的市场机遇。而知识网络是指通过不断变化的、互利的方式，联合各个企业的知识、经验、才干、技巧、能力等。

在以上各种新思想和新理论中，最为令人关注的两个概念是企业重塑和学习型组织。

企业重塑是企业为了适应新经济下竞争的要求而进行的整体性改造，其基本出发点是知识经济下关于企业组织的新思维，它基于六条原则，对企业自上而下的组织和管理方式做出新的定义：①企业组织是最为关键的竞争优势；②员工参与是最有效的控制；③全公司的员工都能够显著地增加价值；④横向流程是建立高效企业组织的关键；⑤应该围绕产品以及顾客设计企业组织；⑥有效领导是企业组织高效运作的关键。

企业重塑涉及组织结构的调整、业务流程再造、企业文化建设等很多方面。首先，为了更好地适应知识经济下的竞争，使各部门可以自由获取作为基础资源的知识和信息，企业需要改变已经运行相当长时间的组织架构和管理体制，将原有的权力分层、职能分部"金字塔"组织结构彻底打破，转变为按业务流程划分部门的水平结构，通过横向或平行关系创造高速度、低成本、硬质量和善于创新的企业组织。同时，企业的经营策略将从以产品为导向转变为以市场和客户为导向，致力于更快地推出新产品，更好地提高产品质量，更快捷、全面地满足顾客需求。另外，企业还将最大限度地创造能够激发员工潜力的企业氛围，鼓励员工去完成更复杂的任务、进行更好的自我管理和控制、主动协调自身与他人的关系，并提出有价值而大胆的建议。

学习型组织的建设是知识经济引发的又一企业管理变革。在工业经济时代，企业至多是信息的加工厂；而在知识经济时代，企业可以成为知识创造和知识利用的主体，因此学习正在成为企业的核心能力。例如，惠普公司之所以被公认为产品革新和员工发展的领先者，主要是由于它强调学习在创造价值过程中的关键作用，坚信"学习最快的企业将最为成功"。能够持续变革是关键所在，而深深根植于变革观念之中的就是这种学习型企业组织结构观念。

7.4.2 知识管理对管理改革的影响

1. 改变管理组织

作为知识经济主要推动力量的计算机网络技术改革了信息传递方式，使其由阶层型变为水平型，与信息传递方式紧密相依的管理组织结构也就从金字塔型变成矩阵型。原来起上传下达重要作用的中层组织逐渐消失，高层决策者可以与基层执行者直接联系，基层执行者也可以根据实际情况及时进行决策。分工细化的管理组织已不能适应发展的需要，把相互关联的管理组织加以整合成为大势所趋。

2. 增强管理功能

现代高科技正在成为企业管理和政府管理的战略手段。它的功能已不只是简单地提高管理效率，而且还将通过管理的科学化和民主化，全面增强管理功能。由于它积极地促进管理业务的合理重组，进一步综合集成各种联系的管理职能，从而使管理工作的面目得到了根本的改观。电子数据交换（electronic data interchange，EDI）把报关、审单、征税、核销、查验、放行等进出口贸易，通过海关的各个环节整合在一起，从管理模式上加以革新。目前，已有人试图把 EDI 从数据扩展到文件，使其变成为电子文件交换，以革新管理工作中文件传递的流程。

3. 革新管理思想

当前盛行的多种管理思想，如"再造工程"主张重新设计管理业务流程；"虚报企业"主张为顺应日益动荡的市场形势并尽快抓住市场机遇，由不同企业为某一特定任务组织灵活的联合性企业；"学习型组织"主张企业需进行自我调整和改造，以适应调整、变化的环境，求得有效的生存和发展……这些管理思想都同现代知识经济相联系，它们要成为现实，必须以高度发达的信息和知识的存在为前提。

4. 完善管理方法

管理方法以管理目标为转移，而管理目标由社会和经济发展的需要所决定。现代计算机网络的发展，将促进政府与企业革新管理方法，如政府管理会越来越把重点放在跨部门、跨地区、关系到社会经济发展全局的重大工作上，逐步减少企业向政府填送报表的负担；企业管理会更注重于职工的培训和学习，以协调职工的整体行动。

【本章小结】

人类知识具有复杂性，人类在不同的时代对知识有着不同的定义和分类。英国哲学家波兰尼将知识分为显性知识和隐性知识两大类，隐性知识指人类知识体系中难以言传的知识，它具有环境依赖性、模糊性和个体性等特征。从文化的角度来看，西方经理人强调显性的知识，而东方的经理人则更重视对隐性知识的运用。知识管理的研究与实践要整合东、西方对知识的认识，研究显性知识和隐性知识的总和，并对隐性知识给予更多关注。

知识管理的概念应该包含下列几层含义：知识管理是一个创造、储存与分享、应用知识，以促进组织绩效的过程，知识管理的重心是促进显性知识和隐性知识的转化，并由此实现组织内隐性知识的分享，促进组织知识创新；知识管理包括对知识员工及智力资本的管理。

知识经济，其实质就是高技术经济、高文化经济、高智力经济，是指区别于以前的以传统工业为产业支柱、以稀缺自然资源为主要依托的新型经济。它以高技术产业为第一产量支柱，以智力资源为首要依托，是可持续发展的经济。与以往的经济形态相比，知识经济最大的不同在于，它的繁荣不是直接取决于资源、资本、硬件技术的数量、规模和增量，而是直接依赖于知识或有效信息的积累和利用。知识、信息革命，可以说是第三次产业革命。它的鲜明特点，是使人的智慧得到延伸和爆发。知识经济不是工业经济的简单延展，它正在改变第一、第二次产业革命以来所形成的一整套产业系统、社会系统乃至既得利益体制，形成一次远远超出技术范畴的全方位"创造性的破坏"。与以往的经济形态相比，知识经济作为一种新的经济形态已显露出知识化、信息化、网络化、无形化、虚拟化、软性化、中空化、知识资本化、可持续化、全球化、进步性等鲜明的特点。

【复习与思考题】

1. 如何理解知识的复杂性？
2. 什么是隐性知识？它对组织产生什么影响？
3. 什么是知识管理？试阐述有效实现知识管理的条件。
4. 知识管理有哪些策略和方法？它们的区别和联系是什么？
5. 试阐述知识管理的发展历程。
6. 结合本章案例，谈谈知识管理如何促进企业发展。
7. 简述知识经济的定义和特征。

【关键术语】

能力 capability
首席知识官 chief knowledge offer（CKO）
创新经济 creative economy
讨论区 dissussion
资料挖掘 data mining
经验学习 experimental learning
显性知识 explicit knowledge
智能 intelligence
知识经济 knowledge-base economy
知识资本 knowledge capital
新经济 new economy
心智模式 mentoring
隐性知识 tacit knowledge
技术创新 technical innovation

【案例与分析】

清华同方的知识型企业之路

以清华大学企业集团下属 5 家业绩较好的企业为核心组建的清华同方股份有限公司，经过业务合并和调整，完成了校办企业向上市公司的过渡。在仅一年多的发展中，清华同方利用背靠清华大学的技术和人才优势，走出了一条以产品促进知识的生产和应用、以知识促进企业发展的道路。可以说，同方集团是典型的知识型企业。

1. 作为知识型企业崛起

清华同方的崛起代表了众多知识型企业的共同道路。1997 年 6 月，清华同方股份有限公司在上海证券交易所挂牌上市。上市一年来，清华同方通过一连串的战略举措与运作，将公司带上了一条超常规发展的快车道。1997 年，在股票上市仅半年而募股资金尚未开始发挥作用的情况下，清华同方即全面超额完成了招股说明书中所承诺的各项经济指标，实现销售收入 3.85 亿元，超额计划 60.4%，年增长率为 214%；利润 6943 万元，超额计划 22.9%，年增长率为 155%。与此同时，清华同方股票在二级市场中成为一道亮丽的风景线，被誉为高科技板块中的领头羊。2006 年 5 月 5 日，清华同方股票最高价曾达到 66.5 元（复权价），以上市日收盘价 33.9 元计，最高升幅几乎近 100%。清华同方主要是通过知识的生产、传播和应用，以及新的产业项目，甚至新的企业的孵化来获取经济利益的。清华同方作为一个知识型企业的特征表现在如下几个方面。

（1）清华同方的知识产品和服务。清华同方提供大量的知识型产品与服务，并且将知识型产品与服务集成到一起。以知识的综合运用能力为客户提供工程解决方案，这是清华同方作为一个知识型企业的精髓和真正优势。清华同方以技术含量高、附加值高的高新技术产业为主导，以目前在技术上领先、产品比较成熟、生产与销售初具规模、利润增长具有潜力的信息技术与计算机应用和人工环境工程领域作为主要的经营领域，同时兼顾精细化工、生物医药等高技术产品的开发、生产和销售。这些高技术产品中酝酿了大量的知识，是典型的知识产品。在提供知识产品的同时，同方集团努力拓展产品的外延，为各户提供软件服务。例如，在人工环境产业领域，清华同方主要销售的不是空调器等硬件产品，而是一种根据边界条件来确定最优解的设计、实施方案，以及相应的工程作业；清华同方计算机公司在全国各地建成了多媒体培训教室，定期向社会免费开放，向社会提供各类计算机培训。

（2）清华同方对清华大学知识资源的吸纳。清华同方所依托的是中国最大的知识生产源之一即清华大学。因此，清华同方的主要功能定位是：首先，吸纳作为知识源的清华大学已有的成果，并进行商业孵化，以形成新的产业或新的企业，如清华同方核技术公司的大型集装箱检测项目；其次，利用与吸收清华大学已有的科技人才的知识与能力，并在此基础上建立新的企业，为公司带来新的利润增长点。例如，清华同方光盘有限公司的组建，其目的就是要将清华大学国家光盘工程研究中心所拥有的科研能力转换成一种产业能力。

（3）清华同方的知识资产管理。同方集团从成立之时起，就非常注重企业的知识资产管理，注重树立公司的企业形象。1997 年，清华同方全面超额完成了招股说明书中承诺的各项经济指标，获得了很好的业绩，因此，清华同方被看作一个高科技、高增长、业绩优良的上市公司，被看作高技术公司的领头羊。同时同方大厦和同方智能楼的建成，为公司提供了良好的硬件设施，为公司树立了良好的企业形象。另外，同方为提高企业的知名度，统一广告宣传和 CI 设计，结合公司不同的发展阶段，进行大量的企业宣传。

（4）清华同方的知识管理。在知识经济时代，导致企业产品与服务成功的关键原因，是其中所投入的知识含量，因此，一个企业的竞争优势主要体现在人才上。清华同方拥有一大批高层次的知识型人才，并把这批人才视为最重要的战略性资源，实施知识型管理。首先，清华同方集聚了一大批知识型的管理人才；其次，清华同方建立起了一系列知识型管理制度，如清华同方的"资产授权管理、投资回报考核、公司监督执行"就是一种符合知识经济时代企业组织结构扁平化的管理制度，极大地确保公司运作的敏捷性。

2. 消华同方的核心能力：知识运作

清华同方的主要任务是将学校的科研成果转化为产品或产业。上市一年来，清华同方围绕这一目标逐步形成了作为一个知识型企业独特的运行方式；依托清华大学的人才优势与技术优势，从清华大学已有的科研项目中发现、筛选能和市场结合的风险项目，两次开发并孵化出新的产业，甚至新的风险企业。实际上，清华同方的知识运作可以分为两个层次：一是将科技成果或科技能力转化为新的产业，在此基础上孵化出新的企业，进而在资本市场上转让与出售；二是将上市筹集到的资金用于新产品的开发或企业知识网络的建设。具体表现在如下方面。

（1）利用自身优势，孵化新企业。清华同方在很大程度上扮演着一种孵化器与风险投资商的角色，充分挖掘和发挥清华大学的科技优势与人才优势，将学校的科研成果源源不断地转化成现实的产业。同时，清华同方成立了研发中心，协助清华大学将现有能够和市场结合的科技成果进行转化，使之产业化。

（2）利用知识产品筹集资金。清华同方背靠清华大学，有非常雄厚的技术实力，其销售收入的 70%～80%是自有技术创造的，是真正意义上的民族高科技公司。股民也正是认识到了这一点，所以对同方寄予厚望。清华同方集团上市第一天，就完成了清华大学 18 年校办产业的发展与资金积累，大约筹集了 3.3 亿元资金，使同方的净资产达 4.4 亿～4.5 亿元。另外，由于是高技术大公司，同方还被北京市新技术产业开发试验区批准为"新技术企业"，可享受减免税政策。

（3）将资金与知识运作相结合。清华同方筹集的资金，主要用于促进新产品的开发或科研成果转化。在招股说明书中，同方承诺筹集的资金主要用于清华 RH 型分布式微机控制系统产业化、RH 型湿度传感器及测量仪表产业化、信息加工和信息服务产业化、风冷热泵机组产业化、楼宇自动化系统产业化、软件研究与开发中心、TH-MMDI 多媒体智能显微诊断仪技术改造、变风量节能空调设备产业化和蓄冷空调装置产业化等项目。另外，用于新产品项目的开发，如作为国家"863 计划"的新建大型集装箱检测系统项目开发。同时，清华同方采用"技术+资本"战略，利用上市获得的资金来实现企业的低成本扩张。例如，清华同方对江西 713 厂的"零成本"兼并，使公司以最短的时间和最少的代价建立了生产与中试基地；2004 运作的同方化工与相关厂家共同组建上市公司的计划，也将对清华同方有关化工方面的项目孵化带来极大的资金便利。

3. 清华同方发展的保证：知识网络

清华同方作为一个知识型企业能够迅速地崛起，是与其同清华大学、其他校企以及社会企业所建立起来的一个完整的知识（创新）网络分不开的，这种知识网络构成了同方发展的保证。

（1）知识创新源网络。清华大学是同方的重要知识创新源，为清华同方源源不断地提供可待转化的科研成果和相应的人才与技术支持。清华大学与清华同方建立了人才信道，人才可以在学校与企业之间自由流动，保证了公司项目运行和企业孵化所必需的各种人才供应。

（2）战略合作网络。清华同方与众多国内外企业建立了战略合作关系，如在自动控制领域与美国霍尼韦尔公司进行技术合作，同方成为霍尼韦尔公司在中国市场的分销商，为客户提供从技术、产品、工程实施到售后服务的"一条龙"服务，从而拓宽国内智能楼宇市场，而霍尼韦尔公司则采用同方在自控领域开发的新技术。

（3）销售网络。清华同方销售中心在全国设立了 20 多个办事处及营销性子公司，配合公司各项工作的展开，尤其是企业形象设计和同方产品的市场策划。目前，销售中心已经具备了代理国内外高科技名品的市场策划和规模销售能力。同时，公司自行开发并运行了计算机销售与管理网络，使得中心与各地办事处、代理商建立了资金调度、货物流转、合同登记、人事状况等项内容的实时运作与监控，保证了中心在规模经营上的高效性和安全性，促进了公司信息资源的共事。

（4）培训网络。同方推出标准化培训服务，在全国范围内实行三维联合培训制度，建立起以北京总部的清华同方开放式培训中心，以及清华大学计算机中心开放实验室为核心，以分布在全国各地的清华同方多媒体培训教宣和代理商培训点为网络的三维培训体系，共同承担同方电脑的用户标准化培训；对同方电脑用户实行全国联合培训制度，本着就近的原则，由全国培训网对用户提供全面培训。

案例来源：易凌峰，朱景琪. 知识管理[M]. 上海：复旦大学出版社，2008

问题：

1. 为什么说清华同方是一家知识型企业？
2. 清华同方是如何培养自己的核心能力的？
3. 清华同方知识管理的依赖基础是什么？

【推荐阅读】

1. 鲁迪·拉各斯，丹·霍尔特休斯编. 知识优势[M]. 北京：机械工业出版社，2002.
2. 卡尔·爱瑞克·斯威比，[英]汤姆·劳埃德. 知识型企业的管理[M]. 北京：海洋出版社，2002.
3. 托马斯·M.科洛波洛斯，卡尔·弗雷保洛，知识管理[M]. 上海：上海远东出版社，2002.
4. 达尔·尼夫主编. 知识经济[M]. 珠海：珠海出版社，1998.
5. 维纳·艾莉. 知识的进化[M]. 珠海：珠海出版社，1998.
6. 纪树立，编译. 科学知识进化论[M]. 北京：三联书店，1987.

第8章 技　术

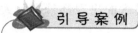 **学习目标**

1. 了解技术的相关概念；
2. 掌握技术创新的内涵、基本战略、过程、管理和贡献；
3. 了解技术引进的步骤内容；
4. 了解新产品开发的程序。

引导案例

三洋电机公司的模仿创新

1952年夏，三洋电机公司当时的社长井植岁男发现洗衣机市场存在巨大潜力，决定开始制造洗衣机。当时洗衣机并不是什么新奇产品了，一些日本家庭使用国外洗衣机已经有 10 多年历史，日本其他一些厂家在三洋之前也已推出了自己的洗衣机，但洗衣机作为产品还很不完善，笨重得像个大水桶，用起来轰轰作响，而且质量也不稳定。为了研制三洋自己的洗衣机，井植岁男买来各种不同品牌的洗衣机，送至公司干部的家中，让他们反复研究琢磨，公司总经理室中也放满了各种各样的洗衣机。经过反复试验和摸索，充分总结和剖析其他厂家产品的优缺点，最后从产品的安全性能、使用方便程度以及普通老百姓能够接受的价格水平等方面，找到一种比较圆满的设计方案，并试制成功一台样机，同市场上已有出售的洗衣机相比，性能略高一筹。正当这种洗衣机准备投产之际，他们又发现了英国胡佛公司最新推出的涡轮喷流式洗衣机，这种涡轮喷流式洗衣机较原先搅拌式洗衣机的性能有了很大的提高。三洋电机公司的管理者深深懂得："后开发的产品，如果性能没有明显优于已经上市的同类产品的长处，那么你不仅应当预计到在今后的竞争中必然遭受失败的后果，甚至一开始就应考虑是否投产的问题。"于是三洋电机公司果断放弃已投入几千万元研制出的即将成批生产的洗衣机，开始对胡佛公司的涡轮喷流式洗衣机进行全面解剖和改进，并巧妙地解决了专利权问题。1953年春，三洋电机公司研制出日本第一台喷流洗衣机的样机，命名为SW-53型，并于同年夏天成批生产。这种性能优异、价格只有传统搅拌式洗衣机一半的崭新产品，一上市便引起了市场的轰动，不仅为三洋电机公司带来巨大的经济利益，而且使得三洋电机公司在洗衣机行业站稳了脚跟。

资料来源：傅家骥. 技术创新学[M]. 北京：清华大学出版社，1998：114

　　技术是企业保持生命力的源泉。我们的时代正处在新的技术革命的浪潮之中，一场世界性的技术战争正在默默地进行。这里没有硝烟，没有士兵和将军，在这里决定胜负的是最先进的技术，是科学家、工程师、企业家和经营战略。对于一个民族、国家尚且如此，对于一个企业更是性命攸关了。技术是智慧和经验的结晶，企业的技术引进和技术创新，就是把人类的历史在企业中延续与发扬，从而创造新的物质财富；技术是企业保持生命力的源泉，企业之间的较量在很大程度上就是技术先进性、适应性的比拼，在许多时候掌握技术比对手快一点、好一点、多一点，都会成为企业获胜的关键所在；技术是企业核心竞争力的重要组成部分，技术上的任何一次致命的改革都会带来企业竞争格局的变化，最终成为企业竞争成败的决定因素。

　　技术是从投入品到产出品的转换方式，企业的生产技术包括将原材料转换到成品过程的一系列方法、工艺、技能和系统。由于任何产品都是借助一定的生产手段，对原材料加工和组合生产出来的，因此，技术水平就成为企业产品和企业组织生产的基础，并以技术水平为标志，进行技术创新，提高技术水平就成为企业增强在市场上竞争力的重要途径。例如，柔性制造、准时制生产、并行工程、网络分销等技术的出现都带来巨大的工业变革。

　　目前世界上一些发达国家（如美国、日本、芬兰、韩国等）的技术进步贡献率在 70%以上，研发投入占国内生产总值（gross domestic product，GDP）的比重一般在 2%以上。在一些世界优秀企业中，技术创新已经成为企业主要的利润来源。2006 年在 IBM 年度总利润的 81 亿美元中，专利转让就占了 17 亿美元，专利转让的收入是 IBM 增长最快的利润来源之一。

　　企业技术管理是整个企业管理系统的一个子系统，是对企业的技术开发、产品开发、技术改造、技术合作以及技术转让等进行计划、组织、指挥、协调和控制等一系列管理活动的总称。企业技术管理的目的，是按照科学技术工作的规律性，建立科学的工作程序，有计划地、合理地利用企业技术力量和资源，把最新的科技成果尽快地转化为现实的生产力，以推动企业技术进步和经济效益的实现。

　　企业技术管理系统的建立，是根据技术管理的基本理论，以促进企业技术进步为目的，对企业的技术开发、产品开发、技术改造、技术合作和技术转让等工作进行分析和评价，提出改善方案并指导实施的一种智力服务活动。

　　通过技术管理系统的建立，能够对技术管理的成效进行评价，帮助企业分析技术管理不善的原因，制订改进措施，提高企业技术管理水平，促进企业进步，增强企业的竞争能力。

8.1　技 术 创 新

8.1.1　技术创新

1. 技术创新的内涵

经济学家熊彼特曾在《经济发展理论》中把创新定义为企业家的职能，并认为企业家之所以能成为企业家，并不是因为他拥有资本，而是因为他拥有创新精神并实际地组织了创新。根据熊彼特的观点，一个国家或地区经济发展速度的快慢和发展水平的高低，在很大程度上取决于该国家或该地区拥有创新精神企业家的数量以及这些企业家在实践中的创新努力。正是由于某个或某些企业家的率先创新、众多企业家的迅速模仿，才推动了经济的发展。

一些人经常将技术创新与技术发明相混淆。实际上，创新的概念远比发明宽泛，发明是一种创新，但创新绝不仅仅是发明。如果说发明是在新知识、新理论创造基础上出现的一种全新技术的话，那么创新则极可能是这种全新技术的开发，也可能是原有技术的改善，甚至还可能仅是几种未经改变的原有技术的一种简单的重新组合。美国管理学家彼得·德鲁克在《创新与企业家精神》中曾以集装箱为例，指出"把货车车身从车轮上取下，放到货船上，在这个创新中并没有包含多少新技术，可这是一项创新"，这项创新缩短了货船留港时间，"把远洋货船的生产率提高了三倍左右，或许还节约了运费。如果没有它，过去 40 年中世界贸易的迅猛扩大可能就不会发生"。

2. 技术创新的基本内容

企业的技术创新主要表现在要素创新、要素组合方法创新和产品创新三个方面。

（1）要素创新。企业的生产过程是一定的劳动者利用一定的劳动手段作用于劳动对象，使之改变物理、化学形式或性质的过程。参与这个过程的要素包括材料、设备和企业员工。材料创新的内容包括：开辟新的来源，以保证企业扩大再生产的需要；开发和利用量大价廉的普通材料（或寻找普通材料的新用途），替代量少价昂的稀缺材料，以降低产品的生产成本；改造材料的质量和性能，以保证和促进产品质量的提高。现代材料科学的迅速发展，为企业的原材料创新提供了广阔的前景。现代企业在生产过程中广泛地利用了机器和机器设备体系不断进行设备创新，对于改善企业产品的质量，减少原材料、能源的消耗，节省劳动力的使用都有着十分重要的意义。任何生产手段都要依靠人来操作和利用，企业在增加新设备、使用新材料的同时，还需要不断提高人的素质，使之符合技术进步后生产与管理的要求。企业的人事创新，既包括根据企业发展和技术进步的要求不断地从外部获取合格的新的人力资源，而且更应该注重企业内部现有人力的继续教育，用新技术、新知识去培训、改造和发展他们，使之适应技术进步的要求。

（2）要素组合方法创新。利用一定的方式将不同的生产要素加以组合，是形成产品的先决条件。要素的组合包括生产工艺创新和生产过程的组织两个方面。工艺创新既要根据新设备的要求，改变原材料、半成品的加工方法，也要在不改变现有设备的前提下，不断研究和改进操作技术与生产方法，以求现有设备得到更充分的利用，使现有材料得到更合理的加工。生产过程的组织包括设备、工艺装备、在制品以及劳动在空间上的布置和时间上的组合。空间布置不仅影响设备、工艺装备和空间的利用效率，而且影响人机配合，从而直接影响工人的劳动生产率。

（3）产品创新。产品是企业的象征，任何企业都是通过向市场上提供不可替代的产品来表现并实现其社会存在的，产品在国内和国际市场上的受欢迎程度是企业市场竞争成败的主要标志。产品创新包括许多内容，这里主要分析物质产品本身的创新。关于产品使用价值在实现过程中的创新，我们在"环境创新"中分析。物质产品本身的创新主要包括品种和结构的创新。品种创新要求企业根据市场需要的变化，根据消费者偏好的转移，及时地调整企业的生产方向和生产结构，不断地开发出受用户欢迎的适销对路的产品。产品结构的创新在于不改变原有品种的基本性能，对现在生产的各种产品进行改进和改造，找出更加合理的产品结构，使其生产成本更低，性能更完善，使用更安全，从而更具市场竞争力。产品创新是企业技术创新的核心内容，它既受制于技术创新的其他方面，又影响其他技术创新效果的发挥：新产品、产品的新结构往往要求企业利用新的机器设备和新的工艺方法，而新设备、新工艺的运用又为产品的创新提供了更优越的物质条件。

8.1.2　技术创新的基本战略

技术创新有自主创新、模仿创新和合作创新三种基本战略思路。从中国国情出发，现阶段我国企业实施技术创新，应当以在引进技术基础上的模仿创新为主，逐步增加自主创新的比重，同时，采取适当形式积极进行合作创新。

1. 自主创新

所谓自主创新，是指企业主要依靠自身的技术力量进行研究开发，并在此基础上，实现科技成果的商品化，最终获得市场的认可。自主创新具有率先性，因为一种新技术或一种新产品的率先创新者只有一家，而其他采用这项技术、生产这种产品的企业都是创新的跟随者或模仿者。北大方正推出电子出版系统便是一个自主创新的典型实例。自主创新要求企业有雄厚的研究开发实力和研究成果积累，处于技术的领先地位，否则是做不到率先创新的。

2. 模仿创新

所谓模仿创新，是指在率先创新的示范影响和利益诱导之下，企业通过合法手段（如通过购买专有技术或专利许可的方式）引进技术，并在率先者技术的基础上进行改进的一种创新形式。模仿创新并不是原样仿造，而是有所发展、有所改善。明智的选择应该是先做到高质量的模仿，在模仿中再创新。

3. 合作创新

所谓合作创新，是指以企业为主体，企业与企业、企业与研究院所或高等院校合作推动的创新组织方式。合作的成员之间，可以是供需关系，也可以是相互竞争的关系。一些较大规模的创新活动往往是一个单位难以独立实施的，多个单位进行合作创新，可以充分发挥各自优势，实现资源互补，从而缩短创新周期，降低创新风险，提高创新成功的可能性。合作创新的条件是合作各方共享成果、共同发展。借助合作创新，亦能把有激烈竞争关系和利益冲突的企业联合起来，使各方都从合作中获得更大利益。

8.1.3　技术创新过程

技术创新过程是一个将知识、技能和物质转化成顾客满意的产品的过程，也是企业提高技术产品附加价值和增强竞争优势的过程。20世纪60年代以来，国际上出现了以下几种具有代表性的技术创新过程模式。

1. 技术推动创新过程模式

人们早期对创新过程的认识是：研究开发或科学发现是创新的主要来源，技术创新是由技术成果引发的一种线性过程。这一创新过程模式的基本顺序是基础研究、应用研究与开发、生产、销售和市场需求。

许多根本性创新来自技术的推动，对技术机会的认识会激发人们的创新能力，特别是新的发现或新的技术常常会引起人们的注意，并刺激人们为之寻找应用领域。如无线电和计算机这类根本性创新就是由技术发明推动的。

2. 需求拉动创新过程模式

研究表明，出现在各个领域的重要创新有 60%~80%是市场需求和生产需要所激发的。市场的扩展和原材料成本的上升都会刺激企业技术创新，于是有人提出了需求拉动（或市场拉动）的过程模式。在需求拉动创新过程模式中，强调市场是研究开发构思的来源，市场需求为产品和工艺创新创造了机会，并激发研究与开发活动。需求拉动创新过程模式的基本顺序是：市场需要、销售信息反馈、研究与开发、生产。

3. 技术与市场交互作用创新过程模式

技术与市场交互作用创新过程模式强调创新全过程中技术与市场这两大创新要素的有机结合，技术创新是技术与市场交互作用共同引发的，技术推动和需求拉动在产品生命周期及创新过程的不同阶段有着不同的作用，单纯的技术推动和需求拉动创新过程模式只是技术和市场交互作用创新过程模式的特例。

4. 一体化创新过程模式

一体化创新过程模式是将创新过程看作同时涉及创新构思的产生、研究开发、设计制造和市场营销的并行的过程，它强调研究开发部门、设计生产部门、供应商和用户之间联系沟通和密切合作。例如，波音公司在新型飞机的开发生产中采用了一体化创新方式，大大缩短了新型飞机的研制生产周期。

5. 系统集成网络模式

系统集成网络模式最显著的特征是强调合作企业之间更密切的战略联系，更多地借助于专家系统进行研究开发，利用仿真模型替代实物原形，并采用创新过程一体化的计算机辅助设计与计算机集成制造系统。创新过程不仅是一体化的职能交叉过程，而且是多机构系统集成网络联结的过程。例如，美国政府组织的最新半导体芯片的开发过程就是多机构系统集成网络联结的过程。

8.1.4　技术创新过程管理

1. 创新计划的制订

产品创新计划主要包括以下几个方面的内容。

（1）确定产品竞争领域。如产品的类型和档次，产品的最终用途，产品面向的顾客群，产品所拥有的技术资源。这几方面因素的各种可行的组合就是产品竞争领域的备选方案集。最终确定产品竞争领域需要综合考虑各种备选方案对企业总体目标的贡献。

（2）确定具体的产品创新目标。如发展目标、市场态势、特殊目标等。

（3）明确实现创新目标的具体规划。如确定关键性创新要素的来源，确定创新方式和创新的技术变化强度，选择进入市场的次序和时机等。

（4）制订应急计划。应急计划是指应付创新过程中出现的不利情况和突发事件的安排。这些不利条件和突发事件包括市场突然衰退；创新产品不被市场接受；竞争对手的产品受到严格的专利保护；市场被竞争对手所控制；企业经营遇到困难，没有足够的资金支持创新；营销渠道难以打通；与合作伙伴的合作不顺利；所需要的外部技术无法得到；关键技术人员离开企业；等等。

2. 开发过程控制

（1）开发过程控制的任务和重点。开发过程控制的主要任务是：制订合理的资源配置计划、开发活动计划和各阶段的开发产出目标；根据项目实施过程中的反馈信息纠正偏差，调整计划和目标；协调各职能部门的活动；消除开发过程中企业内部技术转移的障碍；解决因意外情况出现或影响开发的企业内外部因素变化导致的有关问题。

（2）开发过程控制的方法。采用何种方法进行开发过程控制，取决于开发项目的复杂性和控制可能带来的损失。简单的开发项目的过程控制可以采用简单的方法，复杂项目的控制则需要采用相对复杂的方法，美国曾为北极星潜艇的开发专门设计了一种非常复杂的过程控制技术——计划评审技术（program/project evaluation and review technique，PERT）。

（3）开发过程中的技术转移。在新产品或新工艺开发过程中，新技术在企业内部从上游开发部门向下游部门的完整转移是一个非常复杂和困难的问题。解决这个问题涉及四项相互关联的决策：技术转移的时机，技术转移的去向，参与转移的人员以及上下游部门间的沟通方式。

3. 创新阶段整合

创新阶段整合的方式主要有三种：串行整合、交叉整合和并行整合。

（1）串行整合。串行整合是一种传统的创新阶段整合方式。在串行整合的方式下，创新构思形成、实验原型开发、工程原型开发、小批量试制、商业规模生产、市场营销和售后服务等这些阶段依次完成。上游阶段的任务完成后，创新阶段成果被移交到下游工作部门，下游阶段的工作才能开始。

串行整合方式的优点在于：在各个创新阶段中，职能部门的内部效率较高，也易于管理。缺点在于：由于部门之间缺乏信息交流，在移交创新阶段成果时缺乏负责的态度，创新思想在转移过程中会产生失真，造成工作反复，这样一方面增加了创新成本；另一方面延长了创新周期，最后可能导致生产出来的产品市场不接受，从而给企业带来巨大的损失。

（2）交叉整合。如果对创新过程中的各个阶段仔细剖析的话，就会发现下游阶段的工作往往不必等到上游阶段的工作完全结束以后再开始，上下游的工作可以有一定的交叉。交叉整合方式就是基于这种认识提出的，其有两重含义：一是在上游阶段的工作还未完成时就开始下游阶段的工作；二是在每一个上游工作阶段都吸收一定的下游工作部门的人员参加，从而在不同的职能部门之间形成了一定的交叉。

在交叉整合方式下，由于有下游阶段的人员参与上游阶段的工作，在上游阶段的开发过程中就会充分考虑到下游阶段的要求，人员交叉也有助于下游阶段的职能部门加深对上游阶段创新成果的理解，这使得前一阶段的成果向后一阶段转移的效率大为提高，从而减少信息失真和工作反复、节约费用和时间。交叉整合非常适合汽车工业等产品结构复杂、工序繁多的行业中的创新管理。

（3）并行整合。并行整合是一种全新的创新协调与管理方式，也称为同步工程或并行工程，这是一种在创新过程中支持集成化并行作业的系统方法。它要求把创新看成多职能部门并行推进的过程，各部门在一开始就一起运行，一开始就要考虑到创新过程中的全部要素，及早沟通信息，发现问题及时消除，尽量缩短创新周期，降低创新成本。与交叉整合相比，并行整合的先进之处在于强调尽可能早地开始下游阶段的工作，不仅相邻的阶段有交叉，不相邻的阶段之间也尽可能地交叉。

 **案 例**

海尔集团基于核心能力的技术创新

1. 海尔集团的技术创新网络

海尔集团公司为提高企业核心竞争力，在企业不断发展的基础上，及时地把企业技术创新作为企业核心创新，着手建立了企业技术创新网络系统，形成了海尔特色的企业创新网络系统，科研成果基本上与国际先进水平保持了同步，而且紧紧与市场相衔接，为海尔的持续高速发展提供了源源不断的动力。

（1）产品开发——企业技术创新的核心和基础。海尔技术创新系统由五部分构成：中央研究院、产品开发中心、工业设计中心、国际认证中心、测试检验中心。中央研究院承担超前技术和产品的研发，产品开发中心承担短期产品的设计，工业设计中心为集团产品提供独具特色的外观设计，而国际认证中心、测试检验中心是海尔产品的保证体系。其中，工业设计中心包括海高公司、东京设计分部、洛杉矶设计分部、阿姆斯特丹设计分部、里昂设计分部、蒙特利尔设计分部、悉尼设计分部。国际认证中心包括国际认证室、环境参数测试室、电磁兼容测试室、电器安全测试室、声学测试室等。

海尔集团公司的技术创新系统的三个层次是：①海尔中央研究院——体系核心机构。海尔中央研究院是技术创新体系的核心机构，是为实现其科技力量的整合和优势资源的优化而设立的融科研、开发、中试为一体的综合性技术研发机构。在国内外科研机构、知名企业大举进攻国内市场的情况下，企业要在激烈的市场竞争中保持不败地位，就需要拥有自己的超前技术储备，需要研讨世界上各种先进的技术。1998年12月，海尔成立了中央研究院，研究开发相关领域的超前技术和超前项目，旨在针对行业及相关领域的最新发展动态进行跟踪和预测，并根据市场的最新发展及时调整集团科技开发整体战略部署，确保集团科技开发的超前性、国际性、整体性。②产品开发中心——中短期产品的设计基地。各事业部所属的产品开发中心、电冰箱研究所、空调器研究所、洗衣机研究所等 14 个新产品研究所，从事相应产品的应用技术的研究，同时研究开发相关产品，为市场直接提供有竞争力的新产品。在这一层次上形成当前市场产品、未来 2～3 年的技术储备能力，同时承担降低成本的工作，各产品研究所同时还从事中短期相关产品的规划工作。即同销售、企划、制造、供应等部门协作编制中短期产品、技术规划。各产品开发中心均有自己下属的中试基地，使科研成果能够迅速地转化和完善。③具有海尔特色的生产一线——技改小组。在海尔源头论的思想带动下，海尔生产一线还活跃着小发明小改革的创新小组，他们没有年龄、学历的限制。凭借自己的心灵手巧和实际工作经验，发明出小工具，小方法，使自己和同事的生产效率成倍地增长。这些员工为企业解决了许多生产难题，这些小发明被命名后，在集团内得到推广和肯定。例如，"孔涌刮板""强绪支架""杨明隔离器"等小发明都出自一线工人之手。海尔每年都对为企业在发明创造、革新改进等方面做出突出贡献的职工进行评比，倡导全员积极参与、自我经营，充分激发员工活力。

（2）观念创新——企业技术创新的先导和灵魂。海尔在 15 年中发展成为中国家电第一，保持了高速稳定的增长，首先得益于海尔集团不断创新的观念，得益于正确的战略方向以及在应该进行战略转移时适时地进行了战略转移。海尔的技术创新，以观念的创新为先导。海尔在发展中，始终注意一切以市场为中心进行决策，并在内部构筑员工认同的企业文化。为此经常进行观念上的创新，以改变陈旧的认识，使企业成为市场的领先者。其代表性的观念有如下方面。

专注于风险中机遇的观念——第三只眼理论（在计划经济向市场经济过渡时期，企业要长三只眼，一只盯住员工、一只盯住用户、另一只盯住政策和机遇）。这种观念解决了中国一些企业只想靠政府资助、害怕市场风险，不敢从风险中寻找机遇，不想从机遇中抓创新，不积极主动参与市场竞争的观念。

创造市场的观念——只有淡季的思想没有淡季的市场。这种观念解决了有些人静态看待市场，在市场需求小时，便等待、依赖的旧观念，树立市场是创造出来的新观念，引导企业依靠技术创新创造市场。

市场的难题就是我们的开题——瞄准市场就像打飞靶。这就需要设计有超前性和提前量，必须不断创新，产品才可能有生命力。

（3）产品创新——企业战略发展目标。从 1984 年 12 月到现在，海尔经历了三个发展战略阶段，保持着战略发展的正确性和连续性。1984 年 12 月至 1991 年 12 月，是名牌战略阶段。7 年时间，通过专心致志做冰箱一个产品，形成名牌并提高了全员素质。1991 年 12 月至 1998 年 12 月，是多元化发展战略阶段。7 年时间通过冰箱发展到系列家电产品。1998 年 12 月以来是国际化战略阶段。从海尔的国际化到国际化的海尔，成为在世界不同地方本土化的名牌。

海尔技术创新工作的开展，正处于由多元化发展阶段向国际化发展阶段的战略转移中，也即从消化吸收到自主开发的转化。海尔依靠国际化设计中心和信息中心实现当地化设计迅速拓展国际市场。具体是通过流程再造化、结构网络化、竞争全球化"三化"保证发展战略的实施。

（4）管理创新——企业创新的基石。海尔在科研工作中，全面贯彻具有海尔特色的 OEC 管理模式和负债经营模式，明确每位员工所拥有的集团资源，制订经营目标，全方位地对每人、每天所做的每一件事进行控制和清理，做到"日事日毕，日清日高"和有效激励，确保了科研开发的效果。

2. 海尔集团公司技术创新运行效果

海尔集团公司通过建立起完善的企业创新系统，对企业创新网络系统实施了最优化管理，取得了良好效果，极大地促进了企业的快速发展，提高了核心竞争力。1999 年，海尔集团公司实现工业销售收入 215 亿元，创汇 1.38 亿美元，全球营业额发展到 268 亿元，利税 13 亿多元。1997 年以来，新产品销售收入从 1996 年的 20% 逐步提高到 1997 年的 25%，1998 年的 40%，1990 年的 80%。研究开发投入 1997 年占销售收入的 4%，1998 年占 4.6%，1999 年占 5.1%。1999 年，海尔集团被美国《家电》杂志评为全球发展速度最快的家电企业，海尔品牌价值增至 265 亿元。

1998 年以来，海尔新增涉足领域：彩电、计算机、手机、热水器、DVD 机、生物制药、吸尘器、小家电、网络家电、机器人产业化等。产品花色品种繁多并形成富有特色的海尔产品群，已由试点工作前的 27 个门类、7000 余种规格品种发展到 58 个门类、9200 余种规格品种。1999 年，海尔共完成新产品数量 287 项，比 1998 年全年增长 10%，申报专利 582 项，平均每天开发 1 项新产品，每天申报 2.3 项专利，新产品产值占总产值的 80%，技术开发投入约占销售收入的 4.8%，获得国内、国际各级科技奖励 56 项。仅 2000 年上半年，集团开发新产品 162 项，申报专利 302 项，平均每天开发 1～2 项新产品，申报 2～3 项专利，海尔集团所有上市产品平均有 3 项专利进行保护。

3. 经验与启示

从以上案例我们得出这样的结论，在现今知识迅猛发展的时代，对一个企业来说，只单纯地进行一项创新已经无法适应企业发展的需要。

（1）企业的创新活动必须以系统的方式进行。首先要确定企业的核心能力，企业的创新必须围绕企业的核心创新进行，只有这样才能确保核心创新的顺利实现。海尔集团为确保海尔的国际竞争优势，不断提高其核心创造能力，不断开发试制新产品。始终坚持市场是检验产品的唯一标准，只有符合顾客需求的产品才是成功产品的理念，并在瞬息万变的市场中不断了解顾客的需求，调整产品的开发方向，及时研制、开发可以占领市场的新产品。海尔集团的技术开发始终以用户的难题为课题，通过过硬的技术、工艺，开发出满足顾客个性化需求的产品，创造出新的市场和独享的蛋糕。

（2）企业竞争能力需要组织、技术、信息、资金等诸方面作为支撑条件。海尔集团经过十几年的努力，从 1984 年 200 多人、濒临倒闭的小冰箱生产厂，发展成今天的中国家电名牌企业，给我们的启示就是：企业核心能力的提升，关键是不断创新，企业战略为企业发展提供方向；观念创新为企业创新活动提供行动保障；技术创新为企业发展提供动力；组织创新形成企业有序的非平衡结构，使企业充满活力；而市场创新是企业活动的落脚点。随着组合创新活动的进行，一方面，企业的组织结构、组织文化和信息流网络都在不断地进行动态调整，以促进创新效率的提高。另一方面，这种动态调整又产生反馈作用，直接影响到创新活动的进行方式，就技术和资金而言，它们既是企业技术创新的基础，又在创新过程中不断积累和加强，并对企业未来的技术创新活动发生作用。

（3）由于技术创新是一个动态的过程，创新效益的实现也就随之贯穿于整个创新活动中，技术创新效益的实现呈现出非线性的动态趋势。同时，技术创新的有效进行，需要企业内部战略、组织、资金、文化等诸要素之间的协同作用。因此，技术创新对企业创新绩效的发挥具有至关重要的作用。反之，缺乏有效的组合及诸要素的协同作用无法发挥，企业创新的效益也将下降，这对企业的长远发展是极其不利的。

（4）随着竞争的激烈和技术创新活动的深入，技术创新不是孤立的，而是系统性的企业行为。技术创新行为及其有效性在很大程度上受到国家战略、社会经济环境以及企业自身条件与战略目标的影响和制约。因此，必须以系统的观点，从战略的高度来研究企业的技术创新行为。必须把产品与工艺、使用原有的技术与获取新技术能力、技术创新与组织管理、技术创新与市场创新结合起来。在创新中整合协调技术、生产和市场的各职能部门工作，从系统的角度来考虑技术创新效益问题，在企业发展战略的制定上，既要考虑到产品创新和工艺改造的协调匹配问题，又要对创新活动中隐性创新效益有清醒的认识，通过技术创新提高企业的核心竞争力。

资料来源：百度文库. 海尔集团基于核心能力的技术创新[EB/OL]. 百度网，https://wenku.baidu.com

8.1.5　技术创新的贡献

从技术创新的内涵分析中不难看出，技术或者依附于物质产品而存在，或者是为物质产品的实体形成而服务的。因此，不论是何种内容的技术创新，最终都会在一定程度上促进产品竞争力的提高。

产品竞争力、企业竞争力的强弱取决于产品对消费者的吸引力。消费者对某种产品是否感兴趣，不仅要受到该产品的功能完整和完善程度的影响，还取决于这种或这些功能的实现所需的费用总和。功能的完整和完善程度决定着消费者能否从该种产品的使用中获得不同于其他产品的满足，功能实现的费用（包括产品的购买费用和使用、维修费用）则决定着消费者为获得此种产品而需付出的代价。因此，产品竞争力主要表现为产品的成本竞争力与产品的特色竞争力。

技术创新促进企业竞争力的提高便是通过影响产品和/或特色而起作用的。材料的创新不仅为企业提供了以数量丰富、价格低廉的原材料去取代价格昂贵的稀缺资源的机会，而且有可能通过材质的改善而促进企业产品质量的提高；产品创新既可以为企业为消费者带来新的满足，亦可以使企业原先生产的产品表现出新的吸引力；工艺创新既可以为产品质量的形成提供更可靠的保证，亦可能降低产品的生产成本；物质生产条件的创新则直接带来劳动强度的下降和劳动生产率的提高，直接促进着产品生产成本的下降和价格竞争力的增强。

综合起来看，技术创新一方面通过降低成本而使企业产品在市场上更具价格竞争优势，另一方面通过增加用途、完善功能、改进质量以及保证使用而使产品对消费者更具特色吸引力，从而在整体上推动着企业竞争力不断提高。

8.2 技 术 引 进

8.2.1 技术引进的概念

技术引进是指为发展自己的科学技术和经济，通过各种途径，从国外引进本国没有或尚未完全掌握的先进技术，它是企业促进经济和技术发展的主要战略与措施，也是技术管理的重要内容之一。国际间的技术引进可分为贸易形式和非贸易形式两种。

1. 贸易形式

贸易形式是有偿的技术转移，也叫技术贸易。它包括许可证贸易、咨询服务、合作生产、补偿贸易、合资经营等。

2. 非贸易形式

非贸易形式通常是无偿的技术转移，它包括科学技术的交流、聘请国外技术专家、参加国际学术会议、技术座谈、交流技术资料与情报、举办国际展览等。

8.2.2 技术引进的内容

技术引进的内容主要是指专利许可、专有技术许可和商标许可的许可证贸易。许可证贸易是卖方向买方转让技术时，买方要向卖方支付技术转让费用。但许可证贸易只是技术使用权的转让而不是所有权的转让。

1. 专利

专利是指一项发明创新的首创者到专利机关申请并批准后在法律上取得的专利权。分为发明专利、实用新型专利和外观设计专利三种。所谓购买专利，买的只是使用权，并不是具体的技术内容。凡是具有新颖性、实用性和创造性的发明都可以申请专利。获专利部门批准以后，发明人就获得了该项发明的专利权。任何企业或个人要使用该项发明专利，必须事先得到专利拥有者的许可，并缴纳规定的专利费，否则就构成了侵权。

2. 专有技术

专有技术也叫技术诀窍，是指从事生产或所必需的、未向社会公开的秘密技术知识、经验和技巧，包括各种设计资料、图纸、生产流程、加工工艺、材料配方、测试方法等技术资料；经营管理、产品销售、储存和运输等有关技术资料；人员所掌握的各种经验知识和技巧。专有技术有些属于不能获得或有意不去申请专利的技术，不能拥有工业产权，法律不予保护，但也不干涉。在签订合同之前，必须了解和调查卖方所转让的技术诀窍是否符合自己的要求。

3. 商标

商标是工商企业用来表明其商品与其他商品区别的标志，可以用文字、记号、图案或其综合加以表示，代表商品的质量和信誉。商标经申请注册批准后，可获得注册商标权，也是工业产权的一种，受本国商标法的保护。发展中国家引进某项专利和技术诀窍时，常采用外国公司的商标，借助于该商标的声誉为自己的产品打开国际市场的销路。

8.2.3　技术引进的方式

技术引进可以通过各种不同的方式进行，具体方式有如下几种。

1. 合资经营

合资经营是两个或两个以上的法人共同举办某企业，双方共同投资经营、分享利润、共担风险的一种经营方式。一般来说，一方提供机器设备、专利技术、专有技术等先进的技术手段；另一方则可根据自身情况提供厂房、土地、劳动力和现金等入股。

2. 合作生产

合作生产是指一项产品或一个工程项目，由双方或多方各自承担其中某些部分或部件的生产来共同完成全部项目的一种合作方式。合作生产所采用的技术可以由一方提供，另一方则可以在合作生产的过程中达到技术引进的目的。

3. 许可证贸易

许可证贸易指的是技术转让方和技术引进方就某项技术转移问题进行商业性磋商，达成协议。引进方有权使用转让方所拥有的技术，生产和销售利用这种技术所制造的产品，并按协议规定返回技术转让方一定的费用。

4. 成套设备引进

从国外购买生产某种产品或系列产品的全套设备，在引进设备的同时引进技术，引进的内容通常包括工艺技术、工程设计、成套设备，甚至包括厂房、生产管理、产品销售和培训技术人员等服务项目。

5. 技术咨询服务

技术引进方就引进项目的可行性研究、技术方案的设计、方案的审核等问题委托咨询机构进行专项或系列项目的帮助。

6. 补偿贸易

补偿贸易又称产品返销，一般是指技术引进方在信贷的基础上，从国外另一方买进机器、设备、技术、原材料或者劳务，约定在一定期限内，用其生产的产品，其他商品或劳务，分期清偿贷款的一种贸易方式。

7. 设备租赁

设备租赁是由租赁公司按用户承租人的要求垫付资金，向制造商购买设备，租给用户使用。用户一方面定期向租赁公司支付租金；另一方面，又与制造商签订技术合同（如技术指导、人员培训、设备维修等）。

8.2.4 技术引进选择要考虑的因素

1. 技术的先进性

技术的先进性指比国内已掌握的技术更先进的，自己研发有较大的困难但又急需的，或研究费用过大、时间过长等。先进性是相对的，如有些技术我国还没有，有些产品国内尚不能生产，引进这些技术和设备对我国来说是先进的，而对技术输出国来说就不一定是先进的。引进先进技术必须与我国的工业体系、原有技术基础、资源条件和市场需求相适应，能够消化吸收和推广应用。引进的技术如果不能消化吸收，则先进性从技术上来说就是不完善的。

2. 技术的生命力

任何技术都要经过萌芽探索、完善提高、成熟应用、没落淘汰四阶段。新技术的平均寿命只有 5 年左右，有的经过改进，可能延长生命力。应根据经济效益标准来衡量不同阶段上的技术。萌芽阶段的技术，需投入较多的人力、物力和财力去进一步探索，风险较大；完善阶段的技术，风险较小，仍需投入一定的力量进一步提高。处于成熟阶段的技术是目前大规模应用的技术，无须再为研究完善而投入资金和承担风险即可获得收益；处于没落阶段的技术，与目前通行技术相比经济效益较差。但需注意的是，一种技术的经济效益是相对的，不能简单地以该技术生产的年限来决定取舍。总之，技术的生命力不完全取决于技术本身，而是取决于它与使用者的关系。如果技术与使用者产生互动，即它被使用，从中便产生了技术的生命力。如果技术不被使用，它就被淘汰，就会失去生命力。

3. 技术的适用性

技术的适用性是指一个国家、一个地区、一个企业为了达到一定的目的而采用的技术最符合本国、本地区、本企业的实际情况，经济效益和社会效益最好。适用技术主要是针对发展中国家现有的资源状况而言是适用的、便于吸收和掌握的。工业发达国家的一些最先进的技术，很多暂时不适用于发展中国家的具体条件。某些技术和设备是在资本过剩、工资过高和劳动力不足的条件下发展起来的。当然，这并不排斥各种先进的、直接从发达国家移植而来的现代技术，因为这些技术，对某些部门仍可能是非常适用的。

4. 技术的配套条件

任何一项先进技术都不可能脱离周围的配套条件，引进的成套项目一般还要配上大量的国内设备和土建工程，才能形成新的生产能力。

8.3　产　品　开　发

8.3.1　产品创新

1. 新产品的概念

新产品是指产品在原理、用途、性能、结构和材质等方面或某一方面同已有产品相比具有显著改进、提高或独创的，具有先进性和实用性，能提高经济效益，有推广价值，并在一定的地域范围内第一次试制成功的产品。新产品是一个相对的概念，是同原有产品相比，在结构、性能等方面有重大突破的产品。那种仅在产品的包装、款式上做改进的，不能称为新产品。此外，从市场角度出发，那些试制成功后只放在陈列室供参观或供展览的产品，不能纳入新产品之列。新产品必须是正式生产并投入市场的产品，因为只有接受消费者的选择，产品才能真正为企业、社会创造效益。

2. 新产品的分类

1）按地域范围分类

（1）国际新产品。国际新产品指在世界范围内第一次生产和销售的产品。这类产品有重大的发明创造，企业应注意保护，必要时应申请专利。

（2）国内新产品。国内新产品指国外已有，国内第一次生产和销售的产品，通常称为"填补国内空白"。开发这类产品对赶超世界先进水平、加快我国的经济建设有重大意义。

（3）地区新产品。地区新产品指国内已有，但在本地区尚未试制过的产品。当其他地区此类产品不能满足国内外需要时，开发这类产品就很有必要了。

2）按创新程度分类

（1）全新产品。全新产品指用新原理、新结构、新技术、新材料等制成的新产品，这类产品有明显的技术经济优势。

（2）换代新产品。换代新产品指采用的基本原理不变，只是部分地应用了新技术、新材料、新结构而使性能或技术经济指标得到显著提高的产品。如数控机床及加工中心是对普通机床的升级换代产品。

（3）改进新产品。改进新产品指在原有产品的基础上采用了某些改进技术，使性能有一定程度提高的产品。改进新产品是在原有产品基础上派生出来的变形产品，企业较多地采用这种形式开发新产品。

3）按决策方式分类

（1）企业自主开发的新产品。企业自主开发的新产品指企业通过市场调查来预测用户需求趋势，并以此决定开发和销售的新产品。

（2）用户订货开发的新产品。用户订货开发的新产品指企业根据用户提出的具体产品方案而进行开发的新产品。

3. 产品创新的方法

在产品创新的过程中，关键是新产品的构思等创意活动，它已从原有的偶然发现方式转到有计划地运用各种科学方法的激发方式，用不同的原理将人的创造能力激发出来。产品创新的方法一般有以下几种。

（1）品质分析法。这种方法的依据是通过分析已有的产品而获得的。具体有水平思考法、多维分析法、品质扩展法和弱点分析法等。如市场上出现方便面以后又扩展出方便米饭等。

（2）需求信息交合法。这种方法是将注意力集中在需求信息上，从研究产品的购买者或长期使用者中获得创新的启示。具体有功能组合法、问题分析法、综合列表法等。如手表是用来计时的，能否进行功能组合，使其成为既能计时又能测量血压的新产品，就是功能组合法。

（3）遐想构成法。这种方法就是通过对未来的社会生活环境的变化来预测适应这一变化的新产品的创意，使产品超越时代的节拍。具体有自由遐想法、趋势预测法、假设方案法等。如可以遐想以后的服装具有诊断人体疾病的功能等。

（4）群体创造法。这种方法是集群体创造能力之大成而进行的产品创新。具体有头脑风暴法、德尔菲法、多学科小组法等。现代的新产品要有高的附加值，其技术含量往往是多学科的综合，这就需要运用群体的创造能力，如智能机器人等。

8.3.2 新产品开发的程序

新产品开发的程序因开发与决策方式的不同而有所区别，新产品开发方式以独立研制开发最为复杂。下面以机械加工装配式企业独立研制新产品为例，它的开发程序如下。

1. 调查研究阶段

这一阶段的目的是根据企业的经营目标、产品开发策略和企业的资源条件确定新产品开发目标。企业开发新产品首先要做好调查研究工作，其中包括技术调查和市场调查。

（1）技术调查。技术调查是指调查有关产品的技术现状与发展趋势，预测未来可能出现的新技术，以便为制订新产品的技术方案提供依据。对专用产品，要走访用户，了解用户要求、生产规模、远景规划等生产技术特点，以方便为用户选择最佳方案或代为用户进行成套设计；对通用产品，可以在收集技术情报的基础上，采用专家预测法等进行技术预测。

（2）市场调查。要了解国内外市场对产品的需求情况，从而根据市场需求来开发新产品。

2. 新产品开发的创意阶段

企业新产品开发的构思创意主要有以下来源。

（1）用户。开发新产品的目的是满足用户需要，因此企业要通过各种途径收集用户的需要，了解用户在使用老产品过程中提出的需要改进的意见，并在此基础上形成新产品开发的构思创意。

（2）本企业职工。企业职工熟悉本企业生产条件，关心本企业的发展，特别是销售人员和技术服务人员能经常接触用户，比较了解用户对老产品的改进意见和需求趋势。因此，企业应鼓励职工提出开发新产品的创意。

（3）厂外科技人员。他们有比较丰富的专业知识，掌握较多的国内外科技信息，因而可通过多种方式鼓励他们为企业开发新产品提供创意。主要方法有：聘请专家当顾问，请求提供咨询；运用专家学者的科研成果，从中汲取开发新产品的构思创意。

3. 新产品开发创意的筛选阶段

新产品开发创意的筛选阶段要从已经征集到的许多方案中，选择出具有开发条件的构思创意。筛选创意时，一要坚持新产品开发的正确方向，二要兼顾企业长远发展和当前市场的需要，三要有一定的技术储备。

4. 决策方案和编制设计任务书

产品决策方案就是根据新产品开发目标的要求，对未来产品的基本特征和开发条件进行概括的描述，包括主要性能、目标成本、销售预计、开发投资、企业现有条件利用程度等。决策的目的就是对不同方案进行技术经济论证，通过比较来决定取舍。一般决策结果可能出现几种情况：一是所有方案都不付诸开发；二是因某些情况尚不清楚而推迟开发；三是选择两个各有利弊的方案制造出样品，然后依试验结果再决定取舍；四是选择某个真正较优者开发。

新产品开发方案决定后，要组织力量编制设计任务书。设计任务书的内容比产品开发方案更具体。它包括开发新产品的结构、特征、技术规格、用途、适用范围、与国内外同类产品的分析比较、开发这一产品的理由和根据等。

5. 新产品设计

设计任务书经审查批准后便可进行产品设计工作。新产品设计一般分为初步设计、技术设计和工作图设计三个阶段。为了提高产品设计的工作效率，近年来计算机辅助设计（computer aided design，CAD）也广泛应用于产品设计的全部过程，人们称这是设计工作的一场革命。另外，工业发达国家在产品设计中开展工业设计运动。工业设计是将科学技术、文化艺术和社会经济紧密结合，形成三位一体的综合设计产品。

6. 新产品工艺设计

工艺设计是产品创新试制阶段和大批量生产时，为达到产品设计的技术要求，指导工人操作，保证产品质量的一项重要技术工作。在产品制造过程中，工艺设计具有工作量大、费用高等特点。

7. 新产品的试制

新产品的试制一般包括样品试制和小批量试制两个步骤。样品试制的目的是考核产品设计质量，考验产品结构、性能及主要工艺，验证和修正设计图纸，使产品设计基本定型。试制的目的是考验产品的工艺，检查图纸的工艺性，验证全部工艺文件和工艺装备设计图纸再进行一次审查修改。

8. 新产品试验与评价鉴定

新产品装配至鉴定前，应做好试验工作，对样品进行全面检查、试验与调整。试验和调整后要做出总结，交企业鉴定委员会进行鉴定。

9. 新产品的市场开发

新产品的市场开发既是产品开发过程的终点，又是下一代产品开发的起点。它的主要工作有如下方面。

（1）市场分析。市场分析的目的是对产品未来销售量进行预测，并根据预测值来估算收益情况，了解新产品是否有开发价值。

（2）样品试用。在新产品开发的样品试制阶段，可将部分样品送给用户试用，请他们提意见。

（3）市场试销。对某些新产品在正式投放市场之前，要组织试销，即将产品及其包装、装潢、广告、销售的组织工作等置于小型的市场环境之中，以便进一步了解产品的销售状况，针对试销中发现的问题，采取必要的措施，为产品正式投放市场打好基础。

（4）产品投放市场。新产品经过鉴定、试销就可以投放到市场中正式销售。这时企业要做的工作有：将新产品列入其正式产品目录；编制产品性能和使用说明书；选择适当广告媒介，安排广告宣传；制定产品商标；向有关部门登记注册；培训销售人员；制定合理的价格；组织好技术服务工作等。

案例

3M——不断创新的百年老店

商业趋势就像时装一样神秘莫测。资产重组、企业合并、质量控制都是企业对市场规则做出的战略反应，这一系列趋势都好比时装界的长裙和短裙一样你方唱罢我登场。对企业而言，永远不会过时的时尚就是技术创新。

正是因为创新，成立于 1902 年的明尼苏达矿业和制造公司（以下简称"3M"）摆脱了初创期采矿的命运，从美国中西部并不起眼的小公司发展成发明 67 000 多种产品的百年老店。套用 3M 自己的话：每人起床后 3 米内必看到 3M 的产品——胶带、报事贴、无痕挂钩、百洁布、拖把、屏幕增亮膜、车身反光系统、牙科修复材料、输电导线……

这些发明也给 3M 带来了回报：2011 年 3M 以超过 160 亿美元的营收位列财富全球 500 强第 316 位。同时，3M 也是美国道琼斯 30 种工业股票指数成份股之一。

对于一个视创新为生命的企业而言，管理很大程度上意味着对人的管理。3M 前任董事长兼总裁威廉·L. 麦克奈特认为：管理在某种程度上会压抑人们的创新精神。3M 管理层意识到宏观管理的考核标准常常会使研发人员戴着"脚镣"跳舞。3M 的一条经验是："最重要的是应该知道什么时候'放松管制'，去放任具有创新的反叛精神。"公司推崇研发人员的"自由"福利"15 原则"，即允许每个技术人员在工作时间内可用 15%的时间从事个人感兴趣的工作方案，也就是干点"私活"，其含义并不是大家每天都看着自己的表，把 8 小时中的 1 小时 12 分钟用于自己的研究计划，而是：如果研发人员有个好主意，想花时间进行研究，那就有拒不执行实验室主任命令的权力。

资料来源：付志勇.3M 创新管理：纪律与想象力的阴阳平衡[J]. 牛津商业评论，2012

【本章小结】

　　本章的主要内容是技术与技术创新。技术是生产实践过程中人们掌握的技能和技艺，它是智慧和经验的结晶。企业的技术系统可分为狭义和广义两种，狭义的技术系统如同企业的技术部门，主要任务是负责产品开发技术进步，以及工程活动的开展。而广义的技术系统对整个企业的经营对象和经营方法进行支持。

　　技术创新的基本战略有以下几种：自主创新、模仿创新、合作创新。

　　技术引进选择要考虑以下因素：技术的先进性、技术的生命力、技术的适用性、技术的配套条件。

　　新产品开发是企业技术管理的重要组成部分，新产品开发的程序包括调查研究、开发创意、创意筛选、编制设计任务书、新产品设计、新产品工艺设计、新产品的试制、新产品试验与评价鉴定和新产品的市场开发。这些程序的规范性和先进性决定了新产品开发的成败。

【复习与思考题】

　　1. 技术创新有哪几种基本战略思路？企业如何从实际出发进行合理选择？

　　2. 技术引进选择要考虑的因素有哪些？

　　3. 新产品开发的程序包括哪些环节，在实施时要注意些什么？

【关键术语】

技术创新 technical innovation
新产品开发 new product development
合作创新 cooperative creation
专有技术 special technique
技术贸易 technique trade
许可证贸易 licensing

【案例与分析】

铱星为什么陨落

情境资料 1：铱星引发谈话方式的革命

　　从 1987 年开始的"铱系统"计划，历时 11 年，19 家全球重要的电信和工业公司共同投资 57 亿美元组成了铱星通信公司，摩托罗拉以持股 18%成为铱星最大的股东。它的目的是建立一个把地球包起来的"卫星圈"。1998 年 11 月 1 日，它实现了这个梦想。与传统的卫星通信相比，铱星具有明显的优点：铱星运行轨道低，更易于实现全球个人卫星移动通信；覆盖面广，能为全球任何一个地方提供通信。在铱星的广告词中，有一句话：网络覆盖全球（包括南北极和海域）。它是由 66 颗卫星组成的低轨道全球个人移动卫星通信系统，每颗铱星重 680 千克，设计寿命为 5～8 年。这是世界上第一个大型低轨道卫星通信系统，也是全球最大的无线通信系统，每年仅维护费用就需要几亿美元。

随着铱星全球卫星电话服务系统开始投入使用，卫星电话正在使我们的谈话方式发生一场革命：它能够使任何人在几乎任何地方、任何时候都可以用电话或者寻呼机进行联系，而且最终可以享受任何通过电话线提供的服务。

应该看到的是，卫星通信的卓越能力不仅是提供无地域限制的通信方式，而且还能够提供比现有的无线蜂窝通信网络有更高要求的通信方式。全球海洋面积占地球面积的四分之三，在开发海洋资源的过程中，海洋天气预报、海上救援及海洋与地面之间的联络，都可以依靠卫星通信方式来完成。目前蜂窝网络只能覆盖地球陆地面积的一小部分，卫星通信的全球覆盖能力将使现有通信网络得到极大的延伸。（中国经营报，2003-03-26）

情境资料 2：不同的观点

事实上，挑铱星的毛病很容易。

第一，"铱星"手机售价为每部 8000 美元（相当于国内一辆汽车的价格），少说也要 4000～5000 美元，而通话费更高得惊人。在中国内地，1999 年"铱星"手机对地面固定和移动电话的国内通话费为 9.8 元/分钟，国际通话费为 27.4 元/分钟，因此用户数量增长缓慢，在北京只卖出 200 部，全国也只卖出 900 部。它开业的前两个季度，在全球只发展了 1 万名用户，而根据铱星方面的预计，初期仅在中国市场就要做到 10 万名用户。

第二，铱星手机又重又笨，重达 450 克左右，与现在的普通手机相比笨头笨脑。

第三，铱星手机性能也不尽如人意，其通话的可靠性和清晰度也比较差，在室内和车内都不能通话。最要命的是"铱星"系统的数据传输速率仅有 2.4kh/秒，所以除了通话外，现只能传送简短的电子邮件或慢速的传真，无法满足目前互联网的需求。

第四，从技术上看，铱星系统采用星际链路，用极地轨道，将 77 颗星（后改成 66 颗）在极地汇成一个点，还要避免碰撞，技术太复杂。它也是一个完整的独立网，呼叫、计费、通信管理是直接建立的，不受本地通信网主权国家的管理。以上原因造成该系统的技术风险过大。

情境资料 3：GSM 移动电话的发展

20 世纪 70 年代末，移动电话刚出现时，发明这项技术的贝尔实验室根据自己的一项市场研究预计，到 2000 年移动电话用户最多只有 80 万。但经过 10 多年的飞速发展，传统移动电话已全面普及。据美国电子产品市场信息公司统计，1998 年全球移动电话的销量达到 1.63 亿部，比 1997 年增加了 51%，摩尔定律原来是指在 IT 产业尤其在半导体芯片技术上，每 18 个月产品性能翻一番，而价格下降一半。事实上，摩尔定律已经从 IT 产业扩散到其他产业，甚至整个社会的运转速度都受它的影响，而影响的程度各不相同，这也被解释为 10 倍速理论。

情境资料 4：艰难历程

原定 1998 年 9 月 23 日便开始商业运营的铱系统，由于铱星在制造中出了小问题和个别地区关口站未能如期投入使用，而将运营日期推迟到了 11 月 1 日；每部手机 3000 美元的天价和高昂的通话费用（国际话费平均 7 美元/分钟）使得铱星曲高和寡，用户的发展大大低于预想。造成铱星公司前两个季度亏损达 10 亿美元。

新华社 2000-03-20 华盛顿电：由于找不到买主，1999 年 8 月申请破产保护的美国铱星公司于 2000 年 3 月 17 日午夜停止营业。

据美联社报道在纽约联邦破产法院 2000 年 3 月 17 日下午举行的听证会上，美国铱星公司律师表示该公司没有找到"合格的"买主。法官阿瑟·冈萨雷斯于是批准美国铱星公司将其经营的 66 颗卫星退出轨道，使它们在进入地球大气层时焚毁。美国铱星公司可能在两个星期内开始这一行动。

资料来源：陈传明，周小虎. 管理学[M]. 北京：机械工业出版社，2012

问题：

1. 请对铱星项目失败的原因做详尽的分析。你能够从这个项目中吸取什么教训？

2. 铱星的全球市场到底有多大？如何估价和分析？

3. 当企业进入一个新兴产业时，选择进入时机要注意哪些问题？在技术存在不确定性的情况下，如何规避风险？

4. 如果铱星是中国人投资的一个项目，同样到了今天这样一个地步，会不会宣布破产？如果不宣布破产，未来会出现何种问题？

【推荐阅读】

1. J. P. 科特. 变革的力量[M]. 北京：华夏出版社，1997.

2. P. F. 德鲁克. 创新与企业家精神[M]. 北京：机械工业出版社，2009.

3. 金占明，白涛. 企业管理学[M]. 3 版. 北京：清华大学出版社，2010.

4. 威廉·J. 史蒂文森. 生产与运作管理[M]. 11 版. 北京：机械工业出版社，2012.

第9章 组 织

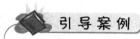 **学习目标**

1. 理解组织、组织设计、组织变革的含义；
2. 掌握组织的特点及类型；
3. 熟悉组织设计及人员配备；
4. 了解不同的组织结构及其优缺点；
5. 理解组织变革的原因、方式及过程。

引导案例

史玉柱一刀砍掉巨人中层

2015年11月18日，巨人网络董事长史玉柱微博公布，最近向巨人网络砍了三板斧，并称这三板斧是送给巨人网络的"生日礼物"。第一板斧就砍向了133名干部，干部总数从160名降为27名；六层的官僚管理层级削为三层。第二板斧是战略调整：手游为主，聚焦精品；第三板斧是文化改造：向陋习开刀，唤回创业激情。

据透露，这133人不是被裁员，只是从管理岗转到了技术岗，但巨人网络显然是下了决心去掉中间层、实现组织扁平化。组织变革的直接原因往往都是业绩压力，巨人也不例外。

巨人面临的难题是收入过分依赖《征途》（2005年上线）和《征途2》（2010年上线）两款网游，自其上线以来，累计给公司贡献了60亿元左右的营收，占比超过九成。巨人网络长期以来严重依赖征途两款游戏、移动端乏力的情况已经引起市场担忧。

为了匹配高估值，巨人网络股东承诺：2016年、2017年和2018年，巨人网络扣除非经常性损益后归属于母公司股东的净利润将不低于10亿元、12亿元及15亿元。

高额的业绩承诺，让巨人网络必须变革。一有转型和业绩压力就拿中层开刀似乎成了国内大企业的常规动作，似乎有了危机，把中层一裁、组织一扁平化、去了中间层组织变革就完成了，但其实组织变平并不是去掉中层这么简单。组织变革从根上说其实是为战略服务的。

拿巨人来说，砍掉中层的组织变革是适应其战略转型的——他们将从管理岗转到技术岗，去开发游戏，这其实是配合巨人网络全面转向手游业务的战略。

史玉柱把此前的"中心部门制"重组为"工作室制"，每个工作室由核心制作人直接率领；组建创新开发团队，从全公司抽调人手，拓宽产品线，培养挖掘新一代制作人；搭建一个公司级手游协同开发平台，提高单位作战效率，降低年轻制作人的创新门槛。

在这样的构架里，原来以执行为主要责任的中层变为"决策＋执行层"，而新生的领导者必须同时具备管理和执行的能力，直接面对市场和用户，快速地反馈、试错、调整，做出战略的调整和决策，即史玉柱所说的"权力下放"——下放的其实是战略决策权。所以说，组织变平成为趋势，其实是为适应互联网时代战略塑造方式的转变。

也就是说，过去公司 CEO（高层）做战略，战略决定了做组织调整，就开始打仗了。可现在，局势变化快，往哪里打 CEO（高层）一个人也看不清了，那就把战略形成和决策的权利下放，去中间层、组织被切小都是适应这样的变化，这样嗅觉灵敏，转身灵活。

资料来源：杜恒峰. 史玉柱不给巨人网络"啃老"：一刀砍下 133 名中干[EB/OL]. 2015-11-19. 中国新闻网，http://www.chinanews.com/

9.1　组织的含义和类型

人类社会实际上就是由一个个组织构成的，组织是社会存在的基本形式。组织也是管理的一项重要职能。在社会生活的各个领域、各个层次和各个方面，广泛存在不同的组织，一切社会成员都生活并活动在不同的组织之中，都是特定组织的成员。组织的目的是使人们为实现共同的目标而有效地工作。建立精干、高效的组织，并使之得以正常运行，是实现管理目标的前提条件。

9.1.1　组织的含义

组织有两种词性，一种是动词的组织（organize），是对工作任务、资源等进行安排、配置以达成某一目标而采取一系列活动的过程；另一种是名词的组织（organization），是两个以上的人为了实现共同的目标而组建的实体，组织的存在表现为在某些特定目标下形成的职位及个人之间的关系网络结构，它一经形成就具有相对稳定性，如政府机构、学校、企业等。

从一般意义而言，可以将组织定义为：在一定环境下，为实现共同的目标，在分工与协作的基础上，按照特定原则通过组织设计，使得相关资源有机组合，并以特定结构运行的有机整体。

一个完整组织一般由以下几个要素构成。

（1）共同的目标。组织有了共同的目标，才能统一指挥、统一意志、统一行动。这种共同的目标应该既为宏观所要求，又能被各个成员所接受，应尽量消除组织中成员的个人目标和组织目标之间的背离。

（2）人员与职责。为了实现共同目标，就必须建立组织机构，并对机构中全体人员指定职位，明确职责。

（3）协调关系。必须把组织成员中愿意合作、为共同目标做出贡献的意志进行统一；否则，共同目标再好也无法实现。

（4）交流信息。交流信息即将组织的共同目标和各成员协作意愿联系起来，这是进行协调关系的必要途径。

9.1.2　组织的作用

组织的作用就是把现有的人、财、物整合，从而以最优的形态完成或实现组织的目标。具体来讲表现为以下几个方面。

（1）实现分工协作，提高劳动生产率。由于个人能力的局限性而无法达到目的时，可通过组织功能的作用，形成组织形式，可将分散的个体集合成集体，彼此分工、协作，高效率地共同完成任务。

（2）把力量整合起来，实现组织力量的放大。组织有一种聚合放大的效应。组织通过对个体力量的有效整合，达到一种放大效应，产生出比简单聚合更大的力量，即能实现 $1+1>2$ 的功效。

（3）实现统一指挥。当组织发展到规模很大、人员众多、分支机构也众多时，只有组织起来，才能使不同系统实现统一指挥，从而避免各自为政、彼此削弱。

9.1.3　组织的特点

设计和建立合理的组织结构，并根据组织内外要素的变化而适当地调整组织结构，维持组织的正常运转，其目的是更有效地实现组织目标。那么，为了更有效地实现组织目标，还需要了解组织的特点。

1. 目标的一致性

任何一个组织都是由它的特定目标决定的，组织中任何一部分都应该与组织的总目标相联系，组织结构的设计与组织形式的选择都必须有利于组织目标的实现。因此，共同的目标是组织的基础和第一要素。组织目标的一致性主要体现在如下方面。

（1）在同一组织中，有多种目标价值取向，在多种目标价值取向中必须有支配性的主导价值取向。

（2）组织的目标可以划分为组织的整体目标、部门目标和个人目标，但相对于组织的整体目标来说它们应该具有统一性。

（3）组织目标可以划分为近期目标和中长期目标，组织的整体目标必须保持与中长期目标的一致性。

2. 原则的统一性

在进行组织结构设计时，既要明确规定每一管理层次和每个部门的职责范围，又要赋予完成相应职责所必需的管理权限，职责与职权必须在原则上协调统一。组织原则还包括：组织活动的价值规范，组织构建的原则，组织活动和运行的原则等。在一个组织中，各种原则构成了统一的有机整体，这些组织原则之间具有统一配合性。

3. 资源的有机结合性

组织以实现目标所要求的职位设定为中心，使组织资源在组织职位上实现有机结合和合理分布，从而协同实现目标。现实的组织是各种组织资源要素的组合，组织资源要素包括人、财、物、权利、信息、价值和规范等。

4. 活动的协作性

从活动的角度看，组织本质上是人们之间的相互协作关系。组织之所以能产生和有效发挥作用，是因为人在生产和社会活动中个体能力的不足，因此，有些个人不能完成的任务必须通过相互协作和帮助来完成。把组织的总目标分解成各部门、各组织成员的具体的目标与任务，使各部门、各组织成员明确其在组织中应承担的职责和拥有的职权。通过分目标、分任务的实现，从而最终实现组织的总体目标。

5. 结构的系统性

结构的系统性是指组织的结构由各系统构成，这些系统包括组织的职位系统、运行系统、文化系统、关系系统等。这些系统自身构成了完整系统，同时，又与其他系统形成有机联系，构成了组织结构的总体系统。组织结构的系统化，使得组织整体系统功能大于各部分系统的功能之和。

9.1.4　组织的类型

按照不同的标准对组织进行分类，可以有以下几种分法。

1. 按组织的形态分类

在管理学中，管理学者布劳和科斯特较早根据组织目标对组织形态进行分类。按照这一标准，他们把组织划分为以下四类。

1）互惠组织

互惠组织的特定成员是组织目标的主要受惠者。这类组织形式包括政治党派、工会组织、贸易协会、俱乐部等。互惠组织成员基本根据自己的兴趣而参加组织的活动，结构比较松散，来去自由。组织的管理方式也都是采取高度民主制。

2）服务组织

服务组织主要以提供服务为主，如学校、医院、民权组织、社会机构、律师事务所、精神病防治所等。这种组织的主要功能是为成员提供良好的专业化服务。它们有稳定的组织结构和固定的工作人员，采用科层制的管理方式。

3）经营性组织

经营性组织主要从事工农业的生产、交通运输和商业流通领域里的活动，以盈利作为组织活动的最终目标，而且这类组织所产生的价值可以用货币形式进行表现，如零售商店、银行、公司、工厂等。

4）大众福利组织

大众福利组织使社会所有公众都是组织的受惠者，包括那些不与组织有直接接触的社会成员。这类组织对社会起到保护作用,维护社会的公平和公正,但不以盈利为目标,而且常常兼有一定的行政功能。例如,邮局、国际飞机场、政府机构、大学、科学研究机构以及消防机构等。

2. 按组织目标的公共性分类

1) 公共组织

公共组织就是以管理社会公共事务、提供公共产品和公共服务、维护和实现社会公共利益为目的,拥有法定的或授予的公共权力的所有组织实体。政府是典型的公共组织。

除此之外,以特定的公共利益为目标,提供公共服务的非营利性的非政府组织,也是现代社会公共组织的重要组成部分。

2) 非公共组织

非公共组织一般指不以公共利益为组织的目标,而追求个体利益的所有组织实体。非公共组织包括以下几种:①企业。在市场经济条件下,作为市场主体的企业是典型的非公共组织,它以追求利润最大化为目标。②营利性的中介机构。以营利为目的的社会中介组织属于非公共组织,如房屋中介所、会计师事务所等都是非公共组织。③特定利益集团组织。在政治生活中,服务于非公共利益的特定利益集团属于非公共组织。④宗教组织。在社会生活中,基于特定的宗教信仰而形成的宗教组织属于非公共组织。如天主教教会等。⑤基于特定的生活兴趣而形成的组织,如桥牌协会、围棋协会等。

3. 根据组织形成的自发性程度分类

1) 正式组织

正式组织是指人们按照一定的规则,为完成某一共同的目标而正式组织起来的人群集合体。一般来说,它具有明确的管理者意图和价值取向。正式组织具有如下特点:①专业分工。按照组织总体目标及其分解目标和组织工作的特性,正式组织具有明确的内部专业化分工,并按照这些分工设置相应工作职位,配置资源。②稳定性较强。正式组织一经建立,通常会维持相当长的一段时间,只有在内外环境条件发生了较大变化、原有组织形式明显不适应时,才会对组织进行重组和变革。③具有统一的制度性规范。正式组织一般制定统一的制度、规范和规则,以支撑组织的结构、保证组织的秩序、维持组织的正常运行,实现组织的目标和任务。④具有正规性。正式组织中所有成员的职责范围和相互关系通常通过书面文件加以明文的、正式的规定,以确保其行为的合法性和可靠性。

2) 非正式组织

非正式组织是人们在共同的工作过程中自然形成的以感情、喜好等情绪为基础的,松散的、没有正式规定的群体。它是一种个人关系和社会关系的网络,具有自发性、内聚性和不稳定性。

成功心理学(successful psychology)研究发现,人类机能的三个层面之一是价值的主观体验,包括幸福、满足和满意,希望和乐观主义,热情和快乐。非正式组织为员工提供了一个安全的情绪释放渠道。

可以从"安全性"和"紧密度"两方面来考察非正式组织的划分。这里所谓"安全性"是与破坏性相对立的，凡是积极的、正面的、有益的活动都是"安全"的，比如满足成员归属感、安全感的需要，增强组织的凝聚力，有益于组织成员的沟通，有助于组织目标的实现等；凡是消极的、反面的、有害的都是"危险"的，如抵制变革，滋生谣言，操纵群众，造成高素质、高绩效员工流失等。所谓"紧密度"是与松散性相对立的，凡是有固定成员、有活动计划、有固定领导而小道消息又特别多的，都是"紧密度"高的；相反则是"紧密度"低的。在具体评价中，人们可以以"安全性"和"紧密度"这两项指标为横向和纵向坐标，做出如图 9-1 所示的有四个区间的分类图。

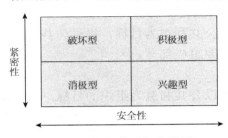

图 9-1　非正式组织的区间分类图

（1）消极型：既不安全，也不紧密。这种非正式组织是内部没有一个得到全部成员认可的领袖，分为好几个小团体，每一个小团体都有一个领袖，同时某些领袖并不认同组织，存在个人利益高于组织利益的思想。

（2）兴趣型：很安全，但不紧密。由于具有共同的兴趣、爱好而自发形成的团体，成员之间自娱自乐。

（3）破坏型：很紧密，但不安全。这种非正式组织形成一股足以和组织抗衡的力量，而且抗衡的目的是出于自身利益，为谋求团体利益而不惜损害组织利益。同时，团体内部成员不接受正式组织的领导，而听从团体内领袖的命令。

（4）积极型：既积极，又很紧密。一般出现在企业文化良好的企业，员工和企业的命运紧密地联系在一起。例如日本本田公司的 QC 小组，完全是自发成立的，员工下班后聚到一起，一边喝咖啡，一边针对今天生产车间出现的生产问题和产品瑕疵畅所欲言，最后通过讨论找出解决问题的方法。

3）非正式组织对正式组织的作用

非正式组织是和正式组织同时存在、同时运行的，非正式组织的活动对组织目标的实现、组织任务的完成有利也有弊。

（1）正面作用。首先，正式组织内部的沟通渠道常常是有限的，且容易受其权力结构的影响，经非正式组织实现的沟通可以成为正式组织沟通的补充；其次，非正式组织是靠情感为纽带联系起来的，它能够起到稳定内部成员的情绪、营造良好的组织气氛的作用；最后，非正式组织可以增强组织成员对于特定组织的归属感，从而形成有利于组织稳定和目标实现的凝聚力。

（2）负面作用。首先，如果非正式组织的目标同正式组织的目标发生冲突，它就会成为影响正式组织目标实现的障碍，它能够降低其内部成员对正式组织目标的认同感，影响他们工作的积极性和责任感；其次，非正式组织以心理需要和情感为联系纽带，有时候，非正式组织中的成员所传递的一些不良情绪和思想会破坏正式组织的制度和规则；

最后，非正式组织可能成为束缚个人发展的障碍和分裂组织的不安定因素。

非正式组织是一个不以人们意志为转移的客观存在，其消极作用是难以禁止和取消的。由于非正式组织具有许多有利于正式组织的积极作用，正式组织的领导人就应该充分利用非正式组织，以达到培养集体意识的目的。

9.2　组织设计和人员配备

9.2.1　组织设计

组织设计（organizational design）是组织工作最重要、最核心的一个环节。管理者在发展或变革一个组织的结构时，就需要开展组织设计工作。无论是现在还是将来，各组织都不会设计与其他组织完全相同的组织结构。在进行组织设计时，没有最优的组织设计方案，而是要根据环境的变化予以选择。

1. 组织设计的概念

在准备设计组织结构时经理们会面临艰难的决定。他们必须在有关职务、工作计划和部门的许多备选框架中做出选择，这一选择的过程被称为组织设计。组织设计中经理们做出的决策和行为直接影响着组织结构。组织设计是有效实施管理职能的前提条件。组织设计工作是一项操作性很强的工作，具有一定的程序可循。

组织设计的任务就是对管理人员的管理劳动进行横向和纵向的分工并且提供清晰的组织结构，规划和设计组织中各部门的职能和职权，确定组织的职能职权、参谋职权、直线职权的活动范围以及最终编制职务说明书。

2. 组织设计的步骤

组织设计必须根据组织的目标和任务以及组织的规律和组织内外环境因素的变化来进行规划或再构造组织机构。组织设计搞不好，组织效率难以提高，各部门之间还会产生矛盾。因此，组织设计可具体分为以下几个步骤。

1）确立组织目标

组织目标就是一个组织在未来一段时间内要达到的具体目的。目标是工作中最重要的因素，在管理中具有重要的地位。它是组织及其一切成员的行为指南，是组织存在的依据，也是组织开展各项管理活动的基础。因此，管理组织设计的第一步就是要在综合分析组织外部环境和内部条件的基础上，合理确定组织总目标及各种具体的派生目标。有什么样的目标，就有什么样的组织机构为之服务。

2）职务设计

职务设计是将职务任务组合起来构成一项完整职务的过程。是在对目标活动逐步分解的基础上，设计和确定组织内从事具体管理工作所需的职务类别和数量，以及每个职务的人员应负的责任和应具备的素质要求。

3）部门划分

部门划分是将组织中的活动按照一定的逻辑安排，划分为若干个职能部门。进行部门划分是为了加强企业的价值链管理，优化组织结构和业务流程，降低组织和经营成本，增强企业的竞争力。

部门划分根据组织活动的特点、环境和条件的不同，可以有不同的划分标准。同一组织在不同时期划分部门的标准也可能不断调整。

4）配备人员

根据工作和人员相称的原则为各职位配备合适的人员，适当的人员配备有助于做好指导与领导工作，同样，选拔优秀的主管人员也会促进控制工作。人员配备在组织管理中是一个非常重要的环节，也是现代企业进行公司人才梯度建设的基础环节。

5）通过组织运行不断修改和完善组织结构

组织设计不是一蹴而就的，而是一个动态的不断修改和完善的过程。当组织运行中发现了不完善的地方，或环境变化引起企业目标修正时，原有的组织设计也应修改，以提高组织适应性和高效性。

组织设计的步骤也可以概括为如表 9-1 所示的几个关键步骤。

表 9-1　简单的组织设计步骤

关键步骤	相关组织要求	要求
判定所需完成的必要工作	劳动分工	把组织的任务分解成可由个人完成的工作任务
把个人工作合为一体	部门化	以有效的方式把工作组织起来以便各项工作可以相互补充、有序地进行
分配权力	层次等级	分派完成任务的责任并授予相应的权力
整合人员和工作以保证组织目标的实现	协调	以有利于组织目标达成的方式，整合所有的人员和工作

3. 组织设计的影响因素

组织设计的任务是确定为保证组织目标的达成，组织中需要设立哪些岗位和部门，并规定这些岗位和部门间的相互关系。组织内外的各种变化因素，都会对内部的结构设计产生重大影响。归结起来，影响组织设计的因素主要有以下几个。

1）组织规模

随着企业的发展，企业活动的规模日渐扩大，内容日趋复杂，组织管理的正规化要求逐渐提高，对组织中不同岗位间的协调的要求越来越高，组织也越来越复杂。英国伯明翰阿斯顿（Aston University）大学的一组研究人员认为琼·伍德沃德（Joan woodward）之所以未能揭示规模和结构间的关系（她在研究之前曾经考虑过），是因为她研究的企业相对规模较小（500 人以下的占 3/4）。因此，他们研究了范围更大的组织类型。最后，研究人员得出基本结论：同小企业相比，大型企业中职位专业化程度更高、标准操作程序更多、规则更多、制度更多、更加分权化。

大量的研究表明，组织的规模对其结构具有明显的影响作用。例如，对于一个生产单一产品、只有几十人的小型企业来说，采用直线制的组织结构形式是最好的选择。而对于一个拥有成千上万人的大型企业来说，如果没有复杂而严密的组织结构、健全的规章制度以及分权决策，要使企业保持正常运行和取得高效率是很难想象的。

2）组织战略

组织可以选择多种战略，而这种选择在某种程度上决定着哪些组织设计将最有效。艾尔弗雷德·钱德勒通过对美国 100 家大公司进行考察研究，得出的结论是：公司战略的变化会导致为战略服务的组织结构的变化。具体来说，钱德勒发现组织通常起始于单一产品或产品线生产。这种简单的战略只要求相对简单、松散的组织结构形式来执行。此时，决策可以集中在一个高层管理人员手中，组织的复杂性、正规化程度较低，而集权化程度较高。随着组织不断发展壮大，公司战略逐渐由单一产品向纵向一体化、向多样化经营转变。战略的实施对控制手段和协调手段的要求也日益复杂，这就需要重新设计组织结构，采用相对复杂、严格的结构形式，以适应变化了的组织战略。

战略对组织结构的影响见表 9-2。

表 9-2 战略对组织结构的影响

战略	目标	环境	组织结构特征
防御型战略	追求效益和稳定	相对稳定	专门化分工程度高、规章制度多、集权程度高、严格控制
进攻型战略	追求应变快速、灵活	动荡而复杂	劳动分工程度低、规章制度少、分权化
分析型战略	追求稳定和灵活相结合	变化	对现有的活动实行严格控制，适度集权控制，对部分部门采取让其分权或相对自主独立的方式，组织结构采用有机式和机械式相结合

3）组织环境

组织环境是指存在于组织外部的，并对组织行为和绩效产生影响的因素。这些因素可分为两个层次：任务环境与一般环境。任务环境主要作用于对组织实现其目标的能力具有直接影响的部门。如顾客、供应商、竞争对手、投资和金融机构、政府机构等。一般环境指那些对企业的日常经营没有直接影响，但对企业和企业的任务环境产生影响的经济、技术、政治、法律、社会、文化和自然资源等要素。

不确定性是企业外部经营环境的主要特点。环境的不确定性取决于环境的复杂性和环境的变动性。复杂的环境具有较高的异质性，如机械行业公司的顾客与竞争者都具有较高的异质性，所以环境比较复杂。随着复杂性程度的提高，组织就要设置更多的职位和部门来负责对外联系，并配置更多的综合人员来协调各部门工作。

美国学者劳伦斯（Paul R. Lawrence）和洛施（Jay W. Lorsch）认为每个组织部门都有自己独特的环境并且在对环境做出反应的过程中形成独特的属性。这种组织的特性可以从两个维度进行描述。首先是差异化，指组织划分下级单位的程度。下级单位越多，则差异化程度越高。其次是整体化，指下级单位间必须协作工作的程度。例如，如果各个单位分别在不同的市场上竞争并且拥有独立的生产设备，则整体化的要求较低。劳伦斯和洛施证明差异化与整体化的程度取决于下级单位所面对的环境的稳定性。

4）技术因素

技术和组织设计之间的关系是由英国工业社会学家伍德沃德首先发现的。她研究了英国南艾塞克斯郡的 100 家工业企业的组织结构的特征，如管理幅度、管理层次、工人的技术水平以及生产的类型、企业经营成效等，发现了技术与组织设计之间的关系。她把企业的技术按复杂性和先进性从高到低分为三类。

（1）单件生产（unit production），用以描述单个产品生产或小批量产品生产。小批量制造的产品包括民族服饰、太空舱和卫星等。

（2）大规模生产（mass production），它描述大批量的制造，大批量生产以标准化的生产过程为特点，制造大量同质的产品。这项技术比单件生产更能充分利用机器。如生产电视机、纺织品的自动流水线等。

（3）流程生产（process production），它是技术上最复杂的一种，涉及连续的流程生产。如埃克森石油公司、壳牌石油公司这样的炼油企业。

技术同组织设计的关系是非常显著的。随着未来的技术变得更加分散和更加复杂，经理们必须更加留意技术对组织设计的影响。

4．组织设计的原则

组织所处的环境、采用的技术、制定的战略、发展的规模等情况不同，所需的职务和部门及其相互关系也不同。在进行组织设计或改革的时候，要对组织设计的原则加以认真的研究。这些原则是在凝聚了前人在组织设计方面成功的经验与失败的教训的基础上总结抽象出来的。因此，在组织设计或组织结构改革的过程中，应该经常对照组织设计原则进行检查，衡量利弊，排除隐患。

1）目标至上原则

目标是组织设计的出发点和归宿，组织设计是围绕目标进行的，企业的组织结构必须有利于企业目标的实现。

2）层级原则

组织中的每一个人都必须明确以下几点：首先，组织中的每个人都必须明确自己的岗位、任务、职责和权限；其次，应该明确自己在组织系统中处的位置，上级是谁，下级是谁，对谁负责；最后，要明确自己的工作程序和渠道。

任何组织都必须遵守层级原则，这是组织能够运行的基础。

3）管理幅度和管理层次原则

所谓管理层次，就是在职权等级链上所设置的管理职位的级数。当组织规模相当有限时，一个管理者可以直接管理每一位作业人员的活动，这时组织就只存在一个管理层次。而管理幅度指一个人或组织直接管理的下属人员或机构的数目，又称控制幅度。两者成反比关系；管理幅度越宽，需要设置的管理层次就越少；反之，管理幅度越窄，需要设置的管理层次就越多。

管理幅度的大小是有条件的，条件不同，适宜的管理幅度可能相同，也可能不同。粗略地讲，上层管理幅度4～8人为宜，下层管理幅度8～15人为宜。

绝大多数管理学者都引用法国管理学者格拉丘纳斯（V.A.Graicunas）的论证公式：

$$c = n(2^{n-1} + n - 1)$$

式中，c 为管理者与其下属之间相互交叉作用的最大可能数；n 为下属人数（管理幅度）。

格拉丘纳斯认为，当直接指挥的下属人数呈数学级数增长时，主管领导需要协调的关系呈几何级数增加。

4）统一指挥原则

统一指挥原则最早是由法国著名管理学家法约尔提出的。他认为无论什么工作，一个下级只能接受一个上级的指挥。如果两个或两个以上领导人同时对下一级或一件工作行使权力，就会出现混乱的局面。只有在组织设计工作中贯彻统一指挥的原则，才有可能最大限度地防止政出多门和遇事相互推诿，才能保证有效地统一和协调各部门的活动，以保证组织整体目标的实现。

5）权责对等原则

在委以责任的同时，必须委以自主完成任务所必需的权力。权力是完成任务的必要工具。权责对等原则要求是，一定的职权应当与一定的职责相一致，职权大于职责会导致滥用职权而不考虑职权运用的绩效，职权小于职责会导致指挥失灵而难以发挥作用。

6）分工协作原则

分工是提高工作效率的有效手段，通过分工，人们可以专心从事某一方面的工作，对工作会更加熟练，从而提高工作效率。

在分工中要强调：①必须尽可能按专业化的要求来设置组织结构；②工作上要有严格分工，每个员工在从事专业化工作时，应力争达到较熟悉的要求；③要注意分工的经济效益。

在协作中要强调：①要明确各部门之间的相互关系，寻找出容易发生矛盾之处，加以协调。协调搞不好，分工再怎么合理也不会获得整体的最佳效益；②对于协调中的各项关系，应逐步走上规范化、程序化，应有具体可行的协调配合方法以及违反规范后的惩罚措施。

7）执行与监督分离原则

在组织设计时，应将外部监督人员与执行人员在组织上分开，避免二者组织上的一体化。否则，由于监督者与被监督者利益上趋于一体化，使监督职能名存实亡。例如，企业的质量检查人员就不能受生产车间领导管理，而应归企业质检部门独立管理。

8）精简与效率原则

精简、统一、效率是组织设计的最重要原则。机构精简、人员精干，才能实现高效率。西方发达国家流行一种"百人率"，即任何一个组织的总部，管理人员总数不得多于 100 人，否则就是低效率的组织。

5. 新形态的组织设计概念

由于当今环境的高度变动与复杂化，对于组织形态的设计，管理者纷纷寻求一个可持续优化（continuous optimization）的方案，以便更好地适应变化剧烈的经营环境。作为对市场对简约、灵活和创新要求的应对之策，管理者们正在寻找各种创造性的办法来构建和安排组织中的工作，力图使他们的组织能对顾客、员工以及其他利益相关群体的要求做出更好的反应。下面是几种更现代的组织设计。

1）团队组织

相较于矩阵组织中的成员必须得兼顾职能部门以及项目组的工作，或是容易出现"双头马车"的现象，团队组织（team organization）的形态几乎以项目组的运营为主，而几乎没有职能等级。

Whole Foods Market 是美国最大的天然食品零售企业，它采用的就是团队结构。公司将近 200 家食品店都是由自我管理团队组成的，每个团队都有一名指定的团队负责人。在每个商店内，这些团队负责人也组成一个团队，每个区域内的商店经理也进一步构成一个团队，而公司的 11 个区域总裁还组成一个团队。

许多大型企业也将其组织设计逐步导入团队组织的方式，而慢慢地弱化职能部门的权限。

2）虚拟组织

虚拟组织（virtual organization）是一个没有或很少有正式结构的组织。虚拟组织是指两个以上的独立实体，为迅速向市场提供产品和服务，在 IT 网络技术的支持下，在一定时间内结成的动态联盟，是企业面对日益激烈的国际竞争、现代科技的日新月异等而做出的卓有成效的组织创新。这样的组织通常只有少数几个永久性雇员和规模很小的行政总部。虚拟组织往往在网上开展绝大部分的业务。例如环境科学的虚拟组织，其任务是处理化学物外泄。这个虚拟组织就需要分析当地天气和土壤模型以估计外泄的范围及判断对环境的影响程度。他们还需要拟订短期的减灾计划，并协助紧急应变人员撤退行动的规划与协调。

3）学习型组织

学习型组织（learning organization）是近年来发展起来的一种组织设计形式。这样的组织通过雇员的持续学习和开发实现持续的改进。从定义上讲，学习型组织是协助员工终身学习和个人发展，同时持续对变化的需求做出反应的组织。

学习型组织的概念由美国麻省理工史隆管理学院的彼得·圣吉教授所倡导。圣吉认为"学习型组织""是一个不断创新、进步的组织，在其中，大家得以不断突破自己的能力上限，创造真心向往的结果，培养全新、前瞻而开阔的思考方式，全力实现共同的抱负，以及不断一起学习如何共同学习"。

近年来，许多不同的组织已经实行了这一方法。例如，壳牌石油公司在位于休斯敦总部的北面买下的一处经理会议中心。中心拥有精心布置的教室和高级的教具、住房、餐厅以及附属的休养设施，如高尔夫课程、游泳池和台球场。一线的经理们在这里轮流担任教学讲师。这样的教学任务可能持续几天或几个月，所有的壳牌公司员工都要定期参加培训项目、讲座和类似的活动，学习和获得有助于他们为公司做出更大贡献的最新的信息。

9.2.2　人员配备

人员配备，一般是指对组织中全体人员的配备，既包括主管人员的配备，也包括非主管人员的配备。管理学的概念，在企业组织管理中是一个非常重要的环节，也是现代企业进行公司人才梯度建设的基础环节。人员配备是组织设计的逻辑延续。

人员配备工作一般包括岗位分析、人员选聘、人员考评和人员培训等工作。

1. 岗位分析

岗位分析是通过系统全面的情报收集手段，提供相关工作岗位的全面信息，以便组织改善管理效率。岗位分析是人力资源管理工作的基础，其分析质量对其他人力资源管理模块具有举足轻重的影响。一旦候选人与组织所需的人才发生偏差，就会导致招聘工作"广种薄收"，效率低下；若绩效考核人为主观色彩浓厚，则会打击员工的积极性，应有的员工培训工作难以开展且缺乏针对性。为了避免这一问题，必须做好岗位分析工作。岗位分析应注意八个要素（6W2H）。

who：谁从事此项工作，责任人是谁，对人员的学历及文化程度、专业知识与技能、经验及职业化素质等资格要求。

what：做什么，即本职工作或工作内容是什么，负什么责任。

whom：为谁做，顾客是谁。这里的顾客不仅指外部顾客，也指企业内部顾客，包括与从事该工作的人有直接关系的人：直接上级、下级、同事、顾客。

why：为什么做，即工作对其从事者的意义所在。

when：工作的时间要求。

where：工作的地点、环境等。

how：如何从事此项工作，即工作的程序、规范以及为从事该工作所需的权利。

how much：为此项工作所需支付的费用、报酬。

岗位分析是一个全面的评价过程，这个过程可以分为四个阶段：准备阶段、调查阶段、分析阶段和完成阶段。这四个阶段关系十分密切，它们相互联系、相互影响。进行岗位分析通常使用问卷调查、观察、面谈和员工记录等方法。岗位分析的结果就是形成岗位说明和岗位规范。岗位说明书是以"事"为中心，对岗位做出全面、系统、深入的描述；而岗位规范是以"人"为中心，解决"什么样的人才能胜任该岗位的工作"。

2. 人员选聘

当组织对自己所设立的岗位进行分析之后，下一步通常是通过招聘、选拔和提升来得到所需的管理者。人员选聘录用是企业人员配备的基础性工作，为了使企业人员配备恰当，加强人员选聘录用的规范化、制度化建设成为企业人员政策制度设计中关键的一环。

组织可以从内部提拔或从外部选聘所需的管理人员。

1）内部提拔

优点：首先，有助于提升士气，提高工作热情，调动组织成员的积极性。每个组织成员都知道，只要在工作中不断提高能力、丰富知识，就有可能被选聘担任更重要的工作，这种职业生涯中的个人发展对每个人都是非常重要的。其次，有利于吸引外部人才。真正有发展潜力的管理者知道加入这种组织担任管理职务的起点虽然比较低，但是凭借自己的知识和能力就能不断地晋升。再次，有利于保证选聘工作的正确性。候选人在组织中工作的经历越长越有可能对组织做出全面的考察和评估，从而选聘工作的正确程度越高。最后，有利于使被提升者迅速展开工作。在内部成长提升上来的管理干部，更加了解组织运行的特点，所以可以迅速地适应新的管理工作，工作起来更加得心应手，从而能迅速打开局面。

弊端：首先，引起同事的不满。在若干个内部候选人中提拔一个管理人员，可能会使落选者产生不满情绪，从而不利于被提拔者展开工作。为了避免这种问题，在进行选聘的时候，就应该正确地评价、分析、比较每一个候选人的条件，让每一个候选人都能体会到组织的选择是正确、公正的。其次，可能造成"近亲繁殖"的现象。内部提拔的管理人员，往往会模仿上级的管理方法，这虽然有可能是对老一辈管理人员的优秀经验的继承，但也有可能是不良作风的发展，要克服这种现象，就要加强队伍的教育和培训，特别要不断组织他们学习新知识。

2）外部选聘

优点：首先，被选聘者具有"外来优势"。所谓"外来优势"，主要是指被聘者没有"历史包袱"，组织内部成员只知其目前的工作能力和实绩，而对其历史特别是职业生涯中的失败记录知之甚少，因此，如果他确有工作能力，那么便可迅速地打开局面。其次，有利于平息和缓和内部竞争者之间的紧张关系。组织内部每个人都希望有晋升的机会，如果员工发现自己的同事，特别是原来与自己处于同一层次、具有同等能力的同事提升而自己未果时，就可能产生不满情绪，懈怠工作，不听管理，甚至拆台。从外部选聘，就可以缓和他们之间的紧张关系。最后，能够给组织带来新鲜空气。来自外部的候选人，可以为组织带来新的管理方法与经验。

局限性：首先，外来干部不熟悉组织内部情况，同时也缺乏一定的人事基础，因此需要一段时期的适应才能进行有效的工作。其次，组织对应聘者的情况不能深入了解。虽然选聘时可进行一定的测试和评估，但一个人的能力是很难通过几次短暂的会晤、几次书面测试就能得到正确反映的。最后，外聘干部的最大局限性莫过于对内部员工的打击。如果组织经常从外部招聘管理人员，且形成制度和习惯，就会挫伤组织内部人员的士气与工作积极性。

因此，确定从内部还是从外部选聘管理者时，应该根据具体情况而定。

3. 人员考评

员工的素质，特别是管理干部的素质，是企业活动效率的决定因素。人员考评的目的首先在于列出组织人力资源的清单，了解组织员工队伍的基本状况，更为重要的是对管理人员的考评，主要指绩效考评，它是决定管理者能否提升、评定管理者的工作绩效以及确定管理者奖酬的基础。

绩效考评的方法主要有以下几种。

首先是目标管理法，目标管理的核心是由下级与上级沟通决定具体的绩效目标，并根据目标的完成情况确定奖惩。

其次是评分表法，这是一种最古老，也是最常用的绩效考评方法。评分表的考核项目可以从工作数量、工作质量、协作精神、创造性等方面进行设置。各组织可根据组织自身的状况制定考核项目。

再次是书面描述法。这是一种简单的绩效评价方法，就是写一份记叙性材料，描述一个员工的所长、短处，过去的绩效和潜能等，然后提出予以改进和提高的建议。

最后是配对比较法，就是将工作性质相同的同一等级的主管人员编为一组，确定考评的具体项目，按照规定的项目将每位主管人员与同组的其他人员进行对比。

4. 人员培训

培训通常是指教会运行性和技术性员工做好自己的工作。绝大多数组织向经理和雇员提供经常性的培训项目。例如，IBM 公司每年用于员工教育的经费高达 7 亿美元，由一位副总裁专门负责。美国企业每年花在工作场所之外的培训和发展费用超过 300 亿美元，这还不包括在项目期间向这些员工支付的工资和福利。

管理人员的培训方法有以下几个方面。

（1）工作轮换。轮换工作的目的是扩大管理者的知识面。受训人员通过不同岗位的轮换，不仅可以丰富技术知识和管理能力，掌握公司业务与管理的全貌，而且可以培养协作精神和系统观念，从而在解决具体问题时，能自觉地从系统的角度出发，处理好局部与整体的关系。

（2）设置助理职务。在一些较高的管理层次设立助理职务，不仅可以减轻主要负责人的负担，使之从繁忙的日常管理中脱出身来，专心致力于重要问题的考虑和处理，而且具有培训待提拔管理人员的好处。例如可以使助理开始接触较高层次的管理实务，并通过处理这些实务，积累高层管理的经验，熟悉高层管理工作的内容与要求。

（3）临时职务代理。劳伦斯·彼得（Lawrence J.Peter）在其著作《彼得原理》一书中指出，"在实行等级制度的组织里，每个人都崇尚爬到其能力所不能及的层次"。为了避免由于主管人员被提升到他们不能胜任的层次而给组织带来的不利，彼得大力提倡设立临时性职务代理。

在职培训的目的之一是技能培训，即培养员工技术的、人际关系和解决问题的能力；另一个目的是培养员工的合作意识和团队工作精神，转变以往个体学习的模式，使组织向学习型组织迈进。

9.2.3 组织中的职权关系

职权（authority）是组织合法授予的权力。它是指为了实现组织目标而拥有的开展活动或指挥他人行动的权力。职权的分配是组织规模增加的正常产物。在组织中存在多种职权关系。

1. 集权与分权

集权（centralization）与分权（decentralization）是一种相对的概念，实际上，在一般的企业组织中并不存在绝对的集权与分权。集权是组织内系统化地将权力和职权保持在高层管理者手中的过程。分权是组织内系统化地将权力和职权授权给中层和基层管理者的过程。

在决定集权和分权的程度时，企业需要考虑的因素有以下五个方面。

（1）决策的重要性。重要的决策应由高一层次的组织做出，不太重要的决策可以授权给下一级做出。按此法各层逐级授权。

（2）规模问题。组织规模越大，决策的数目就越多，协调、沟通及控制也越困难，易于分权；反之，则易于集权。

（3）组织的外部环境。通常情况下，环境越复杂、不确定性越强，组织越倾向于分权。

（4）组织的历史。企业倾向于按过去的模式行动，组织早期历史和当今的职权模式之间存在某种关系。

（5）主管人员的数量、管理质量、素质水平。主管人员数量充足，经验丰富，训练有素，管理能力较强，则高层管理者可以利用他们的才能。而职权分散本身也为培养更多的管理人才提供了机会和空间。

集权有利于统一领导和指挥，加强对中下层组织的控制，但是，集权也会限制中下层管理人员的主动性和创造性，加强高层领导的工作负担。实行分权可以克服集权的不足，但又容易偏离企业整体目标，使各生产单位之间的协调发生困难。因此，我们主要研究的不是应该集权还是分权，而是哪些权力宜于集中，哪些宜于分散；在什么情况下集权的成分可以多一些，在什么情况下又应适当分权。

例如，美的集团以战略体系、投管体系为双轨的十六字分权方针：集权有道，分权有序，授权有章，用权有度，堪称商道经典。而美的集团何享健主席则被认为是中国最敢授权、最会分权的老板。1997年，何享健痛定思痛，一举颠覆"集权"式管理体制，将不少老员工请下课，虽遭到不少指责，但美的的营业收入却从30亿元提高到500亿元。

2. 制度分权和授权

分权可以通过两个途径来实现：制度分权和授权。制度分权是在组织设计时，考虑到组织规模和组织活动的特征，在工作分析、职务和部门设计的基础上，根据各管理岗位工作任务的要求，规定必要的职责和权限。而授权则是担任一定管理职务的领导者在实际工作中，为充分利用专门人才的知识和技能，或出现新增业务的情况下，将部分解决问题、处理新增业务的权力委任给某个或某些下属。

制度分权与授权的结果虽然相同，都是使较低层次的管理人员行使较多的决策权，即权力的分散化，但两者是有重要区别的。

（1）制度分权是在详细分析、认真论证的基础上进行的，具有一定的必然性；工作中的授权往往与管理者个人的能力和精力、拥有的下属的特长、业务发展情况相联系，具有很大的随机性。

（2）制度分权是将权力分配给某个职位，权力的性质、应用范围和程度的确定，需根据整个组织结构的要求进行；授权是将权力委任给某个下属，委任何种权力、委任后应做何种控制，不仅要考虑工作的要求，而且要依据下属的工作能力。

（3）分配给某个管理职位的权力，如果调整的话，不仅影响该职位或部门，而且会影响组织与其他部门的关系。制度分权是相对稳定的。除非整个组织结构重新调整，否则制度分权不会收回。授权是某个主管将自己担任的职务所拥有的权限因某项具体工作的需要而委任给某个下属，这种委任可以是长期的，也可以是临时的。长期的授权虽然可能制度化，在组织结构调整时成为制度分权，但授权并不意味着放弃权力。

（4）制度分权主要是一条组织工作的原则，以及在此原则指导下组织设计中的纵向分工；而授权则主要是领导者在管理工作中的一种领导艺术，一种调动下属积极性、充分发挥下属作用的方法。

作为分权的两种途径，制度分权与授权是互相补充的：组织设计中难以详细规定每项职权的运用，难以预料每个管理岗位上工作人员的能力，同时也难以预测每个管理部门可能出现的新问题。因此，需要各层次领导者在工作中的授权来补充。

3. 直线职权和参谋职权

直线职权是指组织内直线管理系统的管理人员所拥有的包括发布命令及执行决策等的权力，也就是通常所指的指挥权。直线权力是管理者所拥有的特殊权力，它与等级链相联系。

参谋职权是某项职位或某部门（参谋）所拥有的辅助性职权。包括提供咨询、建议等。随着组织的日益扩大与复杂，直线管理者可能越来越难以有足够的时间、精力与知识，来有效地完成其职责，因此组织设立专门的参谋人员来协助直线管理者管理和决策，以减轻其负担。

合理利用参谋的作用，要做到以下几点。

（1）明确关系。明确直线与参谋的关系，分清双方的职权关系与存在价值，从而形成相互尊重、互相配合的关系。

（2）授予权力。授予参谋机构必要的职能权力，以提高参谋人员的积极性。

（3）提供信息。直线经理为参谋人员提供必要的信息条件，以便从参谋人员处获得有价值的支持。

9.3 组织结构的基本形式

组织结构是随着社会的发展而发展的。高效、灵活的组织结构是企业应对内外部环境变化获得成功的必要条件，那么，什么是组织结构呢？所谓组织结构（organization structure），是指组织内关于职务及权利关系的一套形式化系统，是组织正式的报告关系机制、程序机制、监督和治理机制及授权和决策机制。它是组织各部分之间的关系模式，是由组织的目标、任务和环境所决定的。

本节主要介绍六种常见的组织结构类型，包括直线型、职能型、直线—职能型、事业部制、矩阵制、网络型组织结构，并简要分析各组织结构的优缺点及适用条件。

9.3.1 直线型组织结构

直线型组织结构（line structure）是最早形成且最简单的组织结构形式。所谓"直线"，是指在这种组织结构下，职权直接从高层开始向下"流动"（传递、分解），经过若干个管理层次达到组织最低层。

其基本特点是：组织中各种职务按垂直系统直线排列，各级主管人员对所属下级拥有一切直接的职权，组织中每个人都只能向一个直接上级报告工作。

1. 直线型组织结构的优点

直线型组织结构的优点有：①结构简单、管理成本低，纪律和秩序易于得到维护；②权责清楚、统一指挥、上下级关系清晰；③决策迅速、责任明确、反应灵活。

2. 直线型组织结构的缺点

直线型组织结构的缺点有：①缺乏横向协调的渠道，每个人只注意听上级指示，每个部门只关心本部门工作；②管理者梯队建设困难大；③对组织最高管理者的要求较高，需要通晓多种专业知识；④权力完全集中于一人，对最高领导者的依赖性大，易发生决策失误。

3. 直线型组织结构的适用范围

直线型组织结构适用于业务单一、有较稳定服务对象的小型组织和现场的作业管理或没有必要按职能实行专业化管理的、技术较简单的组织。

由图 9-2 可以明显看出，直线型企业组织结构基本上决定了企业是直线型管理结构，而由于管理就是沟通，因此也决定和对应了管理沟通的结构模式的基本形态是链型管理沟通渠道模式。

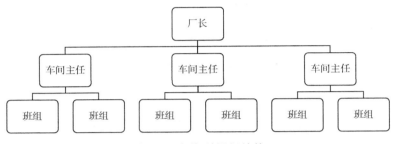

图 9-2　直线型组织结构

9.3.2　职能型组织结构

职能型组织结构（functional structure）又称作"U"形结构。它是按照在组织中所承担的职能来组织工作活动，通过设立若干职能机构或人员，将业务性质相似、所需要的业务技能相近、与实现某个具体目标联系紧密的工作任务组合在同一个部门中，组成以生产、营销、财务、人事等职能部门分工为特色的结构形式。以企业为例，如图 9-3 所示。它最早是由美国古典管理学家泰勒提出的，是在管理分工制度下的职能工厂制基础上建立起来的一种组织结构。组织中，下级既要服从上级主管人员的指挥，也要听从上级职能部门在其专业领域的指挥，从而存在多条指挥线。

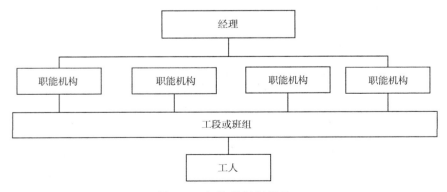

图 9-3　职能型组织结构

1. 职能型组织结构的优点

职能型组织结构的优点有：①专业化管理，可以发挥企业各方面专家的作用，减轻了各级行政主管的负担；②能够适应复杂的环境变化；③按照专业职能进行管理分工，可以提高管理的专业化程度；④对各层次直线管理者的管理工作进行了有益的补充。

2. 职能型组织结构的缺点

职能型组织结构的缺点有：①多头领导，不利于实施集中、统一的管理，更不利于管理责任的推行，有碍于工作效率的提高；②不利于明确划分直线人员和职能科室的职责、权限，容易造成管理的混乱；③各职能部门各自为政，横向协调困难；④职能部门间协作配合性较差，易出现争夺权力、推卸责任等情况。⑤管理人员增加，机构庞大，管理费用较高。

3. 职能型组织结构的适用范围

一般来说，职能型结构对中小型组织有较广泛的适用性。具体适用于外部环境相对稳定、技术相对成熟、职能部门不需要太多的中小型企业。尤其适合任务较复杂的社会管理组织和生产技术复杂、各项管理需要具有专门知识的企业管理组织。

总的来说，职能型组织结构本身的不足之处，可以通过职务轮换加强各产品的成本核算等方式予以弥补。处于发展初期或者外部环境比较稳定的组织采用简单明了的职能型结构不失为明智的选择。

9.3.3　直线—职能型组织结构

直线—职能型组织结构（line and function system）又称"直线参谋制"。它是基于对直线制和职能制两种组织结构弊端的认识，根据组织环境的需要创建的，它实际上是一种综合直线型与职能型两种类型组织特点而形成的组织结构形式。这种组织结构是按照一定的职能专业分工，各级都建立职能机构担负计划、生产、人事、市场、财务等方面的管理工作，各级领导都有相应的职能机构作为助手，从而发挥了职能机构的专业管理作用。以企业为例其结构如图 9-4 所示。

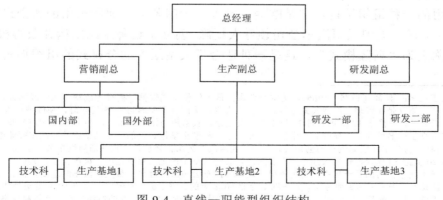

图 9-4　直线—职能型组织结构

直线职能制以直线制为基础，在各级直线主管之下设置相应的职能部门，即在保持直线组织统一指挥的原则下，增加了参谋部门。直线领导机构和人员在自己负责职责范围内有一定的决定权和指挥权，并对自己部门的工作负责；而职能机构和人员只是同级直线管理者的参谋，无权对下一级组织发布命令，只能提供信息、建议和一些必要的业务指导。

1. 直线—职能型组织结构的优点

直线—职能型组织结构的优点有：①这种结构的稳定性较高，在外部环境变化不大的情况下，易于发挥组织的集团效率。②综合了直线制结构和职能制结构的优点，既能保持统一指挥，又能发挥参谋人员的作用；③分工细密，任务明确，工作效率高。

2. 直线—职能型组织结构的缺点

直线—职能型组织结构的缺点有：①不易于从组织企业内部培养熟悉全面情况的管理人才；②过于刻板、应变性较差，分工很细，不易迅速适应新的情况；③各职能部门有自己的专责，易产生本位主义；④直线部门与职能部门之间目标不易统一，职能部门之间横向联系较差，信息传递路线较长，缺乏交流沟通，矛盾较多，上级主管的协调工作量大。

3. 直线—职能型组织结构的适用范围

直线—职能型组织结构适用于：规模不大、产品品种不太复杂、工艺较稳定，可以用标准化技术进行常规性大批量生产的场合，我国大多数企业和一些非营利组织均采用了此种组织结构形式。直线—职能型组织结构比较适合于中型组织，不太适合于参谋部门众多、拥有多种产品系列的大型组织。

在全球化经济的时代中，直线—职能型组织结构是当前国内各类组织中最常采用的一种结构，无论是机关、学校、企业还是医院，这种结构随处可见。但它不适宜多品种生产和规模很大的企业，也不适宜创新性的工作。

9.3.4 事业部制组织结构

事业部制（division system），又称"M型组织结构"，目前已成为大型企业跨国公司普遍采用的一种组织结构。它是欧美、日本、中国各大企业所采用的典型组织形式。20世纪20年代，美国通用汽车公司领导人斯隆[①]创立了这种组织结构并获得极大成功，因此亦可称之为"斯隆模式"，这是一种适合于大型组织的分权式的组织形式。

---

①艾尔弗雷德·P. 斯隆（1875～1966），美国企业家，是一位传奇式领袖。被誉为成功的职业经理人，通用汽车公司的第八任总裁，斯隆是在管理与商业模式上创新的代表人物。美国《商业周刊》75周年时，斯隆被评为过去75年来最伟大的创新者之一。斯隆于1875年5月23日出生于美国康涅狄格州的纽海文市。1895年毕业于麻省理工学院（他后来资助该学院成立了闻名世界的"斯隆管理学院"），获电子工程学士学位。他的一生几乎都是在汽车行业中度过的。他于1918年加盟杜兰特先生（别克汽车的创始人）领导的通用汽车公司。之后，一直任通用汽车公司总裁、首席执行官、董事会主席至20世纪50年代。他加入通用汽车公司时，公司正处于严重的危机之中，风雨飘摇，人们看不到公司的未来。在他领导通用汽车公司的几十年中，通用不但超越福特汽车公司成为世界上最大的汽车制造商，世界上最大的产业集团之一，而且成为美国经济的重要标志。他在汽车行业50多年的管理经验，不但使自己成为20世纪最伟大的企业家，成为职业经理人的榜样，而且，对管理理论的发展也做出了伟大的贡献。他对企业的组织结构、计划和战略、持续成长、财务成长以及领导的职能和作用的研究，对职业经理人概念和职能的首次提出，都对现代管理理论的形成和发展产生了极大的影响。

　　所谓"事业部制结构"是指一个企业内对于具有独立的产品和市场、独立的责任和利益的部门实行分权管理的一种组织形态，而这类部门就是事业部门，事业部必须具备三个要素：第一，具有独立的产品和市场，是产品责任和市场责任单位；第二，具有独立核算，是一个利润中心；第三，是一个分权单位，具有足够的权力，能够自主经营。除此之外，为了使企业保持完整性，为了使高层领导不致"大权旁落"，保证事业部不至于"各行其是、群雄割据"，最高管理者必须保持三个方面的决策权：第一，事业发展的决策权；第二，有关资金分配的决策权；第三，人事安排权。

　　如图 9-5 所示，事业部制组织结构的关键在于最高层和下级经营机构之间的集权和分权关系。事业部制组织结构遵循"集中决策，分散经营"的原则，实行集中决策指导下的分散经营，按照产品、技术、地域和顾客等标识将企业划分为若干相对独立的经营单位，设置事业部，各事业部被授权全权负责所属业务的全部活动。

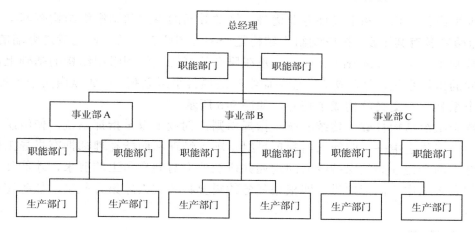

图 9-5　事业部制组织结构

1. 事业部制组织结构的优点

　　事业部制组织结构的优点有：①较高的稳定性和适应性；②建立了一种绩效导向型的体制，有利于企业高层管理者摆脱日常事务，集中精力制定整体、长远的指导方针及战略决策；③是培养管理人才的最好组织形式之一；④事业部制在培养和考验着明天的领导人才（"集中决策，分散经营"使事业部经理独当一面，可以培养各事业部经理的全局观念）；⑤事业部结构扩大了有效控制的跨度，使上级领导直接控制下层单位的数量增加。

2. 事业部制组织结构的缺点

　　事业部制组织结构的缺点有：①增加了管理层级，造成机构重叠，人员增多，管理费用增加；②对事业部以及管理人员的水平要求较高，事业部经理需全面熟悉业务和管理知识方可胜任工作；③各事业部受到本位主义的影响，彼此之间缺乏信任及协作，可能会出现为了自身利益而损害企业整体利益的做法；④若事业部独立性过强，会出现摆脱总公司的倾向，会削弱组织的整体实力，甚至出现"架空"总公司的情况。

3. 事业部制组织结构的适用范围

事业部制组织结构适用于：大型组织的分权式的组织形式。当企业的规模较小时，是不宜采用此种组织形式的；当企业规模比较大，而且其下层单位能够成为一个"完整的企业机构"时才宜采用。即其下层单位除了要有自己的设计、制造外，还要有自己的市场、销售，并能自己选择采购进货，这样才能组成事业部门。事业部的设置具有很大的灵活性，可将按产品和按地区划分的事业部置于同一层次，完全依据业务扩展的需要而定，不受教条限制，各事业部内部仍可包含职能部门分工和直线指挥链。

9.3.5　矩阵制组织结构

职能型组织结构有利于发挥专业优势，绩效导向的事业部制组织结构有利于提高责任感，而两者各有其不足，矩阵制组织结构是一种力图两者之长而避两者之弊端的设计。

矩阵制组织结构（matrix system）是在原有的直线职能制组织结构的基础上，建立一套横向的组织系统，为完成某一任务而组建的项目小组系列，形成纵横两个管理系列，纵横两个系列交互交叉就构成了矩阵，如图 9-6 所示。

矩阵制组织结构打破了传统的统一指挥原则，创设了双重指挥系统，使组织成员同时处于两个集体之中——职能部门和项目组，项目经理和职能经理都拥有指导工作的职权。显然，两个经理必须保持经常的沟通并协调他们对共有员工的要求，才能使矩阵制组织结构有效运作。概括地讲，即根据任务的需要将各类人才集合起来，任务完成后小组就解散。

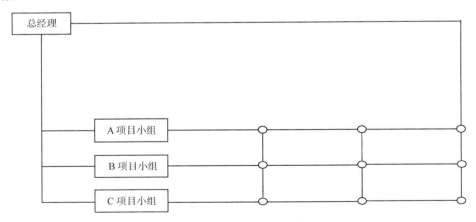

图 9-6　矩阵制组织结构

1. 矩阵制组织结构的优点

矩阵制组织结构的优点有：①灵活性、适应性强；②有利于把组织的垂直联系与横向联系更好地结合起来，加强各部门之间的协作和信息沟通；③易于激发不同专业背景员工的积极性和创造性，促进企业内各项创新活动的实现；④充分利用了人力资源，项目小组可参与决策；⑤项目组的建立，加快了特定项目的完成速度。

2. 矩阵制组织结构的缺点

矩阵制组织结构的缺点有：①由于实行双重领导，可能出现多重指挥的现象，一旦处理不当，易导致职责不清和不同职能部门间的矛盾产生；②项目小组负责人责任大、权力小，不利于对项目的管理和监督；③组织结构稳定性差，项目组成员来自各个职能部门，工作责任感不强，人与人之间的协调与磨合需要时间；④决策时间延长；⑤项目组成员都是临时抽调的，项目负责人对组员的工作成效，没有足够的奖励和惩罚权力。

3. 矩阵制组织结构的适用范围

矩阵制组织结构适用于创新任务较多，生产经营环境复杂多变，产品品种多且变化大的组织，特别适用于以开发与实验项目为主的单位，如应用研究单位等。

9.3.6　网络型组织结构

网络型组织结构（network organization）又称"虚拟制组织结构"，是基于现代化信息技术手段发展起来的一种新型组织形式。网络型组织结构是企业自身只拥有人数很少的经理小组，但通过正式合同契约建立起一个企业间的关系网络，依靠其他组织的力量开展研究开发、生产制造、营销代理等各项业务，进行运营的一种结构形式。换言之，即企业仅保留具有核心竞争力的机构，以契约关系的建立和维持，将一些职能外包，如研发、生产和销售等，由其他企业组织去完成。

网络型组织结构内部管理简单。组织中精干、灵活的网络结构具有很大的应变能力和适应性，不需要大规模的设备投资，也没有庞大的员工队伍及相应的管理问题。不管是大型组织还是小型组织，都可以将精力集中于自己最有优势的专业领域，发展自己的核心能力，而将附加职能外包给其他公司。

1. 网络型组织结构的优点

网络型组织结构的优点有：①具有较强的全球性竞争力（进一步理解为，可在世界范围内获取资源，实现最优品质和价格，可在全球范围内提供产品和服务）。②通过对外部资源的整合来发展自身优势，人数少、弹性大、变化快。③网络型组织结构在灵活对外的同时也有助于减少内部运营成本。④动态复杂环境下，这种结构可以使组织具备高度的灵活性和对环境更好的适应性。

2. 网络型组织结构的缺点

网络型组织结构的缺点有：①职能外包，增加了控制上的难度，如研发活动外包，使企业技术创新活动难以保密；生产活动外包，使企业对产品的质量、交付期限等难以控制；②管理当局难以保证对生产经营全过程的严密控制，存在一定的经营风险，每一经营环节都存在失控的风险，任何环节的失误都会对组织造成重大损失；③容易丧失组织的职责，削弱员工的忠诚度。

3. 网络型组织结构的适用范围

网络型组织结构不仅适用于小企业，也适用于大企业。具体来讲，网络型结构比较适合于服装、鞋帽、玩具、工艺品、加工等受流行时尚影响大、市场变化快、竞争激烈的行业，或者抓住市场机会刚起步的小企业，并非对所有的企业都适用。

例如，美国著名的电脑生产商戴尔公司就采用了典型的网络型组织结构（图 9-7）。企业本身只承担核心部件的生产、整机组装、营销等具有核心竞争力的活动，而由遍布全球的供应商根据其下达的订单为公司生产相应的组件。生产副总是网络的核心，虚线表示其与各专业供公司的合同关系，外部机构按照合同契约履行其承担的职能。

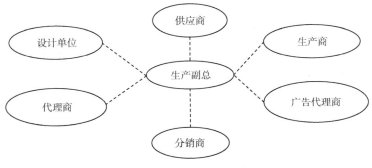

图 9-7　网络型组织结构

9.4　组 织 变 革

世界上唯一不变的就是变。组织是一个由多因素组成的有机体，其不断和周围的环境进行物质、人员、信息交流，瞬息万变的环境使得组织形式多样，组织想要得到更好的发展，顺应形式而采取的变革就成为组织发展过程中的一种必然趋势。对于 21 世纪的组织来说，变革是不可避免的。在全球化的过程中，竞争的国际化、新技术的应用和发展、人口的迁移，公众偏好和员工期望等的不断变化为组织带来更多挑战，而组织必须快速适应变化的环境才能生存。相应地，如果没有变革的存在，组织便很难快速适应环境，同样，管理者的工作也将变得相对困难。没有随变革而动的组织是不可能存在的。

正如美国著名的组织学者、哈佛大学教授拉里·格雷纳（Larry E. Greiner）指出，"组织变革伴随着企业成长的各个时期，组织变革与组织演变相互交替，进而促使组织发展"。美国麻省理工学院教授迈克·哈默（M. Hammer）与詹姆斯·钱皮（J. Champy）在《企业再造》一书中提到"3C"力量，即将顾客（customers）、竞争（competition）、变革（change）看作影响市场竞争最重要的三种力量，并认为变革最为重要，"变革不仅无所不在，而且还持续不断，这已成为常态"。可见，变革是组织不得不面对的现实，是否顺利地引导组织变革是衡量管理工作有效性的重要标识。

9.4.1　组织变革的概念

急剧变化的环境使得组织面临多来越多的挑战，正所谓"物竞天择，适者生存"，不变革则在很大程度上意味着被淘汰。

组织变革（organization change）属于组织设计的范畴。组织变革是指组织及管理者为实现战略目标，运用科学和相关管理方法，根据组织内外部环境的变化，对组织要素及其关系进行修正、调整及创新的结构性变革过程，以适应组织未来发展的需要（组织要素的调整亦可理解为组织主动对组织中的大部分，或一部分的部门、人员等进行根本性的中长期调整）。对组织改革概念的把握可以从以下四方面加深理解。

（1）组织变革发生的根源是环境的变化。现代社会，任何一个组织都是处在动态开放的系统中，当组织所处的内外部环境发生变化，就会给组织带来相应的挑战，组织便需要进行相应的变革。

（2）组织变革是由变革推动者（change agent）发起的。组织变革需要催化剂，而变革推动者就是起催化作用并承担变革过程管理责任的人。变革推动者又包括组织内部的管理人员以及组织外部的咨询顾问等非管理者。变革推动者的加入使得相关参与者的信心增强并有利于增进团队沟通，从而促进组织更好地发展。

（3）组织实现战略目标，需要将组织变革中的内外部战略相协调。外部战略，力求全面优化组织与环境的关系；内部战略，力求协调组织内部人员间相互联系以及协调组织内部个人与集体目标，使二者均统一到组织目标上来。

（4）组织变革是对组织要素等进行结构性的调整，是在组织管理者指导下有计划地展开。组织需要根据对外部环境的判断和内部情况的分析，围绕组织战略目标对于组织的管理理念、工作方式、组织结构、人员配备、组织文化等组织要素进行调整，以促进组织目标更好地实现。

组织变革的内容包括了工作的流程、部门、控制的范围、生产器具或者是工作人本身等，而且或多或少会带来一些预料之外的影响。

例如，面对 1997 年的亚洲金融危机这种前所未有的困境，三星的领导者并没有退缩，他们从适应市场变化入手，对公司进行改革。卖掉不良资产，虽然会有损失，但可以带来流动资金；对公司的业务进行重组有助于应对市场变化，更好地适应市场；进行裁员，可以提高员工生产积极性，同时也可以提高企业的竞争力。三星通过种种改革，从困境中走出，并走向了成功。在全球高端电子市场上，三星电子不断率先推出各种优势产品：高端手机、宽屏背投式彩电、记忆芯片、数码摄录机、数码相机，每次都打得竞争对手措手不及，并凭借自身的优势赚取最高昂的利润。

9.4.2　组织变革的目标

组织变革的目标是促进组织的发展，因此，组织变革的目标应与组织发展的目标协调一致。组织变革应努力实现以下目标。

1. 提高组织适应环境的能力

适应环境是组织生存的前提，提高组织适应环境的能力是组织的基本目标。组织变革的基本目标是使组织整体、组织中的管理者以及组织中的成员对外部环境的特点及其变化更具适应性。环境不仅是不可预测的，而且对组织本身来说是不可控的。当组织的外部环境或内部环境发生了变化，组织也必须随之而变。组织变革是在对环境变化做出正确认识的前提下，审时度势后进行相应的变革。组织通过建立健全的组织运行机制，调整组织结构流程与管理制度，使组织更好地把握机会并应对各种威胁；管理者通过调整过去的领导风格和决策程序，使组织更具灵活性和柔性，通过重构层级工作团队之间的各种关系，使组织变革的实施更具针对性和可操作性；组织对其人员不断进行再教育和再培训，在决策中重视员工的参与和授权，使得组织可根据环境变化更新整个组织文化。

2. 提高组织的工作绩效

通过组织变革提高组织的适应能力，仅仅是组织变革的基本目标。而提高组织运作效率和效能，使组织不断发展强大，促进组织的自我创新能力，增强组织活力，并实现组织的可持续发展，是组织的最终目标。

3. 承担更多的社会责任

在现代社会中，单个组织的生存和发展从根本上讲取决于它同社会的关系。任何组织都不能以追求自身利益最大化，而不顾社会责任。因此，每个组织所承担的社会责任、它所树立的社会形象，都成为组织运作的必要前提。组织的社会责任要求组织不断地进行调整与改革，这便是组织的最高目标。

9.4.3　组织变革的动因

导致组织变革的因素可以归结为两种：一种是内部因素，另一种是外部因素。如表9-3 所示。

表 9-3　组织变革的动因

分类	组织变革的因素
内部因素	组织目标的选择与修正 组织职能的转变 组织成员内在动机与需求的变化 组织的低效率
外部因素	外在竞争压力变化 经济因素 政治法律因素 科学技术的进步 社会趋势

1. 内部因素

导致组织变革的内部因素也是变革的源泉。内部因素最初产生于组织运营方式，也可能是由外部因素造成的（需要注意的是：一些内部因素是外部因素的反映，内部因素的变化是组织日常循环的一部分）。如果高层经理改变了组织的战略，那么势必会导致组织变革。例如，电子公司进军家用电脑市场、10 年内销售再提高 4%，这样的目标一定会引发各种组织变革。随着社会文化价值的改变，员工的工作态度也会发生改变，如对工作时间和环境的新要求。而以上种种内部因素都会反作用于组织的管理政策和实践的变革。

1）组织目标的选择与修正

组织目标的选择与修正主要决定着组织变革的方向，同时也在一定程度上规定了组织变革的范围。组织的目标是组织前进的方向，目标的调整必然会引起组织的巨大变化。每个组织在不同的发展阶段，运行的目标也不尽相同。组织结构是为组织的战略目标服务的，当组织目标发生变化，组织结构则需随之进行变革，单一化的战略目标与多元化的战略目标分别需要与不同的组织结构相匹配。例如，小企业成长为中型或大型企业，单一品种企业成长为多品种企业，单厂企业成为企业集团等。

2）组织职能的转变

随着社会环境的变化，组织管理职能和基本内容也发生了根本的变化，直接推动了组织的变革。例如出现人员素质差，产品产量、质量下降等情况，则组织职能就难以正常发挥，这时组织就需要根据环境的变化调整机构，从而使得新的组织职能得到充分的保障和体现。

3）组织成员内在动机与需求的变化

在组织中，员工的个体行为是组织运行有效性的基础，个体成员的行为又是以各自的需要为基础的。因此，一定的组织结构与组织管理总是与一定的成员的需要相适应。组织成员内在动机与需求的变化也是影响组织变革的一个重要原因。如一个组织中知识型员工大量增加，他们将要求更多自主性的、具有挑战性的工作机会以促进个人成长，因此必然要求组织的权责体系进行调整，需要更多地实行分权体制。

4）组织的低效率

决策效率低或经常出现决策失误以及组织沟通渠道不畅、信息不灵、人际关系混乱、部门协调不力，造成组织的效率低下从而引起组织变革。

2. 外部因素

外部变革因素来自组织的总体环境或任务环境。任何一个组织都不可能脱离外部环境而存在，组织从环境中获取维持生存的输入，并将环境作为吸纳自身输出的源泉。外部因素导致组织赖以生存的基础条件发生变化，组织需进行变革和调整，从而实现自我发展和自我完善。例如，影响美国汽车企业的因素包括两次能源危机、日本汽车工业的崛起、汇率变动和国际利率浮动。

1）科学技术的进步

科学技术被誉为"创造性的毁灭力量"，它可对人类的生产和生活产生全方位的深刻影响。科学技术不仅是组织提高效率的工具，也是组织结构以及整个组织形成的基础。现代科学技术的发展，对组织结构、管理幅度与管理层次、组织运行要素等都带来巨大变化的同时也对组织的变革提出了新要求；技术提高组织变革的需求。组织所依赖的技术发展，是形成组织变革的直接推动力。

现代科学技术的发展以计算机和网络技术最为典型，使得一些高科技公司极为昌盛，如微软、英特尔公司等。网络的出现同样改变了我们获取信息、进行产品交易以及完成工作的方式，技术的进步对许多组织的经济规模产生了显著的影响。例如，由于技术的发展，Scottrade 证券公司的客户可以不通过经纪人直接进行网上交易。

2）政治法律因素

总体来看，国家宏观经济调控手段的改变，国际、国内政治环境的变化，国家产业政策的调整与产业结构的优化都要求组织根据环境及时做出调整。政治因素的变化对于从事跨国经营的组织尤为重要。例如，东道国的政局是否稳定，将直接影响跨国公司的日常经营，跨国公司选择伙伴时会把东道国的政治条件作为一个重要的考虑因素。国家地区间的军事、外贸等政策都会影响跨国公司的经营方式和组织结构。

组织的各种行为必须符合国家有关法律、法规的规定，另外从事跨国经营的组织必须同时遵守东道国的法律。例如在我国，上市公司必须遵守《中华人民共和国公司法》《中华人民共和国证券法》等相关法律的规定，接受证券监管部门的监督，定期向公众披露财务信息，并按照相应要求从事经营活动。国家法律法规的颁布与修改会对组织经营产生巨大影响，导致组织变革的发生。

3）经济因素

随着经济一体化的发展，经济因素几乎会对所有的组织造成影响。国内的利率、通货膨胀率、证券市场指数、经济周期、国际形势的变化等因素会对组织产生重大影响。例如，在抵押贷款市场崩溃之前，低利率导致房屋的市场需求增加，而这意味着会有更多的工作机会，同样也会连带其他产业交易增加。

世界市场正在融为一体，竞争日益白热化。例如，东南亚经济危机、市场原油价格上涨，在影响局部地区经济的同时对全球经济带来不同程度的影响。信息技术快速推广、贸易壁垒减少都有助于建设全球市场，从而对组织变革提出了更高的要求。

4）外在竞争压力变化

外部竞争压力的变化，导致组织发生变革。在竞争日趋激烈的今天，所有组织都面临竞争对手的威胁。竞争对手在价格定制、广告促销等方面的策略变化会对组织产生直接影响。例如，长虹彩电率先降价后，康佳、TCL 等国内大型彩电生产厂商除了采取同样甚至更为剧烈的价格策略外，别无选择。

5）社会趋势

现如今，社会发展呈现出一些趋势：全球人口老龄化、组织员工多元化、家庭结构小型化，这一切都要求组织重新审视对应的目标消费群体及其他社会需要。社会文化方面的影响包括价值观，它决定了什么样的产品或服务可以为市场所接受。

3. 组织必须变革的征兆

从管理者角度来看，当组织出现以下现象，则可以当作组织应该变革的征兆。

（1）决策效率低下，如不能及时决策或者决策频频失误。

（2）组织目标难以实现，尤其是组织职能难以实现。

（3）组织内部信息交流沟通不畅，人际关系紧张，部门之间协调不足，导致无法形成一个有机整体。

（4）组织僵化，缺乏创新。例如缺乏新的产品和技术更新，没有新的管理办法或新的管理办法推行起来困难等。

当一个企业出现以上征兆时，应及时进行组织诊断，用以判定企业组织结构是否有变革的必要。

9.4.4　组织变革阻力的来源

1. 未来的不确定性

变革增加了人们对现状认识和把握的模糊性与不确定性。变革带来的不确定性会让员工感到不安、焦躁和紧张，会使其感到即将要承担的风险（担心的因素主要在于是否能更好地达到新工作的要求和自己的职位是否受到威胁）。由此会对变革产生敌意，并在被要求变革时表现出消极的行为。

2. 对既得利益的威胁

组织变革会威胁到组织成员为取得现状所做的投资，变革意味着原有的平衡系统被打破，意味着管理层级、关系结构的重新调整，人们担心失去地位、收入、个人便利和重要的福利等，造成员工有怅然失落感。例如，对于经理人而言，变革会带来组织内部某些权限的变动，他会担心失去影响力从而拼命抵抗变革。

3. 组织的惯性

随着组织年龄的增长，组织往往有保持其稳定性的倾向，这将促使其反对变革，使组织产生一种惯性。通常情况下，熟悉、稳定、常规性的工作给人们一种安全感，而一旦进行变革则意味着对已经习惯了的工作关系和工作模式的挑战。人们总习惯于处于"习惯"和"他们自己的方式"之中，总有安于现状的习性，对变革有一种天然的抵触情绪。

4. 不符合组织利益

当管理者只关注一个焦点的变革时，可能会顾此失彼，难以全面考虑整个组织的连带效应，从而影响改革全局目标的实现。例如，如果一个员工相信变革推动者所提倡的新操作程序会导致产品质量和生产率下降，它就极有可能反对这项变革。另外，如果组织信息沟通不畅，员工的意见不能被充分重视，那么员工很有可能消极怠工，抵制变革。

5. 对组织变革缺乏有效的保护

组织变革本身是一种社会发明，尤其那些解决组织管理中的一般性问题的组织变革更是如此。但组织变革并未像技术创新那样得到严格保护，则意味着它是一种没有专利权的社会发明。而这一项组织创新成果可以被其他组织无偿使用，这便使组织失去了创新的动力，从而阻碍变革。

9.4.5　减少组织变革阻力的方法

组织变革是伴随组织成长过程中的经常性活动，它常常也会遇到来自组织内部各方的阻力。而这些阻力阻碍组织的适应和应变能力，降低组织的竞争力。因此，在组织变革中，克服阻力也显得尤为重要。

斯蒂芬·罗宾斯提出了六种降低组织变革阻力的策略，管理者可将这些方法视为工具并依据不同情况和阻力类型选取合适的工具（表 9-4）。

表 9-4　减少变革阻力的六种策略

工具	适用范围	优点	缺点
教育与沟通	阻碍来自信息不对称	信息对称	彼此缺乏信任时不管用
参与	阻碍有贡献的专业评判	提高参与度与接受度	费时，出现糟糕决策的可能性
促进与支持	阻碍者情绪恐惧、焦躁等	采用所需的调整	昂贵，没有成功作为保障
谈判	阻碍来自有权力的团队	"购买"合同	潜在成本高，允许他人也采用同样的方法施压
操作与合作	有权力的团队需要担保	便宜，容易获得支持	潜在危机，变革机构失去诚信
强制	有权力的团队需要担保	便宜，容易获得支持	可能违法，破坏变革机构的诚信

1. 教育与沟通

可以帮助员工看清变革活动的动因，当然这种方法是在假设变革活动有良好沟通的前提下进行的。通过与员工们进行沟通帮助他们了解变革的理由，让员工了解到全部的事实，包括组织现状、外部环境的压力等，澄清了他们的错误认识就会使阻力得以降低。

2. 参与

参与指将那些直接影响变革过程的个人引入决策制定过程。参与能让他们表达自己的观点，个体很难抵制他们自己参与做出的变革决策，以此来提高变革质量。此种方法不仅可以提高决策的科学性，也可以获得承诺，以降低阻力。

3. 促进与支持

促进与支持可帮助员工克服变革过程中所产生的恐惧和焦躁情绪，它包括员工咨询、心理安慰、技能培训以及提供短期休假，这样会有利于员工调整心态，从而减少阻力。

4. 谈判

如果阻力集中在少数有影响的个人中，可以通过谈判形成某一奖酬方案或以某种有价值的东西换取，使这些人的需要得到满足，从而降低变革的阻力。当阻力来源于掌权者时，这种方法是相对有效的。

5. 操作与合作

操作与合作指将努力转换到施加影响上，它会隐瞒造成破坏的信息以使变革相对具有吸引力，使员工接受变革。通过"收买"阻力群体领袖人物参与变革决策，来降低阻力，之所以征求他们的意见是为了取得他们的承诺。

6. 强制

强制指对抵制者实施威胁和压力（包括对抵制者的直接威胁和控制抵制者）。这是一种最简单的方法。但是强制通常是不合法的，即便是合法的强制也容易被看成一种暴力和无能，从而有损变革推动者的威信。

9.4.6　组织变革的方式

管理者能对什么进行变革？管理者可选择的变革方式基本上有以下四种：结构、技术、人员、文化方面的变革。

1. 结构变革

结构变革是对组织的构成要素、整体布局和运作方式所做的较大调整，包括权力关系、协调机制、集权程度、职务与工作再设计等其他结构参数的变化。管理者在组织工作中的职责也包括选择组织的正式设计、分配职权以及决定正规化程度等各项活动，若管理者进行结构调整，则会使得员工获得更多职权并在程序上有所改善。例如，工作团队的出现打破了部门限制，使最有能力的员工来解决问题。此外，建立跨部门的工作团队以鼓励员工之间合作解决问题，而非彼此对立，所有这些都属于结构变革。

管理者为了提高组织的正规化程度可以制定出更多的规则和程序。而通过提高分权化程度，可以加快决策制定的过程。其他结构设计方面的变革包括从职能型结构向产品事业部制结构的转变，以及项目结构设计的创建等。例如，艾利丹尼森公司替换原有的职能型结构，采用一种跨职能团队来安排工作的新型的结构设计。

2. 技术变革

一个组织的技术水平标志着该组织将投入转化为产出的能力。大多数有关管理的早期研究，如泰勒和吉尔布雷斯的研究，就是探讨那些着重于技术创新的变革努力。科学管理是基于行动和实践研究来推进变革，以提高生产效率的。产业内的激烈竞争或新的发明常常要求管理者引入新的设备、工具或操作方法。因此，工作流程也要随之做出改变。例如，Herman Miller 公司为了在办公家具行业占有市场领导地位，对技术和员工展开培训。另外，自动化在某些活动中以机械取代人类的技术变革，开始于工业革命时代，而现在仍是管理者可供选择的一个组织变革方案。

近年来，最明显的技术变革来自管理当局努力扩大计算机的应用范围。现在许多组织都装有复杂的管理信息系统。例如，贝纳通集团（Benetton Group SPA），它应用计算机将意大利特雷维索外的制造厂与公司的各销售点和一个高度自动化的仓库连接了起来。

3. 人员变革

人员变革指的是员工态度、期望、观念和行为方面的改变。人员变革是围绕人力资源进行的变革，具体包括：组织变动和组织发展两部分内容。组织变动涉及人员流动量、人员选择、人员培训；组织发展（organization development，OD）涉及人员的态度、观念、行为和关系的改变。一般来说，人员变动更加强调组织发展。人员变革需要遵从质量的提升和不断完善的劳动力水平。适当的员工教育和培训是必需的，一套好的评价体系和奖罚制度也是支持和鼓励改善的方法。例如，成功的项目将质量目标作为对员工执行的奖惩标准。

人员变革的目的是努力创造一种良好的组织气氛，促进组织成员之间相互关系的改变，使组织中个人和群体更加有效地工作。

4. 文化变革

由于变革意味着引入与当下组织文化迥异的新鲜事物，文化创新往往比文化维系更为艰难。组织变革，则意味着首先是组织文化的变革，任何形式的组织变革必然同时伴随着组织文化的变革。组织文化有强弱之分，所以存在的变革阻力也不尽相同。一般来讲，在组织面临危机、领导职位异人、组织规模小、组织文化弱等条件下更有利于促成组织文化变革。

总之，组织变革具有系统性和互动性特点，上述四种内容的变革并不是截然分开的。往往是以某一种变更为主导，其他各种内容的变革交织在一起的。

9.4.7　组织变革的过程

通常使用"风平浪静"观的比喻，来说明变革是在常规中偶然发生的事件，当其发生时可以对之进行计划和管理。用"风起浪涌"观的比喻，来说明变革是正在进行的，需要持续不断地管理。库尔特·卢因（Kurt Lewin）将组织变革过程描述为如图 9-8 所示的三个步骤。

图 9-8　变革过程的三个步骤

依照卢因的观念，成功变革先要破坏现状，而后到新的状态，之后对这种新状态再次破坏，最终达到长久保持。现状可看作一种平衡，打破这种平衡可通过三种途径。

（1）增加行为脱离常态的驱动力。

（2）减少阻碍脱离常态的制约力。

（3）结合使用以上两种方法。

一旦破坏完成就可以进行变革了。卢因的三步骤过程是对组织平衡的一种打破。平衡状态被打破，建立新的平衡就需要变革，在外部环境相对平静时适合使用，但是当管理者面临激烈环境时就不太合适了。

【 本章小结 】

组织的含义：组织是指在一定环境下，为实现共同的目标，在分工与协作的基础上，按照特定原则通过组织设计，使得相关资源有机组合，并以特定结构运行的有机整体。

组织的作用：实现分工协作，提高劳动生产率；把力量整合起来，实现组织力量的放大；实现统一指挥。

组织的特点：目标的一致性；原则的统一性；资源的有机结合性；活动的协作性；结构的系统性。

组织中的职权关系：集权与分权；制度分权和授权；直线职权和参谋职权。

组织的类型：按组织的形态分为互惠组织、服务组织、经营性组织、大众福利组织；按组织目标的公共性分为公共组织、非公共组织；根据组织形成的自发性程度分为正式组织、非正式组织。

组织设计：在准备设计组织结构时经理们会面临艰难的决定。他们必须在有关职务、工作计划和部门的许多备选框架中做出选择。这一选择的过程被称为组织设计。

组织设计的具体步骤：①确立组织目标；②职务设计与分析；③部门划分；④配备人员；⑤通过组织运行不断修改和完善组织结构。

影响组织设计的因素：①组织规模；②组织战略；③组织环境；④技术因素。

组织设计的传统原则：①目标至上原则；②层级原则；③管理幅度和管理层次原则；④统一指挥原则；⑤权责对等原则；⑥分工协作原则；⑦执行与监督分离原则；⑧精简与效率原则。

新形态的组织设计：由于当今环境的高度变动与复杂化，对于组织形态的设计，管理者纷纷寻求一个可持续优化（continuous optimization）的方案，以便更好地适应变化剧烈的经营环境。

几种更现代的组织设计：①团队组织；②虚拟组织；③学习型组织。

人员配备：一般是指对组织中全体人员的配备，既包括主管人员的配备，也包括非主管人员的配备。管理学的概念，在企业组织管理中是一个非常重要的环节，也是现代企业进行公司人才梯度建设的基础环节。人员配备是组织设计的逻辑延续。

人员配备工作一般包括：岗位分析、人员选聘、人员考评和人员培训等工作。

组织结构的基本形式：①直线型组织结构；②职能型组织结构；③直线—职能型组织结构；④事业部制组织结构；⑤矩阵制组织结构；⑥网络型组织结构。

组织变革的概念：组织结构，是指组织内关于职务及权利关系的一套形式化系统，是组织正式的报告关系机制、程序机制、监督和治理机制及授权和决策机制。

组织变革是指，组织及管理者为实现战略目标，运用科学和相关管理方法，根据组织内外部环境的变化，对组织要素及其关系进行修正、调整及创新的结构性变革过程以适应组织未来发展的需要。

组织变革的目标：①提高组织适应环境的能力；②提高组织的工作绩效；③承担更多的社会责任。

组织变革的动因。一是内部因素：①组织目标的选择与修正；②组织职能的转变；③组织成员内在动机与需求的变化；④组织的低效率。二是外部因素：①科学技术的进步；②政治法律因素；③经济因素；④外在竞争压力变化；⑤社会趋势。

组织必须变革的征兆：①决策效率低下，如不能及时决策或者决策频频失误。②组织目标难以实现，尤其是组织职能难以实现。③组织内部信息交流沟通不畅，人际关系紧张，部门之间协调不足，导致无法形成一个有机整体。④组织僵化，缺乏创新。

组织变革阻力的来源：①未来的不确定性；②对既得利益的威胁；③组织的惯性；

④不符合组织利益；⑤对组织变革缺乏有效的保护。

减少组织变革阻力的方法：教育与沟通、参与、促进与支持、谈判、操作与合作、强制。

组织变革的方式：①结构变革；②技术变革；③人员变革；④文化变革。

组织变革的过程：库尔特·卢因将组织变革过程描述为三个步骤，即破坏、变革、再破坏。

【复习与思考题】

1. 组织应如何体现"组织要服从战略"这一原则？
2. 拓宽管理幅度是怎样使组织效率得以提高的？
3. 组织变革要考虑的关键因素有哪些？
4. 组织的变革阻力来自何方？应该怎样降低这些阻力呢？
5. 在组织重组时是应该以处理不必要的工作为重心还是应该以减少员工数量为重心？
6. 组织存在的意义是什么？它具有哪些特点？

【关键术语】

组织　organization
组织结构 organization structure

组织设计 organizational design
组织变革 organization change

【案例与分析】

海尔的三次改革

海尔始终不缺乏变化，从 20 世纪 80 年代末的日清日高管理方法到 90 年代末的市场链整合，一直到 2005 年的"人单合一"管理模式。海尔的组织结构的改革前后进行了 40 多次，这已不仅仅是管理模式的改变了，海尔已上升到一种精神上的洗礼。

而每次改革无论从精神上还是结构上都达到了唤醒组织活力的目的。

20 世纪 80 年代末，家电处于"幸福"的供不应求年代，只要生产出来产品就可以卖掉，每个厂家所做的事情就是加大产量，而在这个时候，海尔的老总张瑞敏砸掉了很多冰箱，让员工都触目惊心，海尔开始学习日本企业的全面质量管理工作。到 90 年代初期，海尔正式发展了自己的"日清日高"的模式。

"日清日高"又称"OEC"管理法，可表示为：每天的工作每天完成，每天工作要清理并要有所提高，即"日事日毕、日清日高"。每天有员工自我清理计算日薪并填写记账，检查确认后交给班长。不管几点钟下班，不管多晚，班长都要把签完字的卡拿回来，再签上自己的名字交给上面的车间主任。当天发现的问题必须当天处理就是所谓的"日日清"。

OEC 模式在海尔多元化扩张时期起到了重要作用，海尔在这个时期所进行的并购都没有输入自己的资金，而是通过输入 OEC 管理模式和管理人员，实现了多个并购。

随着这种 OEC 模式的成功，海尔多元化阶段也基本完成，庞大的组织机构开始阻碍海尔的发展，各个部门各自为政，互相沟通不畅，张瑞敏又开始了他第二次变革。

　　1998 年，海尔开始了市场链流程再造。在组织再造上变直线职能金字塔式的组织结构为扁平化的结构，减少管理层次，以努力实现企业与市场之间的零距离，而在人员的再造上，则是将管理人员变成 SBU（策略事业单位），即每个管理者都是一个独立作战的经营体，每个人都有自己的目标市场和市场目标，自主制定自己的市场策略，以最快的速度去创造新的市场、新的需求，改变过去那种组织与市场的割裂，个人只听命于内部上司，而不去面对外部用户的问题。

　　海尔每个部门都要独自面向市场。同时由于各个部门都自负盈亏，也保证了现金流和库存较好地运转。

　　而"人单合一"的改革正是这种市场链管理的进一步深化，每个人都要面向市场，所有的流程都是为了有竞争力的单子，每个人和每个部门如果不适合市场的需求，就要被放弃。

　　2005 年海尔进行的"人单合一"模式已进入实施阶段，在进行了 3 个月的试探后，新模式在国内进展得还算顺利。但在海外由于各个国家的语言交流不通畅，海尔新闻发言人坦言："我们下一步的难题是他们。""这个实施的过程可能非常漫长。我们也不确定这个改革一定能够取得成功，需要长时间的调整和修正。"

资料来源：胡泳，郝亚洲. 海尔创新史话[M]. 北京：机械工业出版社，2015

　　问题：

　　1. 从海尔的三次改革中我们体会到管理的哪些职能发挥着巨大作用？

　　2. 海尔持续发展的源动力来自哪里？

【推荐阅读】

1. 芭芭拉.金字塔原理（麦肯锡 40 年经典培训教材）[M]. 海南：南海出版公司，2013.

2. 刘茗溪. 图解管理学一本通[M]. 北京：中国华侨出版社，2017.

3. 格里芬，吴何.管理学（中国版）[M]. 9 版. 北京：中国市场出版社，2010.

4. 章永宏，罗旭. 未来的组织：企业持续成长的智慧[M]. 北京：机械工业出版社，2017.

5. 李书玲. 组织成长论[M]. 北京：机械工业出版社，2017.

6. 胡八一. 阿米巴组织划分[M]. 北京：中国经济出版社，2017.

7. 吴何. 现代企业管理：激励·绩效与价值创造[M]. 北京：中国市场出版社，2010.

8. 黄继伟. 华为工作法[M]. 北京：中国华侨出版社，2016.

第10章 文 化

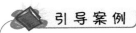 学习目标 »

1. 了解文化的定义及维度;
2. 掌握组织文化的定义;
3. 了解组织文化的功能;
4. 辨识并讨论组织文化的类别及维度;
5. 描述并讨论组织文化的创建和维系。

引导案例

TCL：敬业、团队、创新

TCL 集团经过多年的发展，在改革开放的有利环境中，依靠 TCL 人的敬业奉献和不懈努力，从无到有、从小到大，在完全没有国家资本金投入的情况下，跻身中国最大的十家电子企业行列，创造了一个民族企业高速成长的神话。但 TCL 也很清楚地认识到：目前企业正处在一个发展的关键时期，企业面对的是一个日益开放和竞争日趋激烈的市场，在全球经济一体化的大趋势下面对国外企业的直接竞争，TCL 的企业现状和外部经济环境已发生了巨大变化，以往促使 TCL 成功的各种因素，并不足以保证 TCL 今后能继续获得成功。TCL 只有锐意变革、创新进取，提高经营管理水平，改革经营体制，整合企业文化，才能建立和保持企业的竞争优势，进而把 TCL 建设成真正有能力参与国际竞争的大型企业。

多年来，TCL 一直倡导用企业精神激励员工为实现发展目标而共同努力。

TCL 创业初期提出"廉洁奉公、思想统一、雷厉风行、富有成效"的企业口号；1993 年初，TCL 提出"团结开拓、艰苦拼搏"的企业精神，并为企业精神做了明确定义。TCL 之所以能够实现高速增长，其中的重要原因，就是全体 TCL 人特别是管理干部，能将企业精神贯彻到工作实践中去。这些企业精神，是 TCL 宝贵的精神财富，也是保证 TCL 事业继续发展的思想基础。企业的明天，是昨天和今天的继续。TCL 十分看重企业文化建设，就是要把最能推动 TCL 发展的思想、观念、精神、作风进行总结、提升，使之规范化、系统化，并广泛地为全体 TCL 人理解、接受，并成为其自觉行为。

为了企业下一步求得更大的发展，TCL 重新确定了企业的核心价值观。

企业经营目标：创中国名牌，建一流企业。

经营宗旨：为顾客创造价值，为员工创造机会，为社会创造效益。

企业精神：敬业，团队，创新。

所谓 TCL 的目标——"创中国名牌"。就是要创立一个驰名全球市场的中国名牌，因为只有首先成为中国名牌，才能争取创世界名牌；"建一流企业"，就是要建设一个具有国际竞争力的综合企业。而一流企业的标准具有两方面的含义：一是成为综合企业，二是具有国际竞争力。TCL 目前已走向国际竞争，而且在国内已经直接参与与跨国企业的竞争，所以企业的生存发展与竞争的度量标准，已不单单是指在国内竞争中能否生存与发展，更重要的是有无能力与那些跨国企业竞争。能否具备这种竞争能力，直接取决于企业管理水平的高低，因此说，建立国际竞争力是衡量一流企业的标准；另外，一流企业应该是一个综合企业，能够把握机会综合发展，从而增强企业的整体实力。目前，TCL 的营销网络功能正不断扩展，并朝着多元综合化经营方向发展，在金融方面，1997 年 TCL 建立了结算中心，最终将使之发展成为财务公司，以加强企业的资本运营能力。

TCL 的企业宗旨是"为顾客创造价值，为员工创造机会，为社会创造效益"。其中"为顾客创造价值"——是 TCL 经营理念的重大进步，它改变了企业以利润为中心的管理观念，明确企业最重要的工作目标就是用高质量的产品、全方位的服务满足社会广大顾客的需求，通过卓有成效的工作，让更多的顾客认同 TCL 产品和服务的价值。这就要求 TCL 人在生产经营的每一个环节，都必须把顾客的需求、市场的需求放在第一位，扎扎实实地做好每一项工作，只要真正做到这一点，TCL 的品牌、TCL 的产品才会更有竞争力，企业也才能获得更快的发展，会有更好的效益。

"为员工创造机会"——企业的竞争就是人才的竞争，企业也是员工生存和实现自我价值的载体，企业有责任满足员工在精神上和物质上的要求，有责任为员工的发展、实现自我价值创造条件。为此，TCL 要建立一个科学、公平的员工考核和价值评价体系，建立员工教育和培训制度，建立合理的薪酬和福利制度，使员工在企业能获得更好的成长和发展机会，实现自己的事业追求，同时也获得合理的回报和生活福利保障。

"为社会创造效益"——企业生存和发展的过程，客观上也是为社会创造效益的过程。TCL 是国有控股企业，企业所创造的效益，在更大程度上是为社会创造效益，是为国家经济的振兴、为民族工业的发展尽力尽责，这是所有 TCL 人的使命。

TCL 倡导的企业精神是"敬业、团队、创新"，这是"团结开拓、艰苦拼搏"企业精神的延续和升华。

"敬业"是鼓励为事业而献身的精神，这种敬业实质上是 TCL 过去"艰苦拼搏"精神的延续；追求更高的工作目标，勇于承担工作责任，掌握更好的工作技能，培养踏踏实实和精益求精的工作作风。这种精神是以往 TCL 成功的一个非常重要的因素，也是保障今后继续成功的基础。

"团队"是要求企业内部要有协作和配合的精神，营造企业和谐健康的工作环境，员工不但要对自己的工作负责，同时也对集体的工作负责，对整个企业负责，提倡员工间互相鼓励、互相关心和帮助。"团队"精神包含了团结的内涵，但比团结的表述更为系统，更有积极的意义。

"创新"精神一直是 TCL 高速发展的重要动力。创新包含了"开拓"的内涵。

TCL 从小到大，比别人走得更快，工作更有成效，靠的就是创新进取、勇于开拓的精神。这是支撑 TCL 高速成长的重要经营观念，TCL 只有在借鉴别人成功经验基础上不断创新，才有可能超越对手。

TCL 提出的企业经营目标、宗旨、精神，构成了一个相互支撑的企业文化体系，这也是我们企业和员工的使命宣言及核心价值观的体现。TCL 就是要通过企业经营变革、管理创新推进企业文化建设，把企业经营理念变为 TCL 人的自觉行动，弘扬"敬业、团队、创新"的企业精神。

实践表明，国际竞争力实质上是在国内培养出来的，企业的竞争力实质上也是在企业内部培养出来的。TCL 致力于经营变革、管理创新，最终目的是使我们企业的内部管理力度、考核力度、绩效改进力度和优胜劣汰力度达到国际市场竞争的要求，以确保在激烈的市场竞争中实现可持续发展，实现"创中国名牌、建一流企业"的目标。

资料来源：李东生. 销售与市场. TCL 网络制胜专利，2000-06-28

10.1　文　化　概　述

10.1.1　文化的定义

要正确地理解组织文化，首先应认识什么是文化。对于几乎无所不在、无所不包，涵盖一切而又极难捉摸的文化，其定义可谓众说纷纭、不胜枚举。正如法国文化学家罗威勒所说的那样，"在这个世界上，没有别的东西比文化更难捉摸。我们不能分析它，因为它的成分无穷无尽；我们不能叙述它，因为它没有固定形状。我们想用文字来界定它的意义，这正像要把空气抓在手里似的：当我们去寻找文化时，它除了不在我们手里之外，它无所不在。"事实上，中外对于文化的概念有很大的分别，中国人认为，"文化"的价值极为重要，而且深具实用性，它的首要作用即在于"安定社会"，其含义多半指的是专制统治王朝"文治教化"的总称。《辞海》对文化做了这样的界定："从广义来说，指人类社会历史实践过程中所创造的物质财富和精神财富的总和。从狭义来说，指社会的意识形态，以及与之相适应的制度和组织机构。文化是一种历史现象，每一社会都有与其相适应的文化，并随着社会物质生产的发展而发展。"

在西方，"文化"的概念源自拉丁文"culture"，这个词原始的意思是培育或管理，如种植庄稼、驯养动物等。到了 18 世纪末 19 世纪初，"文化"几乎等同于"文明"，"文明"指的是人类发展的进步过程，即从野蛮走向完善和秩序。但是，随着人类历史的发展，对于"文化"的含义也就有更多的解释和要求。如对于考古学家来说，"文化"最重要的意义也许是史前人类所运用的器物，如石器、青铜器和铁器等，而对人类学家而言，"文化"一词则常用来指涉"一个社群内的生活模式"，如社群的生活方式、神话或仪式等；但对历史学家而言，"文化"是人类从长时期发展中所共同创造并累积的经验，如学术思想、经济活动、科技发展或艺术成就等。可见文化概念并非一成不变，而是个不断变化的动态概念。

从管理学的角度来看，荷兰学者霍夫斯泰德（Hofstede）关于文化的定义被广泛地接受。他认为文化是一组成员或一种类型下的人群在精神气质方面的集体主义特征，这种特征使其与其他组织和人群区别开来。换言之，文化是关于若干个人所具有的共性的一种抽象，某种程度上拥有共同的信仰和价值观念，是一个文化群体所具备的稳定特征。群体成员所特有的某些行为习惯和思维方式则是文化的较外在表现，口号、服饰、标识等则是文化最外层的表现。

10.1.2　文化的特征

文化的主要特征可以概括为以下几个方面。

1. 文化对其社会环境具有依赖性

同文化一样，民族也是一个历史过程，因此文化随着民族的产生和发展而具有民族性，通过民族形式的发展，形成民族的传统和风俗习惯等。同时，由于民族的区域分布不同，因此与之相应的文化也就具有地域上的差异。这里既有一个民族内部因地理差别而形成的不同的小区域文化，也有一个多民族国家内部形成的大区域文化，如中华文化。不同民族、国家、地区往往是构成文化差异的最直接因素，这种差异表现为人们在风俗习惯、生活方式、伦理道德、价值标准、宗教信仰、消费习惯等方面的不同，从而构成各种复杂的社会现象。

2. 文化具有相对稳定性

一种文化现象一旦形成，就具有其相对的稳定性，并且对大多数在其环境中的人，都有着普遍的影响力，在相对较短的时间内，不因为某些伟人或者外来力量的加入而发生明显的变化。

3. 文化具有变迁性

文化是一个不断创造的过程，文化是人类在处理人和世界关系中所采取的精神活动与实践活动的方式及其所创造出来的物质和精神成果的总和，是活动方式与活动成果的辩证统一，因此把文化理解成一个流变的过程比把文化理解为既成的事物的总和更正确。

4. 文化具有强制性

在每一种文化中都存在一个由信念构建的框架以保持这种文化的质的规定性。这些信念根深蒂固地潜藏在生活并成长于其中的人们的心灵深处，对人们的思维模式和价值观的形成与演变，以及人们的行为方式，施加着极其深刻的、决定性的影响。

5. 文化具有可习得性

在一个民族或社会的文化传统的演进或发展过程中，经济和政治现实是物质基础，但是专事文化研究和精神产品生产的、拥有高层次大存量人力资本的个人，发挥着巨大的推动作用。整个民族或社会的文化传统并不能够"与生俱来"、天然而无成本地植根于生活在其中的人们的意识之中。文化传统的习得，至少要经历一个实践中的潜移默化，或者在专门机构中的学习领悟过程。

10.1.3　文化的维度

1967～1973 年，一家跨国性企业 Hermes 委托霍夫斯泰德针对其全球六十几个国家分支机构的员工进行一次全面性的研究，目的在于帮助该公司驻守外国的美国管理者更有效率地管理其他文化背景的员工。经过系统的统计分析后，霍夫斯泰德提出国家文化价值观的四个维度：权力距离、个人主义与集体主义、阳刚与阴柔、不确定性规避。之后，霍夫斯泰德等根据之前的成果又发展出第五维度——长期导向，从而形成五维度的国家文化价值观，不同国家的文化可以从这五个维度进行考察。

1. 权力距离

权力距离是指人们对组织或机构内权力不平等现象的接受程度。权力分配和权力分配中的不平等是任何社会的基本现实，但不同国家的文化在权力距离上具有不同的特征。受文化的影响，一些社会可能比另一些社会更能接受不平等现象。一般而言，东方文化影响下的权力距离指数较高，组织成员能接受组织内权力分配的大幅度差异，对于不平等现象通常的反应是漠然视之或忍受，同时，潜意识中也存有不平等思想。在西方文化影响下产生的权力距离指数较低，一方面组织中下级对上级的权力并不感到恐惧，另一方面由于"权力意识"深入人心，使得他们对权力分配的不平等现象具有强烈的反抗精神。韩国、日本以及一些南美国家属于大权力距离文化，这些国家的人们易接受组织内的集权领导和官僚结构。在小权力距离文化的国家，如瑞典和德国，人们崇尚组织内的分权和扁平化组织结构。中国企业高层与中低层经理人员之间的权力距离，通常显著地大于西欧企业，中国企业的高层经理人员拥有比他们的西方同事更大和更广泛的权力，而低层经理人员得到的授权则远远小于西方的同等级人士。中国的领导人更侧重于"集权"，而西方则倾向于"授权"与"分权"，这种差异也部分反映在各级经理人员的薪酬等级结构上。

2. 个人主义与集体主义

确立个人主义和集体主义之重要指标主要是责任取向，责任取向主要是指人们对他人及他人的福利负什么责任的态度，一般而言，西方文化中鼓励个体的取向，组织人员有强烈的权利意识，在这种文化中社会机构较为松散，影响力和控制力都较弱，人们只追求自己及小家庭的利益。东方民族则表现出更多的群体取向和等级取向，组织成员有较强的责任意识，在这种文化中社会机构严密，影响力和控制力都较强。在个人主义社会中，个人之间的关联较松；反之，集体主义社会里，人与人之间倾向于形成一个凝聚力很强的整体，美国是典型的个人主义社会，美国人认为自己应该决定自己的信仰和行为，他们对群体、团队和社区忠诚度低。而在集体主义社会中，如中国和日本，人们相信群体的意志应该决定成员的信仰和行为。

3. 阳刚与阴柔

阳刚型的价值观注重于对工作目标的追求，阴柔的价值观则追求友好的气氛或与上级和同事和睦相处。男性度强的文化认为，社会中的性别角色是确定的、层次分明的，男人必须是自信的，推崇为了工作而生活，抱负是工作的动力；重视钱和物质，强调人的独立。而女性度强的文化认为：社会中的性别角色不是确定和截然分开的，两性之间应该平等；追求生活质量，推崇为了生活而工作，服务才是工作的动力。西方国家的文化中带有明显的男性气质特征；东方国家带有更多的女性化特征。霍夫斯泰德的研究显示，斯堪的纳维亚半岛国家文化柔性较强，而美国文化刚性较强，日本和奥地利文化刚性最强。

4. 不确定性规避

不确定性规避表明人们在不确定的环境中感受到的受威胁的程度。东方民族倾向于回避不确定性，有较高的回避指数，不愿承担风险，追求平淡质朴的生活，不鼓励反抗、冒险、标新立异。西方民族在发展中一直充满不确定性，对社会中的不确定性已习以为常，崇尚冒险和创新。不确定性规避往往与教条主义、独裁主义、传统主义和迷信相联系。大多数拉美国家的不确定性规避较强且权利距离较大，新加坡和印度的不确定性规避较弱而权利距离较大，而斯堪的纳维亚半岛国家和盎格鲁·撒克逊国家具有较小的权力距离与较弱的不确定性规避。

5. 长期导向

长期导向是从对世界各地的 23 个国家的学生的研究中得出的。在长期倾向的国家文化中，人们注重未来，而且重视节省和毅力。短期倾向的国家重视过去和现在，他们强调对于传统的尊重以及社会义务的履行。

高长期导向的国家重视长期承诺且尊重传统。在工作表现上，认为现在努力，以后一定会获得等质回报。相对来说，企业想要获得社会认同也要花很长的一段时间。低长期导向的国家则认为长期的传统和承诺是妨碍改变的绊脚石。这一维度的积极与消极的价值取向都可以在孔子的教义中找到，当然这一维度也适用于没有儒家传统的国家。

根据这五个维度，霍夫斯泰德对 50 个国家和 3 个地区进行了评分。拉丁语系国家、亚洲国家的权力距离得分比较高，日耳曼民族的权力距离得分比较低。个人主义在发达国家和西方国家盛行，而整体主义在欠发达国家和东方国家盛行，日本在这一维度居于中间地位。日本的男性特质得分比较高，诸如德国、奥地利和瑞士的一些欧洲国家得分也比较高，英语系国家其次，北欧国家和荷兰这项得分低，还有一些拉丁语系国家和亚洲国家如法国、西班牙和泰国的得分比较低。拉丁语系国家、日本和德语国家的不确定性规避得分高，英语国家、北欧国家和受中国文化影响的国家不确定性规避得分比较低。东亚国家和地区的长期导向最为明显，特别在中国内地、香港、台湾地区以及日本和韩国。

10.2　组 织 文 化

10.2.1　组织文化的定义

组织是按照一定的目的和形式而建构起来的社会集合体，由于每个组织都有自己特殊的环境条件和历史传统，也就形成自己独特的哲学信仰、意识形态、价值取向和行为方式，于是每一种组织也都形成了自己特定的组织文化。从这个意义上来说，组织文化是组织在长期的实践活动中所形成的并且为组织成员普遍认可和遵循的具有本组织特色的价值观念、团体意识、工作作风、行为规范和思维方式的总和。埃德加·沙因（Edgar Schein）认为企业文化是在企业成员相互作用的过程中形成的，为大多数成员所认同的，并用来教育新成员的一套价值体系（包括共同意识、价值观念、职业道德、行为规范和准则等）。

10.2.2　组织文化的结构

组织文化的结构一般可划分为四个层次，即物质层、行为层、制度层和精神层。

1. 物质层

物质层是组织文化的表层部分，是一种以物质形态为主要研究对象的表层组织文化，是形成组织文化精神层和制度层的条件。优秀的组织文化是通过重视产品的开发、服务的质量、产品的信誉和组织生产环境、生活环境、文化设施等物质现象来体现的。

2. 行为层

行为层即组织行为文化，它是组织员工在生产经营、学习娱乐中产生的活动文化。包括组织经营活动、公共关系活动、人际关系活动、文娱体育活动中产生的文化现象。组织行为文化是组织经营作风、精神风貌、人际关系的动态体现，也是组织精神、核心价值观的折射。例如，可口可乐公司的"永远的 Coca Cola"、丰田公司的"生产大众喜爱的汽车"、日产汽车公司的"创造人与汽车的明天"、惠普公司的"以世界第一流的高精度而自豪"、中国一汽的"永葆第一"等，都体现了行为文化的重要内容与形式。

3. 制度层

制度层是组织文化的中间层次，把组织物质文化和组织精神文化有机地结合成一个整体。主要是指对组织和成员的行为产生规范性、约束性影响的部分，是具有组织特色的各种规章制度、道德规范和员工行为准则的总和。它集中体现了组织文化的物质层和精神层对成员和组织行为的要求。制度层规定了组织成员在共同的生产经营活动中应当遵守的行为准则，主要包括组织领导体制、组织机构和组织管理制度三个方面。

4. 精神层

精神层即组织精神文化，它是组织在长期实践中所形成的员工群体心理定式和价值取向，是组织的道德观、价值观即组织哲学的综合体现和高度概括，反映全体员工的共同追求和共同认识。组织精神文化是组织价值观的核心，是组织优良传统的结晶，是维系组织生存发展的精神支柱，主要是指组织的领导和成员共同信守的基本信念、价值标准、职业道德和精神风貌。精神层是组织文化的核心和灵魂。

10.2.3　文化的内容

组织文化的内容可以分为显性和隐性两大类。

1. 显性组织文化

所谓显性组织文化就是指那些以精神的物化产品和精神行为为表现形式的，人通过直观的视听器官能感受到的、符合组织文化实质的内容。它包括组织标志、工作环境、规章制度和经营管理行为四部分。

（1）组织标志。组织标志是指以标志性的外化形态，来表示本组织的组织文化特色，并且和其他组织明显地区别开来的内容，包括厂牌、厂服、厂徽、厂旗、厂歌、商标、组织的标志性建筑等。

（2）工作环境。工作环境是指职工在组织中办公、生产、休息的场所，包括办公楼、厂房、俱乐部、图书馆等。

（3）规章制度。并非所有的规章制度都是组织文化的内容，只有那些激发职工积极性和自觉性的规章制度，才是组织文化的内容，其中最主要的就是民主管理制度。

（4）经营管理行为。再好的组织哲学或价值观念，如果不能有效地付诸实施，就无法被职工所接受，也就无法成为组织文化。组织在生产中以"质量第一"为核心的生产活动、在销售中以"顾客至上"为宗旨的推销活动、组织内部以"建立良好的人际关系"为目标的公共关系活动等，这些行为都是组织哲学、价值观念、道德规范的具体实施，是它们的直接体现，也是这些精神活动取得成果的桥梁。

2. 隐性组织文化

隐性组织文化是组织文化的根本，是最重要的部分。隐性组织文化包括组织哲学、价值观念、道德规范、组织精神四个方面。

（1）组织哲学。组织哲学是一个组织全体员工所共有的对世界事物的一般看法。组织哲学是组织最高层次的文化，它主导、制约着组织文化其他内容的发展方向。从组织管理史角度看，组织哲学已经经历了"以物为中心"到"以人为中心"的转变。

（2）价值观念。价值观念是人们对客观事物和个人进行评价活动在头脑中的反映，是对客观事物和人是否具有价值以及价值大小的总的看法和根本观点，包括组织存在的意义和目的，组织各项规章制度的价值和作用，组织中人的各种行为和组织利益的关系，等等。

（3）道德规范。组织的道德规范是组织在长期的生产经营活动中形成的，人们自觉遵守的道德风气和习俗，包括是非的界限、善恶的标准和荣辱的观念等。

（4）组织精神。组织精神是指组织群体的共同心理定式和价值取向。它是组织的组织哲学、价值观念、道德观念的综合体现和高度概括，反映了全体员工的共同追求和共同认识。组织精神是组织员工在长期的生产经营活动中，在组织哲学、价值观念和道德规范的影响下形成的。

10.2.4　组织文化的类型

许多学者从不同的角度对组织文化进行了分类，如迪尔和肯尼迪将组织文化划分为：强人文化、努力工作—尽情享乐文化、赌博文化、过程文化；威廉·G. 大内提出的 Z 理论认为，组织文化有三种类型：A 型文化、J 型文化和 Z 型文化等。

1. 奎因的文化分类

1988 年奎因（Quinn）提出了从组织的相对控制取向和相对注意中心两个维度将组织文化分为四种类型。如图 10-1 所示：纵轴表示组织的相对控制取向，从稳定到弹性；横轴表示相对注意形式，从内部到外部。

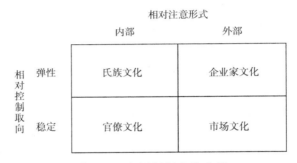

图 10-1　奎因组织文化分类

四个象限的极端表示四种组织文化类型：官僚文化（bureaucratic culture）、氏族文化（clan culture）、企业家文化（entrepreneurial culture）、市场文化（market culture）。正确的组织设计是，不同的组织文化可能有不同的适用范围，没有一种类型的文化在每一个情境下都是理想的。但是，有些员工可能喜欢其中的一种文化，需要强调的是，这四种组织文化虽然是分布于两个不同的对比之中，但很少有组织是单独属于某一特定文化的，一般组织通常都有多重焦点，但只有其中的一种比较突出。同时，一个正常的组织更不应该只有一种文化，否则很容易流于极端，这正是竞争价值结构所要反映的，一个组织之内有不同的力量在互相牵引着，因此，均衡是极为重要的。

（1）官僚文化。一般来说，重视正式化规则标准操作程序和等级协调的组织有着官僚文化。官僚文化的主要特点有，官僚组织长期关注的是可预测性、效率和稳定性，管理者认为他们的角色是领导者、协调者、组织者及书面规则和标准的强化者。组织内任务、责任和权威对所有员工是明确定义的。组织的成员高度重视标准化的货物和服务，行为准则倾向于正式而不是非正式。

（2）氏族文化。传统、忠诚、个人承诺、广泛社会化、自我管理是氏族文化的特征，组织成员个体通过自身对组织的承诺（忠诚）与组织对个体的长期承诺（安全）相交换。个体通常相信组织在薪水增加、职位提升和其他形式的承认方面，会公平对待他们，所以他们以行动来对组织负责。

在氏族文化里，组织成员有强烈的同一感，并承认他们相互依赖。跨等级的职业生涯模式导致同事交往上交错的广泛网络。共同的目标、认识和行为倾向促进了沟通、协调和整合。

（3）企业家文化。高度冒险、动力和创造力是企业家文化的特征。有巨大的热情去试验、创新和领导潮流，企业家文化通常与小到中等大小的公司有联系，这些公司一直被创始人运营。

（4）市场文化。可测量和要求的目标，特别是以市场为基础的目标（如销售额增长、利润率和市场份额等）的实现是市场文化的特征，硬性驱动的竞争和利润取向在整个组织中盛行。在市场文化中，个体和组织的关系是协议，因此正式的控制取向是很稳定的。个体对某种水平的绩效负责任，反过来组织许诺详细的奖励标准。绩效水平的增加与奖励的增加相交换，这在协议中有明确规定，没有一方承认超出最详细说明要求的其他权利。

2. 杰弗里的文化分类

艾莫瑞大学的杰弗里·桑南菲尔德提出了一套标签理论，有助于我们认识组织文化之间的差异，认识到个体与文化的合理匹配的重要性。通过对组织文化的研究，他确认了四种组织文化类型。

（1）学院型组织文化。学院型组织是为那些想全面掌握每一种新工作的人而准备的地方。在这里他们能不断地成长、进步。这种组织喜欢雇用年轻的大学毕业生，并为他们提供大量的专门培训，然后指导他们在特定的职能领域内从事各种专业化工作。桑南菲尔德认为，学院型组织的例子有 IBM 公司、可口可乐公司、宝洁公司等。

（2）俱乐部型组织文化。俱乐部型公司非常重视适应、忠诚感和承诺。在俱乐部型组织中，资历是关键因素，年龄和经验都至关重要。与学院型组织相反，它们把管理人员培养成通才。俱乐部型组织的例子有联合包裹服务公司、德尔塔航空公司、贝尔公司、政府机构和军队等。

（3）棒球队型组织文化。棒球队型这种组织鼓励冒险和革新。招聘时，从各种年龄和经验层次的人中寻求有才能的人。薪酬制度以员工绩效水平为标准。由于这种组织对工作出色的员工给予巨额奖酬和较大的自由度，员工一般都拼命工作。在会计、法律、投资银行、咨询公司、广告机构、软件开发、生物研究领域，这种组织比较普遍。

（4）堡垒型组织文化。棒球队型公司重视创造发明，而堡垒型公司则着眼于公司的生存。这类公司以前多数是学院型、俱乐部型或棒球队型，但在困难时期衰落了，现在尽力来保证企业的生存。这类公司工作安全保障不足，但对于喜欢流动性、挑战的人来说，具有一定的吸引力。堡垒型组织包括大型零售店、林业产品公司、天然气探测公司等。

10.2.5　组织文化的维度

在对国家文化进行研究之后，霍夫斯泰德又于 1990 年提出了组织文化的六维度模式。这六个维度都是双极式的，即每个维度都含有两种极端的情况，但是都没有好与坏之分。

1. 过程导向与结果导向

组织对方法的考虑（过程导向）与对目标的考虑（结果导向）有不同的侧重点。在倾向于过程导向的组织中，人们过得比较自在，不大愿意冒风险，按既存的管理程序工作就行了，从众是这种文化的特点。倾向于结果导向的文化鼓励每个人迎接挑战，为实现目标敢于提出新方法、新思路，在不熟悉的环境中也不畏缩，创新是这种文化的突出特点。这个维度与文化的同质程度有联系：在结果导向的单位，每个人以大致同样的方式理解他们的习惯做法，在过程导向的单位，不同层次和部门之间存在巨大的观念差别。

2. 工作导向与雇员导向

工作导向的文化关心他们的工作绩效，而不必顾及其他，因而这种文化对员工的工作有较大的压力。雇员导向的文化则对雇员的福利负有广泛的责任。这个维度与领导行为的两分法类似。例如，美国、日本的一些领导行为研究都发现，领导行为可以从关心下级还是关心工作两方面加以考察。

3. 职业性文化与社区性文化

职业性文化的组织，其成员是以职业发展为认同目标，他们与组织的关系纯属契约关系，能在组织中发展就留下来，否则就寻找更合适的发展机会。社区性文化的组织，其成员以组织为认同目标，成员从他们工作的组织中获得其身份认同。

4. 开放系统文化与封闭系统文化

这个维度涉及内部和外部交流的普遍样式与接纳局外人和新来者的难易程度，在开放系统文化中，组织对内部或外部人员都是开放的，新加入的成员可以在很短的时间内适应组织的文化；而封闭系统文化则只有较少的人能在短时间内适应，组织中的人与人之间、部门间也较封闭，需要具备一些特殊的条件才能加入这类组织。

5. 松散控制文化与严密控制文化

这个维度涉及组织内的正规性和准时性。在严密控制文化的组织中，管理严格，标准化、专业化和规范化程度很高；而在松散控制的文化中，组织气氛很活跃，对诸如成本和管理等问题大家也不大在意。银行和医药行业显示其具有严密控制文化，研究所和咨询机构则一般具有松散的控制文化。

6. 实用文化和规范文化

这个维度主要描述面对环境特别是面对顾客方式上的差异。重实效的文化强调应满足顾客的需要，实际的结果比遵从正确的工作程序更重要，重规范的文化则认为正确的程序比结果重要，给顾客一种具有较高商业道德的印象更重要。

10.2.6　组织文化的功能

组织文化的功能是指组织文化发生作用的能力。任何事物都有两面性，组织文化也不例外，它对于组织的功能可以分为正功能和负功能。组织文化的正功能在于提高组织承诺，影响组织成员，有利于提高组织效能。同时，不能忽视的是潜在的负效应，它对于组织是有害无益的，这也可以看作组织文化的负功能。

1. 组织文化的正功能

（1）组织文化的导向功能。组织文化的导向功能，是指组织文化能对组织整体和组织每个成员的价值取向及行为取向起引导作用，使之符合组织所确定的目标。组织文化只是一种软性的理智约束，通过组织的共同价值观不断地向个人价值观渗透和内化，使组织自动生成一套自我调控机制，以一种适应性文化引导着组织的行为和活动。

（2）组织文化的约束功能。组织文化的约束功能，是指组织文化对每个组织员工的思想、心理和行为具有约束与规范的作用。组织文化的约束不是制度式的硬约束，而是一种软约束，这种软约束等于组织中弥漫的组织文化氛围、群体行为准则和道德规范。

（3）组织文化的凝聚功能。组织文化的凝聚功能，是指当一种价值观被该组织员工共同认可之后，它就会成为一种黏合剂，从各个方面把其成员团结起来，从而产生一种巨大的向心力和凝聚力。而这正是组织获得成功的主要原因，"人心齐，泰山移"，凝聚在一起的员工有共同的目标和愿景，推动组织不断前进和发展。

（4）组织文化的激励功能。组织文化的激励功能，是指组织文化具有使组织成员从内心产生一种高昂情绪和发奋进取精神的效应，它能够最大限度地激发员工的积极性和首创精神。组织文化强调以人为中心的管理方法。它对人的激励不是一种外在的推动而是一种内在引导，它不是被动消极地满足人们对实现自身价值的心理需求，而是通过组织文化的塑造，使每个组织员工从内心深处为组织拼搏的献身精神。

（5）组织文化的辐射功能。组织文化的辐射功能，是指组织文化一旦形成较为固定的模式，它不仅会在组织内发挥作用，对本组织员工产生影响，而且也会通过各种渠道对社会产生影响。组织文化向社会辐射的渠道是很多的，但主要可分为利用各种宣传手段和个人交往两大类。一方面，组织文化的传播对树立组织在公众中的形象有帮助；另一方面，组织文化对社会文化的发展有很大的影响。

（6）组织文化的调适功能。组织文化的调适功能，是指组织文化可以帮助新进成员尽快适应组织，使自己的价值观和组织相匹配。在组织变革的时候，组织文化也可以帮助组织成员尽快适应变革后的局面，减少因为变革带来的压力和不适应。

2. 组织文化的负功能

（1）变革的障碍。如果组织的共同价值观与进一步提高组织效率的要求不相符合时，它就成了组织的束缚。这是在组织环境处于动态变化的情况下最有可能出现的情况。当组织环境正在经历迅速的变革时，根深蒂固的组织文化可能就不合时宜了。因此，当组织面对稳定的环境时，行为的一致性对组织而言很有价值。但组织文化作为一种与制度相对的软约束。更加深入人心，极易形成思维定式，这样，组织有可能难以应付变幻莫测的环境。当问题积累到一定程度，这种障碍可能会变成组织的致命打击。

（2）多样化的障碍。由于种族、性别、道德观等差异的存在，新聘员工与组织中大多数成员不一样，这就产生了矛盾。管理人员希望新成员能够接受组织的核心价值观，否则，这些新成员就难以适应或被组织接受。但是组织决策需要成员思维和方案的多样化，一个强势文化的组织要求成员和组织的价值观一致，这就必然导致决策的单调性，抹杀了多样化带来的优势，在这个方面组织文化成为组织多样化、成员一致化的障碍。

（3）兼并和收购的障碍。以前，管理人员在进行兼并或收购决策时，所考虑的关键因素是融资优势或产品协同性。近几年，除了考虑产品线的协同性和融资方面的因素外，更多的则是考虑文化方面的兼容性。如果两个组织无法成功地整合，那么组织将出现大量的冲突、矛盾乃至对抗。所以，在决定兼并和收购时，很多经理人往往会分析双方文化的相容性，如果差异极大，为了降低风险则宁可放弃兼并和收购行动。

10.3　组织文化建设

组织文化的塑造或建设，就是在组织现有的条件下，用组织文化的先进管理思想做指导，通过扎扎实实、深入细致的工作，明确组织的目标、宗旨、道德等深层次内容，并将其融入各种规章制度和各种物质载体中，使组织的每一个成员都能够接受并按照组织文化的规定取调整自己的思想和行为。具体地说，塑造组织文化的途径可以采取以下步骤。

10.3.1　选择价值标准

由于组织价值观是整个组织文化的核心，因此选择正确的组织价值观是塑造组织文化的首要战略问题。一般来说，选择组织价值观有以下两个前提。

一是要立足于本组织的具体特点。不同的组织有不同的目的、环境、习惯和组成方式，因此必须准确地把握本组织的特点，选择适合自身发展的组织文化模式，否则就不会得到广大员工和社会公众的认同与理解。

二是要把握组织价值观与组织文化各要素之间的相互协调关系，因为各要素只有经过科学的组合与匹配才能实现组织的整体优化。

在此基础上，选择正确的组织价值标准要抓住以下几点。

（1）组织价值标准要准确、明晰、科学，具有鲜明的组织特点。

（2）组织价值观和组织文化要体现组织的宗旨、管理战略和发展方向。

（3）要切实调查本组织员工的认可和接受程度，使之与本组织员工的基本素质相和谐，过高或过低的标准都很难奏效。

（4）选择组织价值观要发动群众路线，充分发挥员工的创造精神，认真听取员工的各种意见，并经过自上而下和自下而上的多次反复，审慎地筛选出既符合本组织特点又反映员工的组织价值观和组织文化模式。

10.3.2　强化员工认同

一旦选择和确立组织价值观与组织文化模式之后，就应把基本认可的方案通过一定的强化灌输方法使其深入人心，具体做法如下。

（1）利用一切宣传工具和手段，大张旗鼓地宣传组织文化的内容和要求，使之家喻户晓，人人皆知。

（2）树立典型人物或英雄人物。典型榜样和英雄人物是组织精神和组织文化的人格化身与形象缩影，能够以其特有的感染力、影响力和号召力为组织成员提供可以仿效的具体榜样，而组织成员也正是通过典型人物和英雄人物的精神风貌、价值追求、工作态度和具体行为更好、更准确地理解组织文化的实质和意义。尤其是组织发展的关键时刻，组织成员总是以典型人物或英雄人物的语言行为尺度来决定自己的行为导向。

（3）培训教育。有目的的培训和教育，能够使组织成员系统接受和强化认同组织所倡导的组织精神和组织文化。而且，培训教育的形式可以多种多样，既可以在室内进行，也可以在室外进行。当前，在娱乐活动中恰如其分地糅进组织文化的基本内容和价值准则，往往不失为一种有效的方法。如"拓展训练"课程。

10.3.3 提炼定格

1. 精心分析

在经过群众性的初步认同实践之后，应当将反馈回来的意见加以剖析和评价，详细分析和仔细比较实践结果与规划方案的差距，必要时可吸收有关专家和员工的合理化意见。

2. 全面归纳

在系统分析的基础上，进行综合的整理、归纳、总结和反思，采取去粗取精、去伪存真、由此及彼、由表及里的方法，删除那些落后的或者不为员工所认可接受的内容与形式，保留那些具有科学性、先进性同时又为广大员工所接受的形式与内容。

3. 精练定格

把经过科学论证和实践检验的组织精神、组织价值观、组织文化予以条理化、完善化、格式化，再加以必要的理论加工和文字处理，用精练的语言表示出来。建构完善的组织文化需要经过一定的时间过程，不可能在一朝一夕形成。因此，充分的时间、广泛的发动、认真的提炼、严肃的定格是创建优秀组织文化所不可缺少的。

4. 巩固落实

巩固落实至少需要有两方面的保障。

一方面，要有必要的制度保障。在组织文化演变为全体员工的习惯行为之前，要使每一位成员都能自觉主动地按照组织文化和组织精神的标准去行事，几乎是不可能的。即使在组织文化业已成熟的组织中，个别成员背离组织宗旨的行为也是经常发生的。因此，建立某种奖优罚劣的规章制度还是有一定必要的。

另一方面，领导要率先示范。组织领导者在塑造组织文化的过程中起着决定性的作用。他的看法和观点会影响员工，他的行为更是一种无声的号召和导向，对广大员工会产生强大的示范效应。所以，任何一个组织如果没有组织领导者的以身作则，要培育和巩固优秀的组织文化是非常困难的。因此，领导者肩负着带领组织成员塑造优秀组织文化的历史重任。

10.3.4　丰富发展

任何一种组织文化都是特定历史的产物，都反映了组织当时的现状。当组织的内外条件发生变化时，不失时机地调整、更新、丰富和发展组织文化的内容与形式就会摆上议事日程。这是一个在新旧文化之间如何继承和发展的问题。对于现实中已有的文化不仅存在一个如何认识的问题，而且存在一个如何评价的问题。要搞清楚现实文化中哪些部分是优性文化，哪些部分是劣性文化，哪些部分属于中性文化；总体上这种微观文化是否适应组织内部的环境，对组织的发展正在起着促进还是阻滞作用；等等。

这里的关键一环是确立评价的科学标准，这些标准应包括如下方面。

1. 民族性标准

不同的民族，其传统的价值标准、基本信念和行为规范存在明显的差异。中国各级各类组织的微观文化应吸收中华民族传统文化的精华，如勤劳节俭、自尊自强、忠诚等。同时，在世界经济一体化的过程中，各国文化日益交融，不同的组织及管理者、员工应该充分了解他国文化，如美国文化、日本文化等。在坚持民族标准的同时，在文化上同时要反对狭隘的民族主义，坚持吸收各国文化中的优秀成分，剔除文化中的消极因素。

2. 制度性标准

制度文化是不同的制度所带来的文化特征。制度是一个不断更替的过程。中国在进行社会主义市场经济的建设过程中，要努力扬弃封建文化中腐朽落后的东西。积极弘扬先进制度中的优秀文化，如积极进取、奋发向上等。

3. 时代性标准

组织的现实文化应该与发展变化着的时代协调一致。例如，我国企业应该摆脱长期以来计划经济的影响，建立与社会主义市场经济相一致的企业文化；摆脱封闭保守的小生产方式，建立与社会化、国际化大生产相联系的现代企业文化。

4. 个性化标准

每个组织都有自己独特的历史传统和与众不同的内外环境，因此，组织文化应该体现这样一种独特的个性，有个性、有差异才有立足之地，才有生命力。那种简单模仿别人的组织文化不是优秀的组织文化。

总之，组织文化所要表达的是为所有员工所认可的价值观、共识和行为准则。他们可以通过象征、传奇、英雄人物、仪式和口号等来加以体现。管理者通过对这些要素的整合，逐步形成特有的组织文化。

【本章小结】

文化是关于若干个人所具有共性的一种抽象，某种程度上拥有共同的信仰和价值观念是一个文化群体所具备的稳定特征。群体成员所特有的某些行为习惯和思维方式则是文化的较外在表现，口号、服饰、标识等则是文化最外层的表现。文化的主要特征包括社会环境的依赖性、相对稳定性、变迁性、强制性、可习得性。按照霍夫斯泰德的研究，文化可分为五个维度：权力距离、不确定性规避、个人主义、男性作风、长期导向。

　　组织文化是组织在长期的实践活动中所形成的并且为组织成员普遍认可和遵循的具有本组织特色的价值观念、团体意识、工作作风、行为规范和思维方式的总和。组织文化的结构一般可划分为四个层次，即物质层、行为层、制度层和精神层。组织文化的内容可以分为显性和隐性两大类。显性组织文化包括组织标志、工作环境、规章制度、经营管理行为；隐性组织文化是组织文化的根本，是最重要的部分。隐性组织文化包括组织哲学、价值观念、道德规范、组织精神四个方面。奎因的文化分类包括官僚文化、氏族文化、企业家文化、市场文化。杰弗里的文化分类包括学院型组织文化、俱乐部型组织文化、棒球队型组织文化、堡垒型组织文化。组织文化的维度分为过程导向与结果导向、工作导向与雇员导向、职业性文化与社区性文化、开放系统文化与封闭系统文化、松散控制文化与严密控制文化、实用文化和规范文化。组织文化的功能可以分为正功能和负功能。组织文化的正功能在于提高组织承诺，影响组织成员，有利于提高组织效能。同时，不能忽视的是潜在的负效应，它对于组织是有害无益的，这也可以看作组织文化的负功能。

【复习与思考题】

　　1. 组织管理者对组织文化的形成会产生很大的影响，但这种影响显然不会是无限的，管理者在设计自身组织文化时，除了自身的理想之外，还应该考虑哪些因素？

　　2. 组织文化既有其积极功能，也存在其消极功能，消极功能之一是会限制组织中个人的创造性，你认为如何处理好组织文化和个人创新精神的关系？

　　3. 你能说一些特征来描述你所在的大学文化吗？把你的看法与其他同学的看法进行比较，你们观点中有多少相似之处？

　　4. 如果员工抵触公司的核心价值观，他还能在组织中待下去吗？为什么？

　　5. 文化什么时候会成为组织的束缚因素？

【关键术语】

文化 culture

组织文化 organizational culture

权力距离 power distance

不确定性的规避 uncertainty avoidance

个人主义/集体主义 individualism versus collectivism

男性化与女性化 masculinity versus femininity

长期取向与短期取向 long-term versus short-term

霍夫斯泰德文化维度理论 Hofstede's cultural dimensions theory

官僚文化 bureaucratic culture

氏族文化 clan culture

企业家文化 entrepreneurial culture

市场文化 market culture

【案例与分析】

携程企业文化：纯真+专注

携程旅行网总裁范敏曾说过一句话，伟大的公司不是因为有伟大的管理者而伟大，而是因为有稳健、可持续发展的体系，其中企业文化就是这个体系中至关重要的一环。

携程华北区人力资源总监李阿红加入携程北京分公司已经 13 年了，每次向别人介绍公司的时候都特有激情。因此她多次被问道："为什么一个老员工能焕发那样的激情，还那么爱携程？"在李阿红看来，这就是携程的文化。

"企业文化就像剥洋葱，洋葱表面展示一些标语与符号；再往里剥是制度层面，就是一家企业有什么样的激励政策、招聘政策、鼓励政策等，使员工打造出这家企业独有的 DNA；而最内核的部分，则是精神层面如何在企业文化当中得以体现。"李阿红说。

在携程，洋葱头最内核的部分是携程经营 14 年的"携程之道"。携程的愿景是，携手成就精彩人生旅程，未来要跻身世界财富 500 强——这是一个所有携程人都知道的目标与方向。经营目标要跟文化目标相吻合，携程又如何做的呢？

携程高层曾经表示，企业最重要的是一定要建设统一的价值观、使命感，打造知行合一的团队执行力。当一个公司只有 100 人的时候可以通过"人治"，1000 人的时候可以通过"法制"，而当一个公司发展到上万人的时候，需要靠文化来治理。一个公司能否培育出有助于公司长治久安的企业文化，在某种意义上讲更重于能否完成年度业绩。

携程的每一个员工都知道携程企业文化核心是五四三二一，即五大理念、四个精神、三个责任、两个追求、一种拼搏精神。携程的经营理念是所有员工以客户为中心，以团队间紧密无缝的合作机制、以一丝不苟的敬业精神、真实诚信的合作理念，来创造一套"多赢"的伙伴式的合作体系，从而共同创造最大的价值。

携程旅行网副总裁，北京分公司总经理丁小亮表示，企业的核心竞争力是人才。任何一个企业团队中，一定会有老革命、会有新同志，也一定会有各种不同角色的人才，打造一个管理大厦，最重要的工作就是把他们融合在一起。携程要求公司文化既要有创业公司的激情与纯真，还要有成熟公司的专注与严谨。在交流中，笔者可以看出在丁小亮的眼里，携程北京分公司就好像是自己的家。这样的氛围，绝对不是依靠人来治理的，只能依靠企业文化。

目前，携程的中高层干部团队很稳定，大部分人是随着公司成长起来的子弟兵。主要原因在于携程形成了完备的人才培养和储备计划。据李阿红介绍，每一次新公司的组建、新部门的成立、新产品的推出，都会产生和释放更多的岗位，晋升机会也随之而来。携程也注重在原有岗位中发现人才，赋予其更多的职责，提升其管理技能与权责。

2007 年 9 月携程在上海总部成立了一个携程大学，开展 CMBA 培训，启动校园招聘等。在世界 500 强公司中，70%建有企业大学，对于携程来说，办大学绝不是办个虚名，而是将其作为企业核心竞争力的组成部分，不仅为企业自身培养大量可用之才，还要用自己独创的管理方式推动行业发展。

携程将人才培养分为九个层级：一至三级是主管及以下级别，四到六级是中层干部，七级以上是高管，针对每一层级还有特殊的培养计划。

对基层员工来讲，岗位上帮带学习，在岗位上不断地从最初级向高级进发，当然他们也是可以跨级晋级的。针对中层则有一个专项训练，遵循携程的严谨文化，会使用诸多科学管理的工具，如项目管理、平衡积分卡、课程开发的技术等，携程会将这些做成一个训练营一样，一个定制小班对这级人进行培训。"培训不是目的，最重要的是他们带着课题回到他们的岗位要提交研究报告。"李阿红说。

对于高层有一个 CMBA 的学习，设了 4 个课程体系包括 10 多门课程，在不耽误工作的情况下学习一年时间，还要写论文进行答辩，主考官就是公司的最高层。这个 CMBA 含金量很高，现在已经开到第七班，每一个班二三十人，这个是公司对中高级人才的培养计划。

资料来源：侯雪莲. 携程企业文化：纯真+专注[M]. 中国经营报，2013-09-09

问题：

1. 携程试图培养一种什么样的文化？
2. 携程为什么要建立这样的企业文化？
3. 可以用那些方法和手段来培养优秀的企业文化？

【推荐阅读】

1. 陈春花. 企业文化[M]. 北京：机械工业出版社，2010

2. 埃德加·H. 沙因. 企业文化生存指南[M]. 北京：机械工业出版社，2004.

3. 张德主编. 企业文化建设[M]. 北京：清华大学出版社，2003.

4. 罗伯·高菲，盖瑞士·琼斯. 公司精神[M]. 哈尔滨：哈尔滨出版社，2003.

5. J. P. 科特，J. L. 赫斯克特. 企业文化与经营业绩[M]. 北京：华夏出版社，1997.

6. 帕斯卡尔，阿索斯. 日本的管理艺术[M]. 北京：科学技术文献出版社，1987.

7. 彼得斯，沃特曼. 寻求优势[M]. 北京：中国财政经济出版社，1985.

第四篇

创新机制

第11章 领导机制

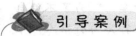

学习目标

1. 了解领导者与管理者的区别；
2. 掌握领导方式的基本类型；
3. 领导方式行为论；
4. 领导方式情景论；
5. 理解领导与管理的联系与区别；
6. 了解沟通的形式与障碍。

引导案例

刘强东：从独裁者到引路人

通往未来之路，谁？什么样的公司？会走得更快？走得更远？在未来到来之前，刘强东和京东的创业故事，刚徐徐展开。

"独裁者"

1995 年，刘强东大三时开了一家小饭馆，但由于缺乏管理和监督，钱几乎被员工贪光了，最后亏损 20 多万元。

1998 年，刘强东开始在中关村代理销售光磁产品，由于在当时鱼龙混杂的中关村坚持卖正品，短短两年内成为全国最具影响力的光磁产品代理商；柜台名叫"京东多媒体"，并于此后经营 IT 连锁店。

2003 年，由于"非典"而被迫歇业，之后开始尝试线上和线下结合的模式经营产品。2004 年 1 月，刘强东正式创办了"京东多媒体网"。2005 年，刘强东最终下定决心关闭零售店面，转型为一家专业的电商公司，也正是这个决定，成就了如今的京东商城。

2007 年，刘强东又非常独断地决定要自建物流，这种模式在当时的企业家看来简直是天方夜谭，但京东最后真的把物流做成了自己的护城河。

在这一阶段，京东的发展道路可谓是一头狮子带领一群绵羊打仗，对手是成立较早、资本雄厚的当当网、亚马逊和淘宝网等，刘强东就是这头狮子，所有的大事小事他都过问。

引路人

刘强东一个人负责战略并包揽大事小事的局面一直持续到 2007 年。借助资本的力量，京东进入发展的快车道，但烦恼也随之而来。首先，员工数量暴增，刘强东个人可以管理和影响的范围十分有限；其次，随着京东从 3C 向图书、家电、日用百货等品类扩张，刘强东本人对于这些新业务的具体细节也不可能做到事事精通。

2007 年以后，刘强东在京东的角色开始转变，从彻彻底底的"独裁者"变为只负责战略的引路人。为了打造一支具有战斗力的团队，京东在内部实行了管培生计划，成立了京东大学，但如何协调拥有几万人的团队协同作战，这是个问题。京东在内部实行 ABC 管理原则，目的就是对下充分放权但又进行牵制。

当刘强东手下拥有十几名副总裁，各管一块具体的业务，并且利用管理制度和企业文化可以保证大家方向统一、路线一致时，刘强东就被解放了出来，他有了更多时间去思考公司战略。

2013 年，刘强东甚至跑到哥伦比亚大学读了半年书，结果发现高管各司其责，公司正常运转，这让他高兴坏了。那年一回到国内，刘强东就在媒体沟通会上表达了自己对公司管理进步的喜悦。

"我只关心未来"

刘强东把京东称为"孤独者"，他说，京东没有学习亚马逊，没有学习 eBay，也没有学习天猫和淘宝，而是一直按照自己对国家经济发展和零售行业发展的理解去专心做事。"零售行业其实就三件事情：用户体验、成本、效率。"为了不使自己成为公司发展的天花板，十几年来，刘强东从一个"独裁者"转变为引路人，他在不断革新。

资料来源：根据网易科技报道《刘强东革新：从独裁者到引路人》改编

领导是管理工作的一个重要职能，在任何社会中，一个国家也好，一个企业也好，其兴衰成败都与领导水平的高低关系极大。本章专门研究领导及其在组织中的作用。

11.1　领导的性质

11.1.1　领导的内涵

"领导"在汉语中可以当名词用，即领导者的简称，也可以当动词来用，即领导者的一种过程行为。作为特性，领导是一组被人感知为领导的个人特征，领导者是不依赖强制力影响他人行为的人，或者是被接受为领导者的人。作为过程，领导是运用非强迫性影响塑造群体或组织目标，激励导向目标实现，并且协助群体和组织文化形成的行为。一般来说，管理学研究的领导是后者，是作为一种管理职能来理解的。对于领导的定义，不同的人有不同理解。我们认为，所谓的领导就是领导者通过指挥、带领、引导、鼓励和惩戒等手段对人们施加影响，从而使人们积极主动地为实现组织或群体的目标而努力的过程。这个定义包括三个要素。

（1）领导者必须有部下或追随者。没有部下的领导者谈不上领导。

（2）领导者拥有影响追随者的能力或力量。这些能力或力量包括由组织赋予领导者的职位和权力，也包括领导者个人所具有的影响力。

（3）领导的目的是通过影响部下来达到企业的目标。

11.1.2 领导与管理

领导与管理是相互关联的。组织既需要管理，也需要领导。领导可以创造变革，而实现有秩序的结果则需要管理。结合领导的管理将可以创造出有秩序的变革，而结合管理的领导则可以令组织同环境协调一致。但是领导和管理有着本质的区别。

从共性上看，两者都是一种在组织内部通过影响他人的活动协调并实现组织目标的过程。两者的基本权利都是来自组织的岗位设置。从差异性上看，领导是为组织的活动指出方向、创造态势、开拓局面的行为；管理则是为组织的活动选择方法、建立秩序、维持运转的行为。

从本质上来看，领导从本身来说是一种影响力，是一种追随关系。人们往往追随的是那些他们认为可以提供满足自身需要的人，正是人们愿意追随他，他才成了领导者。因此领导者既可能存在于正式组织中，也可能存在于非正式组织中。管理者一定是在组织中有一定的职位并负有责任的人，他存在于正式组织中。管理者可以利用职权引导人们从事某项工作，但不能影响他人去工作，他并不是领导者；有的人并没有正式的职权，却能因为影响力去影响别人，他是一位领导者。因此，为了使组织更有效，应该选取领导者来从事管理工作，也应该把每个管理者都培养成领导者。

领导在先行、沟通、指导、灌输和奖惩部下为实现组织目标而努力的过程，要具有指挥、协调和激励三方面的作用。

11.1.3 领导与权力

为了充分理解领导，首先要理解权力。权力对于领导是极为重要的，它是领导工作的基础，是领导者实现目标的手段。权力是组织中一种无形的力量，虽然看不见它的存在，但它的影响却让你时时能感觉得到。

1. 权力的本质

权力就是一个人影响他人的能力，这种影响能够使人们去做在其他情况下不可能做的事。权力的定义包括三个方面的内容。

（1）权力建立在依赖关系之上。这种依赖关系可能来自物质或精神方面，也有可能来自心理或社会方面。无论你能否感受到依赖性的存在，只要权力在发挥作用，依赖关系就确确实实地存在。A 对 B 的依赖性越强，则在他们的关系中，B 的权力就越大。

（2）权力假定了人们对于自己的行为有一定的自主权。A 和 B 之间的依赖感建立在 A 感知到的可选择范围以及他对 B 控制的可选择范围的重要性的评价。B 迫使他做他不愿意做的事，意味着 A 必须以自己的自主权做出选择。如果 A 从 B 中获取的利益不足以补偿选择的自主权，那么 A 和 B 的依赖关系就比较脆弱。

（3）权力是潜在的，无须借助其他证明自己的有效性。因为权力的影响，处于依赖关系中的 A 总是被限制做他力所能及的事，而不是他要做什么。

2. 权力与领导的关系

权力和领导是有差别的，最主要的差别在于目标的相容性。权力只需要有依赖性，而领导则要求领导者和被领导者双方目标一致，否则，领导工作就失去了意义。但是，权力对于领导工作十分重要。首先，领导的基础是权力，任何领导者的影响力都是依赖于正式或非正常的权力来实现的。其次，权力的配置决定了领导的工作方式。管理制度中权力集中或分散是造成集权式领导或民主式领导的重要原因。最后，正确使用权力是领导工作成功的保证。领导者要注意慎重用权，要客观公正地用权，不能滥用权力，要按照规章制度正确使用手中的权力。

3．领导权力的构成

1）权力的基础

权力的依赖关系性质和程度的差异性往往由相互关系中的流动资源的稀缺程度、重要程度和替代性程度的关系所决定。

如果一个人手中掌握的是某种稀缺性资源，则拥有这种资源就可以增加他的权力。而如果一个人手中掌控充足的资源，拥有这种资源就会增加他的权力。在现代企业中，协调性知识往往是企业的核心竞争力，因此拥有协调性知识的人在一定程度上成为企业权力的核心。

如果没有人对你掌握的东西感兴趣，那就谈不上依赖。要想产生依赖，就必须使人感觉到你掌握的资源很重要。在企业中，越是重要的个人或部门，其权力也就越大。

不可替代性也决定了权力的大小。当计算机刚问世的时候，编程是一项专门化的工作，只有具备高水平的人才能从事这种职业，所以编程人员控制着组织计算机的使用。然而随着时代的变化和发展，计算机编程变成了一个极其普通的工作，编程人员也变得很容易被替代，因此编程部门虽然还是很重要，但该部门的权力下降了。

2）权力的来源

权力来源于五个方面：强制权力、法定权力、奖励权力、专家权力、感召权力。

（1）强制权力（coercive power）。强制权力是指通过精神、感情或物质上的威胁，强迫下属服从的一种权力。在过去，组织曾经用过身体强制的方法，今天组织通常用口头申诉、书面申诉、纪律性停职、降级等方式进行强制。强制权力来自被影响者的恐惧，惩罚权在使用时往往会引起一些负面的情绪和行为，因此是不被提倡的。

（2）法定权力（legitimate power）。法定权力是来自组织层次的权力，由组织根据具体的职位定义。按照组织条例规定或法规的规定，管理者有权向下属安排工作，拒绝工作安排的下属可能会受到惩罚，这就是源于组织向管理者授予的法定权力。所有的管理者对自己的下属都有法定权力，他们合法地掌握着对你做的事情的决定权和指挥权。

（3）奖励权力（reward power）。奖励权力是基于被影响者执行命令或达到工作要求而对其给予和撤销奖励的权力。管理者控制的奖励包括加薪、升职、表扬、认可和更有自主性的工作安排。奖赏权的关键是奖赏内容与被影响者的需求相一致，奖赏权的大小取决于人们追求的这些东西的程度。例如领导者给予下属一些重要的任务，他自认为这是对下属的一种赏识和提拔，但是下属可能并不是这么认为的。这种情况下，领导者实际没有真正实施奖赏权。

（4）专家权力（expert power）。专家权力是以信息与专长为基础的权力。从古至今，专门的技术知识一直都是权力的重要来源，尤其是现当代社会工作分工日趋细化，专业化也就越强,人类目标的实现就越依赖专家。正因为专家们拥有特殊的技术知识,他们便因此获得了一定的专家权力。

(5)感召权力(referent power)。感召权力是与领导者的品质、身份、经历、个人魅力等相关的权力,也常被称为个人影响权。下属被领导者的一些个人素质所吸引,从而自发地产生忠诚感并对工作抱有极大的热衷。

11.2 有效领导理论

领导理论就是关于领导的有效性的理论。西方管理学家和管理心理学家在对领导问题进行长期的研究中,通过归纳概括形成了领导科学理论。

11.2.1 领导特质理论

从拿破仑到奥巴马,从甘地到曼德拉,杰出的领导人不断涌现出来,这促使人们去思考,究竟是什么造就了这些人的成功?最早研究这个问题的学者大部分来自心理学家,因而他们主要从人格特征上来区分领导者和非领导者。所以这种领导理论又称为领导特质理论。

传统的特质理论认为,领导者具有某些固有的特质,这些特质是人与生俱来的。不具备先天领导特质的人就不能成为领导者。如古希腊的亚里士多德认为,所有的人从出生之日起就已注定了是治人或治于人的命运。

遵循这条思路,一种最容易想到的方法就是个案研究。于是很多研究者对历史上成功的和不成功的领导者进行了大量的分析研究,在个案研究的基础上归纳出天才领导者所具备的特性。典型的研究是美国俄亥俄州立大学工商企业研究所的斯托格迪尔提出的理论,他认为领导天才有关的品质包括五种身体特征(如精力、外貌、身高等)、四种智能特征、十六种个性特征(如适应性、进取性、决断力、热心与自信等)、六种与工作有关的特征(如追求成就的干劲、毅力、职业成就、创造性等)以及九种社会特征(如合作性、处理人际关系的艺术、管理能力等)。

现代特质理论认为,领导者的特质是在实践中形成的,可以通过后天的教育锻炼培养出来。如巴斯就认为,有效的领导者,在完成任务的过程中具有强烈的责任心。能精力充沛且执着地追求目标,在解决问题中具有冒险性和创造性,在解决问题的过程中具有冒险性和创造性,在社会环境中能运用首创精神,富于自信和特有的辨别力,愿意承受决策和行为的结果,愿意承受人与人之间的压力,愿意忍受挫折和耽搁,具有影响他人行为的能力。

科特教授在对成功企业的领导者进行研究后,总结出实施成功领导的过程对领导者的个人素养有如下要求。

(1)行业和企业知识:包括广泛的行业知识(市场、竞争、产品、技术)、广泛了解公司的情况(主要领导人及其成功的原因、公司文化、历史、制度)。

(2)信誉和工作记录:在公司和行业中建立了一整套广泛而稳固的人际关系。

(3)能力和技能:思维敏捷,有很强的分析能力、良好的判断力,以及能从战略和全局的角度考虑问题的能力。

（4）个人价值观：十分正直，能公正地评价所有的人和组织。

（5）进取精神：充沛的精神；有很强的领导动机，而且是建立在自信心基础上的对权力和成就的追求。

11.2.2　领导行为与领导理论

1. 权变领导理论

1）费德勒模型

美国管理学家弗雷德·费德勒从 1951 年起，经过 15 年的调查研究，提出了有效领导的权变理论。他认为，任何领导方式都可能有效，其有效性完全取决于领导方式与环境是否相适应。这一理论的关键在于界定领导者的领导风格以及不同的环境类型，然后使领导风格与情境相适应。

费德勒指出领导的风格有两类：任务导向与关系导向。为了测量领导者的领导风格，费德勒设计了一种被称为"最难共事者"的调查问卷。通过对最难共事的同事的评价打分来反映和测试领导者的领导风格。费德勒模型见图 11-1。

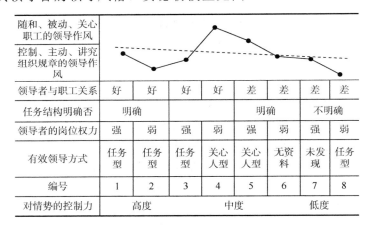

随和、被动、关心职工的领导作风 控制、主动、讲究组织规章的领导作风								
领导者与职工关系	好	好	好	好	差	差	差	差
任务结构明确否	明确				明确		不明确	
领导者的岗位权力	强	弱	强	弱	强	弱	强	弱
有效领导方式	任务型	任务型	任务型	关心人型	关心人型	无资料	未发现	任务型
编号	1	2	3	4	5	6	7	8
对情势的控制力	高度			中度			低度	

图 11-1　费德勒模型

2）情境理论

情境理论（situational theory）又称"情势理论""权变理论"，是着重从领导者和环境之间的相互作用来研究领导效能的理论的总称。该类理论认为，领导是一个动态的过程，领导者、被领导者、群体状况等因素都会影响领导的有效性，因而不存在一种固定不变的最佳领导模式。有效的领导模式应随着各类权变因素的变化而改变各权变因素的关系。

2. 路径—目标理论

加拿大多伦多大学教授罗伯特·豪斯把激发动机的期望理论和领导行为的四分图组

合在一起，提出了路径—目标理论。这种理论认为：领导者的效率是以能激励下级达到组织的目标，并在工作中使下级得到满足来衡量的，领导者可以并依据不同的环境来调整自己的领导方式和作风。

与费德勒的 LPC 权变理论一样，豪斯的路径—目标理论的主要贡献是对领导者行为、任务特性和追随者能力三者之间的交互作用提供了进一步的分析，而且指出了哪些交互作用最有可能导致更有效率和满意度最高的结果。与费德勒的理论不同，豪斯认为领导者可以调整他们的领导风格以适应情境而不是必须改变情境以适应领导者。路径—目标理论的主要价值在于帮助潜在的领导者系统地思考他们哪种行为风格在哪种情境中能更好地起作用。

3．领导理论的新发展

1）魅力型领导理论

魅力型领导理论强调以一个人的号召力来影响下属的行为。早在 20 世纪 20 年代，韦伯就区分了三种作为支配形式的领导、统治和权威的理想类型：魅力型权威、封建/传统型权威和官僚/法理型权威。他将魅力型权威所拥有的魅力定义为"存在于个体身上的一种品质"，超出了普通人的品质标准，因而会被认为是超自然所赐、超凡的力量，或者至少是一种与众不同的力量与品质。1977 年，豪斯重新将魅力概念引入领导研究中。

2）变革型领导理论

20 世纪 80 年代美国政治社会学家詹姆斯·麦格雷戈·伯恩斯在他的经典著作《领袖论》中提出了一种新的领导类型，称为变革性领导。伯恩斯认为，传统的领导可以被称为契约式领导，即在一定的体制和制度框架内，领导者和被领导者总是进行着不断的交换，在交换的过程中领导者的资源奖励（包括有形资源奖励和无形资源奖励）和被领导者对领导者的服从作为交换的条件，双方在一种"默契契约"的约束下完成获得满足的过程。整个过程类似于一场交易，所以传统领导也称为交易型领导。交易型领导鼓励追随者诉诸他们的利益，但是交换的过程以追随者对领导者的顺从为前提，并没有在追随者内心产生一股积极的热情。其工作的内在动力也是有限的，因此，交易型领导不能使组织获得更大程度上的进步。

伯恩斯认为，变革型领导是一种领导向员工灌输思想和价值观，并以此激励员工的过程。在这一过程中，领导者通过让员工意识到所承担任务的意义和责任，激励下属的高层次需要和愿望，使下属超越个人利益而为团队、组织和更大的政治利益来服务。

11.3　领导与沟通

一个领导者在从事管理工作的方方面面都离不开沟通，都需要建立在信息的有效传递的基础上，领导工作更不能例外。管理者要想对下属、同事以及上级产生影响，不可缺少的一个过程就是人与人之间的沟通。可以说，管理者与其他员工之间的有效沟通是那些备受尊敬和非常成功的公司的特征。高效的管理者会倾听员工的意见，而且开放式的沟通有助于提高领导效果。有效的沟通技能是魅力型和变革型领导者不可或缺的工具。

11.3.1　沟通概述

1. 沟通的定义

沟通是指可理解的信息或思想在两个或两个以上人群中传递并理解的过程。沟通一般指人与人之间的信息交流过程，是人们之间发生联系的最主要形式。沟通包含着信息传递。如果信息没有被传递到，则意味着沟通没有发生。当领导对秘书下达某一指令时，秘书根本不在岗位上，并没有听到指令，这就不能构成沟通。但是，要使沟通成功，信息不仅需要被传递，还需要被理解。秘书回来后听取了领导的指令，并且很认真地听，但是他没有听懂领导的意思，此时，沟通也没有成功。因此，沟通是信息的传递和理解。有效的沟通，应是信息经过传递之后，被接收者感知到的信息和发送者发出的信息基本一致。秘书就自己疑惑的部分提出问题，领导做出了解答，双方通过交流充分理解了对方的观点和见解，此时，沟通成功。

2. 沟通的过程

一般来说，完整的沟通过程包括七个要素：发送者、接收者、信息、渠道、反馈、噪声和背景。沟通的过程是信息的发送者将信息按照一定的程序进行编码后，通过信息沟通的渠道传递给信息接收者，信息的接收者将收到的信息编码处理，然后再反馈给发送者，这样信息的意义就从一个人那里传递给了另一个人。此外，信息的传递过程还会受环境和一些噪声的影响。沟通的具体过程如图 11-2 所示。

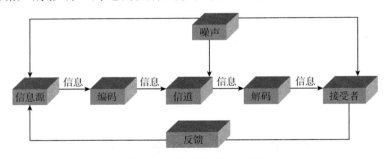

图 11-2　沟通的具体过程

1）发送者

发送者是信息的来源，是希望将信息传递给另一方的组织或个人。沟通始于有某种"思想"或想法的发送者，然后以发送者和接受者均能理解的方式编码。人们通常以为只是把信号编成一种常用的语言，其实有许多编码方法，如可把想法编制成计算机语言。

2）接收者

接收者是发送者的信息传递对象，是接收信息、解释信息并给出反馈的组织和个人。信号接受者需随时准备"接受"信息，以便把信号解释成"思想"。一个人沉浸在一场精彩的足球比赛中时，他就不大可能注意别人正在谈论的库存报告的内容，从而增加了沟通故障出现的概率。沟通的下一个步骤是"解码"，即接收者把信号解译成思想。只有当发送者和接受者对信号所含的符号有着相同的或者至少是类似的理解时，准确的沟通才会产生。显而易见，用法语编码的信号需要懂法语的接受者。但有一个不甚突出而又经常被人忽略的问题，即含有技术语言或专业行话的信号需要懂这种语言的接受者。所以，除非术语是被人们所理解的，否则沟通就是不完整的。"理解"必须植根于发送者和接受者的心中，那些头脑闭塞的人一般情况下不能完全理解信号，在信息内容与其价值体系相反时更是如此。

3）信息

信息就是发送者所要传递的内容，由发送者要与接受者分享的思想和情感组成。当我们说话的时候，语言是信息；当我们写作的时候，文字是信息；当我们绘画的时候，图案是信息。但是一些手势和表情等隐藏的信息往往容易被忽略，在很多情况下，这些也许是更为重要的信息，如在面试和商务谈判的过程中，语言传递的信息未必准确，而一个简单的眼神接触和头部动作，常常就能了解对方的真实态度和情绪，找到对方观点的蛛丝马迹。同时，许多非语言信息在不同的文化下会有差异，如在西方文化下，黑色是葬礼的颜色，而在东方文化中，白色是葬礼的颜色。同样的信息，发送者和接收者可能有着不同的理解，这可能是发送者和接受者的差异造成的，也可能是由于发送者传送了过多不必要信息。

4）渠道

渠道是传输信息的媒介载体，渠道的主要任务是保证双方信息传递所经的通路顺畅，没有渠道，信息就无法传递，沟通也就无法完成。沟通渠道有很多，可以是口头沟通，如面谈、电话交谈等。不同的渠道各有利弊，选取何种沟通渠道应根据沟通双方的个性、时间限制、设备条件以及场合、方便程度等来综合考虑，如企业活动邀请客户，正式的请柬比电子邮件要合适得多。但是，即使是在通信技术高度发达的今天，在各种沟通渠道中，影响力最大的仍然是面对面的传统沟通方式，这就不难理解，为什么一到美国总统大选的时候，候选人总要周游全国，亲自在公众面前演讲拉票。

5）反馈

反馈是信息接收者对信息发送者的信息做出的反应，如甲给乙说了一个笑话，乙一听付之一笑，这个笑就是乙的反馈，表示他接收并理解了对方的意思。反馈使得沟通成为一个双向交互的过程，可以检验信息沟通的效果。通过反馈可以判断信息接受者是否理解了信息的内容，从而及时调整信息发送者的信息发送。以便达到更好的信息沟通效果。

为了检验沟通的效果，反馈是必不可少的。在没有正式信息反馈之前，人们绝不能肯定信息是否已经得到了有效的编码、传递、解码和理解。同样，反馈也可表明，通过沟通，个人的变化和组织的变革是否已经发生。

6）噪声

噪声是沟通过程中的干扰因素，妨碍人们进行有效的沟通。噪声发生于信息发送者和接收者之间，存在于发送者、接受者、渠道等其他各个环节，主要分成三种形式：外部噪声、内部噪声和语义噪声。外部噪声主要来源于环境，它阻碍对信息的发送、收听和理解，如嘈杂的环境和场所；内部噪声来源于发送者和接收者本身，如注意力不集中、信念、偏见等都会导致内部噪声；语义噪声主要是指发送者的信息不充分，信息没有按照接收者容易理解的方式编码，接收者对某些词语情感上存在抵触。

噪声作为一种干扰源，无论产生于沟通过程中的哪一个环节，都会增加信息编码和解码中的不确定性，使得信息模糊、失真，导致沟通的失败。一般可借助重复传递信息、增加信息的强度、改变编码方式等途径来克服。

7）背景

背景也就是沟通发生时的各种情境因素，因为沟通总是在一定环境下发生的，任何形式的沟通，都会受到各种环境因素的影响。从外部环境看，可能有教育的、社会学的、法律政治的和经济的因素。例如，压制性的政治环境就会抑制沟通的自由流向。另一种背景因素是沟通距离。面对面的直接的沟通既不同于两个人远隔万里的电话交谈，也不同于电报与信函的往来。

3. 沟通的重要性

管理者每天的工作都离不开沟通。人际间的相互交往，与上司、下属和周围的人之间的协调，决策、计划、组织、领导和控制的开展，都离不开沟通。尽管在管理中将沟通作为研究主题是 20 世纪 90 年代的事，但并不是说前人就不了解沟通的重要性，而是由于"人人都知道沟通的重要性"，所以不特别提出而已。沟通在组织管理中的重要性主要体现在以下三个方面。

（1）沟通把组织和外部环境联系起来，从而使组织得以与时俱进。企业管理者通过信息交流了解客户的需要、供应商的供应能力、股东的要求、政府的法规条例及社会团体关心的事项等。一个组织只有通过信息沟通才能成为一个与其外部环境发生相互作用的开放系统。

（2）对组织内部来说，沟通使组织成员团结一致、共同努力以达成组织目标。组织是由众多人所组成的，只有通过有效的沟通，才能把抽象的组织目标转变成为组织中每一个成员的具体行动。同时，一个组织中每天的行动是由许多具体的工作所构成的，没有良好的沟通，一个群体的活动就无法进行。

（3）沟通也是管理者激励下属、履行领导职能的基本手段。一个管理者不管他有多高的领导艺术，有多高的威信，都必须通过沟通将自己的意图和要求告诉下属，通过沟通了解下属的想法，从而进行有效的指导、协调和激励，而人们沟通的目的是取得他人的理解和支持。

4. 组织中沟通的形式

沟通的种类繁多，每一种沟通所涉及的方法和技巧可能都会不一样。了解沟通的种类，有助于将一般沟通原理运用到不同的场合和层次中去。

1）自我沟通、人际沟通、小组沟通、组织沟通和跨文化沟通

管理沟通按照沟通的层次可以划分为自我沟通、人际沟通、小组沟通、组织沟通和跨文化沟通。

自我沟通，简单地说就是自己跟自己的沟通，其实质是深层次地了解自己，意识到自己的身体、处事、思想中潜在问题的存在，从而防患于未然。

人际沟通，也就是发生在两个或两个以上的人之间的交流。人际沟通的目的通常是

交换信息和情感，维持一定的社会关系。

小组沟通，通常是采取一群人在一起交流的形式，常用的沟通形式是召开会议。

组织沟通，通常发生在整个企业内部和相关外部的沟通，可以分为组织内部沟通和组织外部沟通。组织内部沟通发生在连接组织公司内部员工的网络中。组织外部沟通常发生在组织外部的沟通网络中，通常是利益相关者之间。

跨文化沟通，是处于两种不同企业文化背景下的企业内部人员间进行的信息沟通。随着全球化的发展，这种跨文化沟通将成为管理者的挑战之一。

2）正式沟通与非正式沟通

按渠道的不同组织沟通可以分为正式沟通与非正式沟通。

正式沟通（formal communication）是指按照组织的明文规定，依靠组织的正式结构或层次系统进行的信息传递与交流。正式沟通的主要类型包括会议、书面沟通等，如组织间的公函往来，组织内部规定的汇报、请示、报告制度、上级指示、文件下达、情况汇报等，都属于正式沟通。

正如正式沟通是正式组织所采用的基本沟通形式一样，非正式沟通（informal communication）通常是非正式组织采用的沟通模式。因而，非正式沟通指的是正式沟通以外的信息交流和传达方式。非正式沟通一方面满足了员工的需求；另一方面也补充了正式沟通系统的不足，是正式沟通的有机补充。

11.3.2 组织沟通的障碍

1. 由信息发送者造成的障碍

信息沟通首先由信息发送者开始，如果发送者对信息传送的目的未经思考、计划和说明就发表意见，就会对信息的传递造成障碍。或者尽管发送者头脑中的信息很清晰，但由于措辞不当、缺乏条理、表达紊乱，造成信息表达不清，使接受者理解困难。

2. 信息传递中造成的障碍

信息从一个人传递到另一个人的一系列过程中，由于损失、遗忘和曲解等会造成越来越失真。在组织层次过多或传递环节过多的情况下更是如此。在自下而上的信息沟通中，由于利害关系，往往存在报喜不报忧的现象，或是下级根据自己的理解和需要，对信息进行"过滤"，结果使得高层管理者得不到真实的信息。

3. 由信息接收者造成的障碍

人与人沟通存在接受者有选择地接收的现象，即人们拒绝或片面地接收与他们的期望不相一致的信息。研究表明，人们往往听或看他们感情上有所准备的东西，或他们想听或者想看到的东西，甚至只愿意接收中听的东西。不善于聆听别人的意见及过早的评价，也常常是造成沟通障碍的主要原因，尤其是在听取下属意见时。

4. 人际关系对信息沟通的障碍

信息沟通时信息发送者与接受者之间有一个"给"与"收"的过程。信息传递不是单方面的，而是双方的事情。因此，沟通双方的信任程度、沟通时的气氛等都对信息沟通效果造成影响。沟通双方的诚意和相互信任至关重要，上下级之间的猜疑只会增加抵触情绪，减少坦率交谈的机会，也就不可能进行有效的沟通。

5. 过量的信息造成的障碍

有人也许认为比较多且不受控制的信息会有助于克服信息沟通中的问题，但事实恰好相反，过量的信息会淹没真正有价值的信息，使接收者无所适从。人们可以用多种方式对付超负荷的信息。首先，接收者可能无视某些信息，如要回的信件过多，干脆把某些信件搁置不顾；其次，人们可能会对信息进行过滤，先处理容易对待的事项，可能把难度较大也许是关键性的问题忽视了；最后，人们可能会采取逃避的方法把信息束之高阁或不进行沟通。

11.3.3　沟通障碍的改善途径

沟通联络中的障碍是难以避免的，但由于这些障碍几乎都是人为的，所以只要方式和方法能对症下药，消除障碍也是容易的。

1. 运用反馈

很多沟通问题是由于误解或理解不准确造成的。如果管理者在沟通中能运用反馈回路，则会减少这些问题的发生。

2. 了解下属，消除顾虑

上级管理者要全面了解并掌握下级的心理和行为的实际情况，消除他们的顾虑，让他们不仅报"喜"还要报"忧"，从而获得真实可靠的信息。这同时也会改善上下级的人际关系。

3. 重视平行沟通

一般来说，组织内部的沟通以与命令链相符的垂直居多，部门间、成员之间的横向交流较少，而平行沟通却能加强横向的合作。在必要和可能的条件下，可以定期举行有各部门负责人参加的会议，要求不同的职能部门结合起来。

4. 控制情绪

我们知道情绪能使信息的传递严重受阻或失真。当管理者对某件事十分失望或愤怒时，很可能对所接受的信息发生误解，并在表述自己信息时不够清晰准确。管理者此时应该暂停进一步的沟通直至恢复平静。

11.3.4　冲突管理

冲突可以理解为两个或两个以上的行为主体因在特定问题上目标不一致、看法不相同或意见分歧而产生的相互矛盾、排斥、对抗的一种态势。

1. 冲突与冲突类别

组织中的冲突可以分为三大类：个人层次、群体层次和组织层次。各种冲突层次间，自下而上的冲突层次关系是一种基础关系、支撑关系；自上而下的冲突层次关系是一种包容关系、制约关系。组织中不同层次的冲突具有相互作用、相互关联的内在互动关系。

1）个体层次的冲突

由于组织成员的社会背景、教育程度、性格、态度等方面的差异，个体层次的冲突在任何组织内部都是不可避免的，它是组织层次冲突和群体层次冲突的基础。

（1）个人内心冲突。个人内心冲突常常涉及个人某种形式的目标、价值、判断、认知或情感等。当个人因为不确定性难以做出决定，或个人行为将导致相互排斥的结果时，就会导致个人内心的紧张冲突，如员工在选择工作岗位时，一个岗位工资高，但工作性质没有发展前途，另一个岗位工资不太高，却有很大的晋升的空间。面临这种情况时，不论选择哪个岗位，都有利有弊，让人费心烦躁，于是就出现了个人内心的冲突。

（2）个人角色冲突。个人在社会组织中的角色通常指个人在组织中的位置，必须执行的一系列活动，以及被要求承担的职责和形象等。当一个人被要求扮演两种或两种以上的相互矛盾或不一致的角色时，就会发生个人的角色冲突。例如组织中的基层管理者经常由于上级领导的角色要求与下级对己的角色期望不一致而陷于角色冲突之中。个人角色冲突与个人所面临的压力、个人对工作的不满意程度、个人缺乏组织的认同感、失去对工作的信心等存在较紧密的联系。

（3）人际间冲突。人际间冲突常见于人与人之间在任职、态度、价值观、行为或追求目标上的矛盾和分歧，是一种普遍存在的冲突类型，也是其他各种冲突的基础和诱因。组织内形形色色的问题常常直接或间接地转变为各种各样的人际间冲突。

2）群体层次的冲突

群体层次的冲突常常处于一种"承上启下"的位置，包括群体内部冲突和群体间的冲突。

（1）群体内部冲突。除了群体范围内的人际冲突外，个人与群体间的冲突逐渐引起了人们的重视。任何群体都有其特定目标，为了维护运行秩序，要求组织成员按照规章制度，规范个人行为以符合组织目标。然而组织成员会有其社会目标、利益和期望，当两者之间不能协调一致，产生分歧、摩擦甚至是对抗时，就会发生个人和群体间的冲突。

（2）群体间的冲突。群体间的冲突一般指的是组织内部群体之间在相互交往的过程中，由于诸如强调自身的立场观点、利益，忽略对方和共同的利益等多种原因，彼此间发生分歧、争论和对抗行为。很多时候，群体间冲突是由于组织而不是个人原因造成的，当权力重叠或者任务相依时，群体间会产生严重的冲突。

3）组织层次的冲突

组织层次的冲突可以分为组织内部冲突和组织间冲突两种类型。

（1）组织内部冲突。组织内部冲突实际包括个人层次冲突和组织内部冲突的所有类型，再加上个人与组织的冲突，当李开复决定离开微软到谷歌任职时，微软对他提出了诉讼。

（2）组织间冲突。任何组织都是一个生存于特定环境中的开放系统，组织未来自身的生存与发展，必须与外界环境进行各种要素的交换，在此过程中必然与其他组织发生联系，当发生联系的组织由于目标、利益的不一致，或者市场、资源、人才等的竞争而形成矛盾、对立、对抗时，就会发生多种多样的组织之间的冲突。例如，经过一年多的拉锯战，王老吉"商标战"落幕，广药集团最终战胜加多宝公司，收回了王老吉商标的使用权。这就是企业的竞争对手之间的冲突。

任何组织都属于一个更为广泛的环境系统中的子系统，任何组织都难以避免与其他组织之间发生冲突，一个成功的组织是在冲突中发展起来的。

2. 管理冲突

随着组织外部环境日趋复杂，组织内部分工日益精细明确，不同主体之间的相互往来日益密切，多层次、多种类、多作用的冲突现象十分普遍，冲突问题越来越突出，任何组织都无法避免和忽视冲突的存在与影响。因此，管理者能不能正视冲突，学习、掌握管理冲突的科学知识，提高冲突管理的艺术技巧，及时、正确、有效地实施冲突管理，趋利避害地驾驭冲突，直接关系到组织的生存和发展。

管理者冲突处理的使命是：组织应保持适度的冲突，养成批评与自我批评，不断创新、努力进取的风气，组织就会出现人人心情舒畅、奋发向上的局面，组织就有旺盛的生命力。在具体实践中应做好以下几个方面：①谨慎地选择你想处理的冲突；②仔细研究冲突双方的代表人物；③深入了解冲突的根源；④妥善地选择处理办法。

【本章小结】

领导就是领导者通过指挥、带领、引导、鼓励和惩戒等手段对人们施加影响，从而使人们积极主动地为实现组织或群体的目标而努力的过程。

领导和管理有着本质的区别。从共性上看，两者都是一种在组织内部通过影响他人的活动协调并实现组织目标的过程。从差异性上看，领导是为组织的活动指出方向、创造态势、开拓局面的行为；管理则是为组织的活动选择方法、建立秩序、维持运转的行为。

权力的来源主要有五个方面：强制权力、法定权利、奖励权力、专家权力、感召权力。

科特教授认为实施成功领导的过程对领导者的个人素养有如下要求：①行业和企业知识；②信誉和工作记录；③能力和技能；④个人价值观；⑤进取精神。

一般来说，完整的沟通过程包括七个要素：发送者、接收者、信息、渠道、反馈、噪声和背景。

管理者冲突处理的使命是：组织应保持适度的冲突，养成批评与自我批评，不断创新、努力进取的风气，组织就会出现人人心情舒畅、奋发向上的局面，组织就有旺盛的生命力。

【复习与思考题】

1. 领导与管理有什么区别？

2. 领导者权力的来源是什么? 如何正确地使用这些权力?

3. 开展有效领导需要具备什么样的特质?

4. 组织中沟通的形式有哪些?

5. 如何妥善处理组织中出现的冲突?

【关键术语】

领导 leadership 　　　　　　正式沟通 formal communication

非正式沟通 informal communication 　冲突 conflict

【案例与分析】

六种最有潜力成为领导的人

万达集团董事长王健林曾经说过一句话:"先给自己定一个小目标,比方说我先挣它一个亿。"引起全国人民的热议与刷屏。曾经有记者多次采访王健林,问:一个企业应该怎样去用人?如何用好人?他给出了答案:以下六种"强"人最有潜力成为领导。

1. 执行力强

执行力是成为领导的基本素质,考验的主要是自己的业务水平。当你是一个拖延的人时,领导交代的任务,迟迟没有完成,在他眼里你就不适合成为领导。只有自己的业务水平真正提升了,具有独到见解,让其他同事认同你,才能成为潜力领导。

2. 成功欲强

当一个人的成功欲望很强时,他就会拼命去表现自己,想办法让领导满意。有的人真正干实事,让领导知晓;而有些人喜欢拍马屁,明明自己没做,但是非要把功劳揽在自己身上。只有强烈的成功欲,才能真正爬上高位。

3. 领导力强

当领导让你去负责一个项目的时候,其实有时候是在观察你,看你带团队的能力。成为团队领导者,你需要善于激发每个人的优势,将其发挥至最大限度。并且,这种人善于交际,受人喜欢,也善于整合资源,成为领导指日可待。

4. 责任心强

我们可以发现,当领导的,经常喜欢晚上下班后去各个办公室走动,看看大家加班情况,并问候几句,表示关心。如果平时的你,经常加班,不仅把自身的工作干得井井有条,而且经常帮助同事解决一些困难,或者其他项目出现困难时,主动要求前去帮忙。这样的人,受人喜欢。

5. 观察力强

这里的观察力,不仅指善于发现工作中的漏洞,也指善于发现其他同事身上的优点,学习他们好的经验,并积极快速转换为自己的知识,提升自己的业务能力和领导水平。他们身上的特点就是对人对事很敏感,善于去分析,解决问题。

6. 正能量强

很多人工作加班很辛苦,抱怨几句其实很正常,但是如果经常抱怨,还和同事宣传,这样的人永远不能成为领导。真正有潜力的领导,他们也许会抱怨,但是抱怨后会去思考到底怎样才能解决问题。最后，通过积极的调整，顶住压力，鼓励自己的团队，积极向前，相信未来总是美好的，最后一定会成功的。

职场上，每个人都不甘于平庸，都想成为领导的竞争人选。但是没办法，有些人天生就是潜力领导，有些人永远只是干苦活儿的，另外一部分人通过不断的努力调整自己，最后会成为这场惨烈竞争中的优胜者。

资料来源：王健林告诉你：这6种"强"人最有潜力成为领导[EB/OL]. 搜狐网，http://www.sohu.com

思考：

1. 将来走向职场上的你，到底适不适合当领导呢？符合哪一点呢？
2. 现在你身边的领导属于哪一种类型？

【推荐阅读】

1. 詹姆斯. M. 库泽斯. 领导力：如何在组织中成就卓越[M]. 北京：电子工业出版社，2013.
2. 罗伯特·B. 西奥迪尼. 影响力[M]. 北京：北京联合出版公司，2016.
3. 董明. 领导艺术——一门可操作的学问[M]. 北京：科学出版社，2010.
4. 赵伟. 给你一个团队，你能怎么管？（全两册）[M]. 南京：江苏文艺出版社，2013.
5. 李志洪. 麦肯锡领导力法则[M]. 北京：台海出版社，2017.
6. 稻盛和夫. 领导者的资质[M]. 北京：机械工业出版社，2014.
7. John P.Kotter. 领导变革 [M]. 北京：机械工业出版社，2014.
8. 项保华. 洞见：领导者决策与修炼[M]. 北京：企业管理出版社，2017.

第12章　激励机制

1. 理解激励以及激励机制的概念；
2. 理解中西方关于人性假设的主要理论；
3. 掌握激励理论发展的主要脉络；
4. 能够运用相应的激励理论分析实际管理问题。

引导案例

花旗集团的激励方式

在对员工科学考核的基础上，花旗集团通过各种手段与方式对员工进行激励，肯定员工成绩，鞭策员工改善工作中的不足。作为全球最大的金融机构，花旗集团建立了完善、科学的激励体系，并随市场与公司的发展情况进行及时调整。

1. 红包

每年年底，根据员工的不同业绩表现，每一名员工都会得到花旗颁发的红包，金额不等，奖励员工一年的辛勤贡献。

2. 海外旅行

花旗银行中国区表现突出的员工，还被奖励赴澳大利亚等海外旅游，并可以携带一名家属。这种激励方式不但对员工起到了有效的激励作用，增加了员工的忠诚度，更赢得了员工家属的理解和支持，让他们感到自己的亲人在一个人性化的氛围中工作，也增强了家属对员工的自豪感。

3. 期权

花旗银行除了对工作业绩出色的员工给予奖励外，还给予他们花旗银行的期权，使银行利益与员工个人利益紧密联系在一起。

4. 职位晋升

花旗鼓励员工承担更大的责任，让他们稳步成长为优秀的金融专业人才。每一次职位的晋升，每一次给员工设定更大的目标，每一次对员工的挑战，都激励着花旗员工奋勇向前，为给花旗创造更优秀的业绩、为实现自己的职业梦想而努力。

5. 培训

在花旗集团，表现突出的员工将得到更多的培训机会，将被派往马尼拉的花旗亚太区金融管理学院甚至美国总部进行培训，全面提高各种技能，锻炼领导力，开拓国际化视野，为担当更大责任做准备。

资料来源：韦艳.跨国公司激励机制的经验借鉴及启示[J]. 商业时代，2009（20）

12.1　激励、激励机制与人性假设

12.1.1　激励及其过程

1. 激励的内涵

从字面上理解，激励（innovation）含有激发、鼓励之意，指以能够满足个体的某些需要为条件，激发人的动机，使人产生高水平的努力朝着所期望的目标前进的心理活动过程。激励的目的在于激发组织成员工作的积极性、主动性和创造性，以提高组织的效率。

激励的概念可以从以下几个方面来理解。

（1）激励的对象是人。

（2）激励是手段，是为实现组织目标所服务的。

（3）激励是一种心理过程，因人、因时而异。

（4）激励应该是要产生一种自动力，使个体从消极的"要我做"转化为积极的"我要做"。

2. 激励的过程

激励是一个非常复杂的过程，它从个人的需要出发，引起欲望并使其内心紧张（未得到满足的欲求），然后引起实现目标的行为，最后通过努力后使欲求得到满足，其连锁过程如图 12-1 所示。

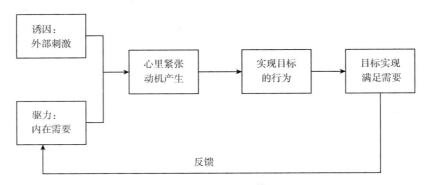

图 12-1　激励过程模式

1）需要

激励的实质是通过影响人的需要或动机达到引导人的行为的目的，它实际是一种对人的行为的强化过程。要研究激励，就要先了解需要，人的需要就是人们在社会生活中对某种目标的诉求和欲望，是人们行为积极性的源泉。

2）动机

动机是建立在需要的基础上，是指引起个体行为、维持该行为并将此行为导向某一目标的过程。从某个层次上面来讲，需要和动机并没有严格的区别，需要更多体现一种主观感受，而动机大多是内心活动。

3）行为

行为是行动的一种方式，是指一个人的所作所为。

激励的过程就是这样循环往复、连续不断。在这一过程中，需要是动机和行为的基础，需要确定人们的行为目标，行为的方向就是寻求目标、满足需要。可见，激励的实质是通过影响人的需要或动机来引导人的行为。

12.1.2　激励机制

1. 激励机制的内涵

激励机制是指通过特定的方法与管理体系，将员工对组织及工作的承诺最大化的过程。它是在组织系统中，激励主体系统运用多种激励手段并使之规范化和相对固定化，而与激励客体相互作用、相互制约的结构、方式、关系及演变规律的总和。激励机制是企业将远大理想转化为具体事实的连接手段。

2. 激励机制的构成要素

激励机制由诱导因素集合、行为导向制度、行为幅度制度、行为时空制度、行为归化制度构成。

1）诱导因素集合

诱导因素就是用于调动员工积极性的各种奖酬资源。对诱导因素的提取，必须建立在对个人需要进行调查、分析和预测的基础上，然后根据组织所拥有的奖酬资源的时期情况设计各种奖酬形式，包括各种外在性奖酬和内在性奖酬（通过工作设计来达到）。需要理论可用于指导对诱导因素的提取。

2）行为导向制度

行为导向制度是组织对其成员所期望的努力方向、行为方式和应遵循的价值观的规定。在组织中，由诱导因素诱发的个体行为可能会朝向各个方向，即不一定都是指向组织目标的。同时，个人的价值观也不一定与组织的价值观相一致，这就要求组织在员工中间培养统驭性的主导价值观。行为导向一般强调全局观念、长远观念和集体观念，这些观念都是为实现组织的各种目标服务的。勒波夫（M.Leboeuf）博士在《怎样激励员工》一书中指出，世界上最伟大的原则是奖励；受到奖励的事会做得更好，在有利可图的情况下，每个人都会干得更漂亮。

3）行为幅度制度

行为幅度制度是指对由诱导因素所激发的行为在强度方面的控制规则。根据弗鲁姆的期望理论公式（$M=V \cdot E$），对个人行为幅度的控制是通过改变一定的奖酬与一定的绩效之间的关联性以及奖酬本身的价值来实现的。根据斯金纳的强化理论，按固定的比率和变化的比率来确定奖酬与绩效之间的关联性，会给员工行为带来不同的影响。前者会带来迅速的、非常高而且稳定的绩效，并呈现中等速度的行为消退趋势；后者将带来非常高的绩效，并呈现非常慢的行为消退趋势。通过行为幅度制度，可以将个人的努力水平调整在一定范围之内，以防止一定奖酬对员工的激励效率的快速下降。

4）行为时空制度

行为时空制度是指奖酬制度在时间和空间方面的规定。这方面的规定包括特定的外在性奖酬和特定的绩效相关联的时间限制，员工与一定的工作相结合的时间限制，以及有效行为的空间范围。这样的规定可以防止员工的短期行为和地理无限性，从而使所期望的行为具有一定的持续性，并在一定的时期和空间范围内发生。

5）行为归化制度

行为归化是指对成员进行组织同化，和对违反行为规范或达不到要求的行为的处罚和教育。组织同化（organizational socialization）是指把新成员带入组织的一个系统的过程。它包括对新成员在人生观、价值观、工作态度、合乎规范的行为方式、工作关系、特定的工作机能等方面的教育，使他们成为符合组织风格和习惯的成员，从而具有一个合格的成员身份。关于各种处罚制度，要在事前向员工交代清楚，即对他们进行负强化。若违反行为规范或达不到要求的行为实际发生了，在给予适当的处罚的同时，还要加强教育，教育的目的是提高当事人对行为规范的认识和行为能力，即再一次的组织同化。所以，组织同化实质上是组织成员不断学习的过程，对组织具有十分重要的意义。

以上五个方面的制度和规定都是激励机制的构成要素，激励机制是五个方面构成要素的总和。其中诱导因素起到发动行为的作用，后四者起导向、规范和制约行为的作用。一个健全的激励机制应是完整地包括以上五个方面、两种性质的制度。只有这样，组织才能进入良性的运行状态。

12.1.3　人性假设理论

在管理学中，人性假设理论（assumption about human nature）是人们在一定的管理环境和条件下，对管理活动中人的需要和人的本性做出的一种预设。

1. 中国古代的人性假说

1）性善论

《孟子·告子上》：孟子提出"水信无分于东西，无分于上下乎？人性之善也，犹水之就下也。人无有不善，水无有不下。今夫水，搏而跃之，可使过颡；激而行之，可使在山。是岂水之性哉？其势则然也。人之可使为不善，其性亦犹是也。""乃若其情，则可以为善矣，乃所谓善也。若夫为不善，非才之罪也。"

《孟子·告子上》："恻隐之心，人皆有之；羞恶之心，人皆有之；恭敬之心，人皆有之；是非之心，人皆有之。恻隐之心，仁也；羞恶之心，义也；恭敬之心，礼也；是非之心，智也。仁义礼智非由外铄我也，我固有之也。"

孟子以性善论作为根据，在政治上主张实行仁政。孟子对于性善论最有力的论证，是通过人的心理活动来证明的。孟子认为，性善可以通过每一个人都具有的普遍的心理活动加以验证。既然这种心理活动是普遍的，因此性善就是有根据的，是出于人的本性、天性的, 孟子称之为"良知""良能"。因此, 强调把人作为管理的核心, 运用道德的教化, 恢复人的善良的本性, 依靠人的内在因素去提高人们的自律性, 使各方面和谐统一, 达到管理的目的。

2）性恶论

性恶论也是中国古代人性论的重要学说之一, 认为人的本性具有恶的道德价值, 战国末荀子倡导这种理论。

荀子说:"好恶、喜怒、哀乐, 夫是之谓天情。"荀子和孟子一样, 认为食色喜怒等是人的先天性情, 是人情之所不能免, 是人所共有的。但是, 在性情与仁义的关系上, 荀子则与孟子不同。孟子把食色和仁义都看作出于先天的人性, 其中仁义是大体, 食色是小体; 仁义好比是熊掌, 食色是鱼。荀子则认为人性只限于食色、喜怒、好恶、利欲等情绪欲望, 不论"君子""小人"都一样。所以荀子说:"人之生也固小人。"即"性恶"。至于仁义, 则是由后天所学、所行、所为而获得的。

性恶论以人性有恶, 强调道德教育的必要性, 性善论以人性向善, 注重道德修养的自觉性, 二者既相互对立, 又相辅相成, 对后世人性学说产生了重大影响。

2. 西方的人性假设理论

西方关于人性假设的理论很多, 其中具有代表性的有"工具人"假设、"经济人"假设、"社会人"假设、"自我实现人"假设、"复杂人"假设和"文化人"假设。这也是随着管理实践的发展, 人们对管理中人性的认识不断深化的结果。

1）"工具人"假设

"工具人"假设盛行于资本主义社会初期。当时, 资本主义生产力还不发达, 资产阶级与无产阶级矛盾冲突尖锐。在工厂制度中, 资本家将工人当作会说话的工具, 主要使用强制手段, 如皮鞭惩罚、饥饿惩罚来实施管理。这一时期, 工人没有任何政治地位和经济地位, 在管理过程中只有服从、听命于资本家的义务, 没有丝毫权利。

"工具人"假设的理论与实践不符合人的本性, 与人的社会性相冲突, 以此对人进行管理不可避免地会在管理者与被管理者之间形成严重对立, 劳动者的积极性和创造性被完全压抑, 其管理效率之低就可想而知了。

"工具人"假设, 这是前管理学阶段对人的基本看法。认为人在生产活动中与机械一样, 只是一种工具。管理的任务, 就在于使作为管理对象的人像机械一样去动作。这种观点将作为管理者的人和作为被管理者的人完全对立起来。前者是主动的、起支配作用的, 后者是被动的、是按照管理者的指令操作以实现管理目的的生产工具。

2）"经济人"假设

"经济人"（economic man）又称"理性—经济人""实利人"或"唯利人"。这种假设最早由英国经济学家亚当·斯密（Adam Smith）提出。他认为人的行为动机根源于经济诱因, 人都要争取最大的经济利益, 工作就是为了取得经济报酬。为此, 需要用金钱与权力、组织机构的操纵和控制, 使员工服从并为此效力。

"经济人"假设又称为 X 理论, 基本观点包括: 多数人天生是懒惰的, 他们尽可能逃避工作；多数人都没有雄心大志，不愿负责任，而心甘情愿受别人指使；多数人的个人目标都是与组织的目标相矛盾的，必须用强制、惩罚的办法，才能迫使他们为达到组织目的而工作；多数人干工作都是为了满足基本的生理需要和安全需要，因此，只有金钱和地位才能鼓励他们努力工作；每个人都以自身利益最大化为目标，是个体行为的基本动机。

基于"经济人"假设的管理措施，可归纳为以下三点：①管理工作的重点是在提高生产率、完成生产任务方面，而对于人的感情和道义上应负的责任，则是无关紧要的。简单地说，就是重视完成任务，而不考虑人的感情。从这种观点来看，管理就是进行计划、组织、经营、指导、监督，这种管理方式叫作任务管理。②管理工作只是少数人的事，与广大工人群众无关。工人的主要任务是听从管理者的指挥。③在奖励制度方面，主要用金钱来刺激工人生产的积极性，同时对消极怠工者采用严厉的惩罚措施。通俗地说，就是采取"胡萝卜加大棒"的政策。

"泰勒制"就是"经济人"观点的典型代表。泰勒所提倡的"时间—动作"分析还发现工人中有联合起来对付管理当局的倾向。为此，他在伯利恒钢铁公司明文规定，除经特殊批准外，不得有 4 名以上的工人在一起工作，以减少工人对管理当局的反抗。此外，泰勒提倡的"计件工资制"则完全依靠金钱来调动工人的生产积极性。

3）"社会人"假设

"社会人"假设的理论基础是人际关系学说，"社会人"（social man）又称为"社交人"。"社会人"假设最早来自梅奥（G.E.Mayo）主持的霍桑实验（1924～1932 年）。梅奥认为，人是有思想、有感情、有人格的活生生的"社会人"，人不是机器和动物。作为一个复杂的社会成员，金钱和物质虽然对其积极性的产生具有重要影响，但是起决定因素的不是物质报酬，而是职工在工作中发展起来的人际关系。

英国塔维斯托克学院煤矿研究所也再度验证，在煤矿采用先进技术后，生产力理应提高，但由于破坏了原来的工人之间的社会组合生产反而下降了。后者吸收社会科学的知识，重新调整了生产组织，生产就又上升了。这两项研究的共同结论是，人除了物质需要外，还有社会需要，人们要从社会关系中寻找乐趣。

"社会人"假设认为：工人不是机械的、被动的，而是活生生的人，支配人的行为的因素多是非理性的欲望、情绪等；人是社会人，不是孤立的个体，是复杂的社会系统的成员，社会需要、团队归属感往往是人们更重要的行为动机，人际关系、员工士气、群体心理等对积极性有重要影响；建立在非理性因素之上的非正式组织与正式组织相互作用，共同决定组织的效率。因而，在管理中要重视满足员工的社会性需要，关心员工，协调好人际关系，实行集体奖励制度等。

4）"自我实现人"假设

"自我实现人"（self-actualizing man）是美国管理学家、心理家马斯洛（Abraham Maslow）提出的。所谓自我实现指的是，"人都需要挥自己的潜力，表现自己的才能，只有人的潜力充分发挥出来，人的才能充分表现出来，人才会感到最大的满足"。这就是说，人们除了上述的社会需求之外，还有一种想充分运用自己的各种能力，发挥自己自身潜力的欲望。

基于"自我实现人"假设的管理模式是：①改变管理重点。管理者的管理重点是构建良好的工作环境，为组织成员提供多方面施展才华的各种机会，使每个人都能充分发挥自己的潜能。②授予下级更多的权力，让员工参与组织的管理和决策过程，特别是在涉及自身事务的范围内使人们有一定的决策权，实行自我管理和自我控制。③改变激励方式，由外部激励变为内部激励，鼓励员工在对组织目标做出贡献方面承担更大的责任，让工作和责任成为激动员工的内在因素。

5）"复杂人"假设

"复杂人"（complex man）是 20 世纪 60 年代末至 70 年代初提出的假设，又称超 Y 理论。其代表人物有美国学者埃德加·沙因、摩尔斯（J.J. Morse）和洛斯奇（J.W. Lorch）。

"复杂人"的含义有以下两个方面：①就个体人而言，其需要和潜力会随着年龄的增长、知识的增加、地位的改变、环境的改变以及人与人之间关系的改变而各不相同。②就群体的人而言，人与人是有差异的。因此，无论是"经济人""社会人"，还是"自我实现人"的假设，虽然各有其合理性的一面，但并不适用于一切人。

从"复杂人"假设出发提出的超 Y 理论，要求根据具体的人的不同情况，灵活地采取不同的管理措施。也就是说，要因人而异、因事而异、因时而异地实行富有弹性的领导与管理。

6）"文化人"假设

企业文化管理应该是对"文化人"的人性假设。中国古代人性的善恶之争，西方麦格雷戈的 X—Y 理论都在讲述人在某一种环境中，某一类人在某一个阶段或某一种情况下的行为表现。超 Y 理论是讲人作为一个群体在不同的情况下呈现出的特征性假设。

对人性的新假设主要来源于德国哲学家恩斯特·卡西尔。卡西尔指出，除了在一切生物种属中都可以看到的感受器系统和效应器系统外，在人那里还可以发现存在于这两个系统之间的第三个系统——符号系统。这个新的获得物改变了整个人类生活。有了它，人类就不再生活在一个单纯的物理宇宙之中，而是生活在一个符号宇宙之中。这一符号系统即为人类社会的各种文化现象，包括语言、神话、宗教、艺术和科学等。由此，卡西尔修正和扩大了自古希腊以来关于"人是理性动物"的古典定义。他指出："对于理解人类文化生活形式的丰富性和多样性来说，'理性'是个很不充分的名称。但是，所有这些文化形式都是符号形式。因此，我们应该把人定义为'符号的动物'，来取代把人定义为'理性的动物'。只有这样，我们才能指明人的独特之处，也才能理解对人开放的新路——通向文化之路。"

人的"劳作"是人性的基础。通过劳作，人类创造了文化，同时也塑造了自己作为"文化人"的本质。卡西尔指出："正是这种劳作，正是这种人类活动的体系，规定和划定了'人性'的圆周。语言、神话、宗教、艺术、科学、历史，都是这个圆的组成部分和各个扇面。"卡西尔强调，作为一个整体的人类文化，可以称之为人类不断自我解放的历程。语言、艺术、宗教、科学，是这一历程的不同阶段。在所有阶段中，人性有一个逐步展示的过程，"理性的动物""社会的动物"，以及"经济人""社会人""复杂的社会人"等，都是人性展示的不同方面。这些不同的人性面，构成了人类的共同本质——"文化人"。

如果说，卡西尔主要在人性的符号形式方面界定了人的本质，那么，马克斯·韦伯则重点在人性的精神领域规定了支撑人性的重要因素。在《新教伦理与资本主义精神》中他提出了人的文化假设，即透过任何一项事业的表象，可以在其背后发现一种无形的、支撑着一项事业的时代精神力量；这种以社会精神气质为表现的时代精神，与特定社会的文化背景有着某种内在的渊源关系；在一定条件下，这种精神力量决定着这项事业的成败。显然，以人为中心，注重人的全面发展的"文化管理"具有非常重要的意义，它带动了后人称之为"文化管理模式"的诞生。

决定人的生存方式的因素，是人的价值观、人生观和方法论。现实社会所能提供的客观物质条件和社会文化氛围等各种符号系统是形成个人的人生观、价值观和方法论的客观基础，个人的生理条件、心理条件和智力水平是形成个人人生观、价值观和方法论的主观因素。这决定了人的可塑性，即人会随着客观环境和主观环境的变化而不断地调整自己的需要。这为文化管理提供了可能。

企业家"文化人"假设的提出，不但科学地揭示了企业家的人性本质——劳动基础上自由自觉的创造活动，而且揭示了企业家体现创造性本质的重要途径——学习。企业家的"文化人"人性假设，要求企业家同时是"学习人"。人类文明是在学习中继承的，只能依靠勤奋不懈的学习才能得到。企业家精神系统的丰富要素以及要素之间的有机联系和不断转化，也只有依靠努力学习才能获得。人类具有无限发展潜能，但是这种潜能只有在后天的学习和实践中才能被不断激活、展示和发展。人类只有通过不断的学习，才能不断超越自我，创造无限的发展可能性。

12.2　激 励 理 论

20 世纪二三十年代以来，许多管理学家、心理学家和社会学家结合现代管理的实践，提出了丰富的激励理论。我们根据这些理论形成的时间及研究类型将其划分为内容型激励理论、过程型激励理论、结果反馈型激励理论及综合型激励理论。

12.2.1　内容型激励理论

内容型激励理论（content-based incentive theory）认为需要是产生行为动机的基础，激励应根据需要来设计，具体包括马斯洛的需要层次论（hierarchy of needs theory）、赫茨伯格的双因素理论（two-factors theory）、麦克利兰的成就激励理论（achievement motivation theory）、奥尔德弗的生存—交往—发展理论（ERG theory，以下简称"ERG理论"）。

1. 马斯洛的需求层次论

美国心理学家亚伯拉罕·马斯洛 1934 年在其《人类动机理论》一文中首次提出了需求层次理论，并于 1954 年在其名著《动机与人格》中做了进一步阐述。马斯洛认为人的基本需要可以归纳为由低到高五个层次：生理需要、安全需要、社交需要、尊重需要和自我实现需要。如图 12-2 所示。

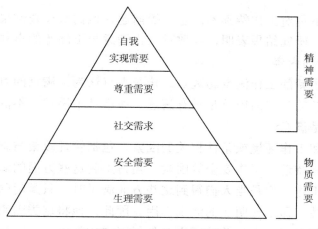

图 12-2 人的需求层次

（1）生理需要。生理需要是人类生存最基本的需要。如生存所必需的食物、水分、空气、睡眠等。如果这些需要得不到满足，人类就无法生存，也就谈不上其他需要。

（2）安全需要。安全需要是指人们寻求保护自己免受生理和心理上伤害的需要，如人们希望自己身体健康、有稳定的职业、安全的住所、安全有秩序的环境等。

（3）社交需要。社交需要有时也被称为归属与爱的需要。人们一般都愿意与他人进行社会交往，都想和同事保持良好关系，希望给予和得到友情等。

（4）尊重需要。尊重需要包括自尊和受他人尊重两个方面。自尊是指有自尊心，工作努力不甘落后，有充分的自信心以及获得成就感后的自豪等。受他人尊重是指希望自己有稳固的社会地位，希望获得事业的成功、得到他人的好评、认可等。

（5）自我实现需要。自我实现需要是一种能发挥自身潜能、实现自己的理想和抱负的需要。就是使自己成为理想的人、完成与自己最大能力相称的工作、成就一番事业的需要。类似于我们所说的"志向"和"抱负"。

需求层次论的基本观点是：不同层次对需要可以同时并存，但是只有低一层次的需要得到基本满足之后，较高层次的需要才发挥对人的推动作用；在同一时期内几种需要会同时存在，但是总有一种需要占主导、支配地位，称之为优势需要，人的行为主要是受到优势需要的驱使；任何一种满足了的低层次需要并不因为高层次需要的发展而消失，只是不再成为主要的激励力量。

对管理实践的启示是：正确认识被管理者需要的多层次性；要努力将本组织的管理手段、管理条件同被管理者的各层次需要联系起来，不失时机地、最大限度地满足被管理者的需要；在科学分析的基础上，找出优势需要，然后有针对性地进行激励，以收到"一把钥匙开一把锁"的预期激励效果。

2. 赫茨伯格的双因素理论

1）试验背景

双因素理论，又叫"激励—保健因素"理论，是由美国心理学家赫茨伯格于 1959 年提出的。赫茨伯格及其同事在匹兹堡地区对一些工商业机构中的 200 多位工程师和会计师进行了工作满意感方面的访问调查，要求他们详细回答"什么情况下你对工作特别满意""什么情况下你对工作特别不满意"等问题，他们对调查结果按满意与不满意的因素做了综合分析。研究结果表明，导致对工作满意与不满意的事件是截然不同的。

2）双因素理论的内容

赫茨伯格提出了新的工作满意感观点。传统观点认为，满意的对立面就是不满意。而赫茨伯格指出满意的对立面应该是没有满意，而不是不满意；不满意的对立面应该是没有不满意，而不是满意。

保健因素属于和工作环境或条件相关的因素，包括管理政策与制度、监督系统、工作条件、薪金、福利待遇、工作安全等因素。当得不到这些方面的满足时，人们会产生不满，从而影响到工作；但是当人们得到这些方面满足时，只是消除了不满，却不会调动人们的工作积极性，即不起明显的激励作用。因此，他将这类因素称为保健因素。

激励因素属于和工作本身相关的因素，包括工作成就感、工作挑战性、工作中得到的认可与赞美、工作的发展前途、个人的成才与晋升的机会等。当人们得不到这些方面的满足时，工作缺乏积极性，但是不会产生明显的不满情绪；当人们得到这些方面的满足时，会对工作产生浓厚的兴趣，产生很大的工作积极性，起到明显的激励作用。因此，他将这类因素称为激励因素。

3）双因素理论的启示

双因素理论启示我们，要善于区分管理实践中存在的两类因素，对于保健因素要给予基本的满足，以消除下级的不满，并要抓住激励因素进行有针对性的激励。

3. 麦克利兰的成就激励理论

20世纪50年代初期，美国哈佛大学的心理学家戴维·麦克利兰（David C. McClelland）集中研究了人在生理和安全需要得到满足后的需要状况，特别是对人的成就需要进行了大量的研究，从而提出了一种新的内容型激励理论。他认为，在人的生存需要基本得到满足的前提下，成就需要、权力需要和社交需要成为人的最主要的三种需要，见表12-1。

表 12-1　成就激励理论

需要类型	成就需要	权力需要	社交需要
需要的内容	达到标准、追求卓越、争取成功的需要	影响或控制他人且不受他人控制的欲望	建立友好亲密的人际关系的愿望
满足感的来源	工作本身，关注成功的过程而不仅仅是成功的结果	领导过程，支配他人	交往过程，被人喜欢和接纳
工作环境需求	能独立处理问题，及时反馈信息，中度风险的环境	有竞争性和能够体现地位的环境	合作而不是竞争的环境

1）成就需要

成就需要是一种根据适当的目标追求卓越、渴望成功、力争超过别人的需要或驱动力。麦克利兰认为，高成就需要的人敢于接受挑战，往往为自己树立有对应难度的目标，他们能以现实的态度对待风险，绝不以迷信和侥幸心理迎接未来，而是对问题善于分析和估计；他们愿意承担所做工作的个人责任，但需要对所从事工作的情况得到明确而又迅速的反馈；这类人一般不常休息，喜欢长时间工作，即使真出现失败也不会过分沮丧，他们事业心强，喜欢表现自己，喜欢那些能发挥其独立解决问题能力的环境，只要环境合适，就会发挥自己的能力。一般来说，主管人员的成就需要比较强烈。

2）权力需要

权力需要是指渴望影响或控制他人，为他人负责以及拥有高于他人的职权的需要或驱动力。麦克利兰认为，具有较高权力欲望的人一般有责任感，并且能够取得适合较高社会地位的工作，喜欢影响别人，对施加影响和控制表现出极大的关心，权力需要比较强的人比较健谈，喜欢讲演，甚至喜欢争辩，他们善于提出要求，并且爱教训人。

3）社交需要

社交需要又称亲和需要或归属需要，指渴望结成紧密的个人关系、回避冲突以及建立友好关系的需要。具有社交需要的人渴望获得他人赞同，高度服从群体规范，忠实可靠，他们通常从友爱、情谊、人际的社会交往中得到快乐，总是设法避免因被某个团队拒之门外带来的痛苦。他们喜欢保持一种融洽的社会关系，享受与周围的人保持亲密无间和相互谅解的乐趣，随时准备安慰和帮助危难中的伙伴，并喜欢与他人保持友善关系。

成就需要理论是对需要层次理论的补充和发展，深入探讨了高层需要的内容与作用。但麦克利兰的调查对象是物质生活条件较好和社会地位较高的人，将其结论推广有一定的片面性。

4. 奥尔德弗的 ERG 理论

1）ERG 理论的内容

美国耶鲁大学的克雷顿·奥尔德弗（Clayton. Alderfer）在马斯洛提出的需求层次理论的基础上，进行了更接近实际经验的研究，提出了一种新的人本主义需要理论。奥尔德弗认为，人们共存在三种核心的需要，即生存（existence）的需要、相互关系（relatedness）的需要和成长发展（growth）的需要，因而这一理论被称为"ERG"理论。

生存的需要与人们基本的物质生存需要有关，它包括马斯洛提出的生理需要和安全需要。相互关系的需要，即指人们对于保持重要的人际关系的要求。这种社会和地位的需要的满足是在与其他需要相互作用中达成的，它们与马斯洛的社会需要和自尊需要分类中的外在部分是相对应的。最后，奥尔德弗把成长发展的需要独立出来，它表示个人谋求发展的内在愿望，包括马斯洛的自尊需要分类中的内在部分和自我实现层次中所包含的特征。

除了用三种需要替代五种需要以外，与马斯洛的需求层次理论不同的是，奥尔德弗的 ERG 理论提出了一种叫作"受挫—回归"的思想。马斯洛认为当一个人的某一层次需要尚未得到满足时，他可能会停留在这一需要层次上，直到获得满足为止。ERG 理论则认为，当一个人在较高等级的需要层次受挫时，作为替代，会导致他向较低层次需要的回归，甚至对较低层次的需要的渴望会变得更加强烈。例如，一个人社会交往需要得不到满足，可能会增强他对得到更多金钱或更好的工作条件的愿望。

ERG 理论还表明，如果较高层次需要的满足受到抑制的话，那么人们对较低层次的需要的渴望会变得更加强烈。

与马斯洛需要层次理论相类似的是，ERG 理论认为较低层次的需要满足之后，会引发出对更高层次需要的愿望。但马斯洛的需求层次是一种刚性的阶梯式上升结构，即认为较低层次的需要必须在较高层次的需要满足之前得到充分的满足，二者具有不可逆性。而 ERG 理论则认为，人在同一时间可能有不止一种需要起作用，多种需要可以同时作为激励因素起作用。例如，即使一个人的生存和相互关系需要尚未得到完全满足，他仍然可以为成长发展的需要工作，而且这三种需要可以同时起作用。

因此，ERG 理论认为，管理措施应该随着人的需要结构的变化而做出相应的改变，并根据每个人不同的需要制定出相应的管理策略。

2）ERG 理论的特点

ERG 理论有以下特点。

（1）ERG 理论并不强调需要层次的顺序，认为某种需要在一定时间内对行为起作用，而当这种需要得到满足后，可能去追求更高层次的需要，也可能没有这种上升趋势。

（2）ERG 理论认为，当较高级需要受到挫折时，可能会降而求其次。

（3）ERG 理论还认为，某种需要在得到基本满足后，其强烈程度不仅不会减弱，还可能会增强，这就与马斯洛的观点不一致了。

12.2.2　过程型激励理论

过程型激励理论（process theories）主要研究从动机的产生到采取具体行动的心理过程，试图找出对行为起决定作用的关键因素。主要有弗鲁姆的期望理论、洛克和休斯的目标设置理论、亚当斯的公平理论及归因理论。

1. 弗鲁姆的期望理论

期望理论（expectancy theory），又称作"效价—手段—期望理论"，由北美著名心理学家和行为科学家维克托·弗鲁姆（Victor H. Vroom）于 1964 年在《工作与激励》中提出。

1）内容

期望理论是以三个因素反映需要与目标之间的关系的，要激励员工，就必须让员工明确：①工作能提供给他们真正需要的东西；②他们欲求的东西是和绩效联系在一起的；③只要努力工作就能提高他们的绩效。

激励（motivation）取决于行动结果的价值评价（"效价"valence）和其对应的期望值（expectancy）的乘积，其计算公式为

$$激发力量=效价×期望值$$

激发力量，是指受激励动机的强度，即激励作用的大小，它表示人们为达到目标而努力的程度。效价，是指目标对于满足个人需要的价值，即某一个人对某一结果的偏爱程度。期望值，是指采取某种行动后实现目标的可能性大小，即实现目标的概率。由此可见，激励作用的大小，与效价、期望值成正比，即效价、期望值越高，激励作用越大；反之，则越小。但是如果其中一项为零，则激发力量为零。

2）前提

弗鲁姆的期望理论是以下列两个前提展开的：①人们会主观地决定各种行动所期望的结果的价值，所以，每个人对结果的期望各有偏好；②任何对行为激励的解释，不但要考虑人们所要完成的目标，也要考虑人们为得到偏好的结果所采取的行动。弗鲁姆说，

当一个人在结果难以预料的多个可行方案中进行选择时，他的行为不仅受其对期望效果的偏好影响，也受他认为这些结果可能实现的程度影响。

3）期望模式

怎样使激发力量达到最好值，弗鲁姆提出了人的期望模式。

个人努力→个人成绩（绩效）→组织奖励（报酬）→个人需要

在这个期望模式中的四个因素，需要兼顾几个方面的关系。

（1）努力和绩效的关系。努力和绩效的关系取决于个体对目标的期望值。期望值又取决于目标是否合适个人的认识、态度、信仰等个性倾向，个人的社会地位，别人对他的期望等社会因素。即由目标本身和个人的主客观条件决定。

（2）绩效与奖励关系。人们总是期望在达到预期成绩后，能够得到适当的合理奖励，如奖金、晋升、提级、表扬等。组织的目标，如果没有相应的有效的物质奖励和精神奖励来强化，时间一长，积极性就会消失。

（3）奖励和个人需要关系。奖励什么要适合各种人的不同需要，要考虑效价。要采取多种形式的奖励，满足各种需要，最大限度地挖掘人的潜力，最有效地提高工作效率。

（4）需要的满足与新的行为动力之间的关系。当一个人的需要得到满足之后，会产生新的需要和追求新的期望目标。需要得到满足的心理会促使他产生新的行为动力，并对实现新的期望目标产生更高的热情。

2. 洛克和休斯的目标设置理论

美国马里兰大学管理学兼心理学教授爱德温·洛克（Edwin A. Locke）和休斯在研究中发现，外来的刺激（如奖励、工作反馈、监督的压力）都是通过目标来影响动机的。目标能引导活动指向与目标有关的行为，使人们根据难度的大小来调整努力的程度，并影响行为的持久性。于是，在一系列科学研究的基础上，他们于 1967 年最先提出"目标设定理论"（goal setting theory），认为目标本身就具有激励作用，目标能把人的需要转变为动机，使人们的行为朝着一定的方向努力，并将自己的行为结果与既定的目标相对照，及时进行调整和修正，从而实现目标。这种使需要转化为动机，再由动机支配行动以达成目标的过程就是目标激励。目标激励的效果受目标本身的性质和周围变量的影响。

目标有三个最基本的属性：明确性、难度以及可接受性。

1）目标的明确性

从明确度来看，目标内容可以是模糊的，如仅告诉被试者"请你做这件事"；目标也可以是明确的，如"请在 10 分钟内做完这 25 题"。明确的目标可使人们更清楚要怎么做，付出多大的努力才能达到目标。目标设定得明确，也便于评价个体的能力。很明显，模糊的目标不利于引导个体的行为和评价他的成绩。因此，目标设定得越明确越好。事实上，明确的目标本身就具有激励作用，这是因为人们有希望了解自己行为的认知倾向。对行为目的和结果的了解能减少行为的盲目性，提高行为的自我控制水平。另外，目标的明确与否对绩效的变化也有影响。也就是说，完成明确目标的被试者的绩效变化很小，而目标模糊的被试者绩效变化则很大。这是因为模糊目标的不确定性容易产生多种可能的结果。

2）目标难度

从难度来看，目标可以是容易的，如 20 分钟内做完 10 个题目；中等的，20 分钟内做完 20 个题目；难的，20 分钟内做完 30 个题目，或者是不可能完成的，如 20 分钟内做完 100 个题目。难度依赖于人和目标之间的关系，同样的目标对某人来说可能是容易的，而对另一个人来说可能是难的，这取决于他们的能力和经验。一般来说，目标的绝对难度越高，人们就越难达到它。有 400 多个研究发现，绩效与目标的难度水平呈线性关系。当然，这是有前提的，前提条件就是完成任务的人有足够的能力、对目标又有高度的承诺。在这样的条件下，任务越难，绩效越好。一般认为，绩效与目标难度水平之间存在线性关系，是因为人们会根据不同的任务难度来调整自己的努力程度。

3）目标的可接受性

从目标的可接受性看，只有员工接受了组织目标，并与个人目标协调起来时，目标才能发挥应有的激励作用。所以，制订组织目标时应该让员工参与进来，这样可以使员工把实现目标看作自己的事情，并且提高目标的可接受性，从而充分发挥目标的激励作用。

3. 亚当斯的公平理论

亚当斯的公平理论又称社会比较理论，由美国心理学家约翰·斯塔希·亚当斯（John Stacey Adams）于 1965 年提出：员工的激励程度来源于对自己和参照对象（referents）的报酬和投入的比例的主观比较感觉。

该理论是研究人的动机和知觉关系的一种激励理论，在亚当斯的《工人关于工资不公平的内心冲突同其生产率的关系》（与罗森鲍姆合写）、《工资不公平对工作质量的影响》（与雅各布森合写）、《社会交换中的不公平》等著作中有所涉及，侧重于研究工资报酬分配的合理性、公平性及其对职工生产积极性的影响。

1）基本观点

公平理论的基本观点是：当一个人做出了成绩并取得报酬以后，他不仅关心自己的所得报酬的绝对量，而且关心自己所得报酬的相对量。因此，他要进行种种比较来确定自己所获报酬是否合理，比较的结果将直接影响今后工作的积极性。比较有两种，一种是横向比较，另一种是纵向比较。

（1）横向比较。所谓横向比较，即一个人要将自己获得的"报偿"（包括金钱、工作安排以及获得的赏识等）与自己的"投入"（包括教育程度、所做努力、用于工作的时间、精力和其他无形损耗等）的比值与组织内其他人做社会比较，只有相等时他才认为公平。如下式所示。

$$OP/IP=OC/IC$$

式中，OP 为自己对所获报酬的感觉；OC 为自己对他人所获报酬的感觉；IP 为自己对个人所做投入的感觉；IC 为自己对他人所做投入的感觉。

当上式为不等式时，可能出现以下两种情况。

一是前者小于后者。他可能要求增加自己的收入或减少自己今后的努力程度，以便使左方增大，趋于相等；他也可能要求组织减少比较对象的收入或让其今后增大努力程度以便使右方减少趋于相等。此外，他还可能另外找人作为比较对象以便达到心理上的平衡。

二是前者大于后者。他可能要求减少自己的报酬或在开始时自动多做些工作，久而久之他会重新估计自己的技术和工作情况，终于觉得他确实应当得到那么高的待遇，于是产量便又会回到过去的水平了。

（2）纵向比较。所谓纵向比较，即把自己目前投入的努力与目前所获得报偿的比值，同自己过去投入的努力与过去所获报偿的比值进行比较，只有相等时他才认为公平。如下式所示。

$$OP/IP = OH/IH$$

式中，OH 为自己对过去所获报酬的感觉；IH 为自己对个人过去投入的感觉。

当上式为不等式时，人也会有不公平的感觉。调查和实验的结果表明，不公平感的产生，绝大多数是由于经过比较认为自己目前的报酬过低，这可能导致工作积极性下降。

2）不公正的反应

当人们感到不公平待遇时，在心里会产生苦恼，呈现紧张不安，导致行为动机下降、工作效率下降，甚至出现逆反行为。个体为了消除不安，一般会出现以下一些行为措施：通过自我解释达到自我安慰，以消除不安；更换对比对象，以获得主观的公平；采取一定行为，改变自己或他人的得失状况；发泄怨气，制造矛盾；暂时忍耐或逃避。

公平与否的判定受个人的知识、修养的影响，即使外界氛围也是要通过个人的世界观、价值观的改变才能够起作用。

亚当斯认为，当员工发现组织不公正时，会有以下六种主要的反应：改变自己的投入；改变自己的所得；扭曲对自己的认知；扭曲对他人的认知；改变参考对象；改变目前的工作。

4. 归因理论

1）基本内容

归因理论是美国心理学家海德首先提出的，后来由美国斯坦福大学的罗斯等加以发展。目前，归因理论的研究着重在两个方面：一个方面是把行为归结为外部原因还是内部原因；另一个方面是人们获得成功或遭受失败的归因倾向。人们的行为获得成功还是遭受失败可以归因于四个要素：努力程度（相对不稳定的内因）、能力大小（相对稳定的内因）、任务难度（相对稳定的外因）以及运气和机会（相对不稳定的外因）。这四个因素可以按以下三个方面来划分。

（1）内因或外因：努力和能力属于内因，任务难度和机遇属于外因。

（2）稳定性：能力和任务难度属于稳定因素，努力和机遇属于不稳定因素。

（3）可控性：努力是可控因素；能力在一定条件下是不可控因素，但人们可以提高自己的能力，这种意义上的能力又是可控的；任务难度和机遇是不可控的。

人们把成功和失败归于何种因素，对以后的工作态度和积极性有很大影响。例如，把成功归因于内部原因，会使人感到满意和自豪；归因于外部原因，会使人感到幸运和感激。把失败归因于稳定因素，会降低以后工作的积极性；归因于不稳定因素，可能提高以后的工作积极性。

2）对管理实践的启示

归因理论给管理者很好的启示，即当下属在工作中遭受失败后，应帮助他寻找原因（归因），引导他继续保持努力行为，争取下一次行为的成功。

12.2.3　结果反馈型激励理论

结果反馈型激励理论主要有强化理论和挫折理论。

1. 强化理论

强化理论是美国的心理学家和行为科学家斯金纳、赫西、布兰查德等提出的一种理论。斯金纳（Burrhus Frederic Skinner）生于 1904 年，他于 1931 年获得哈佛大学的心理学博士学位，并于 1943 年回到哈佛大学任教，直到 1975 年退休。1968 年曾获得美国全国科学奖章，是第二个获得这种奖章的心理学家。他在心理学方面的学术观点属于极端的行为主义，其目标在于预测和控制人的行为而不去推测人的内部心理过程和状态。他提出了一种"操作条件反射"理论，认为人或动物为了达到某种目的，会采取一定的行为作用于环境。当这种行为的后果对他有利时，这种行为就会在以后重复出现；不利时，这种行为就减弱或消失。人们可以用这种正强化或负强化的办法来影响行为的后果，从而修正其行为，这就是强化理论，也叫作行为修正理论。

斯金纳所倡导的强化理论是以学习的强化原则为基础的关于理解和修正人的行为的一种学说。所谓强化，从其最基本的形式来讲，指的是对一种行为的肯定或否定的后果（报酬或惩罚），它至少在一定程度上会决定这种行为在今后是否会重复发生。根据强化的性质和目的可把强化分为正强化和负强化。

1）正强化

对正强化物的效用可以从两个层面来理解：一个层面是某一行为如果会令行为者愉快和满足，如给予食物、金钱、赞誉和关爱等，行为者就会倾向于重复该行为；另一个层面是某一行为如果能减少和消除行为者的不快与厌恶，如减少噪声、严寒、酷热、电击和责骂等，行为者也会倾向于重复该行为。

2）负强化

与此类似，对负强化物的效用照样可以从两个层面来理解：惩罚性强化物和消退性强化物。惩罚性强化物是指会给行为者带来不快的东西，能使行为者的行为倾向减弱；消退性强化物是指减少或取消令行为者愉快的东西，也能使行为者倾向于终止或避免重复该行为。

2. 挫折理论

挫折理论是由美国的亚当斯提出的，挫折是指人类个体在从事有目的的活动过程中，指向目标的行为受到障碍或干扰，致使其动机不能实现、需要无法满足时所产生的情绪状态。挫折理论主要揭示人的动机行为受阻而未能满足需要时的心理状态，并由此导致的行为表现，力求采取措施将消极性行为转化为积极性、建设性行为。

引起挫折的原因既有主观的，也有客观的。主观原因主要是个人因素，如身体素质不佳、个人能力有限、认识事物有偏差、性格缺陷、个人动机冲突等；客观原因主要是社会因素，如企业组织管理方式引起的冲突、人际关系不协调、工作条件不良、工作安排不当等。人是否受到挫折与许多随机因素有关，也因人而异。归根结底，挫折的形成是由于人的认知与外界刺激因素相互作用失调所致。

根据不同人的心理特点，受到挫折后的行为表现主要有两大类：①采取积极进取的态度；②采取消极态度，甚至是对抗态度，诸如攻击、冷漠、幻想、退化、忧虑、固执和妥协等。

因此，在管理工作中，①要培养员工掌握正确战胜挫折的方法，教育员工树立远大的目标，不要因为眼前的某种困难和挫折而失去前进的动力；②要正确对待受挫折的员工，为他们排忧解难，维护他们的自尊，使他们尽快从挫折情境中解脱出来；③要积极改变情境，避免受挫折员工"触景生情"，防止造成心理疾病和不当行为。

12.2.4　综合型激励理论

最早的综合型激励理论是由心理学家勒温提出的，勒温强调，个人的行为是个人与外部环境相互作用的结果，但环境的刺激仅仅是导火索，真正的驱动力是人的内在需要，内在需要与环境刺激相互作用共同影响、决定个人的行为方向。具有代表性的综合型激励理论有波特和劳勒的综合型激励模式。

综合型激励模型是激励理论下综合其他理论后形成新的观点或理论，其中的代表观点是波特和劳勒（LW.Porter and E.E.Lawler）提出的激励过程模型及罗宾斯（S.P.Robbins）的综合激励模型。

1）主要内容

波特和劳勒的激励过程模型是在期望理论和公平理论等理论的基础上，形成的一种综合型激励理论。该理论可以由图 12-3 所示模型表示。

该模型包括努力、绩效、能力、环境、认识、奖酬和满足等多种变量，这些变量几乎涵盖过程型激励理论和强化理论中所有的主要变量。这些变量之间的关系可以做如下分析。

员工工作绩效的高低受多种因素影响，包括绩效和奖酬的效价、期望值、个人努力程度、对自己应起作用的认知和理解、个人能力的大小及环境因素等。

其中，工作绩效可能获得内在性奖酬，也可能获得外在性奖酬。如果工作设计能使员工感到只要工作出色就能实现自我满足，那么绩效与内在奖酬有直接联系。内在与外在奖酬都可能引起员工不同程度的满足感。

工作绩效和当事人自认为应得的奖酬之间用虚线 a 表示。如果个人所得的奖酬比自己认为应得的奖酬高，就会使满足度提高；反之，则会降低满足度。工作绩效也影响个人对所得报酬的认识。工作绩效会反馈影响员工今后从事该工作的期望值，即虚线 b 表示的部分。满足感也会反馈影响今后工作绩效的效价，即虚线 c 表示的部分。

波特和劳勒认为，绩效、奖酬和满足三者之间的关系如下：由绩效导致奖酬，再由奖酬导致满足感。他们认为：先有绩效才能获得满足；奖酬很重要，它是绩效导致满足的中介环节；奖酬高低必须与当事人认为应该获得的奖酬程度相称。

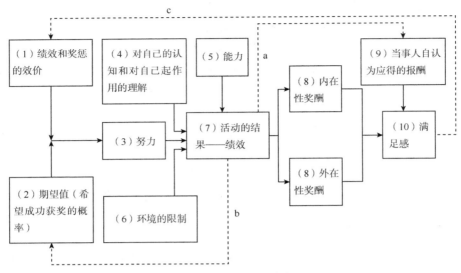

图 12-3　波特和劳勒的综合型激励模型

2）管理运用

管理实践中，波特和劳勒的综合型激励模型给我们的启示在于：①应该了解员工的需要，尝试估计员工的满足水平，从多种角度实施激励；②应帮助员工认识自己的能力和个性、自己的作用及所处的环境，认识到通过自己的努力来取得工作绩效，获得激励；③为了激励员工积极性，不一定要单纯提高满足度，也可以强化满足感与工作绩效之间的联系；④应经常注意是否出现满足感同工作绩效之间联系减弱的信号，同时增加新的刺激，并增强员工的期望同获得的刺激之间的关系。此外，还应使员工的期望更强有力，效价更高，如果期望不够有力，就应重新考察工作是否适当。

12.3　创新激励机制

创新激励致力于诱导团队成员的努力行为来控制各类风险以获取创新绩效。外部政治、经济与技术环境、市场结构、消费者偏好与收入、企业动态能力等因素引发的不确定性，在创新过程中逐步转化为两类风险：一是技术风险，即产品的技术开发活动不能在预期时间内完成的风险；二是市场风险，即产品的市场开拓活动不能获取预期效果的风险。

12.3.1　相关研究

根据上述两类风险，创新绩效主要体现在技术创新能力和市场创新能力的提升。就技术创新能力而言，中国企业技术创新能力整体上还不够强，与国外先进企业存在一定差距，其中一部分原因归于 R&D 投入强度偏低，另一部分原因则是与企业内部的技术创新激励措施的力度、单一性、无差异性等有着密切联系。有研究表明，技术创新的激励不足和存在激励扭曲，会导致技术创新的低效率。企业的技术创新激励措施已经成为制约技术创新效率的关键因素。

目前，与企业技术创新激励措施相关的研究主要围绕在不同激励措施对创新绩效的影响方面，研究结果也具有较大的差异性。一方面，Davila 研究表明，短期激励措施对创新绩效具有显著的促进作用，HonigHaftel 和 Martin 发现，奖金和灵活的货币激励与专利活动存在显著的正相关关系；另一方面，研究发现与短期激励措施相比，长期激励措施对创新效率的促进作用更大，Lerner 和 Wulf 的研究表明，长期激励措施，如股权激励，与公司专利数量存在显著的正相关关系；但短期激励，如奖金，与专利数量的关系并不显著。此外，Belezon 和 Schankerman 发现，金钱激励能够提高创新的质量，而非数量。

创新是一项高投入、回报不确定的风险性活动，只有大企业才负担得起研发项目费用，并通过大范围的研究创新来消化失败。此外，成立年限较短的企业，尤其是初创企业，并不具备充足的资源，因此，大规模的企业、成立较久的企业具有更多的创新互动，从而需要更多种类的激励措施。相比较而言，由于民营企业很少存在所有者缺位以及严重的代理问题，企业经理人追求的是利润最大化，这使民营企业经理人往往不会延迟创新投资，同时民营企业经理人往往面临过度的市场竞争，外部环境压力也会驱动民营企业采取更加丰富的技术创新激励措施，以刺激创新活动。

12.3.2 创新激励措施

可以考虑的创新激励措施有目标激励、工作激励、奖罚激励、考评激励、竞赛激励、尊重与关怀激励等。

1. 目标激励

任何组织都有自己的目标，而个人也在自己需要的驱使下具有个人目标。因此，通过设置适当的目标，激发人的动机，达到调动人积极性的目的，就是目标激励。但是管理者在运用目标激励的过程中，应该注意以下几个问题。

（1）目标要切合实际。目标的制订，不可盲目地求高、求大，而应该是合理、明确、可行的，即通过努力可以实现的。

（2）目标应该是多层次、多方向的。

（3）目标应该分解为阶段性的具体目标。

（4）将组织的总目标转化为部门、班组甚至是员工个人的具体目标。

2. 工作激励

按照赫茨伯格的双因素理论，对人最有效的激励因素来自工作本身，即满意于自己的工作就是最大的激励。因此，管理者要善于调整和调动各种工作因素，使得下属满意于自己的工作，从而实现有效激励。在实践中工作激励一般有以下几种途径。

（1）工作适应性。工作的性质和特点与从事工作员工自身的条件和特点相吻合，这样就能充分发挥其优势，引起其工作兴趣，从而让员工对工作高度满意。

（2）工作的意义与工作的挑战性。员工怎样看待自己的工作，直接关系到其对工作的兴趣与热情，进而决定其工作的积极性。因此，激励员工的一个重要手段就是向员工说明工作的意义，并增加其工作的挑战性，从而使员工更加重视和热衷于自己的工作，达到激励的目的。

（3）工作的自主性。人们出于自尊和自我实现的需要，期望自己能够独立自主地完成工作，自觉不自觉地会排斥外来干预，不愿意在别人的指使或者强迫下工作。因此，管理者要尊重下属的这种心理，通过多种方式，明确目标与任务，提出规范与标准，然后大胆授权，放手让下属去独立运作，自我控制。

（4）工作的扩大化。影响工作积极性的一个突出原因就是员工厌烦自己所从事的工作，而造成这一现象的原因就是工作单调乏味或者重复。为了解决这一问题，克服工作的单调乏味与重复，管理者就要千方百计地增加工作的丰富性、趣味性，以此来吸引员工。工作扩大化的具体形式有：兼职作业，即同时承担几种工作或者几个工种的任务；工作延伸，即向前或者后向地接管其他环节的共作；工作轮换，即在不同的工种或者岗位上进行轮换。

（5）工作丰富化。工作丰富化即让员工参与一些具有较高技术或者管理含量的工作，通过提高员工工作的层次，使员工获得一种成就感，使员工尊重与自我实现的需要得到满足。具体形式有：将部分管理工作交给员工，使员工也成为管理者；吸收员工参与决策与计划，提升员工的工作层次；对员工进行业务培训，全面提高其技能；让员工承担一些较高技术的工作，提高其工作的含金量。

3. 奖罚激励

奖罚激励是奖励激励和惩罚激励的合称。奖励得当就可以进一步调动人的积极性；惩罚得当，不仅可以消除人的不良行为，而且可以化消极因素为积极因素。

4. 考评激励

考评是指对职工的思想、业务水平、工作表现和完成任务情况等方面的表现进行考核和评定。通过考核和评定，对不称职者换职换岗，或者必要时做降职处理。对于工作成绩突出者，应该给予物质或者精神方面的奖励。

5. 竞赛激励

人们普遍存在争强好胜的心理，如果有了正确思想的指引，竞赛就对调动人的积极性有了重大意义。因为竞赛与评比可以增强人的智力效应，使人的注意力集中、想象丰富、思维敏捷，有助于员工自我价值的实现；同时竞赛与评比能够增强组织成员的内聚力，增强集体荣誉感，促进组织成员的劳动积极性。因此，管理者要结合具体的工作任务，组织各种形式的竞赛与评比，鼓励竞争，这样就会极大地激发员工的工作热情。

6. 尊重与关怀激励

领导对下属的尊重与关怀也是一种有力的激励手段，从尊重人的劳动成果到尊重人的人格，从关怀下属的工作进步到帮助解决员工工作与生活上的困难，都会产生积极的心理效应。因此，管理者应该利用各种机会信任、鼓励、支持下属，努力满足其需要，来激励其工作的积极性。

【本章小结】

激励是一个非常复杂的过程，它从个人的需要出发，引起欲望并使其内心紧张（未得到满足的欲求），然后引起实现目标的行为，最后在通过努力后使得欲求得到满足。激励的过程就是这样循环往复、连续不断。在这一过程中，需要是动机和行为的基础，需要确定人们的行为目标，行为的方向就是寻求目标、满足需要。可见，激励的实质是通过影响人的需要或动机来引导人的行为。

激励机制是指通过特定的方法与管理体系，将员工对组织及工作的承诺最大化的过程。"激励机制"是在组织系统中，激励主体系统运用多种激励手段并使之规范化和相对固定化，而与激励客体相互作用、相互制约的结构、方式、关系及演变规律的总和。激励机制是企业将远大理想转化为具体事实的连接手段。激励机制由诱导因素集合、行为导向制度、行为幅度制度、行为时空制度、行为归化制度构成。

中国古代关于人性假设的理论有"性善论"和"性恶论"。西方关于人性假设的理论很多，其中具有代表性的有"工具人"假设、"经济人"假设、"社会人"假设、"自我实现人"假设、"复杂人"假设和"文化人"假设。这也是随着管理实践的发展，人们对管理中人性的认识不断深化的结果。

激励理论根据其形成的时间及研究类型将其划分为：内容型激励理论、过程型激励理论、结果反馈型激励理论及综合型激励理论。内容型激励理论包括马斯洛的需求层次论、赫茨伯格的双因素理论、麦克利兰的成就激励理论、奥尔德弗的 ERG 理论。过程型激励理论主要有弗鲁姆的期望理论、洛克和休斯的目标设置理论、亚当斯的公平理论，以及归因理论。结果反馈型激励理论主要有强化理论和挫折理论。波特和劳勒提出的激励过程模型是综合型激励理论代表性的观点。

在管理过程中，创新是企业发展的重要目标，创新绩效的获得必须通过有效的激励机制设计来实现。可以考虑的创新激励措施有：目标激励、工作激励、奖罚激励、考评激励、竞赛激励、尊重与关怀激励等。

【复习与思考题】

1. 简述你对激励概念的理解。
2. 简述你对激励机制概念的理解。
3. 阐释内容型激励理论的主要内容，并运用相关理论分析具体的管理问题。
4. 阐释过程型激励理论的主要内容，并运用相关理论分析具体的管理问题。
5. 阐释结果反馈型激励理论的主要内容，并运用相关理论分析具体的管理问题。
6. 结合实际阐释综合型激励理论的内容及其意义。
7. 概述中西方关于人性假设的主要理论。
8. 论述企业如何运用创新激励机制。

【关键术语】

激励 innovation

人性假设理论 assumption about human nature

"经济人" economic man

"社会人" social man

"自我实现人" self-actualizing man

"复杂人" complex man

内容型激励理论 content-based incentive theory

马斯洛的需求层次论 hierarchy of needs theory

赫茨伯格的双因素理论 two-factors theory

公平理论 fair theory

麦克利兰的成就激励理论 achievement motivation theory

奥尔德弗的生存-交往-发展理论 ERG theory

过程型激励理论 process theories

期望理论 expectancy theory

目标设定理论 goal setting theory

【案例与分析】

巴斯夫公司的员工激励措施

如何有效地生产粮食是人类一直面临的重大问题。据估计，全世界每年有三分之一的粮食因受到病虫和杂草危害而遭受损失。150多年前，于德国路德维希港创立的巴斯夫公司，一直致力于发现和生产各种农业化学品。2016年，巴斯夫公司经营着世界最大的化工厂，并在35个国家拥有300多家分公司和合资经营企业及各种工厂，拥有雇员13万人。

巴斯夫公司之所以能够在百年经营中兴旺不衰，很大程度上归功于它在长期的发展中确立的激励员工的五项基本原则。具体讲，这五项基本原则如下所述。

1. 职工分配的工作要适合他们的工作能力和工作量

不同的人有不同的工作能力，不同的工作也同样要求有不同工作能力的人。企业家的任务在于尽可能地保证所分配的工作适合每一位职员的兴趣和工作能力。巴斯夫公司采取四种方法做好这方面的工作。第一，数名高级经理人员共同接见每一位新雇员，以对他的兴趣、工作能力有确切的了解；第二，除公司定期评价工作表现外，公司内部应有正确的工作说明和要求规范；第三，利用电子数据库储存有关工作要求和职工能力的资料与数据；第四，利用"委任状"，由高级经理人员小组向董事会推荐提升到领导职务的候选人。

2. 论功行赏

每位职工都对公司的一切成就做出了自己的贡献，这些贡献与许多因素有关。例如，职工的教育水平、工作经验、工作成绩等，但最主要的因素是职工的个人表现。

巴斯夫公司的原则是：职工的工资收入必须看他的工作表现而定。他们认为，一个公平的薪酬制度是高度刺激劳动力的先决条件，工作表现得越好，报酬也就越高。因此，为了激发个人的工作表现，工资差异是必要的。另外，公司还根据职工表现提供不同的福利，如膳食补助金、住房、公司股票等。

3. 对员工实施训练计划

通过基本和高级的训练计划，提高职工的工作能力，并且从公司内部选拔有资格担任领导工作的人才。

除了适当的工资和薪酬之外，巴斯夫公司还提供广泛的训练计划，由专门的部门负责管理，为公司人员提供本公司和其他公司的课程。公司的组织结构十分明确，职工可以获得关于升职的可能途径的资料，而且每个人都了解自己在哪个岗位。该公司习惯于从公司内部选拔经理人员，这就保护了有才能的职工，因此，他们保持很高的积极性，而且明白有真正的升职机会。

4. 不断改善工作环境和安全条件

一个适宜的工作环境，对刺激劳动力十分重要。如果工作环境适宜，职工感到舒适，就会有更佳的工作表现。因此，巴斯夫公司在工厂附近设立各种专用汽车设施，并设立弹性的工作时间。公司内有 11 家食堂和饭店，每年提供 400 万顿膳食。每个工作地点都保持清洁，并为体力劳动者设盥洗室。这些深得公司雇员的好感。

巴斯夫公司建立了一大批保证安全的标准设施，由专门的部门负责，如医务部、消防队、工厂高级警卫等。他们都明白预防胜于补救。因此，全部劳动力都要定时给予安全指导，还提供必要的防护设施。公司经常提供各种安全设施，并日夜测量环境污染和噪声。各大楼中每一层都有一名经过专门安全训练的职工轮流值班，负责安全。意外事故发生率最低的那些车间，会得到安全奖。所有这些措施，使公司内意外事故发生率降到很低的水平，使职工有一种安全感。1984 年，巴斯夫公司在环境保护方面耗费了 7 亿马克的资金，相当于公司销售净额的 3.5%。

5. 实行抱合作态度的领导方法

巴斯夫公司领导认为，在处理人事关系中，激励劳动力的最主要原则之一是抱合作态度的领导方法。上级领导应像自己也被领导一样，积极投入工作，并在相互尊重的气氛中合作。巴斯夫公司给领导者规定的任务是商定工作指标、委派工作、收集情报、检查工作、解决矛盾、评定下属职工和提高他们的工作水平。

在巴斯夫公司，如果上级领导人委派了工作，就亲自检查，职工本身也自行检查中期工作和最终工作结果。在解决矛盾和纠纷时，只有当各单位自行解决矛盾的尝试失败后，才由更上一级的领导人解决。

巴斯夫公司要求每一位领导人的主要任务就是根据所交付的工作任务、工作能力和表现评价下属职工，同时应让职员都感觉到自己在为企业完成任务的过程中所起的作用。如果将巴斯夫公司刺激劳动力的整个范畴简单地表达出来，那就是"多赞扬，少责备"。他们认为，一个人工作做得越多，犯错误的机会也就越多，如果不允许别人犯错误，甚至惩罚犯错误人，那么雇员就会尽量少做工作，避免犯错误。在这种情况下，最"优秀"的雇员当然是什么事情也不做的人了。

巴斯夫公司的多年经验表明，抱合作态度的领导方法，能使雇员更积极地投入工作和参与决策。因此，这是一个为达到更高生产率而刺激劳动力的优越途径。该公司由于贯彻了上述五项基本原则，截至 2016 年，销售额增长了 5 倍。目前，巴斯夫公司生产的产品品种达 6000 种之多，每年还有数以万计的新产品投入市场出售。

资料来源：人人网，http://blog.renren.com/share/262018280/8725050970/0

问题：

运用相关理论分析巴斯夫公司对员工激励的特点、作用。

【推荐阅读】

1. 亚伯拉罕·马斯洛. 动机与人格[M]. 许金声，等译. 北京：中国人民大学出版社，2012.

2. 亚伯拉罕·马斯洛. 马斯洛论管理[M].北京：机械工业出版社，2013.

3. 弗雷德里克·赫茨伯格.赫茨伯格双因素理论：修订版[M].北京：中国人民大学出版社，2016.

4. 马斯洛. 马斯洛人本哲学[M]. 成明，译. 北京：九州出版社，2013.

第 13 章　组织学习机制

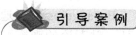 **学习目标** >>>

1. 理解组织学习的内涵;
2. 理解组织学习对绩效的影响;
3. 了解组织学习的影响因素;
4. 理解组织学习过程;
5. 了解组织学习理论和组织学习的培养。

引导案例

华为的开放式创新

华为技术有限公司于 1987 年在中国深圳正式注册成立,是一家生产销售通信设备的民营通信科技公司,总部位于中国广东省深圳市龙岗区坂田华为基地。华为的产品主要涉及通信网络中的交换网络、传输网络、无线及有线固定接入网络和数据通信网络及无线终端产品,为世界各地通信运营商及专业网络拥有者提供硬件设备、软件、服务和解决方案。

华为是一家非常重视研发和创新的公司,每年销售收入超过 10%投入研发中,以 2015 年为例,608 亿美元营业收入中 90 多亿,也就是大约 15%投入研发中。过去 10 年中,华为在研发上的总投入超过 2400 亿元人民币,公司 17 万多员工,接近 8 万人是从事研发工作的。华为在全球建立了 16 个研究所/院、36 个联合创新中心和 45 个培训中心。截至 2015 年 12 月 31 日,华为累计专利授权为 50 377 件;申请中国专利 52 550 件,外国专利申请累计 30 613 件。其中 90%以上为发明型专利。

值得一提的是,在后来对外合作的过程中,华为也始终坚持"技术拿来主义",即勇于借鉴别人的科研成果。在新产品开发中,华为要求研发人员尽量引用公司已拥有的成熟技术,以及可向社会采购的技术,若利用率低于 70%,而新开发量高于 30%,只会提高开发成本,增加产品的不稳定性,这不仅不叫创新,反而是一种浪费。这种积极跟随与借鉴的研发策略,也从另一个角度说明了华为对开放式创新灵魂的把握。

"开放式创新"逐渐成为华为创新的主导模式,也就是说,华为把外部创意和外部市场化渠道的作用上升到和封闭式创新模式下的内部创意以及内部市场化渠道同样重要的地位,均衡协调内部和外部的资源进行创新,不仅仅把创新的目标寄托在传统的产品经营上,还积极寻找外部的合资、技术特许、委外研究、技术合伙、战略联盟或者风险投资等合适的商业模式,尽快地把创新思想变为现实产品与利润。

2015 年开始，华为的"开放式创新"被广泛提及。2015 年 7 月 2 日在北京召开的"中国制造 2025 暨德国工业 4.0 峰会"上，华为集团前任党委副书记朱士尧出席并演讲。提出开放创新是华为发展最强大的内生驱动力。

资料来源：刘顿，王冰. 华为的开放式创新之路. 中国管理案例共享中心

13.1 组织学习概述

13.1.1 组织学习的内涵

"学习"一词最早出现在组织理论是西蒙 1953 年探讨美国经济合作管理局组织成立的文章中。西蒙认为政府组织重组的过程即一种学习的过程。希尔特（R.Cyert）和马区（J.March）于《商业组织的行为理论》一书之中，把"组织学习"一词视为探讨组织理论的基本概念。正式把组织学习当作"理论"研究的，是甘吉洛西（E.Cangelosi）、迪尔（W.Dill），两人于 1965 年在《管理科学季刊》发表《组织学习：对理论的观察》一文。

最早给组织学习下定义的是 Chris Argyris 和 DonaldSch&nouml，他们于 1978 年给组织学习（OL）所下的定义是："诊断和改正组织错误。"

1985 年，Fiol 和 Lyles 对"学习"做了更为准确的定义：通过汲取更好的知识，并加深理解，从而提高行动的过程。

Adleretal 认为在组织内部营造和谐的学习氛围，加强组织中个人、团队和组织之间的知识互动，是组织管理者的主要任务，Bierly 等把组织学习当成"拓展和提炼组织中的知识和智慧"的过程。

组织学习是组织的员工有潜力通过使用他们的共同经验以及利用对新信息开发的理解来影响公司的发展能力和行为的过程。组织学习一般分为两种类型：适应性学习和生成性学习。适应性学习的企业以行业中的标杆企业为学习榜样，生成性学习的企业通常愿意参与常规挑战。学者对组织学习量表的研究成果非常丰富，量表维度包括学习承诺、共同愿景、开放心智、系统思考、分享知识和记忆、管理者承诺、系统观点、开放与实验、知识转移和整合等。其中学习承诺、共同愿景和系统思考是学者研究组织学习最认可的三个维度。

自 20 世纪 80 年代提出组织学习的概念以来，众多学者已从心理、政治、经济、社会和文化等多方面对组织学习进行了研究和探讨。战略研究已把组织学习看作形成未来公司核心竞争力的重要因素。这种学习的机制在于组织能否通过学习提高对产品、技术和管理的创新能力，形成新的特殊资源，再对这种资源的有效利用形成公司的核心竞争能力。建立在组织学习机制基础上的管理创新机制是公司形成管理优势的源泉。在组织学习中，每个成员对学习过程和结果都产生着重大的影响，但组织学习绝不是个体学习的简单组合。组织成员和组织之间的交互行为、组织与外部环境相互作用、组织文化的构建是组织学习的重要特征。

13.1.2　组织学习的类型

1. 从学习过程的角度分类

从学习的过程，组织学习主要分为单环学习和双环学习。

（1）单环学习。单环学习发生在发现错误和立即纠正错误的过程中。它能够对日常程序加以改良，但是没有改变组织活动的基本性质。单环学习适合于惯例、重复性的问题，有助于完成日常工作。它是一种企业日常技术、生产和经营活动中的基本学习类型。

（2）双环学习。双环学习是指工作中遇到问题时，不仅仅是寻求直接解决问题的办法，还要检查工作系统、工作制度、规范本身是否合理，分析导致错误或成功的原因。双环学习更多地与复杂、非程序性的问题相关，并确保组织在今后会有更大的变化。双环学习是一种较高水平的学习，它能扩展组织的能力，注重系统性解决问题，适合于组织的变革和创新。它不仅包括在已有组织规范下的探索，而且还包括对组织规范本身的探索。双环学习经常发生在组织的渐进或根本性创新时期。

所有的组织都需要单环学习和双环学习。只不过组织采用不同的创新模式，会选择不同的学习类型。例如，组织在根本性创新的过程中，往往伴随着双环学习，这实际上是一个"学习如何学习"的过程，通过反思组织视野、组织学习方法以及学习中的不足，组织得以迅速把握技术机会和市场机会，从而能够不断地以新的产品和服务来为自己赢得生存空间。组织在渐进性创新过程中，单环学习经常是一种主导学习模式——在不改变系统的根本价值观的情况下，监测和纠正错误。

在组织创新过程的不同阶段，经常伴随有不同形式的组织学习。例如，在组织创新思想形成阶段，有以获取新的组织知识为主导的学习形式；在组织诊断与模式选择阶段，则主要表现为在观念震荡中学习；在创新设计与时机选择阶段，又主要在组织冲突中学习；而在实施阶段和创新评价阶段，学习的主导形式是在组织的重新社会化中学习。不同形式的学习有不同的特点，并在组织创新过程中起着不同的作用。

2. 从组织学习的方式分类

从组织学习的方式，组织学习主要有适应型学习、预见型学习和行动型学习。

（1）适应型学习。适应型学习是指团队或组织从经验与反思中学习。当组织为实现某个特定目标而采取行动时，适应型学习的过程是从行动到结果，然后对结果进行评价，最后是反思与调整。

（2）预见型学习。预见型学习是指组织从预测未来各种可能发生的情境中学习。这种方式侧重于识别未来发展的最佳机遇，并找到实现最佳结果的途径。预见型学习是从先见之明，到反省，然后落实到行动。

（3）行动型学习。行动型学习是从现实存在的问题入手，侧重于获取知识，并实际执行解决方案。它是一个通过评估和解决现实工作中存在的实际问题，更好、更快地学习的过程，即学习的过程就是解决工作难题的过程。学习型组织中的学习，重视学习成果的持续转化，学习的效果要体现在行为的改变上，因此，行动型学习就成为学习型组织创建过程中非常重要的学习类型和学习方法。

13.1.3　组织学习的意义

1. 是组织的一项基本职能

如果把公司视为一系列知识、资源的结合体，不断地获取知识、资源，更新知识、使用知识、创造知识就成为组织的基本职能，也是企业生存、发展的必要前提，那么，学习就是组织天生的而且是最重要的职能。而实际上，在西方企业管理界，这种基于知识或资源的企业观已经广为人们所接受。组织不仅是处理信息的机器，而且要善于创造出新知识。

沃尔玛（Wal-Mart）和麦当劳（McDonalds）成功的秘诀就被认为是由于它们有能力管理、运用知识，并且能顺利地将组织惯例中蕴含的知识从一家公司转移到另一家。同时，为了顺应形势变化，企业必须不断对自身进行调整。不仅要对产品、过程或结构等外在的要素进行调整，而且要对影响组织运行的各种内在因素，包括企业的价值观、思维模式、基本假设乃至根本目标进行改革。

正如哈瑞森·欧文斯（Hudson Owens）所说："很长一段时间以来，企业的主要目标是生产出产品或提供服务，以赚取利润。但现在，企业有了一项更优先、更主要的任务，那就是要成为高效的学习型组织。之所以这么讲，并不是说产品、利润不再重要，而是因为，在未来社会，如果没有持续学习，企业将不可能赚到任何利润。因此，这是一个非常有趣的结论：企业（business）的主要工作（business）是学习，其他工作都靠后排。"[21]

2. 为组织转型提供了依据

人们认识到，在动荡的市场竞争中，唯一的制胜之道就是"先为不可胜，以待敌之可胜"（《孙子·形篇》）。只有不断增强自身实力，才能在激烈的市场竞争中立于不败之地。组织学习为企业"全面增强体质"提供了一剂良药，是全面提升企业竞争力较好的解决之道。因为组织学习本身就是一个系统，它几乎囊括企业管理中所有重要的因素，如人、组织、决策、沟通、技术等。它不是一个一蹴而就的项目，而是一个持续的修炼过程，是一项系统工程。

通过周密筹划的组织学习过程，企业不仅可以提高内部资源、知识的利用率，不断创造出新知识，而且可以从各方面学习，不断提高自身的能力，弥补缺陷与不足。在战略管理名著《竞争大未来》一书中，盖瑞·哈默尔（Gary Hamel）与普哈拉（C.K Prahalad）把学习看成累积资源的重要途径，是发展与取得构成企业核心能力的技能与技术的基本手段，是改变企业"基因密码"、扩大管理框架、实现基因多元化的必由之路。在《基于能力的竞争》一书中，哈默尔与黑恩更是详细论述了组织学习与核心能力、竞争优势的关系。他们认为，竞争优势并不来源于产业结构和网络中企业间的关系，而是对难以模仿的知识、技能、资源与核心能力的占有。因此，长期持久的竞争优势需要企业比竞争对手能持久地创造出核心竞争能力；需要企业至少占有一种核心能力，以适应迅速变化的市场和环境条件，所以组织必须不断地强化核心能力。而核心能力不能给予，只能从企业内部构建。有两种途径来开发核心能力：一是开发和学习新的能力，二是强化现存的能力。这两种途径都必须通过组织学习来完成。因此，企业的竞争优势归根结底来源于组织学习。

3. 是组织生存与发展的前提和基础

企业的成长过程也是一个持续的学习过程。可以毫不夸张地说，企业的每一项进步都是通过学习实现的。譬如开发一种新产品，引进一项新技术、新方法，或者改造企业的组织机构，推行新的管理制度，都需要企业更新原有知识，吸收或创造出新知识，这都是一个个学习过程。圣吉曾说过："学习智障对孩童来说是个悲剧，但对组织来说，学习智障是致命的。"因此，他认为，真正有生命力的企业是那些善于学习的企业。学习不仅是人类的天性，也是生命趣味盎然的源泉。

归根结底，作为组织的一项基本职能，学习是组织生存和发展的前提与基础。这可以从企业内外两方面得到体现。

从企业内部来看，充分发挥每一位员工的积极性、创造性和潜能将是企业获得生存与发展的基本前提。长期以来，西方管理在很大程度上忽视了广大员工的积极性。在很多公司，员工不了解公司的情况和自己的工作任务，因此他们的工作就成了单纯的应付。为了充分调动每个人的积极性，很多管理者和管理学家费尽心机，但要充分发挥员工的全部潜能，就必须借助组织学习。学习型组织的真谛在于使组织成员在组织中"逐渐在心灵上潜移默化，而活出了生命的意义"。只有在学习型组织中，员工和组织才会真正共同发展、共同进步。

另外，质量已成为企业安身立命的根本。质量将不再是一种竞争优势，而是企业生存与发展的起码保证。在多年的研究中，圣吉及其同事们发现，学习型组织与"全面质量管理"运动在指导思想、方法等方面十分吻合。每一个认真从事质量管理的公司都非常适合进行"学习修炼"。

从企业外部环境看，组织学习对企业的生存与发展也具有举足轻重的作用。

首先，为了跟上顾客需要的变化，保持竞争优势，公司必须具备越来越强的能力。这必须使公司里各部门的人紧密协调、配合无间，为了一个共同的目的而努力，而这一切，正是学习型组织追求的目标。

其次，学习型组织对环境的变化反应更快，这是因为人们知道如何预料即将来临的变化，也知道如何创造他们想要的变化，变化与学习并不严格等同，但它们密不可分。当今时代，技术进步日新月异，新技术的大量涌现将在未来极大地改变我们的生活，只有学习型组织才能更好地生存，因应时代变迁，而且学习型组织将会创造新世界，并不是简单地对其做出反应。

再次，学习型组织可以解决企业面临的很多复杂、渐进的问题。综观人类历史，对生存的威胁主要来自恶劣的外部环境，如洪水猛兽、地震、其他部落的进攻等。而今天，最严重的威胁却是来自我们自己造成的缓慢、渐进的过程，如环境破坏、全球军备竞赛和教育、家庭、社会结构的衰败等。按照传统的思考问题的方法，人们无法理解这类问题：没有杀人元凶，没有小人作祟，没有人该受责备——这一切只需要我们换一种想法来理解相互依赖模式。个人的转变是重要的，但还不够。我们要想解决这些问题，就必须从集体层次——从组织、群体和社会层次上来思考。

最后，合作将成为一种重要的竞争手段与生存方式，而学习不仅是合作的重要目的，而且是合作取得成功的重要条件。法若克·康采特和彼得·劳瑞吉认为，从一定意义上讲，建立战略联盟的目的就是学习——学习对方关于市场、生产的知识，学习对方的无形资产（如技术、专利、商标等），学习对方与政府、顾客、供应商相处的艺术等。朵斯（Y.LM）也指出，成功的合作要经历一系列"学习—评价—调整"的循环过程，学习过程有助于合作的顺利进行。而盖瑞·哈默尔与普哈拉则把学习看成改变联盟力量对比、在战略联盟中居于支配地位的主要原因。

13.1.4　20 世纪 90 年代以来的组织学习

美国著名未来学家约翰·奈斯比特早在 1983 年就大胆预言："我们已经进入了一个以创造和分配信息为基础的经济社会。"[22]随着科学技术（尤其是计算机、通信等信息技术）的迅猛发展、互联网（internet）的横空出世和飞速壮大，今天，信息社会真的就在我们眼前。而信息社会带给我们的变化是深远、巨大的，很多因素决定了人们必须重新认识组织学习的重要性和它在组织中的地位。这些因素表现为如下方面。

1. 知识的重要性

传统的经济学理论都提到，土地、劳动力和资本是创造财富的基本要素。在 20 世纪中，这些要素确实发挥了重要作用，但目前，除了上述要素之外，还得加上可能是更重要的科学、技术、创新、创意与信息，用一个词来概括，就是知识。奈斯比特说："在工业社会里，战略资源是资本；但是在我们新社会，战略资源是信息。它不是唯一的资源，但却是最重要的资源。"

自人类社会跨越了工业社会之后，知识的重要性被提高到一个新的高度，甚至有学者将 21 世纪称为"知识经济时代"。在当今各种产业中，最成功、最具竞争力的厂商通常是那些善于开发、改良、更新、保护知识，并且迅速、持续不断地将它们转化为进步的产品或劳务的佼佼者。从某种意义上说，企业组织本身就是一个知识体，它不断地吸收知识，转化并产出新知识。企业处理知识的能力决定了企业的竞争实力。正如彼得·杜拉克（Peter Drucker）所言："知识生产力已经成为企业生产力、竞争力和经济成就的关键。知识已经成为首要产业，这种产业为经济提供必要的和重要的生产资源。"

2. 变化中的工作性质

1984 年，派瑞曼（Pemlmm）说过，"到下世纪初，美国将有 3/4 的工作是创造和处理知识。知识工作者将意识到：持续不断地学习不仅是你得到工作的先决条件，而且是一种主要的工作方式。"

扎波夫（zubof）则指出，信息技术已经改变了人们对工作和学习之间的关系的基本看法。她说："高度信息化的组织是一个学习机构，它的一个基本目的就是拓展知识——不是学术意义上的知识本身，而是使组织怎样更有效率的核心。学习不再是在教室里或者上岗前的孤立的活动，人们不必撇开工作专门抽出时间来学习，相反，学习就是工作的核心，学习与效率是同义词。一句话，学习将是劳动的新形式。"

随着社会的发展、物质的丰足，人们的工作观正逐渐改变。正如美国著名民意测验专家杨克洛维琪（Daniel yankelovtch）所称，人们的工作观正逐渐由"工具性"工作观

（工作是达到目的的手段）转变为较"精神面"的工作观（寻求工作的"内在价值"）。

汉诺瓦保险公司总裁欧白恩（B O'Brien）说："当你工作两天所赚的钱比你的父辈们工作一周挣的钱还多时，大家开始渴望建立比遮风挡雨及满足物质需求层次更高的组织，而这种热望将不竭止，直到理想实现。"这是促使我们朝向学习型组织迈进的深层次的社会动力，而这种变化也是工业社会演进的一部分。

同时，每个人与生俱来都有学习的天性，对学习充满渴望，而在知识经济时代，这种天性与渴望将达到无以复加的地步。每个人不仅直接从事与知识、信息有关的工作，从工作中学习，而且要终身学习。只有这样才能适应这个日新月异的社会，这也将成为我们的生存方式。

3. 全球经济一体化所带来的前所未有的竞争挑战

1982 年，美国社会预测学家约翰·奈斯比特在《大趋势》一书中指出，当前的一大趋势是从过去的一国经济走向世界经济，各国合作生产已经成为新的全球模式，"全球相互依赖"的经济格局已经形成，一个国家可以关起门来发展经济或者左右世界经济的局面已经结束，全球经济一体化带给企业的影响也是巨大的。

首先，全球经济一体化带来前所未有的激烈竞争。今天的企业不仅要在本土与本国企业竞争、与国外企业竞争，还要走向国际市场，参与国际竞争，对企业竞争力提出了更高的要求。从短期来看，公司竞争依靠的是价格、产品等；而从长期来看，公司真正的竞争优势在于快速开发适销对路的新产品、灵活把握稍纵即逝的市场机会的核心能力。这些核心能力是组织集体学习的结晶。壳牌石油公司的德格（deGeus）曾说过："比竞争对手学得更快的能力也许是唯一持久的竞争优势。"

其次，全球经济一体化会引起企业经营战略的变化。随着企业经营范围的扩大、协调控制工作的难度空前复杂、不同文化的交叉，企业不能将原来的经营管理方法简单地推广到全球，必须重新思考自己的战略、方针、政策以及管理制度、组织机构等，及时根据市场环境和各国实际情况调整组织，这就需要企业具有良好的柔性和高超的学习能力。

同时，由于竞争的日益激烈和对经营全球化以及核心能力的强调，公司内部和公司之间（包括你的竞争对手）进行合作将变得日益普遍。在未来的新环境里，竞争者们将共同开拓和培育市场，进行多层次、多形式的合作。总之，合作性竞争将是一个根本性的变化——这个变化尽管姗姗来迟，但的确在发生。所有这些可能将为被传统束缚住手脚的企业敲响警钟，任何忽略组织学习的企业都将丧失探索商业和技术新前沿的良机。

4. 企业正面临日益剧烈、飘摇不定的变化

瑞万斯（Revans）指出，一个有机体要想生存下来，其学习（L）的速度必须等于或大于其环境变化（C）的速度。企业组织作为一个系统，其面临的环境正经历着前所未有的变化：全球经济一体化步伐加快，企业分崩离析、连横合纵，竞争日益激烈，技术进步一日千里，社会变化日新月异。因此，企业要想获得生存和发展，就必须增强其学习能力。

正如圣吉所言："当世界更息息相关、复杂多变时，学习能力也要更增强，才能适应变局。企业不能再只靠像亨利·福特（Henry Ford）、艾尔弗雷德·P. 斯隆（Alfred P.

Sloan）或小托马斯·沃森（Thomas J. Watson）那样伟大的领导者一夫当关、运筹帷幄和指挥全局。未来真正出色的企业，将是能够设法使各阶层人员全心投入，并有能力不断学习的组织。"

5. 整个世界正在成为一个相互学习的社会

现在的世界，各行各业已经不再是一两家大企业"一枝独秀"的局面了，新兴企业异军突起、飞速飙升的例子比比皆是。现在整个世界正在成为一个相互学习的社会。欧美企业师法日本，而日本企业又在效法欧美和韩国企业，甚至从中国古代兵法思想中汲取营养。面对国际一体化进程的加快，各国企业面临的问题日益趋同，因此了解别人、善于从别人处学习将对企业增强竞争力有特殊意义。

13.2 组织学习过程与理论

13.2.1 学习型组织

英国学者 Pedler 认为学习型组织是指一个激发它所有成员进行学习并不断改革它本身的组织。

哈佛大学教授 Garvin 则指出，学习型组织是一个精于创造知识、获取新知的组织，并且通过知识的获取，能够修正其行为并从中培养新的洞察力。此外，Bennett 和 O'Brien 把组织学习定义为一种能将学习、适应及变革能力深入组织文化之中的组织，其组织文化鼓励和支持组织成员进行学习，而学习成果能在工作流程、产品与服务、个人和团队工作及有效的管理实务等方面持续显现。虽然所有组织有意无意地会学习，但是学习型组织更能有意识地去激励员工学习，使自己的学习能力不断增强。

目前，比较流行的观点是把学习型组织定义为"整个组织主动地创造、获取和转换知识，并根据新的知识和观点改变组织的行为"。

Gephart 和 Marsick 等也描述了学习型组织的关键特征，认为学习型组织应该具备持续学习、知识创造和共享、系统思维、学习型文化、鼓励灵活性和尝试、注重员工价值六个关键特征，见表 13-1。

表 13-1 学习型组织的关键特征

学习型组织的关键特征	特征描述
持续学习	员工间相互共享学习成果，并在工作中加以应用加以改进
知识创造和共享	塑造创造、捕捉和共享知识的系统平台
系统思维	鼓励员工以新方法思考
学习型文化	公司和管理人员奖励、推动和支持学习
鼓励灵活性和尝试	鼓励员工冒险、创新、形成新的想法、开发新产品和服务
注重员工价值	系统和公司环境关注每位员工的发展和福利

13.2.2 组织学习过程

无论是单环学习还是双环学习，组织学习都要从信息和知识的收集、吸收开始，经过传播、扩散到整合、共享，再通过应用、创新到储存、共用这样一个无限循环的过程。这个过程主要包括以下几个环节。

（1）学习准备。学习准备过程包括：尊重和激发员工、团队的学习愿望，强化学习的动机；识别学习需求、确定学习内容；将学习和变革与发展目标、工作过程有机结合；鼓励员工、团队开展自主性学习等。

（2）信息交流。信息交流过程可以使员工获得丰富的信息，改善其知识、技能和行为。它需要：营造开放的、协同共享、相互尊重的学习环境；提供信息交流的渠道和方法；开展调查研究，进行深度会谈。

（3）知识的习得、整合、转换与增值。知识的习得、整合、转换与增值过程是将从各个方面获得的知识进行筛选、整合，应用到工作中。开拓思路、更新观念、创新知识。将学习的成果转换为工作的成果，进而实现创新。

在这个环节中，还隐含着一个组织学习非常重要而又无法理解的问题，或者说假设：知识的整合、增值是如何实现的？学习与组织学习的内在过程和效果是什么？关于这个问题，日本学者竹内宏高和野中郁次郎有着较为深入的研究。他们认为，组织可以通过暗默知识与形式知识（也有文献称为隐性知识与显性知识）之间的转换来创造和利用知识。这种知识的转换有四种模式：①共同化（socialization）：从暗默知识到暗默知识；②表出化（externalization）：从暗默知识到形式知识；③联结化（combination）：从形式知识到形式知识；④内在化（internalization）：从形式知识到暗默知识。这是知识创造过程的核心所在，它描述暗默知识和形式知识如何在"质"与"量"上面得以放大以及由个人到组织内部，直至在组织间进行扩展。竹内和野中得出结论：知识创造始于共同化。从共同化开启知识转换的四种模式，形成一个螺旋。学习型组织就是要在组织的层面创造良好的环境和条件，促进知识创造的螺旋更快、更好地上升。对于这个问题的探讨还涉及学习型组织建设的另一个重要问题：组织学习与知识管理的关系。这个问题十分复杂，我们在以后的研究中逐步探讨。

（4）评价与认可。考察学习者的学习活动对工作绩效的改善情况，奖励和认可努力学习或通过学习改进知识、技能、行为的员工和团队。

表 13-2 概括了不同学者对组织学习基本过程的描述，他们把组织学习分为三四个步骤。第一步是组织学习的输入，第二步和第三步是学习过程，而第四步是组织学习的输出。其中，March 和 Olsen 注重个体、组织和环境的交互作用，而 Pautzke 注重个体向集体学习的转化。

表 13-2　组织学习的基本过程模型

研究者	步骤 1	步骤 2	步骤 3	步骤 4
陈国权等（2000，2002）	发现	发明	执行	推广反馈
Draft，Weick（1994）	审查	解释		学习
Crossan 等（1995）	具体经验	反思性观察	抽象的概念化	主动实验
Nevis 等（1995）	获得	共享		应用
March，Olsen（1976）	个体信念	个体行动	组织行动	环境反映
Pautzke（1989）	个体学习	讨论	集体学习	制度化、规范化
Dixon（1994）	产生	整合	解释	行动

我们认为，组织学习的本质就是组织中或组织间人与人的交互作用过程，在这个过程中主要的是一种心理和社会互动过程，从而实现了知识或信息的产生和流动。

13.2.3　组织学习理论

1. 彼得·圣吉的五项修炼组织学习模型

五项修炼包括：第一项修炼，自我超越；第二项修炼，改善心智模式；第三项修炼，建立共同愿景；第四项修炼，团队学习；第五项修炼，系统思考。

2. Nonaka 和 Takeuchi 的"组织知识产生的五阶段模型"

Nonaka 和 Takeuchi 的"组织知识产生的五阶段模型"以组织知识产生的螺旋过程为基础，模型中包括了两个维度：发生论和本体论[30]。

在发生论上，他们区分了隐性知识和显性知识，并描绘了不同知识类型之间的循环转化过程社会化（socialization）、外化（externalization）、组合（combination）、内化（internalization）。而在本体论上，知识在不同层次上产生，从个体到团队再到组织，甚至到组织之间。这两个维度可以组合成五个促进条件：动力（intention）、自由（autonomy）、波动（fluctuation）或创造混沌（creativechaos）、冗余（redundancy）、必需的多样性（requisitevariety），从而构成了"知识产生过程的五阶段模型"。

这个模型从研发小组个体间隐性知识的共享（社会化）开始，然后把隐性知识转化为外显知识（外化），而这需以外显方式验证概念来进行维护，接下来建立框架（组合），模型结束于把一个单位的知识扩散到组织的其他单位（转化），而且此循环可以从各个阶段中的任何一处重新开始，通过知识应用者的行动（内化）来重新开始新一轮的学习循环过程。但是，他们仅仅注重开发新产品的团队的双环学习，这就限制了这个模型，因为它不包括单环学习，而且模型也把外化作为一个前提条件，其实外化仅仅是组织学习的一个充分但不必要条件。如此说来通过改善现有产品而创造的组织知识就被漏掉了，而这恰恰是日本企业的一个整体优势，而且他们的模型里面也没有包括对模型中断的描述，Kim 的组织学习循环模型则在某些程度上做到了这点。

3. Kim 提出的整合模型

Kim 提出的整合模型是 Kofinan、Draft 和 Weick、Argyfis 和 Sch6n 三个模型的组合，对个体向组织层次学习的转化进行了描述。Kim 把个体学习循环分为与"框架"（frameworks）和"程序"（routines）相联系的两组。第一组是"概念性（conceptual）个体学习"（知道为什么），包括"评价"和"设计"，它们都受到个体心智模式"框架"的影响。第二组是"操作性（operational）个体学习"（知道怎样），包括"评价"和"观察"，而它们又受到个体心智模式"程序"的影响。Kim 认为，个体心智模式（他认为是组织对世界的看法和组织规范）与共享心智模式之间的相互影响把两个层次的学习联系起来。这就是说，个体心智模式影响共享心智模式，从而实现个体学习向组织层次学习的转化；反之，组织共享心智模式影响个体心智模式，实现了组织层学习向个体学习的转化。

与 Nonaka 和 Takeuchi 的模型相比，此模型包括单环学习和双环学习，也描绘了个体学习与组织层学习的相互转化过程。但是，Kim 忽视了团队或小组在组织学习中的重要作用，后来他把团队当作"微型组织"或"扩展的个体"，但这并不能解决问题；而且他的模型太复杂，很难加以遵循。而 Crossan 的模型则从一定程度上解决了这些问题。

4. Pedler 的学习型企业模型

Pedler 等归纳并提出了他们的学习型企业模型，包括战略（包括战略学习和参与政策制定）、内部审查（1ooking in，包括信息化、财务和控制、内部交流）、结构、外部审查（1ooking out，包括环境审视的职工、组织间学习）和学习机会（包括学习气氛、全员发展机会）5 个层面、11 个特征，用以展现学习型组织所具备的精神及行为。这个模型在欧洲得到了实证研究的证实，也进行了大量的实践推广工作，在欧洲比较流行。

5. Watkins 和 Marsick 的 7C 模型

Watkins 和 Marsick 通过案例研究和实证研究，得出了他们的 7C 模型来说明学习型组织的特征与要素，并且也得到了一些实证研究的检验，而且他们制定了一个标准化的问卷来测量这 7 个要素。这 7C 是指：①持续不断（continuous）学习：通过持续学习才能够不断地前进；②亲密合作（collaborative）的关系：以加强成员间的支持能力；③彼此联系（connected）的网络：增进成员的互动关系；④集体共享（collective）的观念：以结合成组织的力量；⑤创新发展（creative）的精神：以促进改良与发展；⑥系统存取（captured or codified）的方法：善用科技能力与方法；⑦建立能力（capacity building）的目的：希望形成组织与其成员继续学习的能力。

13.2.4　组织学习的培养

组织学习是一个长期的、包含着建立和增强学习能力的过程。学习能力表示了一组核心胜任力、特殊知识、技能、技术等。组织往往在这方面使自己不同于竞争对手，并且使组织更好地适应新的环境变化，从而进一步满足客户需要，促进销售和盈利。研究表明，影响组织学习能力的主要有两类因素：组织学习的促进因素和组织学习的途径因素。

1. 组织学习的促进因素

组织学习的促进因素大体包括：扫描意识、绩效意识、测量意识、实验意识、开放意识、操作意识、领导意识和系统意识。

（1）扫描意识：对外部信息和环境变化的强烈兴趣与审视，重视数据的采集和更新。

（2）绩效意识：对绩效目标和当前差距的共识，对反馈和改进行动的寻求，把绩效差距看成学习机会。

（3）测量意识：关注对新的商务机会的关键因素的识别和测量，建立相应的具体、量化指标，使管理措施具有可考核性。

（4）实验意识：努力尝试和支持新的事物，鼓励对差错的积极管理，注重改革管理的程序、政策和体制等，促进持续学习。

（5）开放意识：强调信息的可取性，捕捉新的商务机会、信息的分享和交流，对新的管理实践比较敏感。

（6）操作意识：注重组织内部工作程序、作业方式、职能体制和人员能力等方面的多样化。

（7）领导意识：重要岗位上的领导者善于表达愿景，并积极实施，鼓励各个层次的首创精神。

（8）系统意识：关注组织各个方面的依存性、组织目标的高层次整合，以及组织的整体学习和发展。

2. 组织学习的途径因素

组织学习途径因素是指组织在创设学习氛围和提高学习效果的方式，组织学习的文献表明，组织学习有五种学习途径。

（1）分析式学习：分析式学习途径通过系统采集内外信息，强调采用演绎推理方式，对经营数据加以定量分析和信息获取。

（2）合成式学习：合成式学习相对比较基于直觉，强调通过系统思维，对大量复杂信息的综合，从而识别存在问题和面临机会。

（3）实验式学习：这种途径强调通过小规模试点和检验，学习和实施组织学习计划。

（4）互动式学习：这是指边学边干，学用结合，比较注重信息交流和实践的学习途径。互动式学习还可以与职能结构式学习相结合，即在多种职能程序中学习新规范。

（5）制度式学习：这种组织学习途径式通过组织高层次管理部门牵头，在多层次的管理实践中形成新的规范和工作模式。

【本章小结】

组织学习是组织的员工有潜力通过使用他们的共同经验以及利用对新信息开发的理解来影响公司的发展能力和行为的过程。从学习的过程看，组织学习主要分为单环学习和双环学习。从组织学习的方式看，组织学习主要有适应型、预见型和行动型学习等。

很多因素决定了人们必须重新认识组织学习的重要性和它在组织中的地位，这些因素表现为：知识的重要性、变化中的工作性质、全球经济一体化所带来的前所未有的竞争挑战、企业正面临着日益剧烈、飘摇不定的变化、整个世界正在成为一个相互学习的社会现在的世界。

无论是单环学习还是双环学习，组织学习都要从信息和知识的搜集、吸收开始，经过传播、扩散到整合、共享，再通过应用、创新到储存、共用这样一个无限循环的过程。

组织学习模型主要有彼得·圣吉的五项修炼组织学习模型彼得·圣吉的五项修炼组织学习模型、Nonaka 和 Takeuchi 的"组织知识产生的五阶段模型"、Kim 提出的整合模型、Pedter 的学习型企业模型、Watkins 和 Marsick 的 7C 模型。

【复习与思考题】

1. 组织学习的内涵是什么？

2. 学习型组织的内涵是什么？

3. 组织学习理论代表性的理论有哪些，其主要内容是什么？

4. 影响组织学习能力的因素有哪些？

5. 组织学习过程包括哪些环节？

【关键术语】

组织学习　organizational learning　　　学习型组织　learning organization

组织服从　organizational obedience　　　组织忠诚　organizational loyalty

【案例与分析】

阿里巴巴集团学习体系探秘

在阿里巴巴集团，人被视为最宝贵的财富。将每一位阿里人的个人能力成长融为持续的组织创新实践、集体文化传承，是对阿里巴巴集团建立学习型组织的最基础要求。阿里巴巴集团学习体系分为四个部分：新人系、专业系、管理系以及在线学习平台。

1. 新人培训——"百年阿里"面向全集团所有新进员工

从看、信、行动（探寻求证）、思考、分享五步骤，动、静结合地进行五天之旅。

以"客户第一"为线索，还原阿里的核心价值理念，有机连接新员工与客户的关系；通过与 8 年以上员工经验的分享、高管面对面，来传递阿里人的精神与秉持，建立新员工与组织历史、文化的连接。

2. 专业培训——运营大学、产品大学、技术大学及罗汉堂

（1）运营大学：基于运营专业岗位的胜任力模型和公司战略方向，为全集团的运营人员提供学习内容和环境。

纯自主研发适合阿里巴巴集团业务情境的 100 门专业课程，涵盖四大运营领域岗位，针对不同人群提供精细化的学习方案。例如，保证新人快速胜任岗位的脱产学习、提供进阶技能的岗中学习、以主题沙龙形式进行的专业视野开阔以及促进高潜力员工交流成长的运营委员会等。

（2）产品大学：基于互联网产品经理的能力图谱，自主研发了将近 100 门课程，以业务方向为导向，采用多元化形式，提供综合培养手段。

"PD 新人特训营"针对入职 3 个月内的产品经理，通过全脱产的系统性培训学习，加速员工认知集团产品架构，加深对产品经理岗位认知，快速胜任岗位；"产品大讲堂"，除了提供进阶课程，更解剖实战案例，线下交流线上沉淀；面向各个垂直领域高潜员工的产品经理委员会，则通过定期、不定期的产品论剑、产品体验、游学交流等活动，实现沉淀专业知识，解决业务疑难问题。

（3）技术大学：面向阿里巴巴集团技术专业领域人才的成长培养，近 3 年的统计中已开发课程 400 余门，培养内部讲师近 800 人，参与培训人数 50 000 余人次。

在专业课与公开课的基础之上，建立 ATA 技术沙龙，形成开放的技术人员交流平台，旨在挖掘好的、值得推广的思想、理念、技术等；同时根据公司重点发展的技术领域，邀请外部嘉宾，引入优质内容及分享议题，引导相关领域人员学习了解前沿最新最

牛的技术，拓宽眼界，促进内部人员思考成长。

（4）罗汉堂：面向阿里巴巴集团一线且入职在 3 年以内员工的通用能力培养基地。

完全自主研发 5 门课程：《情绪管理》《沟通，其实很简单》《在合作中成长》《组织高效会议》以及《结构化思维与表达》。课程内容深度内化，贴合阿里工作情境，具备浓郁的阿里味道。所有课程植入互动体验式模块，以启发个体思考、创造行动改变。

3. 管理者学习——行动学习"管理三板斧""侠客行"及"湖畔大学"

（1）管理三板斧：突破管理层级的集体行动学习。"管理三板斧"包含管理人员的三项基础能力要求：Get Result、Team Building 和 Hire&Fire。以全景实战的方式，在真实的业务背景中，通过推动集体思考的方式，去提升团队的整体业务能力，以及团队管理能力，也是组织能力、组织文化传递强化落地的实战场。

（2）侠客行：面向阿里巴巴集团一线管理者的培养。分别以业务线和层级进阶推进管理学习的覆盖，培养了近百名内部管理者讲师。

根据阿里巴巴集团"管理能力图谱"，自主研发了管理者的进阶课程体系，辅以部分引进课程；通过"课上真实案例演练+课后真实作业练习+课后管理沙龙"的不间断学习方式，保证持续对焦管理者在"角色与职责"上的统一认知；根据不同管理场景与复杂度，输出完整的领导力提升方法论和应用技巧；并在侠客行"管理沙龙"形成"良师"（资深阿里管理者）"益友"（同期管理者）之间共同的语言、心力和能量场。

（3）湖畔大学：面向阿里巴巴集团高阶管理人员的成长培养。在湖畔大学，以学习的参与者为中心，建立平等、开放的学习体验，通过不同背景、经历的高阶管理者之间的分享交流，解决高阶管理者的融入、战略的对焦、领导力的修炼以及文化的传承。

在常规的学习安排之外，也设置了不定期的"湖畔大讲堂"，引入国内外杰出学者、业界领袖进行分享，开阔眼界和视野，通过"业务沙龙"促进协同，建立全局观，提升整合能力；通过"文化沙龙"，挖掘管理背后的问题，传承阿里文化。

4. 阿里学习平台——为全体阿里人提供内部学习和交流平台

在阿里学习平台，所有阿里人可以自由报名参加线下培训；查阅过往学习沉淀的视频、文档；可以创建学习计划，监测管理学习的进度；通过即时问答系统得到答疑解惑。

阿里巴巴集团学习、培训体系的特点：知识都是有情境的，没有情境、背景的知识只是信息。因此，学习内容无论是专业或是管理，无论是技巧、工具或是理念、文化，都已浸透阿里巴巴集团业务场景和组织历史。

阿里专业和管理学习中所沉淀的相应能力图谱和知识体系的价值是：课程只是学习的形式之一，绝不等于学习；每一位员工的发展图谱比任何一种或多种课程都要重要得多。

资料来源：李丽娜. 2014. 坚持"知行合一"的培训体系阿里巴巴集团学习体系探秘[J]. 传媒评论（5），2014：16-17

问题：

1. 阿里巴巴集团的学习体系具体包括哪些内容？

2. 不同的学习方式，给阿里巴巴的员工的能力有什么样的影响？

3. 三种学习体系是如何协同的？

【 **推荐阅读** 】

1. 赫伯特 A. 西蒙. 管理行为[M]. 詹正茂，译. 北京：机械工业出版社，2014.

2. 亨利·明茨伯格. 管理工作的本质[M]. 方海萍，译. 杭州：浙江人民出版社，2017.

3. 彼得·圣吉. 第五项修炼：学习型组织的艺术与实践[M]. 张成林，译. 北京：中信出版社，2009.

4. 许庆瑞. 全面创新管理——理论与实践[M]. 北京：科学出版社，2016.

第五篇

创新绩效

第 14 章 创新能力

第14章 创新能力

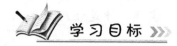 学习目标 >>>

1. 理解创新能力的含义；
2. 掌握创新能力的构成；
3. 掌握创新能力的表现形态；
4. 掌握影响创新能力提升的因素；
5. 掌握提升创新能力的对策。

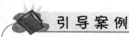 引导案例

如何提高自己的创新能力

创新能力是一个民族进步的灵魂，是一个人成功的必备条件，那么一个人如何才能具有创新能力，以及提高创新能力呢？

1. 不满足现状

不满足是向上的车轮，不满足现状才会有所追求、有所创新，每天要学会告诉自己做得不够好，还需要改变一下目前的状况，让自己的事业更上一层楼。在强烈的成就欲望下就会产生积极的创新力。

2. 有危机意识

生于忧患，死于安乐。人处在困境中才会激发自己奋斗的力量，不要贪图享乐，感觉自己的生活好了，就放弃了进取，开始过安逸的生活了，否则早晚会有坐吃山空的那一天。告诉自己还要进取创新，时刻保持忧患意识，正所谓，人无远虑，必有近忧。

3. 学会思考和质疑

一个人勤学好问，大胆质疑才能有所成就，遇到事情多问几个"为什么"，要学会刨根问底，寻求事物的根源，还要大胆质疑，有怀疑的精神，多观察，多思考，才会让自己变得更聪明。

4. 不迷信权威

很多人都习惯相信经验，相信一些定理、真理，更相信一些权威人物专家所说的话，要想有创新能力，就不能什么都相信别人，经验也不是完全正确的，尤其是一些过去的经验更要多思考是否已经跟不上时代的发展和现状了。

5. 不人云亦云

要想提高自己的创新能力，就必须有自己的想法思想和做法，不能人云亦云，别人说什么就是什么，更不要别人都那样做，自己也那样做，要学会跳出传统的思

维定式，不要走大家都走的路，而放弃了探索。多思考，对某一件事情要有自己的想法和看法，才能提高自己的思维能力和创新能力。

6. 不怕犯错失败

要想成功，提高自己的创造力，就不能怕犯错。若每天担心自己犯错，不敢越雷池一步，怕风险，墨守成规，是永远不会有所成就的，更不能怕失败，只有失败了，在失败中总结经验，失败了再爬起来才会成功，失败才是实践，才是经历，多实践、多经历才能提高创新力。

7. 多听多学多严谨

遇到问题多听听大家的意见，集思广益，多向有经验的人学习，但不迷信，不盲目崇拜，有自己的主见，靠自己的思考分析哪种方法最适合，遇到需动手操作的事情时，一定要动手实践一下，在实践中找到最好的方法。提高创新能力，还必须做任何事情都要一丝不苟，有严谨的工作作风，对自己要求比较严格才能做什么事情都比较出色。

案例来源：百度经验蜻蜓爱花的文章

创新能力是民族进步的灵魂、经济竞争的核心；是组织获得持续竞争优势的引擎，是核心能力和发展趋势的重要体现。当今社会的竞争，与其说是人才的竞争，不如说是人的创造力的竞争。在科学技术飞速发展的今天，创新意识和创新能力越来越成为一个国家国际竞争力和国际地位最重要的决定因素。

14.1　创新能力概述

组织发展到一定阶段，需要通过管理创新从根本上解决组织运行中存在的效率低下、生产力落后、组织僵化等深层次问题，促进组织运行效率或绩效的提升，实现组织蜕变。为此，管理创新逐渐得到了众多学者的青睐，英国伦敦商学院甚至成立管理创新实验室，致力于管理创新相关问题的研究与探索。管理创新的系统性、高风险性和复杂性决定了其实践的高难度性，导致企业实践中管理创新缺失或实施不当的现象屡见不鲜。因此，从根本上提升管理创新效力成为当前的一个难点。

14.1.1　创新能力培养的重要性

我国上千年的教育发展史，闪烁着一些简单而朴素的创新能力培养的思想和方法。例如，两千多年前，老子就在《道德经》中提出"天下万物生于有，有生于无"的创造思想；孔子提出要"因材施教"以及"不愤不启，不悱不发；举一隅而不以三隅反，则不复也"的思想。

1919 年，我国著名教育家陶行知先生第一次把"创造"引入教育领域。他在《第一流教育家》一文中提出要培养具有"创造精神"和"开辟精神"的人才，培养学生的创新能力对国家富强和民族兴盛有重要意义。1998 年 11 月 24 日，江泽民同志在新西伯利亚科学城会见科技界人士时曾指出："创新是一个民族进步的灵魂，是一个国家兴旺发达的不竭动力。创新的关键在人才，人才的成长靠教育。"以此次讲话为契机，我国将大学生创新能力的培养作为教育改革的重要目标。

1. 创新能力培养对人类文明的重要性

人类文明的本质是创新的结果。如果这个世界没有创新能力，便不会有今日人类的文明，可能还同猩猩一起过着钻木取火的原始生活，如果爱因斯坦、爱迪生等没有创新能力，他们何以取得巨大的成就与收获。如果一个人不具备创新能力，可以说是庸才；如果一个民族没有创新人才，那么它便是一个落后的民族。纵观古今，能够在科学等领域做出巨大成就的人都有一个共同的优秀品德，那就是能够摒除当时落后的观点，善于创造，善于标新立异、独树一帜，能够冒先天下之大不韪，发现前人的错误并改正，解决前人所没有解决的问题，揭开神秘自然的面纱。站在巨人的肩膀上思考问题，学习前人思维的精华，加以发酵利用，创造出独特的观点以及成果。

2. 创新能力对国家的重要性

党的十七大报告指出："走中国特色自主创新道路"，并把这一条上升到国家基本战略地位，充分说明，自主创新在发展中国特色社会主义事业中的重要作用。要实现社会主义现代化的奋斗目标，核心就是要把自主创新能力作为发展科学技术的战略基点，推动科学技术的跨越式发展；必须把自主创新能力作为调整产业结构、转变经济增长方式的中心环节，建立资源节约型、环境友好型社会，推动国民经济又好又快发展；必须把自主创新能力作为国家战略，贯彻到现代化建设各个方面，激发全民族创新精神，培养高水平创新人才，形成有利于自主创新的体制。要傲立于世界民族之林，必须培养具有创造力的人才。

3. 创新能力对企业的重要性

没有创新就缺乏竞争力，没有创新也就没有价值的提升。无论是获取哪一种形式的创新，都需要认真的工作态度、务实的工作作风。企业应用创新的知识和新技术、新工艺，采用新的生产方式和经营管理模式，提高产品质量，开发生产新的产品，提高新的服务，占据市场并实现市场价值。世界上大的跨国企业每年的研发投入都不菲，我国的华为、海尔、联想等公司也加大了研发投入。技术上的创新在产品的生产方法和工艺的提高过程中起着举足轻重的作用。创新还可促进企业组织形式的改善和管理效率的提高，从而使企业不断提高效率，不断适应经济发展的要求。

4. 创新能力对个人的重要性

创新能力是 21 世纪知识性时代对人才的基本要求之一，创新能力对于个人的发展至关重要，可以提高对社会的适应能力和个人的谋生能力，增强个人信心，使个人拥有更长远的发展。创新能力也是一个现代优秀人才的基本素质之一，科技创新往往与良好的专业基础、实践技能密不可分，所以有良好的专业理论、知识水平为保证，同时善于学习和有良好的学习习惯都会为科技创新的成功带来机遇，创新型人才能成为国家机构及企事业单位的工作骨干，在应对千变万化的市场经济活动时，能得到更多的就业机会。

也正是社会的这种需求大大调动了人们创新、创业的热情和成才的欲望。创新要求团队合作，因此，参与创新也可以树立我们良好的合作意识、集体意识、团队精神和社会责任感，进而改变一个人的修养、思想以及命运。

当今社会科技进步日新月异，综合国力竞争日趋激烈。在这样的新环境下，对当代大学生综合素质的要求也越来越高。大学生是 21 世纪我国现代化建设的生力军，在党和国家大力强调自主创新的今天，科技创新能力成为高素质人才的核心和灵魂。所以，培养和提高大学生创新能力的问题更加突出地摆在面前。创新是提高国家能力最重要的因素。

14.1.2　创新能力的含义

创新的概念起源于奥地利经济学家熊彼特的著作《经济发展理论》一书，该书系统阐述了创新在经济发展中的重要作用，他对创新的理解及定义反映了管理创新思想的雏形。在熊彼特研究的基础上，创新研究逐渐演变为两大分支：一是以技术变革和技术推广为主要对象的技术创新，二是以企业管理或公司治理为主要对象的管理创新。而技术创新一直在创新研究领域中占主导地位，直至 20 世纪 80 年代，随着技术创新发展瓶颈的出现及企业管理理论的兴起，管理创新日益引起研究者的重视。管理创新的主流观点将其视为新的管理观念、管理目标、管理流程、组织结构、管理活动或管理技术等的产生及实施，体现在"新"上，如事业部组织结构、全面质量管理、作业成本法、丰田生产管理体系等管理创新实践。

关于创新能力的研究大多默认在技术创新领域内。最早以 Mansfield 等的技术创新概念为基础，创新能力被界定为"企业产生新产品、新工艺以及改善现有产品与工艺的能力"。这一同义反复式定义，没有触及创新能力的本质。从战略管理的角度，技术创新能力是指组织为支持企业技术创新战略的一系列综合特征，是以资金能力支撑，为支持技术创新战略实现,由产品创新能力和工艺创新能力为主体并由此决定的系统整合能力。该定义强调了创新的"整合"特征，但忽略了创新作为社会性活动的内生性特征。

基于知识基础观，创新能力是指调动包括其员工在内的知识并将其组合起来，以创造新知识导致其产品或工艺创新的能力，是企业所需的有效吸收、掌控、提高现有技术从而创造新技术的技能和知识，与组织知识、改善当前产品与工艺所需的能力以及开发新产品所需的能力相关。它可细分为：开发新产品满足市场需求的能力、将恰当的工艺技术应用于生产新产品的能力、开发或采用新产品与处理技术以满足未来需求的能力、响应竞争者产生的随机性技术活动与非预期机会的能力。这些定义深入创新过程底层知识流层次，但对技术创新"新思想来源"这一重要因素有所忽略。

从创新过程有效实现的角度，创新能力是为了响应并改变市场条件，企业能够开发新创意，并将其转化为新产品、新工艺或新系统的能力，指的是应用相关知识以获得市场价值，也是在组织内成功实施创造性思想。因此，创新能力是能持续不断地把知识和创意转化到新产品、新流程和新体系中，并能够为公司及股东创造收益的能力。这些定义突出了创新能力是一种过程能力的特征，但并没有进一步指出这种过程能力的内在构成。

奥地利经济学家熊彼特认为：创新就是"建立一种新的生产函数"，即把一种从来没有过的关于生产要素和生产条件的新组合引入生产体系。一般认为：创新是指以现有的思维模式提出有别于常规或常人思路的见解为导向，利用现有的知识和物质，在特定的环境中，本着理想化需要或为满足社会需求，而改进或创造新的事物，并能获得一定有益效果的行为。管理大师彼得·德鲁克则指出："创新的行动就是赋予资源以创造财富的新能力。事实上，创新创造出新资源……凡是能改变已有资源的财富创新潜力的行为，就是创新。"因此，企业创新能力就是企业在市场中将企业要素资源进行有效的内在变革，从而提高其内在素质，驱动企业获得更多的与其他竞争企业的差异性的能力，这种差异性最终表现为企业在市场上所能获得的竞争优势。企业创新能力的提升是企业竞争力提高的标志。创新能力的高低，直接关系到一个企业竞争力的强弱。创新能力强的企业，其竞争力也强。

综观近 10 年的研究成果，虽然国内学者对创新能力的理解各不相同，但他们对创新能力内涵的阐述基本上可以划分为三种观点：第一种观点以张宝臣、李燕、张鹏等为代表，认为创新能力是个体运用一切已知信息，包括已有的知识和经验等，产生某种独特、新颖、有社会或个人价值的产品的能力。它包括创新意识、创新思维和创新技能三部分，核心是创新思维。第二种观点以安江英、田慧云等为代表，认为创新能力表现为两个相互关联的部分，一部分是对已有知识的获取、改组和运用；另一部分是对新思想、新技术、新产品的研究与发明。第三种观点从创新能力应具备的知识结构着手，以宋彬、庄寿强、彭宗祥、殷石龙等为代表，认为创新能力应具备的知识结构包括基础知识、专业知识、工具性知识或方法论知识以及综合性知识四类。上述三种观点，尽管表述方法有所不同，但基本上能将创新能力的内涵解释清楚。

创新能力，按更习惯的说法，也称为创新力。创新能力按主体分，最常提及的有国家创新能力、区域创新能力、企业创新能力等，并且存在多个衡量创新能力的创新指数的排名。创新能力是运用知识和理论，在科学、艺术、技术和各种实践活动领域中不断提供具有经济价值、社会价值、生态价值的新思想、新理论、新方法和新发明的能力。

14.1.3　创新能力的构成

一个创新能力强的人，不仅要有良好的发散思维能力，还要有对事物持之以恒的忍耐力，更重要的是还要有使二者有机结合的综合能力。这正如一位学者所说："既要异想天开，又要脚踏实地。"创新能力和一个人的个性心理特征是分不开的。创新能力强的人总做出一些一般人所认为"不可思议"的特殊行为，这些"特殊行为"就是他们个性心理特征的体现。

管理创新的复杂性决定了其能力提升的复杂性和高难度性，加上管理创新同技术创新的同步性，其创新过程发生于一定的组织系统内，需要组织依据创新意识、创新战略、组织结构、组织执行力等将组织内外部资源转化为组织绩效或组织目标的能力，因此管理创新能力作为一种系统综合能力，通过管理组织结构或管理组织方式等变革保障管理创新过程的实现，以提升组织绩效。具体而言，管理创新能力是指组织为适应日趋变化的内外部环境通过更新或变革已有的资源基础以获得持续竞争优势的能力，由于管理创新能力具有较强的复杂性，且缺乏规范性指导以及效率和效果难以检验和评价，限制了相关理论研究的深入开展，因而导致对管理创新能力的维度划分成为深入研究的基础，也因此出现了三种不同的维度划分视角，分别为投入产出视角、过程观视角和企业家能力视角。

根据投入产出的一般原理，可以将管理创新能力分解为管理创新投入能力、管理创新转换能力和管理创新产出能力三种过程能力，且每种能力又可分为几种基础能力，如创新意识、员工素质、创新激励能力、组织协调能力、学习能力、应变能力、收益能力、竞争能力等。

管理创新能力是组织在动态的市场环境下通过对其内外部资源进行持续不断的创新性整合以实现其组织目标的能力，可将其划分为组织战略创新能力、文化创新能力、知识管理创新能力和信息管理创新能力。林如海根据组织管理过程观将管理创新能力划分为管理观念创新能力、战略管理创新能力、资源管理创新能力、市场管理创新能力和组织管理创新能力五种能力维度。

企业家作为组织的经营者，需要发挥优秀的管理才能为组织创造财富，要求其具备突出的机会获取能力和优势发掘能力，因此企业家管理创新能力作为管理能力的表现形式之一，需要企业家通过战略性管理资源保障管理创新过程的实现，因而企业家管理创新能力体现为管理创新意识培养能力和战略性管理资源能力。

综上所述，考虑到管理创新能力是一个广义上的概念，本研究基于以上论述的三种不同维度划分视角，将管理创新能力概括归纳为理念创新能力、组织学习能力、知识管理能力、动态能力和环境适应能力五种能力维度，由于不同能力维度对组织绩效的影响机理存在显著差异，因此可以认为每一种能力维度对应管理创新过程的特定阶段。在此基础上，管理创新能力各维度间并非独立作用于组织绩效，而是交互作用，互相促进，对组织绩效的提升产生一定的耦合影响。

1. 学习能力

获取、掌握知识、方法和经验的能力，包括阅读、写作、理解、表达、记忆、收集资料、使用工具、对话和讨论等能力。学习能力还包括态度和习惯，如"活到老、学到老"的终身学习的态度和信念。个人具有学习能力，组织也具有学习能力，人们把学习型组织理解为"通过大量的个人学习特别是团队学习，形成的一种能够认识环境、适应环境、进而能够能动地作用于环境的有效组织。也可以说是通过培养弥漫于整个组织的学习气氛，充分发挥员工的创造性思维能力而建立起来的一种有机的、高度柔性的、扁平的、符合人性的、能持续发展的组织"。在如今竞争的时代，一个人或一个组织的竞争力往往取决于个人或组织的学习能力，因此无论对于个人还是对于组织而言，其竞争优势就是有能力比你的竞争对手学习得更多更快。所以管理大师德鲁克说："真正持久的优势就是怎样去学习，就是怎样使得自己的企业能够学习得比对手更快。"

2. 分析能力

把事物的整体分解为若干部分进行研究的技能和本领。事物是由不同要素、不同层次、不同规定性组成的统一整体。认识事物的有效方式之一就是把它的每个要素、层次、规定性在思维中暂时分割开来进行考察和研究，弄清楚每个局部的性质、局部之间的相互关系以及局部与整体的联系。做到由表及里、由浅入深、由易到难地认识事物和问题。

分析能力的高低强弱与三个因素有关，一是个人的知识、经验和禀赋；二是分析工具和方法的水平；三是共同讨论与合作研究的品质。随着科学技术的发展，高性能计算机和各种科学仪器以及新的分析方法相继出现并得以应用，有效地提高了人们的分析能力。当然，分析能力也有局限性和片面性，容易使人只见树木，不见森林，忽视从整体上把握事物。因此通常把分析能力与综合能力结合起来运用，以取长补短、相辅相成。

3. 综合能力

综合能力强调把研究对象的各个部分结合成一个有机整体进行考察和认识。综合是把事物的各个要素、层次和规定性用一定线索联系起来，从中发现它们之间的本质关系和发展的规律。具体讲，综合能力包括三项内容：一是思维统摄与整合，就是把大量分散的概念、知识点以及观察和掌握的事实材料综合在一起，进行思考加工整理，由感性到理性、由现象到本质、由偶然到必然、由特殊到一般，对事物进行整体把握；二是积极吸收新知识，综合能力需要多方面的知识和方法，不断吸收新知识、不断更新知识都是必要的，特别是要学会跨学科交叉，把不同学科的知识、不同领域的研究经验融会贯通，才能更好地综合；三是与分析能力紧密配合，仅有综合能力，也有局限性和片面性，即缺少深入的、细致的分析，细节决定成败，在认识事物时也是如此，只有与分析能力相互配合，才能正确认识事物，实现有价值的创新。

4. 想象能力

想象能力指以一定知识和经验为基础，通过直觉、形象思维或组合思维，不受已有结论、观点、框架和理论的限制，提出新设想、新创见的能力。想象力往往是发现问题和解决问题的突破口，在创新活动中扮演突击队和急先锋的角色，缺乏想象力很难从事创新工作。

5. 批判能力

批判能力表现在两个方面：一是在学习、吸收已有知识和经验时，批判能力保证人们不盲从，而是批判性地、选择性地吸收和接受，去粗取精、去伪存真；二是在研究和创新方面，质疑和批判是创新的起点，没有质疑和批判就只能跟在权威和定论后面亦步亦趋，不可能做出突破性贡献。科学技术史表明，重大创新成果通常都是在对权威理论进行质疑和批判的前提下做出的。

6. 创造能力

创造能力是创新能力的核心，它是指首次提出新的概念、方法、理论、工具、解决方案、实施方案等的能力，是创新人才的禀赋、知识、经验、动力和毅力的综合体现。

7. 解决问题的能力

解决问题的能力包括提出问题和凝练问题，针对问题选择和调动已有的经验、知识和方法，设计和实施解决问题的方案，对于难题，能够创造性地组合已有的方法乃至提出新方法来予以解决。解决问题分狭义和广义，狭义的解决问题就是人们通常认为的各种问题的解决，如物理问题、数学问题、技术问题；广义的解决问题则包括各种思维活动，这种情况下，创新能力就等同于创新性解决问题的能力。

8. 实践能力

提出创造发明成果，只是创新活动的第一阶段，要使成果得到承认、传播、应用，实现其学术价值、经济价值和社会价值，必须和社会打交道，实践能力就是为实现这一目标而进行的各种社会实践活动的能力。

9. 组织协调能力

组织协调能力的实质是通过合理调配系统内的各种要素，发挥系统的整体功能，以实现目标。对于创新人才来说，要完成创新活动，就要协调各方，当拥有一定资源时，就可通过沟通、说服、资源分配和荣誉分配等手段来组织协调各方以最终实现创新目标。

10. 整合多种能力的能力

创新人才的宝贵之处不仅在于拥有多种才能，更重要的是能够把多种才能有效地整合在一起发挥作用。整合多种能力的能力是能力增长和人格发展的结果，这需要通过学习、实践和人生历练。要完成重大创新，拥有整合多种能力的能力是一个关键。

14.2　创新能力的表现形态

提起企业创新，人们往往联想到技术创新和产品创新，其实企业创新的形态远不止这些。一般地，企业创新主要有发展战略创新、产品（服务）创新、技术创新、组织与制度创新、管理创新、营销创新、文化创新等。

14.2.1　发展战略创新

发展战略创新是对原有的发展战略进行变革，以制定出更高水平的发展战略。实现企业发展战略创新，就要制定新的经营内容、新的经营手段、新的人事框架、新的管理体制、新的经营策略等。

企业普遍面临发展战略创新的任务。例如，当前有些企业经营策略明显过时，有些企业经营范围明显过宽，有些企业经营战线明显过长，还有些企业经营内容本来就与自身特长严重脱节。诸如此类的企业如果不重新定位，发展前景堪忧。再如，很多企业都需要重新解决靠什么经营的问题。靠垄断地位？靠行政保护？靠资金实力？靠现有技术？这些恐怕都逐渐靠不住了，为了从根本上改善经营状况，只能另谋新的依靠。

14.2.2　产品（服务）创新

对于生产企业来说，必须注重产品创新；对于服务行业而言，必须注重服务创新。例如手机在短短的几年内已从模拟机发展到数字机、可视数字机、可以上网和拍照的手机等。手机的更新换代，生动地告诉我们产品的创新是多么迅速。

14.2.3 技术创新

技术创新是企业发展的源泉、竞争的根本。就一个企业而言，技术创新不仅指商业性地应用自主创新的技术，还可以是创新地应用合法取得的、他方开发的新技术或已进入公有领域的技术，从而创造市场优势。例如沃尔玛（Wal-mart）1980 年就全球率先试用条形码即通用产品码（universal product code，UPC）技术，结果使他们的收银员效率提高了 50%，并极大地降低了经营成本。

14.2.4 组织与制度创新

组织与制度创新主要有三种：一是以组织结构为重点的变革和创新，如重新划分或合并部门、组织流程改造、改变岗位及岗位职责、调整管理幅度等。二是以人为重点的变革和创新，即改变员工的观念和态度，包括知识的更新、态度的变革、个人行为乃至整个群体行为的变革等。例如 GE 总裁韦尔奇在执政后就曾采取一系列措施来促进 GE 这家老企业重新焕发创新动力。有一个部门主管工作很得力，所在部门连续几年盈利，但韦尔奇认为可以干得更好。这位主管不理解，韦尔奇建议其休假一个月，放下一切，等再回来时，变得就像刚接下这个职位，而不是已经做了 4 年。休假之后，这位主管果然调整了心态，像换了个人似的，对本部门工作又有了新的思路和对策。三是以任务和技术为重点的创新，即对任务重新组合分配，并通过更新设备、技术创新等，来达到组织创新的目的。

14.2.5 管理创新

世上没有一成不变的、最好的管理方法。管理方法往往因环境情况和被管理者的改变而改变，这种改变在一定程度上就是管理创新。例如 Intel 总裁葛洛夫（Andrew Grove）的管理创新就是因环境情况和被管理者的改变而改变：实行产出导向管理——产出不限于工程师和工人，也适用于行政人员及管理人员；在英特尔（Intel）公司，工作人员不只对上司负责，也对同事负责；打破障碍，培养主管与员工的亲密关系等。

14.2.6 营销创新

营销创新是指营销策略、渠道、方法、广告促销策划等方面的创新。如雅芳（Avon）和安利（Amway）的直销等都是营销创新。

14.2.7 文化创新

文化创新是指组织文化的创新。组织文化的与时俱进和适时创新，能使组织文化一直处于一种动态的发展过程。这样不仅仅可以维系企业的发展，更可以给企业带来新的历史使命和时代意义。

14.3 影响创新能力提升的因素

组织管理者个人层面的认知、社会网络、企业家导向以及个人整合协调能力与组织层面的流程与管理、固有知识与正式化以及组织沟通与柔性均是提升动态能力的有效路径。总之，提升管理创新能力是一个复杂的系统问题，不能只关注创新事件本身，而需采用动态视角更全局、深入地审视管理者及组织因素。

14.3.1　组织文化

组织文化是企业内部影响企业创新与变革的重要因素。组织文化是将企业凝聚起来的"胶水"，这种凝聚效应全面体现于企业的各个方面，任何为了提高企业创新能力的举措必然应该有相应的组织文化转型计划。

最有助于创新的组织文化应该是这样：更加外向型而非封闭型的文化；更加灵活、适应变化的文化而非一味求稳的文化；扁平化而非等级化管理的文化。组织文化中还应强调持续学习和不断适应。在支持和鼓励创新中，组织文化如果想起到关键作用，就必须着力将文化的作用和影响渗透至企业战略的各个层面，如员工、政策、企业行为、激励机制、企业的语言和系统架构等。

全球著名的管理咨询公司合益咨询公司通过抽样调查，发现了全球领先的创新型企业具备十个特征，这十个特征分别是：愿景、气氛、有天赋的员工、训练有素的经理、培养的环境、耐心、对失败的包容、对研发的投资以及利于创新的良好的组织结构、流程和系统。这些特征往往意味着在这些企业里，人们希望能够做到最好，目标和期望界定得很明确，人们被给予适当的授权，以及新的创意易于被接受。最能促进创新的组织文化往往强调团队协作、以客户为中心、公平对待员工、采取主动等理念。

14.3.2　领导风格

一个企业的领导者在推动创新方面起着至关重要的作用，而其中领导者的风格又直接决定企业创新能力的高低。因为领导风格往往塑造了企业的组织文化和气氛。那些卓有成效的领导者往往会提供创新的方向，建立有利于创新的组织文化和气氛，鼓励个人的高度主动性，推行有效的多功能团队的协作和融合，以确保最佳操作在公司中的推广和充分运用。

领导风格的类型多样，具体体现为强制型、权威型、亲和型、民主型、领跑型和辅导型等。Hay 集团总裁莫瑞博士（Murray Dalziel）认为，最具创新能力的企业的领导风格通常为权威型、亲和型和辅导型这三种类型。这三种类型的领导风格往往能够提供明晰的愿景与方向、培养团队的和谐以及关注个人的长期发展，因此更有利于企业的创新。莫瑞博士认为：一线经理很容易通过改变自己来实现结果的改变，但企业的高级经理则需要通过改变领导风格来改变团队的氛围，从而影响团队里的成员。

14.3.3　员工的学习能力

不断学习和充电的员工构成了企业中创新能力的根基。企业必须有一个持续进行的培训项目来鼓励员工，告诉他们拥有创新思维对整个企业的发展前途至关重要。在这个持续进行的培训项目中，还必须应用各种工具，这些工具必须既能够促进分化又能够促进和谐。这里的分化是指要让不同意见无所保留地表达出来，好的理念能够形成头脑风暴；而和谐是指团队应有效协作来执行创新理念。在已经形成的技能训练项目中应考虑加入更宽泛层次的内容，让这些技能能够使员工注重直觉、形象思维和彼此之间的默契。

14.3.4 创新的评价机制

在企业现有的绩效考核过程中，应该将创新纳入评价体系。如果将创新纳入个人和企业的绩效评估体系，就应该有相应的激励机制和奖励体系。而创新是否成功，往往要经过数年的考验才能被衡量。因此，短期和长期的评估体系应同时具备，同时到位。

14.3.5 员工的主动性与合作精神

员工的主动性与合作精神指员工能够迅速采取行动，富有主人翁精神，并且员工之间具有良好的团队合作精神和进行充分沟通。典型例子是飞利浦公司。它们有两条产品线，分别是心脏复苏机和家庭医疗保健产品。以前，这两条产品线针对的客户一个是医院，一个是家庭，并没有什么重合之处。后来这两个产品线的负责人经常在一起开会研究，对产品进行创新，从而使得心脏复苏机也开始走进许多家庭，并实现了两条产品线的整合效应。

14.4 提升创新能力的对策

增强创新能力已成为现代企业实现长期可持续发展的客观要求。青少年时期是人的个性品格形成的重要阶段，也是创新意识形成与创新能力培养的最佳时期。中国青少年学生应试能力强，但动手能力特别是创新能力较差。在加强青少年创新能力培养的实践中不仅应考虑价值取向、教育改革、物质保障、社会机制及人文环境因素，而且应遵循个性化、系统性、实践性和协作性原则，采取科学的对策探索尝试。

14.4.1 推进领导者的创新观念

企业领导者要树立知识价值观念，确立"终身学习"理念，不断提高学习能力。企业领导者一方面要高度重视自身知识结构的更新，树立自身的知识价值观念；另一方面，要顺应企业的变化，不断改进思维方式和工作思路，重视企业的知识价值，并通过有效的激励促进企业所拥有的知识价值的增值。

针对每个人来说，要提高创新能力，还必须做到以下几点。

（1）必须具有强烈的事业心和责任感。具有高度使命感的人，才会有强烈的忧患意识，才能"先天下之忧而忧"，战胜自我，不断寻求新的突破。不可想象，一个对自己所从事的工作毫无责任心的人，会积极主动地开动思维机器，创造性地解决遇到的问题。

（2）必须用人类的文明成果武装自己的头脑。任何创造都是对知识的综合运用。创造性思维作为一种思维创新活动，必然要以知识的占有作为前提条件。没有丰富的知识做基础，思维就不可能产生联想，不可能利用知识的相似点、交叉点、结合点引发思维转向，不可能由一条思维路线转移到另一条思维路线，实现思维创新。

（3）必须坚持思维的相对独立性。思维的相对独立性是创造性思维的必备前提。爱因斯坦说过，应当把发展独立思考和独立判断的一般能力放在首位。

14.4.2　建立创新的激励机制

创新激励机制是指通过人性化的人才激励机制，具有竞争力的薪酬制度，畅通的晋升渠道，鼓励创新、容忍失败的创新环境和文化氛围等，充分调动创新人才的积极性，激发和保持员工创新的激情和热情。

（1）实行新产品（服务）开发的项目负责制。其核心思路是：落实各类人员在项目开发中的责任和工作内容分工，同时体现责任大、贡献大、回报大的经济报酬原则。可以采取以技术入股、收入分层等方式调动员工参与创新的积极性。建立科技人才、科技成果的奖励和宣传制度，通过每年奖励和宣传几个重点项目和有突出贡献的人员来推动全员创新。

（2）推行岗位竞争末位淘汰制。鼓励和提倡在公平环境下的岗位竞争，技术人员和管理人员如果长期不努力，不能成为独当一面的人才，那么企业就要考虑调整岗位，否则新一代人才也成长不起来。

（3）推行"人才合理流动制"。在保证工作安排相对稳定的基础上，产品（服务）开发人员可以带着产品（服务）开发、市场难题参加企业内外的科研开发项目，企业外的科研人员也可以带着科研成果到企业做技术转化工作。建立这种人才流动机制，可以打破知识、技术、信息交流的障碍，有利于培养创新队伍。

（4）建立知识产权保护制度。知识、技术和信息都是"无形物质"，与材料、设备等"有形物质"有重大差别，其创造、管理、使用和交易过程都极易"泄露"，保护知识产权已刻不容缓。

14.4.3　构建"鼓励冒险，宽容失败"的创新型组织文化

创新型组织文化表现为两方面：一方面，在企业内部营造崇尚创新的氛围，塑造创新的文化，让每一位员工都成为创新的源泉；另一方面，对于创新中遇到的挫折和失败，应采取大度和宽容的态度。培育一种创新的文化，使企业员工不断提出科学的新设想、生产的新方案，创造出新知识、新产品，孕育出新观念、新思想的动力。企业必须抛弃传统呆板的管理方式，突破原有的思维方式，淡化员工与领导的距离，采用以支持和协调为主的领导方式。

对员工建立在科学基础上的新颖想法，领导要积极支持，使员工在这种文化氛围中具有开阔的视野、丰富的想象力、锐意进取的雄心，使管理方式更为多元化、人性化、柔性化，以激励其主动献身与创新的精神。

14.4.4　加强员工培训

企业员工的创新能力并不是天生的，在很大程度上取决于后天的学习和训练。因此，企业应重视员工素质提升，加大员工学习培训经费投入，对员工加强创新方面的学习、训练，提升创新技能，从而提高企业的创新水平和持续发展能力。

【本章小结】

创新能力是运用知识和理论，在科学、艺术、技术和各种实践活动领域中不断提供

具有经济价值、社会价值、生态价值的新思想、新理论、新方法和新发明的能力。

创新能力的构成：学习能力、分析能力、综合能力、想象能力、批判能力、创造能力、解决问题的能力、实践能力、组织协调能力、整合多种能力的能力。

创新能力的表现形态：发展战略创新、产品（服务）创新、技术创新、组织与制度创新、管理创新、营销创新、文化创新。

影响创新能力提升的因素：组织文化、领导风格、员工的学习能力、创新的评价机制、员工的主动性与合作精神。

提升创新能力的对策：推进领导者的创新观念、建立创新的激励机制、构建"鼓励冒险，宽容失败"的创新型组织文化、加强员工培训。

【复习与思考题】

1. 创新能力的含义是什么？
2. 创新能力由哪些能力构成？
3. 创新能力的表现形态有哪些？
4. 影响创新能力提升的因素有哪些？
5. 实践中可采取哪些策略提升创新能力？

【关键术语】

创新能力　Innovation ability

【案例与分析】

格力电器：用创新引领未来

打造核心技术成为格力跨界发展并屡收硕果的"不二法则"。"创新不仅能够满足市场需求，更能创造市场需求，挖掘消费者自己都不知道的需求"。

生命力源自核心技术

在市场需求不足、制造业面临重重困难的大背景下，格力的业绩却好得惊人：2016年公司营业总收入为 1101 亿元，较上年同期增长 9.5%；利润总额 185 亿元，较上年同期增长 24.3%，这一切正源自格力的自主创新。

格力电器董事长董明珠认为，在 2000 年以前的 10 年中，格力所做的工作与大多数企业一样——贴牌生产。在 2000 年后的 10 年里，格力虽然有了专利技术，但是技术含量并不高。"在这之前，格力靠的是以质取胜，直到 2011 年以后才有了真正属于自己的核心技术。"

格力的核心技术中最著名的莫过于突破了传统空调无法在极冷极热环境中使用的"双级变频压缩机技术"。"普通单级压缩机空调的制冷和制热极限温度是-20℃和43℃，再低或再高就停机了，而格力的双级变频空调能够达到-30℃和54℃。"

现在，格力仍然在不断突破技术壁垒。"目前最新的空调技术是'冰蓄冷'，在电力负荷低、电价低的夜间启动空调主机制冰，将冷量以冰的方式存储起来，在电力负荷高、电价高的白天通过融冰将夜间存储的冷量释放出来，能够节约大量用电成本。"

制度支撑创新

不仅是空调，格力在智能家电制造领域也迈出了坚定的步伐。–5℃不结冰的晶弘冰箱"颠覆"了消费者的常识；以电磁技术三维立体加热的大松电饭煲蒸出了比日本电饭煲口感更好的米饭；利用空气压缩技术实现加热的空气能热水器……甚至在医疗领域，格力独家研发的分子击断技术半小时就能够杀灭98%以上的病毒。

在业界有着"黄埔军校"之称的格力，被"挖"走的技术人才不计其数。但在董明珠看来，很多技术人才失去了格力提供的创新环境和便利，也就失去了被挖走的价值。

董明珠的自信源自格力的一项对研发全力支持的制度：无上限研发投入。事实上，格力在技术研发和设备上的投入早已无法用数字来计算了。

研发速度快才能更快地更新产品，这与强大的实验能力分不开。现在格力用于研发商用空调群落系统的实验室就有700多间，连美国同业协会在参观格力实验室时都惊叹：格力焓差数据实验室的数量全球居首。

下一步，格力计划向纵深领域发展，包括机电领域、模具制造和智能装备制造以及新能源汽车等。"制造业一直都被定义为传统产业，在以前这并不为过，但是现在是大数据和技术创新的时代，传统产业应该被重新定义。"

资料来源：根据2016年5月5日国际商报改编

思考：
1. 格力电器通过哪些方式来奠定企业的创新能力？
2. 创新能力的培养对于现代企业的意义体现在哪里？

【 推荐阅读 】

1. 熊彼特. 经济发展理论[M]. 苏州：立信会计出版社，2017.
2. E. M. 罗杰斯.创新的扩散[M]. 5版. 北京：电子工业出版社，2016.
3. 克里斯坦森.创新者的窘境：全新修订版[M]. 北京：中信出版社，2014.
4. 谢德苏. 重新定义创新[M]. 北京：中信出版社，2016.
5. 德鲁克. 创新与企业家精神：珍藏版[M]. 北京：机械工业出版社，2009.
6. 斯图尔特·克雷纳. 创新的本质[M]. 北京：中国人民大学出版社，2017.

参 考 文 献

彼得·德鲁克. 2009. 管理的实践[M]. 齐若兰, 译. 北京: 机械工业出版社.

彼得·德鲁克. 2009. 创新与企业家精神[M]. 蔡文燕, 译. 北京: 机械工业出版社.

彼得·德鲁克. 2009. 21 世纪的管理挑战[M]. 朱雁斌, 译. 北京: 机械工业出版社.

彼得·圣吉. 2009. 第五项修炼: 学习型组织的艺术与实践[M]. 张成林, 译. 北京: 中信出版社.

陈国权, 马萌. 2000. 组织学习——现状与展望[J]. 中国管理科学 (1): 67-74.

陈国权, 马萌. 2000. 组织学习的过程模型研究[J]. 管理科学学报 (3): 15-23.

车宏卿. 2002. 企业如何成为学习型组织[J]. 中国国情国力 (8): 45-47.

顾小清. 2002. 知识管理:复杂适应系统的生存和发展[J]. 教育信息化 (5): 53-54.

龚宏斌. 2009. 组织的利益相关者研究述评[J]. 商业经济研究 (11): 48-49.

赫伯特 A. 西蒙. 2014. 管理行为[M]. 詹正茂, 译. 北京: 机械工业出版社.

刘立波, 沈玉志. 2015. 管理创新能力对组织绩效影响的实证研究[J]. 华东经济管理 (6): 163-169.

马尔科姆·沃纳. 2009. 管理思想全书[M]. 韦福祥, 译. 北京: 人民邮电出版社.

默顿. 2003. 科学社会学[M]. 鲁旭东, 林聚任, 译. 北京: 商务印书馆.

米捷、林润辉、谢宗晓. 2016. 考虑组织学习的组织惯例变化研究[J]. 管理科学 (2): 2-17.

宁钟. 2012. 创新管理[M]. 北京: 机械工业出版社.

王重鸣. 2001. 管理心理学[M]. 北京: 人民教育出版社.

汪娟. 2005. 关于虚拟企业的若干问题分析[J]. 中国管理信息化 (6): 41-43.

约翰奈斯比特. 2017. 定见未来: 正确观察世界的 11 个思维模式[M]. 魏平, 译. 北京: 中信出版社.

张军, 许庆瑞, 张素平. 2014. 企业创新能力内涵、结构与测量——基于管理认知与行为导向视角[J]. 管理工程学报 (3): 1-10.

张祖群, 王波. 2012-07-20. 试论中西不同语境下的企业目标与企业环境伦理[EB/OL]. 中国社会科学网, http://www.cssn.cn/.

赵强. 2012. 梦想与追求:彼得·杜拉克管理思想全书[M]. 北京: 地震出版社.

Charkham. 1986. The structure of and appointment to boards in the private and public sectors[J], Public Administration (4):445-453.

Christensen C M. 1997. The innovator's dilemma: When new technologies cause great firms to fail[M]. Boston: Harvard Business School Press.

Christensen C M. 2006. The ongoing process of building a theory of disruption[J]. Production Innovation Management (23):39-55.

Christensen C M. 2008. Entrepreneur behaviors, opportunity recognition, and the origins of innovative ventures[J]. Strategic Entrepreneur Journal (4):317-338.

Crossan M, Lane H, White R. 1999. An organizational learning framework: From intuition to institution[J]. Academy of Management Review (3): 522-537.

Garvin D A. 1993. Building a learning organization[J]. Harvard Business Review (4): 78-91.

Kim D H. 1993. The Link between individual and organizational learning[J]. Sloan Management Review (Fall): 37-50.

Lavin D. 1997. European business rushes to automate[J]. Wall Street Journal（7）：A14.

Mitchell A，Wood D. 1997. Toward a theory of stakeholder identification and salience：Defining the principle of who and what really counts[J]. Academy of Management Review（4）：853-886.

Nonaka I，Takeuchi H. 1995. The Knowledge Creating Company[M]. London：Oxford University Press.

Pedler M，Burgoyne J，Boydell T. 1991. The Learning Company：A Strategy for Sustainable Development[M]. London：McGraw-Hill.

Senge P M. 1990. The Fifth Discipline-the Art and Practice of the Learning Organization[M]. New York：Bantam Doubleday Deli.

Teece D J，Pisano G，Shuen A. 1997. Dynamic capabilities and strategic management[J]. Strategic Management Journal（7）：509-533.

Watkins K E，Marsick V J. 1993. Sculpting the Learning Organization：Lessons in the Art and Science of Systemic[M]. San Francisco：Jossey-Bass.